Zum Verhältnis von unmittelbarer
und mittelbarer Stellvertretung
unter besonderer Berücksichtigung der
Schlossmann'schen Vertretungslehre

Europäische Hochschulschriften

European University Studies

Publications Universitaires Européennes

Reihe II **Rechtswissenschaft**

Series II Law

Série II Droit

Band/Volume **5827**

Regina Margarethe Ellsperger

Zum Verhältnis von unmittelbarer und mittelbarer Stellvertretung unter besonderer Berücksichtigung der Schlossmann'schen Vertretungslehre

PL ACADEMIC RESEARCH

Bibliografische Information der Deutschen Nationalbibliothek
Die Deutsche Nationalbibliothek verzeichnet diese Publikation in der Deutschen Nationalbibliografie; detaillierte bibliografische Daten sind im Internet über http://dnb.d-nb.de abrufbar.

Zugl.: Passau, Univ., Diss., 2015

D 739
ISSN 0531-7312
ISBN 978-3-631-66792-7 (Print)
E-ISBN 978-3-653-06478-0 (E-Book)
DOI 10.3726/978-3-653-06478-0

PL Academic Research ist ein Imprint der Peter Lang GmbH.
Peter Lang – Frankfurt am Main · Bern · Bruxelles · New York · Oxford · Warszawa · Wien

Diese Publikation wurde begutachtet.

www.peterlang.com

Für Klaus

Vorwort

Die vorliegende Arbeit entstand maßgeblich zwischen Oktober 2003 und Februar 2007 während meiner Tätigkeit als Wissenschaftliche Mitarbeiterin am Lehrstuhl für Bürgerliches Recht, Handels- und Wirtschaftsrecht II der Universität Passau von Prof. Dr. Jan Wilhelm. Nachdem ich die Arbeit im Jahre 2014 gründlich überarbeiten und aktualisieren konnte, wurde sie im Jahre 2015 von der Juristischen Fakultät der Universität Passau als Dissertation angenommen. Die Disputation erfolgte unter dem Vorsitz von Prof. Dr. Dörte Poelzig M. jur. (Oxford).

Zuvorderst danke ich meinem hochverehrten Doktorvater Prof. Dr. Jan Wilhelm, der mir bereits im Studium zum größten Lehrer und Vorbild wurde. Prof. Dr. Jan Wilhelm vereint Gedankenschärfe, Klarheit im Ausdruck und herzliche Menschlichkeit wie kaum ein anderer. Ich danke ihm u.a. für die herzliche Aufnahme an seinem Lehrstuhl, für das hochinteressante Dissertationsthema, für unsere fachlichen Gespräche und seine stets ermutigenden Worte während der gesamten Erstellung der Arbeit. Ohne seine gute und zuverlässige Betreuung – ungeachtet der sich ändernden Umstände durch meinen Eintritt in das Berufsleben und seine Emeritierung – wäre diese Arbeit nicht zur Vollendung gelangt.

Herrn Prof. Dr. Klaus Schurig danke ich herzlich für die freundliche Abgabe des Zweitvotums und seine damit verbundenen konstruktiven Hinweise.

Mein unendlicher Dank gilt meiner Familie und meinen Freunden, ohne die es dieses Werk ebenfalls nicht gäbe. Meinen Eltern, Dres. Erenhard und Beate Reuter, danke ich für ihre beständige, rückhaltlose Unterstützung und Förderung, durch die mir mein Werdegang erst ermöglicht wurde. Meinem Ehemann Klaus und meiner Freundin Ines Harrie verdanke ich mein Durchhalten in der entbehrungsreichen Zeit der Anfertigung der Dissertation. Meiner Freundin Katrin Tirel danke ich zudem für ihren aufopferungsvollen Einsatz beim Korrekturlesen des fertigen Dokuments.

Deggendorf, Januar 2016 Regina Margarethe Ellsperger

Inhaltsverzeichnis

A. Einführung

Im deutschen Recht bilden die Rechtsinstitute der unmittelbaren Stellvertretung[1] einerseits und der mittelbaren Stellvertretung[2] andererseits einen Gegensatz. Dabei haben sich die folgenden Kriterien für die Abgrenzung von unmittelbarer und mittelbarer Stellvertretung etabliert:[3] Die unmittelbare Stellvertretung ist in den §§ 164 ff. BGB geregelt, während die mittelbare Stellvertretung im BGB keine besondere Normierung gefunden hat. Unmittelbare Stellvertretung ist Handeln im fremden Namen, während mittelbare Stellvertretung Handeln im eigenen Namen ist. Unmittelbare Stellvertretung setzt Vertretungsmacht voraus, während die mittelbare Stellvertretung ohne eine solche auskommt. Bei der unmittelbaren Stellvertretung wird im Verhältnis zum Dritten allein der Hintermann berechtigt und verpflichtet, während die mittelbare Stellvertretung die Rechte und Pflichten aus dem Rechtsverhältnis zum Dritten ausschließlich dem Vertreter bzw. Beauftragten zuweist.

In ihrem Bestreben, die mittelbare Stellvertretung zu definieren und von dem sog. Eigengeschäft abzugrenzen, verweist die herrschende Auffassung darauf, dass das Handeln des mittelbaren Vertreters zwar im eigenen Namen, aber im fremden Interesse und für fremde Rechnung erfolgt.[4] Als gesetzlich normierter, handelsrechtlicher Spezialfall der mittelbaren Stellvertretung wird die Tätigkeit des Kommissionärs qualifiziert, der es gem. § 383 Abs. 1 HGB gewerbsmäßig übernimmt, Waren oder Wertpapiere für Rechnung eines anderen in eigenem Namen zu kaufen oder zu verkaufen.[5] Ein weiterer, gesetzlich geregelter Spezialfall im Bereich des Handelsrechts ist die Tätigkeit des Spediteurs, soweit dieser gem. § 454 Abs. 1 Nr. 2 HGB[6] in

---

1 Weitere Bezeichnungen für die unmittelbare Stellvertretung sind die direkte, offene oder echte Stellvertretung, vgl. Soergel/*Leptien* Vor § 164 Rn 33.

2 Häufig wird statt von mittelbarer Stellvertretung von indirekter, verdeckter, stiller oder unechter Stellvertretung gesprochen, vgl. Soergel/*Leptien* Vor § 164 Rn 33.

3 Vgl. *Flume* AT II § 43 1, S. 749; *Wolf/Neuner* § 49 Rn 57 ff.; Soergel/*Leptien* Vor § 164 Rn 39; Staudinger/*Schilken* Vorbem zu §§ 164 ff. Rn 42; *Manigk*, S. 325; *Rosenberg*, S. 13 f.; HKK/*Schmoeckel* §§ 164–181 Rn 1 f., 7, 9; Palandt/*Ellenberger* Einf v § 164 Rn 1–6 m.w.N.

4 MüKo-BGB/*Schramm* Vor § 164 Rn 13; Staudinger/*Schilken* Vorbem zu §§ 164 ff. Rn 42; *Enneccerus/Nipperdey* § 179 I, S. 1096; *Schless*, S. 14.

5 *Schmidt-Rimpler*, S. 604; *Schwark*, JuS 1980, 777; *Oetker* § 9 A Rn 3.

6 Nach § 454 Abs. 1 Nr. 2 HGB umfasst die Pflicht, die Versendung zu besorgen, die Organisation der Beförderung, insbesondere die Auswahl ausführender Unternehmer, den Abschluss der für die Versendung erforderlichen Fracht-, Lager- und Speditionsverträge sowie die Erteilung von Informationen und Weisungen an die ausführenden Unternehmer.

eigenem Namen auf Rechnung eines anderen Fracht-, Lager- und Speditionsverträge abschließt, um gem. § 453 Abs. 1 HGB[7] die Versendung des Gutes zu besorgen.[8]

I. Das Trennungsdogma im Recht der mittelbaren Stellvertretung

Bereits die 1. Kommission begründete in ihrem 1888 veröffentlichten Entwurf eines Bürgerlichen Gesetzbuches für das Deutsche Reich das Fehlen einer Normierung der „sog. mittelbaren Stellvertretung" mit ihrem gewöhnlichen Wesen einer Vertragskette: „Zum Wesen der Vertretung gehört nach dem Entwurf, daß ein Rechtsgeschäft im Namen eines Anderen vor- bzw. entgegengenommen wird. Die sog. mittelbare Stellvertretung, bei welcher Jemand ein Rechtsgeschäft in eigenem Namen, aber in der Absicht vornimmt, die rechtlichen Wirkungen einem Anderen zukommen zu lassen, ist juristisch betrachtet kein Fall der Vertretung. Das solchergestalt vorgenommene Rechtsgeschäft ist ausschließlich ein Rechtsgeschäft des in eigenem Namen Handelnden. Zur Herbeiführung des wirthschaftlichen Erfolges der Vertretung bedarf es eines weiteren Rechtsgeschäftes, durch das die Wirkungen übertragen werden."[9]

In Übereinstimmung mit dieser Äußerung der Gesetzesverfasser charakterisiert die herrschende Meinung die mittelbare Stellvertretung durch das Dogma von der strikten Trennung des Innenverhältnisses vom Außenverhältnis: Die mittelbare Stellvertretung sei nichts anderes als die Aneinanderreihung zweier rechtlich selbständiger Geschäfte, die strikt voneinander zu trennen seien.[10] Das mit dem Dritten abgeschlossene Geschäft, welches das Außenverhältnis konstituiert, ist demnach ein zwischen dem mittelbaren Vertreter und einem Dritten bestehender Vertrag, der ohne (vertretungs-) rechtliche Besonderheiten nach allgemeinen Regeln zu beurteilen ist. Hiervon separat besteht das Innenverhältnis zwischen Vertreter und Hintermann in der Form eines Auftrags gem. §§ 662 ff. BGB bzw. bei entgeltlichem Handeln in der Form des Geschäftsbesorgungsvertrags gem. § 675 Abs. 1 i.V.m. §§ 662 ff. BGB.[11] Durch den Auftrag im Innenverhältnis wird der mittelbare Vertreter

7 Nach § 453 Abs. 1 HGB wird wird der Spediteur durch den Speditionsvertrag verpflichtet, die Versendung des Gutes zu besorgen.

8 Vgl. *K. Schmidt,* FS Medicus, 2009, 484. Auch verwies der bis zum 30.06.1998 geltende § 407 Abs. 2 HGB a.F. auf das Kommissionsrecht gem. §§ 383 ff. HGB, wodurch das Spezialitätsverhältnis vom Speditionsgeschäft zum Kommissionsgeschäft deutlich wurde.

9 Mot. I, 223 (*Mugdan* I, 476).

10 Staudinger/*Schilken* Vorbem zu §§ 164 ff. Rn 42 f.; Soergel/*Leptien* Vor § 164 Rn 33 m.w.N.; MüKo-BGB/*Schramm* Vor § 164 Rn 13 ff.; *Brox/Walker* Rn 515; *Leipold* BGB I § 22 Rn 7; *Köhler* § 11 II 4 Rn 22.

11 Vgl. bereits *Schless,* S. 20; Im Folgenden wird die konkrete Ausgestaltung des Innenverhältnisses pauschal als Auftrag bezeichnet. Dies bietet sich an, da auch beim Geschäftsbesorgungsvertrag das Auftragsrecht zur Anwendung kommt, vgl. § 675 Abs. 1 BGB.

zum Abschluss des Vertrags mit dem Dritten, zum sog. Ausführungsgeschäft, verpflichtet. Die Erfüllung des Auftrags bildet nach hL aber lediglich das Motiv für das Handeln des Vertreters im Außenverhältnis; für die Wirkungen des in mittelbarer Stellvertretung abgeschlossenen Vertrages spielt das Innenverhältnis grundsätzlich keine Rolle.[12] Innenverhältnis und Außenverhältnis sind der hL zufolge in ihrer rechtlichen Ausgestaltung strikt voneinander zu trennen: Modalitäten des Innenverhältnisses lassen das Außenverhältnis grundsätzlich unberührt.[13] Zum besseren Verständnis wird dieses, im Rahmen der mittelbaren Stellvertretung propagierte Dogma von der strikten Trennung des Innenverhältnisses vom Außenverhältnis fortan als „Trennungsdogma"[14] bezeichnet.

Ausdruck findet dieses Trennungsdogma in der auch von der 1. Kommission vertretenen Meinung, nach der in Konstellationen der mittelbaren Stellvertretung mangels rechtlicher Einbindung des Hintermanns in das Ausführungsgeschäft überhaupt nicht von Stellvertretung gesprochen werden sollte.[15] Die Bezeichnung der mittelbaren Stellvertretung sei irreführend, da es sich dabei gerade nicht um Stellvertretung handeln würde.[16] Von demselben Grundgedanken geleitet wird die Bezeichnung der unmittelbaren Stellvertretung als ‚echte' und der mittelbaren Stellvertretung als ‚unechte' Stellvertretung.[17]

Dennoch gibt es bei der mittelbaren Stellvertretung Konstellationen, in denen die Rechtsprechung entweder selbst von dem Grundsatz der strikten Trennung des Innenverhältnisses vom Außenverhältnis abweicht, oder in denen ihr Festhalten daran auf Widerspruch aus dem Schrifttum stößt. Die bekannteste der höchstrichterlich anerkannten Ausnahmen vom Trennungsdogma ist die bereits gewohnheitsrechtlich verfestigte[18] Drittschadensliquidation, die es dem mittelbaren Stellvertreter erlaubt, bei Vertragsverletzungen im Außenverhältnis den bei seinem

12 MüKo-BGB/*Schramm* Vor § 164 Rn 13; *Brox/Walker* Rn 515; *Leipold* BGB I § 22 Rn 7; Staudinger/*Schilken* Vorbem zu §§ 164 ff. Rn 42; *Klein*, S. 65 ff.; *Petersen*, JURA 2003, 744.

13 MüKo-BGB/*Schramm* Vor § 164 Rn 13.

14 So auch die von *Herbert*, S. 25 ff., gewählte Bezeichnung dieses Prinzips im Rahmen des Kommissionsrechts.

15 Mot. I, 223 (*Mugdan* I, 476): „Die sog. mittelbare Stellvertretung (...) ist juristisch betrachtet kein Fall der Vertretung".

16 *Brox/Walker* Rn 515, *Schack* BGB-AT Rn 474; *Fleckner*, FS Hopt, 2008, 3 f.; *Grzibek*, S. 168 ff.; *Leipold* bezeichnet den Begriff der mittelbaren Stellvertretung als „eher irreführend" in BGB I § 22 Rn 7; so auch MüKo-BGB/*Schramm* Vor § 164 Rn 13 Fn 22; ähnlich Soergel/*Leptien* Vor § 164 Rn 17; Staudinger/*Schilken* Vorbem zu §§ 164 ff. Rn 35; Larenz/*Wolf* § 46 Rn 45.

17 Vgl. Soergel/*Leptien* Vor § 164 Rn. 33; Palandt/*Ellenberger* Einf v § 164 Rn 6.

18 Vgl. Urt. des BGH v. 21.05.1996, BGHZ 133, 36, 41; *Hagen* S. 142; *v. Caemmerer*, ZHR 127 (1965), 241, 255. Die dogmatische Rechtfertigung der Drittschadensliquidation ist weiterhin umstritten, vgl. aus neuerer Zeit *Fleckner*, FS Hopt, 2008, 3 ff., 6 m.w.N.

Auftraggeber eingetretenen Schaden geltend zu machen.[19] Eine Durchbrechung des Trennungsdogmas ist auch darin zu sehen, dass nach Ansicht der ständigen Rechtsprechung und der herrschenden Lehre der mittelbar Vertretene im Verhältnis zum Ausführungsgeschäft nicht als Dritter i.S.v. § 123 Abs. 2 Satz 1 BGB[20] einzuordnen ist: Wenn der mittelbar vertretene Hintermann den Außenvertragspartner durch arglistige Täuschung zum Abschluss des Ausführungsgeschäftes bewegt, gestatten Rechtsprechung und Lehre dem Getäuschten auch dann die Anfechtung des Ausführungsgeschäftes wegen arglistiger Täuschung gem. § 123 Abs. 1 BGB, wenn der mittelbare Vertreter die Täuschung weder kannte noch kennen musste.[21] Bei strenger Anwendung des Trennungsdogmas müsste die Anfechtbarkeit nach § 123 Abs. 2 Satz 1 BGB versagt werden, da der Hintermann im Verhältnis zum Ausführungsgeschäft formal als Dritter eingeordnet werden müsste.

Um diese Durchbrechungen zu rechtfertigen, werden in beiden Fällen allgemeine „Billigkeitserwägungen“ gem. § 242 BGB angestellt,[22] statt eine Begründung im Wesen der mittelbaren Stellvertretung oder gar über eine Annäherung an die unmittelbare Stellvertretung zu suchen. Die Argumentation mit Treu und Glauben stellt aber bekanntlich eine juristische „Grauzone“ dar und kann Rechtsargumente nicht ersetzen.[23] Durch ihre Billigkeitserwägungen hält die Rechtsprechung zudem dogmatisch den Gegensatz zwischen unmittelbarer und mittelbarer Vertretung aufrecht. Auch gibt sie den Argumentationsweg vor, den Teile der Literatur zur Lösung der weiteren Fälle beschreiten, in denen die überwiegende Meinung des Schrifttums ein Abrücken vom Trennungsdogma fordert: Dies sind insbesondere Konstellationen, in denen bei einem durch Weisung auf das Ausführungsgeschäft Einfluss nehmenden Hintermann besondere subjektive Merkmale, wie Kenntnisse oder Kennenmüssen, vorliegen.[24] Während eine Ansicht Kenntnisse des mittelbar Vertretenen im Ausführungsgeschäft über den Einwand unzulässiger Rechtsausübung gem. § 242 BGB

19 BGHZ 25, 258; *Köhler* § 11 II 4 Rn 22; Staudinger/*Schilken* Vorbem zu §§ 164 ff. Rn 47; MüKo-BGB/*Schramm* Vor § 164 Rn 14; *Enneccerus/Nipperdey* § 179 I Fn 4, S. 1097; *Fleckner*, FS Hopt, 2008, 3 ff.; *Peters*, AcP 180 (1980), 329, 353; *Medicus/Lorenz* Rn 650, 652; *Goerth*, JA 2005, 28 ff.; *Büdenbender*, JZ 1995, 920 ff.

20 § 123 Abs. 2 Satz 1 BGB lautet: „Hat ein Dritter die Täuschung verübt, so ist eine Erklärung, die einem anderen gegenüber abzugeben war, nur dann anfechtbar, wenn dieser die Täuschung kannte oder kennen musste.“

21 BGH NJW 1962, 1907, 1908 m.w.N.; BGH NJW 1990, 1661, 1662; MüKo-BGB/*Kramer* § 123 Rn 22; Staudinger/*Singer/v.Finckenstein* § 123 Rn 47; MüKo-HGB/*Häuser* § 383 Rn 55; Schlegelberger/*Hefermehl* § 383 Rn 32; Staub/*Koller* § 383 Rn 134; *Schmidt-Rimpler*, S. 613; Soergel/Leptien Vor § 164 Rn 34 m.w.N.

22 So ausdrücklich zur Drittschadensliquidation MüKo-HGB/*Häuser* § 383 Rn 58; *v.Tuhr*, S. 534 ff.; *v. Caemmerer*, ZHR 127 (1965), 241 ff., 250; BGH NJW 1990, 1661, 1662, zur Auslegung des Merkmals „Dritter” in § 123 Abs. 2 Satz 1 BGB.

23 Dies kritisiert auch *Fleckner*, FS Hopt, 2008, 9 ff. Nach *Beuthien*, NJW 1999, 3585 ff. Fn 6, „kann der allgemeine Arglisteinwand nur der letzte Ausweg sein“.

24 Ganz gegen eine Berücksichtigung subjektiver Merkmale des Hintermanns sprechen sich hingegen aus: *Schilken*, S. 154; Staudinger/*Schilken* § 166 Rn 4; Düringer/

beachten will,[25] befürwortet eine im Vordringen befindliche Meinung[26] die analoge Anwendung des § 166 Abs. 2 BGB, wonach sich der unmittelbar Vertretene im Falle einer durch Rechtsgeschäft erteilten Vertretungsmacht in Ansehung solcher Umstände, die er selbst kannte oder kennen musste, nicht auf die Unkenntnis des unmittelbaren Stellvertreters berufen kann, wenn der Vertreter nach bestimmten Weisungen des Vollmachtgebers gehandelt hat. An einer eingehenden Untersuchung der analogen Anwendbarkeit des § 166 Abs. 2 BGB im Rahmen der mittelbaren Stellvertretung fehlt es bislang.[27] In diesen Zusammenhang gehört auch die Frage, ob alleinige Willensmängel des mittelbar Vertretenen, die sich im Ausführungsgeschäft niederschlagen, dort im Wege der exceptio doli relevant werden.[28]

Als eine Durchbrechung des Trennungsdogmas wird auch die Norm des § 392 Abs. 2 HGB eingeordnet, durch die Forderungen aus dem Außengeschäft des Kommissionärs auch ohne Abtretung im Verhältnis zwischen dem Kommittenten und dem Kommissionär oder dessen Gläubigern als Forderungen des Kommittenten gelten.[29] Diese Norm, die den Kommittenten davor schützt, dass sich die Gläubiger des Kommissionärs aus den Forderungen[30] befriedigen, die der Kommissionär auf Rechnung des Kommittenten erworben hat, erregt in Rechtsprechung und Literatur seit jeher die Diskussion darüber, ob § 392 Abs. 2 HGB analog auf alle Fälle

---

Hachenburg/*Lehmann* Vorbem. § 383 Anm 6; *Fleckner/Vollmuth* WM 2004, 1263 ff., 1270 f.; Soergel/*Leptien* § 164 BGB Rn 34.

25 *Klein*, S. 74 f.; MüKo-HGB/*Häuser* § 383 Rn 52; Baumbach/*Hopt* HGB § 383 Rn 20; Schlegelberger/*Hefermehl* § 383 Rn 31; *Leonhard* in Eck § 36 Anm 3, S. 181; Ebenroth/Boujong/Joost/Strohn/*Krüger* § 383 Rn 45.

26 *Schwark*, JuS 1980, 777 ff., 779; *Wolf/Neuner* § 49 Rn 61; Larenz/*Wolf* § 46 Rn 50; MüKo-BGB/*Schramm* Vorbemerkung §§ 164 ff. BGB Rn 14 Fn 28; Heymann/*Herrmann* § 383 Rn 13 Fn 39; *Herbert*, S. 138 f.; *Hartmann*, S. 61; speziell bei § 932 Abs. 2 BGB: Staudinger/*Wiegand* § 932 Rn 97; MüKo-BGB/*Oechsler* § 932 Rn 35; *Schmidt-Rimpler* S. 613; Capelle, FS Raape, 1948, 325 ff., 336 f.; *Hager*, AcP 180 (1980), 239 ff., 257; *Eck* § 36, S. 181; speziell bei § 442 BGB: Staub/*Koller* § 383 Rn 132; *Fleckner*, FS Hopt, 2008, 3 ff., 30 f.; Koller/Kindler/Roth/Morck/*Roth* § 383 HGB Rn 15; *Schlossmann* II § 54, S. 372 und § 59, S. 413 (zu dessen Vorgängernorm § 460 BGB a.F.).

27 Die meisten der Befürworter einer Analogie des § 166 Abs. 2 BGB verweisen ohne Argumentation pauschal auf *Schwark*, JuS 1980, 777 ff., 779. Eine inhaltliche Auseinandersetzung findet nur statt bei *Schmidt-Rimpler*, S. 613; *Hartmann*, S. 61; *Schwark*, JuS 1980, 777 ff., 779 und Staub/*Koller* § 383 Rn 132; sowie bei den Gegnern der Analogie: *Schilken*, S. 154 und Düringer/Hachenburg/*Lehmann* Vorbem. § 383 Anm 6.

28 So für die arglistige Täuschung Schlegelberger/*Hefermehl* § 383 Rn 32; MüKo-HGB/Häuser § 383 Rn 56; Staub/*Koller* § 383 Rn 135.

29 Baumbach/*Hopt* HGB § 392 Rn 6; *Fleckner*, FS Hopt, 2008, 3 ff., 18.

30 Für die Anwendung der Norm auf das Surrogat der Forderung plädiert eine im Vordringen befindliche starke Meinung, vgl. *K. Schmidt*, FS Medicus 2009, 467 ff., 479; Baumbach/*Hopt* HGB § 392 Rn 7; *Canaris* HR § 30 IV 3 e) Rn 81 ff. m.w.N.

der mittelbaren Stellvertretung anzuwenden ist,[31] womit der mittelbar Vertretene insbesondere im Vollstreckungsrecht vor den Gläubigern des mittelbaren Vertreters im Ergebnis so geschützt werden würde, wie der unmittelbar Vertretene kraft direkter Rechtszuordnung. Diesen Schutz hat das Reichsgericht[32] faktisch[33] durch die Lehre von dem Geschäft für den, den es angeht,[34] gewährleistet, womit es die Problematik um den Schutz des mittelbar Vertretenen vor Gefährdungen aus der Person des mittelbaren Vertreters nicht in den Rechtsfolgen der mittelbaren Stellvertretung verortet hat, sondern in den tatbestandlichen Voraussetzungen der unmittelbaren Stellvertretung, indem es für den Eintritt unmittelbarer Wirkungen des

31 Dagegen die einhellige Rechtsprechung, erstmals bereits RG, Urt. v. 14.06.1904, RGZ 58, 273 ff., 276; RG, Urt. v. 19.02.1914, RGZ 84, 214 ff.; *Enneccerus/Nipperdey* § 179 III 2, S. 1098; dafür bereits *Schmidt-Rimpler*, S. 610 ff.; 937 ff.; ausführlich *Dressler* in seiner Monografie von 1968 über „Die entsprechende Anwendung handelsrechtlicher Normen auf Nichtkaufleute am Beispiel des § 392 II HGB"; *Bitter*, S. 195 f.; Meinungsübersicht bei MüKo-HGB/Häuser § 392 Rn 48.

32 Urt. v. 11.06.1920, RGZ 99, 208 ff.

33 Darauf weist bereits *Ohr* hin in AcP 150 (1949), 525 ff., 526; auch *Flume* AT II § 44 II 2 c, S. 772 ff., stellt anschaulich dar, dass die von der Rechtsprechung entwickelte Lehre von dem Geschäft für den, den es angeht, beim Eigentumserwerb an Mobilien die Konsequenzen vermeiden will, die sich für den mittelbar Vertretenen aus einem Durchgangserwerb beim mittelbaren Vertreter ergeben; schon das RG hatte in seinem Urteil vom 14.06.1904, RGZ 58, 273 ff., 276, nach Ablehnung der analogen Anwendung des § 392 Abs. 2 HGB als Schutzmöglichkeit für den mittelbar Vertretenen die Lehre vom verdeckten Geschäft für den, den es angeht, angesprochen. Das RG lehnte die Anwendung der Lehre jedoch unter dem Hinweis ab, dass dieses Institut allenfalls im Bereich des Sachenrechts zur Anwendung komme, nicht aber beim Erwerb obligatorischer Rechte; vgl. aus neuerer Zeit auch *Bitter*, S. 224 ff.

34 Nach der Lehre vom verdeckten Geschäfts für den, den es angeht, tritt auch dann unmittelbare Vertretungswirkung gem. § 164 Abs. 1 BGB ein, wenn der Vertreter zwar (1) nicht im fremden Namen, sondern im eigenen Namen handelt, (2) dem Partner aber völlig gleichgültig ist, wer Geschäftspartner ist, (3) der Vertreter subjektiv den Hintermann vertreten will und (4) -nach der Literatur- dem Hintermann das Geschäft objektiv zurechenbar ist, vgl. MüKo-HGB/*Häuser* § 383 Rn 79 f. Nach RGZ 140, 223, 229 ist die Lehre eine „Ausnahme", nach BGH WM 1991, 1678, 1680 eine „Durchbrechung" des Offenkundigkeitsprinzips. Nach BGH WM 2003, 973, 974 wird das Offenkundigkeitsprinzip teleologisch reduziert; so auch MüKo-HGB/*Häuser* § 383 Rn 79.

Vertretergeschäfts auf die objektive Erkennbarkeit der gewollten Fremdwirkung, auf die Offenkundigkeit der Stellvertretung i.S.v. § 164 Abs. 2 BGB[35], verzichtet hat.[36]

Die Rechtsprechung hat die Lehre von dem Geschäft für den, den es angeht, über die vorgenannten Konstellationen hinaus auch auf sonstige Fälle des Eigentumserwerbs an Mobilien durch den mittelbaren Vertreter angewendet, in denen es nicht – analog der ratio des § 392 Abs. 2 HGB – um den Schutz des Vertretenen vor den Gläubigern des mittelbaren Vertreters ging.[37] In der Literatur wird die Lehre auf den Erwerb obligatorischer Rechte ausgedehnt, insbesondere bei Kaufgeschäften des täglichen Lebens.[38] Jedenfalls durchbricht die Lehre von dem Geschäft für den, den es angeht, auf Tatbestandsebene die scharfen Grenzen, die durch das Offenkundigkeitsprinzip i.S.v. § 164 Abs. 2 BGB zwischen unmittelbarer und mittelbarer Vertretungswirkung gezogen werden.[39]

Die Problematik einer Aufgabe des im Rahmen der mittelbaren Stellvertretung vertretenen Trennungsdogmas stellt sich des Weiteren im Bereicherungsrecht für das Kommissionsgeschäft als handelsrechtlichen Spezialfall der mittelbaren Stellvertretung, nämlich bei der Definition des Verfügenden i.S.v. § 816 Abs. 1 Satz 1 BGB[40], wenn der Kommissionär eine dem Kommittenten nicht gehörende Sache nach den Vorschriften über den gutgläubigen Erwerb vom Nichtberechtigten

35 Indem nach § 164 Abs. 2 BGB der Mangel des Willens, im eigenen Namen zu handeln, nicht in Betracht kommt, wenn der Wille, im fremden Namen zu handeln, nicht erkennbar wurde, enthält die Norm die gesetzliche Auslegungsregel, nach der im Zweifel ein Handeln im eigenen Namen gegeben ist. Zum anderen verhindert § 164 Abs. 2 BGB die Anfechtbarkeit des Vertrages, wenn der Vertreter irrtümlich im eigenen Namen gehandelt hat, weil dieser Willensmangel für rechtlich nicht erheblich erklärt wird, vgl. *Larenz/Wolf* § 46 Rn 76. Zum Offenkundigkeitsprinzip im deutschen Recht ausführlich *Moser*, S. 64 ff., 93 f.

36 RG, Urt. v. 11.06.1920, RGZ 99, 208 ff.; RG, Urt. v. 04.04.1933, RGZ 140, 223 ff., 229; vgl. auch die Übersicht und Analyse über die Rechtsprechung des Reichsgerichts zur Lehre von dem Geschäft für den, den es angeht, bei *Ohr*, AcP 150 (1949), 525 ff.

37 RG, Urt. v. 2.11.1920, RGZ 100, 190 ff.: Der Verlobte hatte im eigenen Namen Möbel für die künftige Ehewohnung gekauft, welche seine spätere Ehefrau dann als ihr Eigentum ausgab und weiterveräußerte. Als der Verlobte sein Eigentum an den Möbeln geltend machte, prüft das Reichsgericht, ob der Verlobte überhaupt jemals Eigentum erworben hatte. Die Verlobte und künftige Ehefrau könnte unmittelbar Eigentum erworben haben, wenn der Verlobte im Innenverhältnis beauftragt war, für seine Verlobte ihre künftige Aussteuer zu erwerben und er dies beim Erwerb auch wollte. Der konkrete Übereignungswillen des Dritten sei irrelevant, wenn es ihm regelmäßig in vergleichbaren Fällen gleichgültig sei, wer das Eigentum erwerbe.

38 *Ohr*, AcP 150 (1949), 525 ff., 529 ff.

39 Aus diesem Grunde ablehnend *Flume* AT II § 44 II 2, S. 771 ff. Übersicht über den Streitstand bei MüKo-HGB/*Häuser* § 383 Rn 43 ff. und Rn 79 ff. m.w.N.

40 § 816 Abs. 1 Satz 1 BGB lautet: „Trifft ein Nichtberechtigter über einen Gegenstand eine Verfügung, die dem Berechtigten gegenüber wirksam ist, so ist er dem Berechtigten zur Herausgabe des durch die Verfügung Erlangten verpflichtet."

gem. §§ 932 ff. BGB i.V.m. § 366 HGB rechtswirksam an einen Dritten veräußert. Nach der allgemeinen Rechtsgeschäftslehre und bei Beachtung des Trennungsdogmas müsste der Kommissionär Verfügender sein, weil er die Verfügung im eigenen Namen vornimmt. Dennoch hält ein Teil der Literatur den Kommittenten für den Verfügenden.[41]

In den Problemkreis einer Durchbrechung des Trennungsdogmas gehört auch die Frage, ob der Kommittent unmittelbar Eigentum erwirbt, wenn eine Verkaufskommission, bei der der Kommissionär das Eigentum des Hintermanns ursprünglich kraft Verfügungsbefugnis gem. § 185 Abs. 1 BGB auf den Dritten übertragen hatte, rückabgewickelt wird.[42]

Der Gedanke, die proklamierte Verschiedenheit von unmittelbarer und mittelbarer Stellvertretung zu hinterfragen und beide Rechtsinstitute einander anzunähern, hat die Rechtswissenschaft wiederholt beschäftigt. Die einschlägige Literatur befasst sich dabei aber vor allem mit dem Offenkundigkeitsprinzip und mit der Begründung unmittelbarer Rechte und Pflichten für den mittelbar Vertretenen durch das im eigenen Namen abgeschlossene Vertretergeschäft.[43] Bevor jedoch zu Rechtsgestaltungen de lege ferenda bei der mittelbaren Stellvertretung gegriffen wird,[44] stellt sich die Frage, ob nicht bereits im geltenden Recht eine Annäherung der Vertretungsinstitute auf Rechtsfolgenebene stattfindet, die ihre Rechtfertigung in einem gemeinsamen Wesen von unmittelbarer und mittelbarer Stellvertretung findet. Neben der hier ausführlich darzustellenden Monografie „Die Lehre von der

41 *Canaris* HR § 30 V 4 Rn 89 ff., begründet dies mit der dinglichen Zuständigkeitsregelung des § 392 Abs. 2 HGB und der durch diese indizierten rechtlichen Rollenverteilung sowie mit dem Grundsatz, dass Schuldner der Eingriffskondiktion nicht der Eingreifende als solcher, sondern der Begünstigte ist. *K. Schmidt* HR § 31 VI 2 c Rn 106 ff. und *Hager*, AcP 180 (1980), 257 ff., 259 betrachten sowohl den Kommittenten als auch den Kommissionär als Verfügenden i.S.v. § 816 Abs. 1 Satz 1 BGB.

42 Den unmittelbaren Eigentumserwerb bejahen Düringer/Hachenburg/*Breit* Vor §§ 366, 367 Rn 31 und *Welter* in MüKo-HGB § 366 Rn 11; dagegen *Häuser* in MüKo-HGB § 383 Rn 67.

43 Vgl. insb. *Müller-Erzbach*, „Die Grundsätze der mittelbaren Stellvertretung aus der Interessenlage entwickelt“, Berlin 1905, vgl. die kurze Darstellung seiner Thesen unter B.II.1.e) a.E.; *Herbert*, „Die Beteiligung des Kommittenten am Ausführungsgeschäft bei der Warenkommission“, 1972, wobei *Herbert* eine durch Rechtsfortbildung anzuerkennende akzessorische, regelmäßig subsidiäre Mithaftung des Kommittenten entwickelt, vgl. *ders.* S. 81 ff.; *Grzibek*, „Direkte Rechtsbeziehungen bei der verdeckten Stellvertretung“, Hamburg 2004, wobei *Grzibek* mit dem Begriff der „verdeckten Stellvertretung“ nur Fälle des unmittelbaren Rechtserwerbs des Vertretenen unter Durchbrechung des Offenkundigkeitsprinzips erfasst, vgl. *ders.* S. 32 ff., 168 ff. Fälle der „mittelbaren Stellvertretung“ im Sinne der herrschenden Lehre, bei denen zunächst der Vertreter die Rechte selbst erwirbt und dann zu übertragen hat, betrachtet *Grzibek* nicht, *ders.* S: 66 ff.

44 Vgl. *Herbert*, S. 85 ff.

Stellvertretung“ von Alexander Siegmund Schlossmann[45] sind die beiden unabhängig voneinander verfassten Abhandlungen von Hager[46] und Schwark[47] aus dem Jahre 1980 hervorzuheben, in denen eindringlich zur Reformierung des Rechts der mittelbaren Stellvertretung aufgerufen wurde. Hierbei plädieren sie für eine „vorsichtige Verknüpfung“ von Innen- und Außenverhältnis bei der mittelbaren Stellvertretung[48] bzw. für eine „Annäherung“ der mittelbaren Stellvertretung an die unmittelbare.[49]

Den Anlass für die Erörterungen von Hager und Schwark gab nicht zuletzt der UNIDROIT[50]-Entwurf[51] zur Einführung eines einheitlichen Gesetzes über die Stellvertretung bei internationalen Kaufverträgen über bewegliche Sachen, der 1983 in Genf verabschiedet wurde.[52] Der Entwurf enthält einen einheitlichen Vertretungsbegriff, der allein an das Handeln für fremde Rechnung anknüpft und sowohl das Handeln ‚im eigenen Namen‘ als auch das Handeln ‚im fremden Namen‘ erfasst.[53]

---

45 Bd. 1: Die Lehre von der Stellvertretung insbesondere bei obligatorischen Verträgen, Kritik der herrschenden Lehren, 382 Seiten, 1900; Bd. 2: Die Lehre von der Stellvertretung insbesondere bei obligatorischen Verträgen, Versuch einer wissenschaftlichen Grundlegung, 639 Seiten, 1902.

46 *Günter Hager*: „Die Prinzipien der Mittelbaren Stellvertretung“, AcP 180 (1980), 239 ff.

47 *Eberhard Schwark*: „Rechtsprobleme bei der mittelbaren Stellvertretung“, JuS 1980, 777 ff.

48 *Schwark*, JuS 1980, 777, 782 sub V.

49 *Hager*, AcP 180 (1980), 239, 244.; in diesem Sinne für den Bereich der Drittschadensliquidation *Junker*, „Die Vertretung im Vertrauen im Schadensrecht“, München 1991, und *Fleckner*, FS Hopt, 2008, 3 ff., 11 ff.

50 Mit „Unidroit“ (Institut International pour l’Unification du Droit Privé) wird das Internationale Institut für die Vereinheitlichung des Privatrechts bezeichnet, das 1926 als Unterorganisation des Völkerbundes mit Sitz in Rom gegründet wurde und das seit 1940 als unabhängige intergouvernementale Einrichtung operiert. Unidroit wird derzeit von 61 Staaten getragen, u.a. von allen führenden Industrienationen. Deutschland ist seit 1940 Mitglied, vgl. http://www.unidroit.org/english/presentation/main.htm.

51 Unidroit, Projet de Convention portant loi uniforme sur la représentation dans les rapports internationeaux en matière de vente et d’achat d’objets mobiliers corporels, Rom, Febr. 1974 (Etude XIX, Doc 55).

52 Unidroit, Convention on Agency in the International Sale of Goods (Geneva, 17 February 1983), http://www.unidroit.org/english/conventions/1983agency/1983agency-e.htm. Deutsche Übersetzung in *Schulze/Zimmermann*, Basistexte II.15, S. 269 ff.

53 Art. 1 des UNIDROIT-Übereinkommens zur Stellvertretung bei internationalen Kaufverträgen über bewegliche Sachen lautet: „(1) Dieses Übereinkommen ist anzuwenden, wenn eine Person, der Vertreter, die Vertretungsmacht hat oder zu haben vorgibt, für Rechnung einer anderen Person, des Vertretenen, mit einem Dritten einen Warenkaufvertrag abzuschließen. (2) Es regelt nicht nur den Abschluss eines solchen Vertrags durch den Vertreter, sondern auch jede Handlung die er vornimmt, um den Vertrag abzuschließen oder zu erfüllen. (3) Es betrifft nur das Verhältnis zwischen dem Vertretenen oder dem Vertreter einerseits und dem Dritten andererseits. (4) Es ist unabhängig davon anzuwenden, ob der Vertreter im eigenen Namen oder

In Anlehnung an das englische Vertretungsrecht, an die agency nach common law, unterscheidet der Entwurf zwischen offener und verdeckter Vertretung je nach Erkennbarkeit des Handelns für fremde Rechnung und der intendierten Vertragspartnerstellung, wobei die Wirkungen der offenen bzw. verdeckten Vertretung der unmittelbaren bzw. mittelbaren Vertretungswirkung nach deutschem Recht grundsätzlich gleichkommen.[54] Bei Insolvenz oder Nichterfüllung des selbst verpflichteten (mittelbaren) Vertreters können allerdings der Hintermann und der Dritte unmittelbar gegeneinander vorgehen, wodurch eine Annäherung der mittelbaren Vertretungswirkung an die unmittelbare Vertretungswirkung geschaffen wird.[55]

War dem UNIDROIT-Entwurf zur Einführung eines einheitlichen Gesetzes über die Stellvertretung bei internationalen Kaufverträgen über bewegliche Sachen auch wenig Erfolg beschieden,[56] so kommt seinem Inhalt Aktualität zu durch die gegenwärtigen Entwicklungen der überstaatlichen Privatrechtsharmonisierung. Die im Jahre 2010 in dritter Fassung vorgelegten UNIDROIT Principles of International

---

im Namen des Vertretenen handelt." Übersetzung *Schulze/Zimmermann,* Basistexte II.15, S. 269.

54 Art. 12 des UNIDROIT-Übereinkommens zur Stellvertretung bei internationalen Kaufverträgen über bewegliche Sachen lautet: „Handelt der Vertreter für Rechnung des Vertretenen im Rahmen seiner Vertretungsbefugnis und wusste der Dritte oder musste er wissen, dass der Vertreter in dieser Eigenschaft handelte, so binden die Handlungen des Vertreters unmittelbar den Vertretenen und den Dritten, es sei denn, es ergibt sich aus den Umständen, insbesondere durch Bezugnahme auf einen Kommissionsvertrag, dass der Vertreter nur sich selbst binden will." Art. 13 Abs. 1 des UNIDROIT-Übereinkommens zur Stellvertretung bei internationalen Kaufverträgen über bewegliche Sachen bestimmt demgegenüber: „Handelt der Vertreter für Rechnung des Vertretenen im Rahmen seiner Vertretungsbefugnis, so binden seine Handlungen nur den Vertreter und den Dritten, (a) wenn der Dritte weder wusste noch wissen musste, dass der Vertreter in dieser Eigenschaft handelte, oder (b) wenn sich aus den Umständen, insbesondere durch Bezugnahme auf einen Kommissionsvertrag, ergibt, dass der Vertreter nur sich selbst binden will." Übersetzung *Schulze/ Zimmermann,* Basistexte II.15, S. 272. Vgl. auch *Bonell,* Towards a European Civil Code, S. 381 ff., 382, 389.

55 Vgl. Art. 13 Abs. 2 des UNIDROIT-Übereinkommens zur Stellvertretung bei internationalen Kaufverträgen über bewegliche Sachen; ausführlich *Leser,* ZHR 126 (1964), 118 ff., 124 ff.; *Hager,* AcP 180 (1980), 239 ff., 244 ff.

56 Im Jahre 2011 war sie erst von fünf Staaten (Frankreich, Italien, Mexiko, Süd Afrika, Niederlande) ratifiziert worden. Sie bedarf zu ihrer Wirksamkeit aber der Ratifikation von mindestens zehn Staaten, vgl. *Bonell* S. 381 ff., 382 Fn 8; Staudinger/*Magnus* Rom I-VO Art. 4 Rom I-VO Rn 205.

Commercial Contracts (PICC),[57] die Principles of European Contract Law (PECL),[58] der (Gandolfi-) Entwurf eines Europäischen Vertragsgesetzbuches (European Contract Code bzw. ECC) aus dem Jahre 2001[59] und die im Jahre 2009 vorgelegte Outline Edition des Draft Common Frame of Reference (DCFR)[60] enthalten allesamt Regeln zur Stellvertretung. Ein Ziel dieser nicht kodifizierten Regelwerke besteht darin, einen gemeinsamen Ausgangspunkt für eine europäische Debatte über die materielle Richtigkeit der Regeln zu bilden.[61] Gerade bei der Frage nach der Abgrenzung

---

57 Die offizielle deutsche Version der PICC 2010 ist zu finden unter http://www.unidroit.org/english/principles/contracts/principles2010/integralversionprinciples2010-e.pdf. Die Grundregeln von 2010 ersetzen und ergänzen die Version von 2004, die ihrerseits die Version von 1994 abgelöst hatte. Die Regeln zur Stellvertretung waren erstmals in der Version von 2004 enthalten, vgl. *Zimmermann*, ZEuP 2005, 264, 265 f., und wurden in der Fassung von 2010 nicht verändert.

58 Die PECL erschienen in drei Teilen in den Jahren 1995, 2000 und 2003. Sie sind das Ergebnis der von Ole Lando zu Beginn der 80er Jahre gegründeten Commission on European Contract Law („Lando-Kommission"), in der Rechtswissenschaftler aus allen europäischen Mitgliedsstaaten unter dem Vorsitz von Ole Lando ein einheitliches europäisches allgemeines Vertragsrecht zu erarbeiten suchten. Die konsolidierte Fassung ist zu finden unter http://www.jus.uio.no/lm/eu.contract.principles.parts.1.to.3.2002/ bzw. in deutscher Übersetzung bei *Schulze/Zimmermann*, Basistexte III.10, S. 387 ff.

59 Parallel zu den Arbeiten der Lando-Kommission bemühte sich die 1990 in Pavia zusammengeschlossene Accademia dei Giusprivatisti Europei (Akademie Europäischer Privatrechtswissenschaftler) unter der Leitung von Guiseppe Gandolfi um den Entwurf eines Europäischen Vertragsgesetzbuches. Bereits 2001 konnte Gandolfi den Vorentwurf des Code Européen des Contrats veröffentlichen. Eine deutsche Übersetzung der Vorschriften ist zu finden bei *Schulze/Zimmermann*, Basistexte III.18, S. 469 ff.

60 Im Jahr 2001 initiierte die europäische Kommission die Gründung eines Forschungsnetzwerkes von 150 Wissenschaftlern aus allen EU-Mitgliedstaaten mit dem Ziel, einen „Gemeinsamen Referenzrahmen" (Draft Common Frame of Reference; DCFR) für die weitere Diskussion über die Harmonisierung des Privatrechts in den europäischen Mitgliedstaaten zu erarbeiten. Koordinator dieses „Exzellenznetzwerkes", dem u.a. die Study Group on a European Civil Code (Study Group) und die Research Group on the Existing EC Private Law (Acquis Group) angehörten, war Prof. Dr. Hans Schulte-Nölke aus Osnabrück. Die 2009 publizierte Outline edition ist veröffentlicht unter http://ec.europa.eu/justice/policies/civil/docs/dcfr_outline_edition_en.pdf. Eine deutsche Übersetzung findet sich online unter http://ec.europa.eu/justice/contract/files/european-private-law_de.pdf., wobei hier die Übersetzung gerade im Vertretungsrecht nicht einwandfrei gelingt. So müsste bspw. ausweislich des Kontextes und des Kommentars unter IV.D.-1:101(1)(b) das Handeln des Vertreters „on behalf of the principal" als Handeln „für Rechnung" des Geschäftsherrn übersetzt werden und nicht als Handeln „im Namen" des Geschäftsherrn.

61 *Zimmermann*, EuZW 2009, 319 ff.; *Schulte-Nölke*, NJW 2009, 2161 ff.; *Jansen/Zimmermann*, NJW 2009, 3401 ff.

von unmittelbarer und mittelbarer Vertretung beschreiten sie verschiedene Wege.[62] Während in den PICC und im DCFR ein einheitlicher Vertretungsbegriff verwendet wird, der die unmittelbare und die mittelbare Vertretungswirkung als Unterformen umfasst, definieren die PECL und der (Gandolfi-) Entwurf eines Europäischen Vertragsgesetzbuches (ECC) nur den mit unmittelbarer Vertretungswirkung im fremden Namen Handelnden als Vertreter.[63] Die PECL und der DCFR sehen in den Fällen der mittelbaren Vertretungswirkung in unterschiedlichem Ausmaß die Möglichkeit vor, dass der Hintermann und der Dritte unmittelbar gegeneinander vorgehen.[64] Zu der Frage nach der Relevanz von Kenntnissen, Kennenmüssen und Willensmängeln des Hintermanns gegenüber dem Dritten nimmt nur der Artikel 67 ECC im Rahmen unmittelbarer Vertretungswirkung Stellung,[65] während sich die übrigen Regelwerke als „theorieoffen"[66] erweisen.

Durch die aktuellen Bestrebungen der überstaatlichen Privatrechtsharmonisierung wird damit erneut die Frage aufgeworfen, ob die im deutschen Recht vertretene strikte Trennung von unmittelbarer und mittelbarer Stellvertretung unabdingbar und vor allem zutreffend ist.

---

62 Vgl. die rechtsvergleichende Analyse bei *Bonell*, Towards a European Civil Code, S. 381 ff.

63 Art. 2.2.3. und Art. 2.2.4 PICC sind nach dem Vorbild von Art. 12 und Art. 13 Abs. 1 des UNIDROIT- Übereinkommens zur Stellvertretung bei internationalen Kaufverträgen über bewegliche Sachen gestaltet, dazu eben Fn 54. Von der Definition des Vertreters gem. IV.D.-1:101(1) DCFR werden der unmittelbare und der mittelbare Stellvertreter erfasst. Nach Art. 3:102 und Artikel 3:301 ff. PECL heißt der mit mittelbarer Vertretungswirkung Handelnde „Mittelsperson". Der Gandolfi-Entwurf des ECC definiert die mittelbare Stellvertretung gar nicht und befasst sich – gleichsam der §§ 164 ff. BGB – allein mit der unmittelbaren Stellvertretung in seinen Art. 60 ff. ECC.

64 Artikel 3:302 und Art. 3:303 PECL lassen diese sog. Durchgriffshaftung bei Zahlungsunfähigkeit oder wesentlicher Nichterfüllung der „Mittelsperson" zu. Nach III.-5:401 DCFR kann der Hintermann bei Insolvenz des mittelbaren Vertreters das Ausführungsgeschäft übernehmen. Vgl. auch ausführlich *Moser* S. 310 ff.

65 Art. 67 ECC bestimmt: „(1) Der von einem Vertreter geschlossene Vertrag kann angefochten werden, wenn der Wille des Vertreters mit einem Mangel behaftet ist. Wenn der Mangel Elemente betrifft, die durch den Vertretenen vorher bestimmt wurden, kann der Vertrag angefochten werden, wenn der Wille des Vertretenen mit einem Mangel behaftet ist. (2) In den Fällen, in denen es auf den guten oder den bösen Glauben, die Kenntnis oder die Unkenntnis gewisser Umstände ankommt, kommt die Person des Vertreters in Betracht, außer wenn es sich um Elemente handelt, die vom Vertretenen vorher bestimmt wurden. (3) Keinesfalls kann der bösgläubige Vertretene sich auf die Unkenntnis oder den guten Glauben des Vertreters berufen. (4)…".

66 *Beuthien*, FS Medicus, 1999, 21 ff.

II. Gegenstand, Methodik und Ziel der Untersuchung

Ausgangspunkt der vorliegenden Arbeit ist die vorgenannte Monografie „Die Lehre von der Stellvertretung“ von Schlossmann.[67] Mit diesem zweibändigen, mehr als tausend Seiten umfassenden Werk aus den Jahren 1900 und 1902 wollte Schlossmann die Lehre von der Stellvertretung reformieren. Schlossmann entwickelt ein einheitliches Vertretungsinstitut, dem die unmittelbare und die mittelbare Vertretungswirkung als unselbstständige Erscheinungsformen angehören. Schlossmanns Ziel ist es, die proklamierte Verschiedenheit der Rechtsinstitute der unmittelbaren und der mittelbaren Stellvertretung zu widerlegen und bei beiden einheitliche Prinzipien nachzuweisen. Er erteilt der Lehre von der Abstraktheit der Vertretungsmacht eine Absage und befindet das Kriterium des Handelns im fremden Namen für die Abgrenzung von unmittelbarer und mittelbarer Stellvertretung für funktionell ungeeignet.

Schlossmann war Professor des Zivilrechts und lehrte im ausgehenden 19. Jahrhundert sowie im ersten Jahrzehnt des 20. Jahrhunderts an den Universitäten in Bonn und zu Kiel. Schlossmann wird heute zum Teil als der Freirechtsbewegung[68] nahe stehend[69] bzw. als Vorläufer[70] der Freirechtsbewegung eingeordnet. Begründet wird dies damit, dass er in seiner Schrift „Der Vertrag“ von 1876 das Rechtsgefühl als Rechtsquelle deklarierte und darüber hinaus Gesetzen und Gewohnheiten die Eigenschaft von Rechtsquellen absprach.[71] Schlossmann änderte aber im Laufe der Zeit seinen viel zitierten Standpunkt zu der Bedeutung von Gesetzen und Gewohnheiten und erkannte zu Beginn des 20. Jahrhunderts sowohl das Gesetz als auch die Gewohnheit ausdrücklich als Rechtsquellen an. Daher sollte die frühe Schrift Schlossmanns aus dem Jahre 1876 nicht davon abhalten, seine in den Jahren 1900 und 1902 veröffentlichte Abhandlung zur Lehre von der Stellvertretung erneut zu beleuchten und als Anregung für die heutige Rechtsdogmatik im Vertretungsrecht zu verstehen. In seiner „Lehre von der Stellvertretung“ arbeitet Schlossmann eng mit dem Gesetzeswortlaut. Er befasst sich eingehend mit denjenigen Normen, die von der herrschenden Vertretungslehre geprägt wurden, z.B. mit § 164 BGB hinsichtlich der Voraussetzungen der unmittelbaren Vertretungswirkung, mit den §§ 167 ff.

67 Bd. 1: Die Lehre von der Stellvertretung insbesondere bei obligatorischen Verträgen, Kritik der herrschenden Lehren, 382 Seiten, 1900; Bd. 2: Die Lehre von der Stellvertretung insbesondere bei obligatorischen Verträgen, Versuch einer wissenschaftlichen Grundlegung, 639 Seiten, 1902.

68 Freirechtsbewegung oder Freirechtsschule wird die Gruppierung von Rechtswissenschaftlern des frühen 20. Jahrhunderts genannt, die das Gesetz u.a. dann nicht anwenden wollten, sofern es zu einer unbilligen oder ungerechten Entscheidung führte. In diesen Fällen sollte der Richter frei vom Gesetz aufgrund einer Abwägung der betroffenen Interessen danach entscheiden dürfen, was er für gerecht erachtete. Vgl. hierzu mit vielen Nachweisen *Schröder*, S. 266.

69 *Schröder*, S. 267 Fn 22.

70 *Riebschläger*, S. 26 und 28.

71 *Schlossmann*, Der Vertrag, 1876, S. 175, 187 und 193 (zitiert nach *Riebschläger*, S. 28).

BGB bezüglich des Wesens der Vertretungsmacht und mit den §§ 383 ff. HGB hinsichtlich der Voraussetzungen der mittelbaren Vertretungswirkung. Schlossmann zeigt den jeweiligen Interessenkonflikt auf, der durch diese Normen entschieden wird, und gelangt zu dem Ergebnis, dass sich die Normen durch interessengerechte Auslegung in Einklang mit seiner Vertretungslehre bringen lassen.[72] Schlossmann erkennt also auch in seinem Werk zur Lehre von der Stellvertretung das Gesetz als Rechtsquelle an.

Die Schlossmann'sche Vertretungslehre soll hier zunächst dargestellt und sodann in einzelnen Aspekten auf ihre Haltbarkeit oder Überholtheit im geltenden Recht geprüft werden. Die Frage, ob im geltenden Recht eine Annäherung der mittelbaren und unmittelbaren Stellvertretung geboten ist, wird dabei ausschließlich für die Rechtsfolgen der beiden Vertretungsinstitute geprüft. Die Lehre von dem Geschäft für den, den es angeht, und damit speziell auch der unmittelbare Eigentumserwerb an Mobilien bei der mittelbaren Stellvertretung als Problem der Durchbrechung des Offenkundigkeitsprinzips wird nicht betrachtet. Hinsichtlich der tatbestandlichen Voraussetzungen der unmittelbaren oder mittelbaren Vertretungswirkung wird am Offenkundigkeitsprinzip festgehalten, wonach unmittelbare Stellvertretung grundsätzlich Erkennbarkeit des gewollten Fremdbezugs der Rechtsfolgen erfordert und mittelbare Stellvertretung fehlende Offenkundigkeit. Es geht also nicht um die tatbestandlichen Voraussetzungen der Vertretungsinstitute im geltenden Recht, sondern um die Ausgestaltung der Rechtsverhältnisse, insbesondere um die Einwirkung der Vertretungstendenz auf das Ausführungsgeschäft im Rahmen der mittelbaren Stellvertretung. Fraglich ist, inwieweit im Ausführungsgeschäft der mittelbaren Stellvertretung rechtlich zu berücksichtigen ist, dass der mittelbar Vertretene der „wirtschaftliche Herr“ des Ausführungsgeschäfts ist.

Für diese Prüfung wird von den oben genannten Konstellationen der mittelbaren Stellvertretung, in denen das Trennungsdogma als interessenwidrig erscheint, die Frage nach der analogen Anwendung des § 166 Abs. 2 BGB aufgegriffen. Es soll untersucht werden, ob bei Vorliegen von Kenntnissen oder Kennenmüssen beim Hintermann die strenge Durchführung des Trennungsdogmas tatsächlich interessenwidrig ist und ob der jeweilige Interessenkonflikt nur durch Gleichbehandlung mit der unmittelbaren Stellvertretung lösbar ist. Sofern die letzte Frage bejaht wird, wird die Lehre Schlossmanns zumindest teilweise bestätigt. In jedem Fall schließt sich die Frage an, welche Konsequenzen sich hieraus für die Lehre vom Vertretungsrecht ergeben.

Erforderlich ist dabei ein exemplarisches Vorgehen. Die speziell im Kommissionsrecht aufgeworfene Frage nach der Definition des Verfügenden gem. § 816 Abs. 1 Satz 1 BGB, zu deren Beantwortung eine Analyse bereicherungsrechtlicher Grundsätze notwendig erscheint, kann hier genauso wenig behandelt werden, wie die Problematik um die Rückabwicklung des Ausführungsgeschäfts bei der Verkaufskommission. Der vielfach diskutierte und im Ergebnis gebotene Schutz des

---

72 Vgl. *Schlossmann* II § 80, S. 623.

mittelbar Vertretenen vor den Gläubigern des Vertreters analog § 392 Abs. 2 BGB wurde in jüngerer Zeit ausführlich und überzeugend von Bitter dargelegt.[73]

Diese Arbeit enthält keine Prüfung der übrigen Aspekte der Lehre Schlossmanns an den Entwicklungen des geltenden Rechts. Es wird nicht auf die Tendenzen im neueren Recht eingegangen, die Vertretungsmacht ohne Abstraktionsgrundsatz einzuordnen.[74] Auch eine Betrachtung der Botenschaft und des Besitzes, die von Schlossmann als tatsächliches Handeln dem Vertretungsrecht zugeordnet werden, erfolgt in dieser Arbeit nicht. Um aber seine Thesen auch für derartige Untersuchungen im Gedächtnis zu halten, soll die Lehre Schlossmanns umfassend dargestellt werden.

Zunächst wird in dem ersten Teil dieser Arbeit die Lehre Schlossmanns zusammengefasst. Zur Veranschaulichung werden einfache Beispielsfälle gebildet, die jeweils zum einen nach der Lehre Schlossmanns und zum anderen unter Anwendung der heute herrschenden Vertretungslehre gelöst werden. Anschließend wird die zeitgenössische Resonanz auf Schlossmanns Monografie betrachtet, um zu untersuchen, weshalb sein Werk weitgehend in Vergessenheit geriet.

Sodann wendet sich diese Arbeit in ihrem zweiten Teil der Frage nach einer analogen Anwendung des § 166 Abs. 2 BGB zu. Dabei wird unter Zugrundelegung des herrschenden Verständnisses von den Merkmalen des Handelns im fremden Namen und der Vertretungsmacht nach einer abstrahierenden Darstellung der Interessenlage der an der unmittelbaren und mittelbaren Vertretung Beteiligten untersucht, ob der Wissensstand des mittelbar Vertretenen die Wirkungen des Ausführungsgeschäfts beeinflussen sollte. Es knüpft sich die Frage nach der Relevanz von alleinigen Willensmängeln beim mittelbar Vertretenen an, wobei Willensmängel infolge Irrtums gem. § 119 BGB und wegen rechtswidriger Drohung oder Täuschung gem. § 123 Abs. 1 BGB gesondert betrachtet werden. Sofern sich eine Gleichbehandlung dieser Konstellationen mit Fällen der unmittelbaren Stellvertretung als notwendig erweist, würde die These Schlossmanns von einem einheitlichen Vertretungsinstitut gestärkt werden. Aus den hier gewonnenen Erkenntnissen lassen sich Schlussfolgerungen ziehen für die dogmatische Erklärung der Drittschadensliquidation und die Definition des Merkmals des „Dritten“ i.S.v. § 123 Abs. 2 Satz 1 BGB.

---

73 *Bitter*, S. 150 ff., 191 ff. Soweit *Bitter* allerdings darüber hinausgehend das Kommissionsverhältnis als Verwaltungstreuhand einordnet, die Rechtsfigur der „Rechtsträgerschaft für fremde Rechnung“ entwirft und diese durch die sog. Gefahrtragungsthese konkretisiert (S. 264 ff.) können seine Ausführungen für unser Anliegen dahingestellt bleiben. Seine Beweisführung zur ratio des § 392 Abs. 2 HGB aus historischer Sicht als schlichte Ausprägung des bürgerlich-rechtlichen Auftrages (Mandats) und zu der hieraus resultierenden Analogiefähigkeit der Norm hat unabhängig von seiner weiteren Abhandlung Bestand.

74 Vgl. hierzu Staudinger/*Schilken* Vorbem zu §§ 164 ff. Rn 34 m.w.N.

B. Die Schlossmann'sche Vertretungslehre

I. Darstellung der Lehre Schlossmanns

Schlossmann zufolge befassen sich die Lehre und das Recht der Vertretung mit den rechtlichen Beziehungen, die unmittelbar oder mittelbar durch das Wirken des Vertreters zwischen dem Vertretenen und dem Dritten erzeugt werden. Schlossmann beschränkt seine Untersuchungen zum Vertretungsrecht ausdrücklich auf die Vertretung bei obligatorischen Verträgen sowie auf die Vertretung beim Besitzerwerb.[75]

In dem ersten Teil seiner Monografie[76] analysiert Schlossmann die seinerzeit herrschende Vertretungslehre, die durch den Gesetzgeber mit Erlass des HGB sowie des BGB sanktioniert worden ist.[77] Schlossmann kommt dabei zu dem Ergebnis, dass die in § 164 Abs. 1 BGB normierten Tatbestandsmerkmale des Handelns im fremden Namen und der Vertretungsmacht keinen Aufschluss über das Wesen der Vertretung geben.

In dem zweiten Teil seiner Abhandlung[78] entwirft Schlossmann die Grundlinien eines Vertretungsrechts, in dem die unmittelbare und die mittelbare Vertretungswirkung keine dogmatisch miteinander unvereinbaren Gegensätze darstellen. Nach Schlossmann handelt es sich um verschiedene technische Mittel für die Verwirklichung desselben Zwecks, die überdies nie in ihrer reinen Form, sondern stets in Kombination miteinander auftreten. Schlossmann definiert einen allgemeinen Vertretungstatbestand, welcher der unmittelbaren und der mittelbaren Vertretungswirkung zugrunde liegt und ihr gemeinsames Wesen verdeutlicht. Mit diesem gemeinsamen Wesen von unmittelbarer und mittelbarer Vertretungswirkung erklärt er unter anderem, dass es im Rahmen der mittelbaren Vertretungswirkung zu einer rechtlichen Einbindung des Hintermanns in das Ausführungsgeschäft kommt, bspw. bei der Drittschadensliquidation oder bei § 392 Abs. 2 HGB.

Die folgende Darstellung der Vertretungslehre Schlossmanns weicht in ihrem Aufbau von dem Schlossmann'schen Werk ab. Die von Schlossmann an der herrschenden Lehre geübte Kritik (Band 1 von Schlossmanns Monografie) wird nicht separat voran gestellt, sondern jeweils im Zusammenhang mit den einzelnen Punkten seiner eigenen Vertretungslehre (Band 2 von Schlossmanns Monografie) wiedergegeben. Die zur Veranschaulichung der Schlossmann'schen Vertretungslehre gebildeten Beispielsfälle finden sich zum Teil in ähnlicher Form bei Schlossmann selbst.

---

75 *Schlossmann* II Vorwort, S. VI.

76 Bd. 1: Die Lehre von der Stellvertretung insbesondere bei obligatorischen Verträgen, Kritik der herrschenden Lehren, 382 Seiten, 1900.

77 *Schlossmann* I § 1, S. 3; *Schlossmann* II Vorwort, S. VII, und § 80, S. 623 f.

78 Bd. 2: Die Lehre von der Stellvertretung insbesondere bei obligatorischen Verträgen, Versuch einer wissenschaftlichen Grundlegung, 639 Seiten, 1902.

1. Definition und Wesen der Vertretung

Schlossmann definiert die Vertretung ohne Rücksicht darauf, ob durch das Handeln des Vertreters unmittelbare oder mittelbare Rechtsbeziehungen zwischen dem Vertretenen und dem Dritten ausgelöst werden: Vertreter ist jeder, der durch seine Stellung dazu berufen ist, in den Angelegenheiten eines anderen in seinem Verhältnis zu Dritten für dessen Rechnung und dessen Gefahr zu wirken.[79] Um die Wahrnehmung fremder Interessen als wesentliches Merkmal der Vertretung hervorzuheben, will Schlossmann in terminologischer Hinsicht nicht von Stellvertretung sprechen, sondern schlicht von Vertretung.[80] Zu dem Kreis der Vertreter zählt Schlossmann nicht nur den Beauftragten, den Prokuristen und den Kommissionär, sondern auch den Boten, den Telegrafen, den Dolmetscher, den Makler, den Notar, den Gehilfen und den Sekretär.[81]

Das Wesen der Vertretung liegt Schlossmann zufolge in der Tendenz, die Arbeitskraft einer Person in den Dienst eines anderen zu stellen, um diesem den gesamten Erfolg der geleisteten Arbeit zu verschaffen.[82] Da derjenige, dem das Resultat der Arbeit ausschließlich gebührt, aus Gerechtigkeitsgründen auch für die angefallenen Kosten aufkommen muss,[83] ist die Lastenverlagerung auf den Hintermann ebenfalls Wesensmerkmal jeder Vertretung:[84] „Völlige Uninteressiertheit an dem wirtschaftlichen Resultat der Arbeit nach der positiven wie der negativen Seite bildet ... die Signatur der Thätigkeit des Vertreters. Das Geschäft wird von ihm ‚für Gefahr und Rechnung' des Vertretenen besorgt."[85] Handeln für fremde Gefahr und fremde Rechnung ist Schlossmann zufolge eine Bezeichnung für die spezielle Rechtswirkung der Vertretung, für die sog. spezifische Vertretungswirkung.[86]

a) Die spezifische Vertretungswirkung

Die spezifische Vertretungswirkung ist allen Vertretungstatbeständen zueigen. Sie besteht darin, dass die gesamten wirtschaftlichen Wirkungen des Geschäftes mit dem Dritten kraft rechtlicher Anordnung das Vermögen des Vertretenen treffen.[87]

---

79 *Schlossmann* I § 5, S. 51.

80 Die Silbe „Stell-" betone, dass die Stelle eines anderen, also eine andere Person, ersetzt werde. Auf diesen Personenbezug komme es aber nach dem Wesen der Vertretung nicht an. Die Interessenwahrung werde mit dem Begriff des Vertreters eher assoziiert als mit dem Begriff des Stellvertreters, vgl. *Schlossmann* I § 6, S. 72.

81 *Schlossmann* I § 5, S. 52 f.

82 *Schlossmann* II § 16, S. 120.

83 Vgl. zu diesem „Vorteilsgedanken" auch *Canaris*, RdA 1966, 41 ff., 43.

84 *Schlossmann* II § 4, S. 28 ff. mit ausführlicher Analyse jedes denkbaren gewillkürten oder gesetzlichen Vertretungsverhältnisses.

85 Schlossmann I § 5, S. 50.

86 *Schlossmann* II § 1, S. 8.

87 *Schlossmann* II § 1, S. 8.

Zur Veranschaulichung seien hier zwei Fälle genannt:

(1) V ist als Handelsvertreter damit betraut, die Produkte des H zu vertreiben. Für jedes verkaufte Produkt erhält V von H eine Provision.

(2) V handelt mit Kunstgegenständen. Er wird von H damit betraut, zwei Bilder von Ernst Macke zu kaufen. Falls V dies gelingt, soll er eine Provision erhalten.[88]

In Fallbeispiel (1) schließt V den Vertrag (auch nach der Schlossmann'schen Vertretungslehre[89]) mit unmittelbarer Wirkung für und gegen H. Parteien des Kaufvertrags werden H und der Dritte. Die hL begründet dieses Ergebnis mit dem Handeln des V im Namen des H gem. § 164 Abs. 1 Satz 1 BGB[90] in seiner Eigenschaft als Handelsvertreter, vgl. § 84 Abs. 1 Satz 1 Halbs. 2 HGB.[91]

In Fallbeispiel (2) wird V als Kunstexperte regelmäßig selbst Partei des Kaufvertrags (wiederum auch nach der Schlossmann'schen Vertretungslehre)[92]. Die hL begründet dies mit dem Handeln des V im eigenen Namen. Durch das Auftragsrecht im Innenverhältnis zwischen V und H wird die durch den Kaufvertrag bedingte Rechtsposition des V wirtschaftlich auf H verlagert. Der Verpflichtung des V zur Kaufpreiszahlung aus § 433 Abs. 2 BGB korrespondiert der Aufwendungsersatzanspruch des V gegen H aus §§ 670 i.V.m. 675 Abs. 1 BGB. Dem Anspruch des V auf Übergabe und Übereignung des Kaufgegenstands aus § 433 Abs. 1 Satz 1 BGB korrespondiert seine gegenüber H bestehende Pflicht aus §§ 667 i.V.m. 675 Abs. 1 BGB[93] zur Herausgabe des Erlangten.

Schlossmann hebt hervor, dass der Vermögensstand für den Vertretenen bzw. Hintermann stets der gleiche ist, ob er dem Dritten unmittelbar aus Vertrag i.S.v. § 164 Abs. 1 BGB haftet oder ob er ihm mittelbar in dieser Höhe aus § 670 BGB verpflichtet ist.[94] In den Beispielsfällen (1) und (2) schließt V den Kaufvertrag jeweils auf Rechnung des H, wobei es seinem Handeln auf fremde Rechnung und im

88 Ein ähnliches Beispiel findet sich bei *Musielak* GK BGB § 9 Rn 821.

89 Nach Schlossmann tritt die unmittelbare Vertretungswirkung aufgrund des Vorliegens des allgemeinen Tatbestands der spezifischen Vertretungswirkung und der objektiven Stellung des V als Handelsvertreter ein, dazu sogleich unter B.I.1.b) und B.I.3.b) (1).

90 § 164 Abs. 1 Satz 1 BGB lautet: „Eine Willenserklärung, die jemand innerhalb der ihm zustehenden Vertretungsmacht im Namen des Vertretenen abgibt, wirkt unmittelbar für und gegen den Vertretenen."

91 Nach § 84 Abs. 1 Satz 1 Halbs. 2 HGB ist Handelsvertreter, wer als selbstständiger Gewerbetreibender ständig damit betraut ist, Geschäfte im Namen eines anderen Unternehmers abzuschließen.

92 Nach Schlossmann tritt die mittelbare Vertretungswirkung ein aufgrund des Vorliegens des allgemeinen Tatbestands der spezifischen Vertretungswirkung und entweder kraft der objektiven Stellung des V als Kommissionär oder kraft des allgemeinen Rechtssatzes, dass derjenige, der im Rechtsverkehr auftritt, selbst haftet, sofern er seine Haftung nicht ausschließt, dazu sogleich unter B.I.3.b) (1), (2).

93 Bzw. im Fall eines Kommissionsgeschäfts gem. § 384 Abs. 2 HGB.

94 *Schlossmann* II § 1, S. 8.

fremden Interesse nicht entgegen steht, dass V eine Provision für die Vornahme der Vertretungshandlung erhält. Daraus entsteht kein eigenes Interesse des Vertreters an dem wirtschaftlichen Resultat des Vertretergeschäfts. Seine Entlohnung beruht Schlossmann zufolge nur mittelbar auf der Vornahme der Vertretungshandlung, unmittelbar findet sie ihren Rechtsgrund in der Zahlungsabrede mit dem Vertretenen.[95] Das in Vertretung abgeschlossene Geschäft als solches kommt allein dem Hintermann zugute.[96] Hierin liegt nach Schlossmann die spezifische Vertretungswirkung begründet.

Es wird deutlich, dass Schlossmann mit dem Begriff der spezifischen Vertretungswirkung sowohl die unmittelbare als auch die mittelbare Vertretungswirkung umfasst. Schlossmann behält dabei die Differenzierung zwischen unmittelbarer und mittelbarer Wirkung bei und spricht diesbezüglich von einer Alternativität der Rechtsfolgen, die er zum Wesensmerkmal der spezifischen Vertretungswirkung (und damit auch zum Wesensmerkmal der Vertretung) erhebt: Unmittelbar haftet dem Dritten entweder der Vertreter oder der Vertretene; Herbeiführung der unmittelbaren Verpflichtungswirkung für den Vertretenen bedeutet stets Ausschluss des Vertreters von derselbigen und umgekehrt.[97]

b) Der allgemeine Tatbestand der spezifischen Vertretungswirkung

Die Voraussetzungen, unter denen die spezifische Vertretungswirkung eintritt, nennt Schlossmann den allgemeinen Tatbestand der spezifischen Vertretungswirkung. Er ist allen Vertretungstatbeständen gemeinsam, unabhängig davon, ob im konkreten Einzelfall aufgrund zusätzlicher Tatbestandsmomente unmittelbare oder mittelbare Vertretungswirkungen eintreten.[98]

Vorangestellt seien die folgenden Beispiele:

(1) V und H sind eng befreundete Briefmarkensammler. V besitzt eine seltene und sehr wertvolle Marke, die auch das Interesse von H geweckt hat. Weil H die gleiche Marke erwerben möchte, bittet er V, dass auch V nach etwaigen Angeboten Ausschau hält. Als V bei einer Auktion des D die gleiche Marke

---

95 Einprägsam ist für diesen Gedanken die knappe Formulierung *v. Tuhrs*, der zwischen Vertragsabschlussinteresse des Vertreters und Leistungsinteresse des Geschäftsherrn unterscheidet, vgl. *v. Tuhr*, Grünhuts Zeitschrift 25 (1898), 529 ff., 535.

96 *Schlossmann* I § 5, S. 51.

97 *Schlossmann* II § 48, S. 330 f.; Diese Erkenntnis ermögliche u.a. die systemgetreue Einordnung der Haftung aus § 179 BGB, hierzu unten B.I.5.b).

98 *Schlossmann* II § 7, S. 51 f. Je nach wirtschaftlicher Stellung des Vertreters führt bereits dieser allgemeine Tatbestand der Vertretung nach *Schlossmann* I § 31, S. 353 ff. grundsätzlich die mittelbare bzw. die unmittelbare Vertretungswirkung herbei, ausführlich unter B.I.3.b) (1). Darüber hinaus kann der eigentlich unmittelbar haftende Vertreter die Vertretungswirkung durch eine Haftungsausschlussvereinbarung von sich ablenken, *Schlossmann* II § 48, S. 330. Hierzu unter B.I.3.b) (2).

zum Kauf angeboten bekommt, fühlt er sich innerlich verpflichtet, die Marke für H zu kaufen. V erwirbt daher die Marke für H.[99]

(2) D hat dem H einen Teppich zum Kauf angeboten. H beauftragt seinen Sekretär V, dem D die Annahme des Angebots mitzuteilen. V überbringt dem D die Nachricht.

(3) H beauftragt V mit dem Kauf eines Teppichs bei D. V erhält den Teppich sofort und bringt ihn dem H mit.

Nach Schlossmann erfordert der allgemeine Tatbestand der spezifischen Vertretungswirkung grundsätzlich (1) das Bestehen eines Vertretungsverhältnisses zwischen Vertreter und Vertretenem, (2) ein Handeln des Vertreters für den Vertretenen zur Erfüllung (solvendi causa) der ihm aufgrund des Vertretungsverhältnisses obliegenden Pflichten und (3) die Übereinstimmung des Handelns mit den Pflichten aus dem Vertretungsverhältnis.[100]

(1) Bestehen eines Vertretungsverhältnisses

Für die Annahme eines wirksamen Vertretungsverhältnisses (Voraussetzung 1) zwischen dem Vertreter und dem Hintermann, aus dem regelmäßig die Handlungspflicht des Vertreters sowie sein Anspruch auf Aufwendungsersatz gem. § 670 BGB entspringt, genügt nach Schlossmanns Lehre das Bestehen eines Gefälligkeitsverhältnisses, sofern sich der Handelnde durch sein außerrechtliches Versprechen zumindest moralisch verpflichtet sieht.[101] Entscheidend ist das Bestehen einer Sonderverbindung zwischen zwei Personen, aus der die (ggf. moralische) Pflicht des einen entsteht, eine bestimmte Handlung für den anderen vorzunehmen.[102]

In allen drei Beispielsfällen besteht ein solches Vertretungsverhältnis zwischen V und H. Während sich V in Fall (1) zur Vornahme der Vertretungshandlung moralisch verpflichtet sieht, folgt seine Handlungspflicht in Fall (2) aus dem Dienstvertrag gem. § 611 Abs. 1 BGB und in Fall (3) aus dem Auftrag gem. § 662 BGB. Stets kann V von H Ersatz seiner Aufwendungen verlangen gem. § 670 BGB (im

99 Dieses Beispiel ist angelehnt an das Beispiel von *Musielak* GK BGB § 8 Rn 689.

100 *Schlossmann* II §§ 2 ff., S. 9 ff.

101 *Schlossmann* II § 4, S. 31 f.

102 Wenn im Folgenden das Vertretungsverhältnis zwischen Vertreter und Vertretenem der Einfachheit halber als „Rechts"-Verhältnis bezeichnet wird, ist dies also ungenau. Diese Bezeichnung erleichtert aber das Verständnis bzw. die Einordnung der auf das Binnenverhältnis zurückgehenden, dritten Voraussetzung des allgemeinen Vertretungstatbestandes: des pflichtgemäßen Handelns. Zudem ordnet der BGH viele Gefälligkeitsverhältnisse als Rechtsverhältnisse ohne Primärleistungspflichten ein, in denen die Parteien für die Verletzung von Schutzpflichten gem. § 241 II BGB nach §§ 280 I, 311 II BGB einstehen müssen, vgl. zur gegenwärtigen Rechtslage etwa Palandt/*Grüneberg* Einl v § 241 Rn 8.

zweiten Beispielsfall in analoger Anwendung[103] und im ersten Beispielsfall i.V.m. § 683 Satz 1 BGB wegen Geschäftsführung ohne Auftrag).

Entgegen dem von der ganz herrschenden Auffassung vertretenen und in § 164 Abs. 1 BGB normierten Grundsatz, dass nur der Abschluss von Rechtsgeschäften oder die Vornahme von Rechtshandlungen die Vertretungswirkung auslösen kann,[104] kommen nach Schlossmann auch tatsächliche Handlungen als Vertretungshandlung in Betracht: Als Beispiele nennt Schlossmann das Einfangen oder Erlegen wilder Tiere, den Besitz, die Verarbeitung, Vermischung, Nutzung, das Erfinden von Zeichenmustern, Übersetzen von Büchern und die Begehung eines Diebstahls.[105]

Den Ursprung für die Ansicht der herrschenden Lehre findet Schlossmann in der Willenstheorie[106]: Weil die durch Vertreterhandeln ausgelöste unmittelbare oder mittelbare Vertretungswirkung vom Gesetz ausgestaltet und angeordnet wird, sei mit der Willenstheorie die irrige These entstanden, dass die Vertretungswirkung ein auf das Herbeiführen von Rechtsfolgen gerichtetes Handeln voraussetze.[107] Schlossmann widerlegt die heute als überholt betrachtete[108] Willenstheorie in seinem ersten Band ausführlich.[109] Aus der Unhaltbarkeit der Willenstheorie folgert er die Unhaltbarkeit der Ansicht, dass nur der Abschluss von Rechtsgeschäften oder die Vornahme von Rechtshandlungen die Vertretungswirkung auslösen kann.

Entscheidend für die Rechtsnatur der Vertreterhandlung ist nach Schlossmann, ob ein der Vertretung wesensmäßig entsprechendes Handeln vorliegt: Ob ein Handeln vorliegt, das von einer Person vorgenommen wird, um einer anderen Person zu dienen, wobei der Handelnde weder an den Vorteilen seiner Tat noch an deren Lasten interessiert ist.[110]

(2) Handeln für den Vertretenen solvendi causa

Aus dem Wesen der Vertretungshandlung resultiert die zweite Voraussetzung des von Schlossmann entwickelten allgemeinen Tatbestands der spezifischen Vertretungswirkung, nämlich das Handeln für den Vertretenen zur Erfüllung (solvendi causa) der ihm aufgrund des Vertretungsverhältnisses obliegenden Pflichten. In

---

103 Der Aufwendungsersatzanspruch des Sekretärs V entsteht freilich nur, sofern die ihm durch die Übermittlungstätigkeit entstandenen Aufwendungen nicht bereits durch die Vergütung abgegolten sind. Vgl. hierzu die gegenwärtige Rechtslage bei Palandt/*Weidenkaff* § 611 Rn 125 ff.

104 Vgl. hierzu aus neuerer Zeit etwa *Klinck*, AcP 205 (2005), 488 ff.

105 *Schlossmann* II § 2, S. 13 f.

106 Nach der Willenstheorie, die im gemeinen Recht des 19. Jahrhunderts und in den Anfangsjahren des BGB vorherrschte, beruhen die Rechtsfolgen einer Willenserklärung auf einem entsprechenden Parteiwillen, vgl. hierzu *Larenz/Wolf* § 24 sub IV 1 Rn 23 m.w.N.

107 Schlossmann II § 3, S. 18.

108 Vgl. *Larenz/Wolf* § 24 sub IV 1 Rn 23.

109 *Schlossmann* I § 10, S. 95–114.

110 *Schlossmann* II § 3, S. 19.

Ablehnung der Willenstheorie verlangt Schlossmann keine auf die Herbeiführung von Rechtserfolgen gerichtete Absicht, sondern ein „Handeln mit der Absicht, in dem Vermögen oder in den sonstigen Verhältnissen eines anderen einen thatsächlichen Erfolg zu bewirken oder vorzubereiten".[111] Die Vertretungswirkung tritt unabhängig davon ein, ob sie gewollt wird oder nicht; die Rechtsfolgen werden allein vom objektiven Recht angeordnet.[112] Der Vertreter muss Schlossmann zufolge lediglich die Absicht haben, für den anderen einen tatsächlichen Erfolg herbeizuführen – ohne Rücksicht auf seine rechtliche Garantie. Dabei muss der Vertreter zur Erfüllung (solvendi causa) der ihm durch das Vertretungsverhältnis auferlegten Pflichten tätig werden:[113]

Im obigen Beispielsfall (1) kauft V von D die Briefmarke, um dem H hieran absolute Sachherrschaft zu verschaffen und um zugleich seine moralische Pflicht zu erfüllen. Seine Absicht ist darauf gerichtet, im Vermögen des H einen tatsächlichen Erfolg vorzubereiten. In Beispielsfall (2) übermittelt V als Bote die Annahme des Angebots von H an D, um dem H die tatsächliche Aussicht auf den Teppich zu verschaffen. V will im Vermögen des H einen tatsächlichen Erfolg bewirken und zugleich seine Pflichten aus dem Dienstvertrag erfüllen.[114] In Beispielsfall (3) nimmt

---

111 *Schlossmann* II § 3, S. 18.

112 *Schlossmann* II § 3, S. 19.

113 *Schlossmann* II § 5, S. 36.

114 *Schlossmann* zufolge verkennt die hL die Vertretungsnatur der Übermittlungstätigkeit des Boten. Die herrschende These von der Gegensätzlichkeit von Botenschaft und unmittelbarer Stellvertretung resultiert nach *Schlossmanns* Ansicht aus einer Fehlinterpretation des römischen Rechts. Die heute hL nehme zu Unrecht an, dass es im römischen Recht keine unmittelbare Vertretungswirkung gegeben habe, vgl. hierzu ausführlich *Schlossmann* I § 28, S. 314 ff. Überdies fehle es der These von der Gegensätzlichkeit von Botenschaft und unmittelbarer Stellvertretung an ihrer praktischen Brauchbarkeit, da Botenschaft und unmittelbare Stellvertretung im Wesentlichen dieselben Rechtsfolgen auslösen: Ein Irrtum des Handelnden berechtigt jeweils den Hintermann zur Anfechtung, sei es bei einem Irrtum des Boten nach § 120 BGB, sei es bei einem Irrtum des unmittelbaren Stellvertreters nach § 166 Abs. 1 BGB. Durch untreues Handeln des Boten bzw. des unmittelbaren Vertreters könne der jeweilige Hintermann in keinem Fall verpflichtet werden, sei es bei untreuem Handeln des Boten nach den Grundsätzen der „abhandengekommenen Willenserklärung", sei es bei untreuem Handeln des unmittelbaren Stellvertreters nach §§ 177, 179 BGB, vgl. *Schlossmann* I § 5, S. 52 ff. Zwar stellt *Schlossmann* fest, dass es hinsichtlich des Zeitpunkts des Vertragsschlusses einen Unterschied machen kann, ob der Vertrag mit einem Boten abgeschlossen wird (dann Vertragsschluss im Zeitpunkt des Zugangs der Annahmeerklärung beim Hintermann), oder ob die Annahmeerklärung dem unmittelbaren Stellvertreter gegenüber ausgesprochen werde (dann Vertragsschluss bereits im Zeitpunkt des Zugangs der Willenserklärung beim Vertreter), diese Unterschiede rechtfertigten aber nicht die Charakterisierung von Botenschaft und unmittelbarer Stellvertretung als Gegensätze. Vielmehr handle sich um partielle Verschiedenartigkeiten, die

V den Teppich für H in Empfang, um damit seinen Pflichten aus dem Auftrag nachzukommen. V besitzt den Teppich in Vertretung für H, wenn er beabsichtigt, die Sachherrschaft entweder auf H zu übertragen oder die Sachherrschaft für H gemäß etwaiger Anordnungen des H auszuüben. In beiden Fällen will V den tatsächlichen Erfolg der Inbesitznahme im Vermögen des H vorbereiten oder bewirken, also im Sinne der Schlossmann'schen Vertretungslehre für den H solvendi causa handeln.[115]

(3) Pflichtgemäßheit des Handelns

Als dritte Voraussetzung des allgemeinen Tatbestands der spezifischen Vertretungswirkung ist nach Schlossmann die Übereinstimmung des Vertreterhandelns mit den Pflichten aus dem Vertretungsverhältnis erforderlich. Dieses Merkmal werde von der hL im Bereich der unmittelbaren Vertretungswirkung gem. § 164 Abs. 1 BGB durch das Handeln im Rahmen der Vertretungsmacht umschrieben. Nach Schlossmanns Vertretungslehre findet der Eintritt der spezifischen Vertretungswirkung seine Rechtfertigung in der konkreten Ausgestaltung des Vertretungsverhältnisses. Nur wenn die Vertreterhandlung den internen Pflichten entspricht, kann der Hintermann unmittelbar[116] oder mittelbar nach § 670 BGB verpflichtet werden und vom Vertreter Herausgabe des Erlangten nach § 667 BGB verlangen.[117]

Im Beispielsfall (1) löst das Handeln des V spezifische Vertretungswirkung aus, da H den Kaufpreis nach den Regeln der Geschäftsführung ohne Auftrag gem. § 683 Satz 1 BGB i.V.m. § 670 BGB begleichen muss und die Briefmarke gem. § 681 Satz 2 BGB herausverlangen kann. Im Beispiel (2) wird H durch das Handeln von V unmittelbar berechtigt und verpflichtet, weil V gemäß seinen Pflichten aus dem Dienstvertrag und in untergeordneter, weisungsgebundener Stellung tätig wurde.[118] Im Beispielsfall (3) besitzt V bei pflichtgemäßem Verhalten entweder mit unmittelbarer Wirkung für H, sofern V in untergeordneter oder weisungsgebundener Stellung tätig wird.[119] Oder er vermittelt dem H den Besitz dergestalt, dass V die

---

aus Gerechtigkeits- und Zweckmäßigkeitserwägungen im konkreten Fall folgten, *Schlossmann* I § 28, S. 332.

115 Zur Einordnung aller drei Beispielsfälle siehe *Schlossmann* II § 3, S. 20 oben.

116 Wie noch zu zeigen ist, setzt nach der Schlossmann'schen Vertretungslehre nicht jede unmittelbare Vertretungswirkung den Tatbestand des § 164 Abs. 1 BGB voraus.

117 *Schlossmann* II § 6, S. 49.

118 Zu dem Kriterium der wirtschaftlich untergeordneten Stellung des Vertreters als Voraussetzung der unmittelbaren Vertretungswirkung, vgl. unter B.I.3.b)(1).

119 Dies entspricht dem Tatbestand und der Rechtsfolge des § 855 BGB. § 855 BGB lautet: „Übt jemand die tatsächliche Gewalt über eine Sache für einen anderen in dessen Haushalt oder Erwerbsgeschäft oder in einem ähnlichen Verhältnis aus, vermöge dessen er den sich auf die Sache beziehenden Weisungen des anderen Folge zu leisten hat, so ist nur der andere Besitzer."

unmittelbare Sachherrschaft dem H Zug-um-Zug gegen Befreiung von den Kosten herauszugeben hat.[120]

Auch in den übrigen, oben genannten Fällen[121] tatsächlichen Handelns für einen anderen solvendi causa der Pflichten aus dem Vertretungsverhältnis könne selbst die hL nicht abstreiten, dass auch diesen Handlungen zumindest mittelbare Vertretungswirkung zugeschrieben werde, und sei es auch nur durch die Pflicht, das Erlangte Zug-um-Zug gegen Befreiung von den Kosten der Handlung herauszugeben.[122]

Keine Voraussetzung für die spezifische Vertretungswirkung ist Schlossmann zufolge der Umstand, dass ein fremdes Geschäft besorgt wird. Wer diese Voraussetzung aus § 687 I BGB entnimmt, geht einen unnötigen Umweg: Denn zu den fremden Geschäften gehören bereits all diejenigen Geschäfte, die (1) gemäß den Pflichten aus dem Vertretungsverhältnis (2) für den Vertretenen vorgenommen werden.[123] Der Begriff des fremden Geschäfts ist daher nach Schlossmann nichts anderes als eine Bezeichnung der allgemeinen Voraussetzungen der spezifischen Vertretungswirkung. Als Tatbestandsmerkmal sei die Fremdheit des Geschäfts eine Tautologie.

c) Die spezifische Vertretungswirkung als Abgrenzungskriterium zu anderen Rechtsinstituten

Die spezifische Vertretungswirkung dient Schlossmann dazu, das Institut der Vertretung von anderen Rechtsinstituten abzugrenzen.

Bei Schlossmann selbst finden sich hierzu die folgenden Beispiele:[124]

(1) V verkauft dem H eine bestimmte Menge Waren. Um seine Leistungspflichten gegenüber dem H zu erfüllen, kauft V sodann dieselbe Menge Waren bei D ein. Hierbei kann V einen Gewinn erwirtschaften, weil D die Waren reduziert angeboten hatte.

(2) V schließt mit D eine Lebensversicherung ab, die dem H zugute kommen soll.

In Fallbeispiel (1) nimmt V bei D einen sog. Deckungskauf vor. Schlossmann zufolge fehlt es hier an der spezifischen Vertretungswirkung, da die Rechte und Pflichten aus dem Deckungskauf nicht kraft des Innenverhältnisses zwischen V und H auf H verlagert werden. V muss den Vorteil, den er durch den Deckungskauf erwirtschaftet hat, nicht an H herausgeben und kann auch keinen Ersatz für etwaige Mehraufwendungen verlangen. V hat ein eigenes Interesse an den Vorteilen des Deckungskaufs, er handelt auf eigene Rechnung und auf eigene Gefahr.[125]

---

120 Hierin liege die mittelbare Vertretungswirkung, *Schlossmann* II § 2, S. 14.

121 Einfangen oder Erlegen wilder Tiere, die Verarbeitung, Vermischung, Nutzung, das Erfinden von Zeichenmustern, Übersetzen von Büchern, die Begehung eines Diebstahls.

122 *Schlossmann* II § 2, S. 14.

123 *Schlossmann* II § 13, S. 108.

124 *Schlossmann* I § 6, S. 56 und S. 67.

125 *Schlossmann* I § 6, S. 56 f.

In der Konstellation aus Fallbeispiel (2) liegt ein echter Vertrag zugunsten Dritter i.S.v. § 328 Abs. 1 BGB vor. Die herrschende Auffassung lehnt in Fall (2) ein Vertretergeschäft gem. § 164 Abs. 1 BGB mit dem Hinweis darauf ab, dass H zwar unmittelbar aus dem Versicherungsvertrag berechtigt wird, dass V aber selbst Partei des Versicherungsvertrags und Schuldner der Versicherungsprämien ist. Nach Schlossmanns Auffassung sind die konkreten Vertragsbeziehungen zwischen D einerseits und V und/oder H andererseits nicht ausschlaggebend. Entscheidend sei das Innenverhältnis zwischen V und H: Sofern H dem V die Prämien zu erstatten hat, den H also sowohl die Vorteile als auch die Nachteile des Versicherungsvertrags treffen, liegt demnach kein echter Vertrag zugunsten Dritter i.S.v. § 328 Abs. 1 BGB, sondern Vertretung vor.[126]

2. Die optimale Lösung des im Wesen der Vertretung beruhenden Interessenkonflikts als Leitlinie des Vertretungsrechts

Nach Schlossmanns Ansicht werden sowohl die Vertretungstatbestände mit unmittelbarer Wirkung als auch solche mit mittelbarer Wirkung von demselben Interessenkonflikt beherrscht. Die Lösung dieses Interessenkonflikts stehe im Mittelpunkt des gesamten Vertretungsrechts.[127]

Bei jedem Vertretungstatbestand sind Schlossmann zufolge vier Beteiligte auszumachen, deren Interessen verwirklicht werden wollen: der Vertretene, der Vertreter, der Dritte und der Rechtsverkehr als Gesamtheit. Stets verfolgt der Vertretene das Ziel, schnell und sicher die Vorteile des Geschäftes zu erlangen, während der Vertreter entweder von den Lasten ganz verschont bleiben oder sie auf möglichst schnelle und sichere Weise loswerden will.[128] Dem Dritten geht es primär darum, die versprochene wirtschaftliche Machtposition auch tatsächlich zu erlangen, während der Rechtsverkehr als Gesamtheit vor allem an der Praktikabilität und tatsächlichen prozessualen Durchsetzbarkeit einer rechtlich abgesicherten Arbeitsteilung interessiert ist.[129]

Für die Lösung der Interessenkollision gibt es als rechtliche Gestaltungsmöglichkeiten den Weg der unmittelbaren Vertretungswirkung, den Weg der mittelbaren Vertretungswirkung sowie verschiedene Kombinationen aus beiden.[130] Welcher dieser Wege im konkreten Fall am meisten geeignet ist, um die verschiedenen

---

126 *Schlossmann* I § 6, S. 67. Schlossmann hält diesbezüglich nur eine Abgrenzung zur Vertretung mit unmittelbarer Wirkung i.S.v. § 164 Abs. 1 BGB für erforderlich, da nur hier ein tertium comparationis, nämlich der unmittelbare Rechtserwerb des Begünstigten, vorhanden sei, vgl. *Schlossmann* I § 6, S. 58.

127 *Schlossmann* I § 7, S. 80; *Schlossmann* II § 17, S. 131 ff.

128 *Schlossmann* II § 17, S. 132.

129 *Schlossmann* II § 63, S. 463.

130 *Schlossmann* II § 16, S. 120 ff.

Interessen zu befriedigen, hängt nach Schlossmann von den Umständen des Einzelfalls ab.[131]

Der Zweck des Vertretungsrechts besteht Schlossmann zufolge darin, jedes der kollidierenden Interessen weitestgehend zu verwirklichen und die etwaigen Interesseneinbußen auf ein vertretbares Minimum zu beschränken: „Das anzustrebende Ziel muss es aber sein, für jeden Vertretungsfall diejenige rechtliche Behandlung zu finden, die nicht nur das Problem der Vertretung mit möglichster Vollkommenheit löst, sondern es auch löst, ohne den anderen Beteiligten Opfer aufzuerlegen, oder, wenn es ohne ein Opfer von ihrer Seite nicht abgehen kann, es um den geringsten Preis löst, durch dessen Entrichtung von ihrer Seite die Lösung sich noch beschaffen lässt. Das Ideal eines Rechtes der Vertretung würde also darin bestehen, für jeden einzelnen Fall die erreichbar vollste Harmonie der Interessen aller Beteiligter herzustellen."[132]

Aus dem in der optimalen Interessenverwirklichung aller Beteiligten beruhenden Zweck des Vertretungsrechts leitet Schlossmann den Eintritt und die Ausgestaltung der Vertretungswirkung im konkreten Einzelfall ab. Die optimale Lösung der Interessenkollision bildet für Schlossmann die Leitlinie des Vertretungsrechts.

3. Der Eintritt und die Ausgestaltung der Vertretungswirkung im konkreten Einzelfall

Schlossmann zufolge wird die spezifische Vertretungswirkung durch den Eintritt unmittelbarer bzw. mittelbarer Vertretungswirkungen ausgestaltet. Terminologisch nennt Schlossmann die unmittelbare und mittelbare Vertretungswirkung „besondere Arten der Vertretungswirkung".

Im Interesse des Rechtsverkehrs an der Praktikabilität und tatsächlichen prozessualen Durchsetzbarkeit des Vertretungsinstituts erkennt Schlossmann die Notwendigkeit von generalisierenden Regeln für den Eintritt der besonderen Art der Vertretungswirkung an.[133] Diesbezüglich wendet er sich gegen das von der herrschenden Lehre aufgestellte Kriterium des Handelns im eigenen oder im fremden Namen.

Beispielhaft soll hier mit den folgenden auch von Schlossmann verwendeten Fällen gearbeitet werden:[134]

(1) Der bei H angestellte V kauft pflichtgemäß bei D Waren ein, die im Geschäft des H vertrieben werden sollen. Obwohl V bei Geschäftsabschluss seine Beziehung zu H nicht erwähnt, ist D bekannt, dass die Waren für den Vertrieb im Geschäft des H eingekauft werden. Auch weiß D, dass der V im Geschäft des H angestellt ist.

---

131 *Schlossmann* II § 17, S. 131.

132 *Schlossmann* II § 17, S. 132.

133 *Schlossmann* II § 18, S. 142 ff.

134 Die Fälle finden sich in ähnlicher Form bei *Schlossmann* I § 13, S. 153 f. und § 17, S. 188.

(2) Der einen bekannten Antiquitätenhandel betreibende V kauft bei D zwei antike Truhen aus dem 16. Jahrhundert. Dabei teilt V dem D mit, dass er die Truhen für H kauft.
(3) Der V führt ein Modegeschäft unter der Firma „V. Schuckhardt". Nach seiner Insolvenz wird das Geschäft auf H übertragen und unter der Firma „F. C. Schuckhardt" weitergeführt. V führt das Geschäft im Auftrag des H fort. V bestellt bei D Waren für das Geschäft und empfängt die Waren, wobei die beiliegende Rechnung „An V. Schuckhardt" ausgestellt ist.

a) Unbrauchbarkeit des Gegensatzes Handeln im fremden Namen und Handeln im eigenen Namen für die Bestimmung der besonderen Art der Vertretungswirkung

Schlossmann befasst sich im ersten Band seiner Monografie eingehend mit der in § 164 Abs. 1 BGB und in § 383 Abs. 1 HGB normierten herrschenden Lehre, nach der beim Handeln im fremden Namen unmittelbare Vertretungswirkung eintritt und beim Handeln im eigenen Namen mittelbare Vertretungswirkung.[135] Schlossmann zufolge ist das Kriterium des Handelns im eigenen oder im fremden Namen nicht dazu geeignet, den Eintritt von unmittelbarer oder mittelbarer Vertretungswirkung zu rechtfertigen.

Dies begründet Schlossmann zunächst erneut mit der Unhaltbarkeit der von Savigny entwickelten Willenstheorie,[136] aus deren Anwendung das Kriterium des Handelns im eigenen oder im fremden Namen entwickelt worden sei. Da die Rechtsfolgen einer Willenserklärung nach der Willenstheorie auf dem zugehörigen Parteiwillen beruhen, habe die herrschende Lehre die Ursache der verschiedenen Wirkungen der mittelbaren und der unmittelbaren Stellvertretung im Geschäftsabschluss bzw. in dem Willen der Parteien gesucht. Hierbei habe man sich mit dem häufigen, zufällig in Erscheinung tretenden Merkmal des Handelns im fremden Namen zufrieden gegeben, ohne die einzelnen Erscheinungen genau zu untersuchen.[137]

---

135 *Schlossmann* I §§ 11–20, S. 115–226 und § 31, S. 353 ff.

136 Wie bereits erwähnt, war nach der Willenstheorie der Wille des Erklärenden der Geltungsgrund der Erklärung. Eine Erklärung hatte nur dann verbindliche Wirkung, wenn ihr ein entsprechender Wille zugrunde lag. Eine Erklärung ohne einen ihr korrespondierenden Willen konnte nicht gelten und war nichtig, vgl. *Larenz/Wolf* § 24 sub IV 1 Rn 23. *Schlossmann* widerlegt die Willenslehre sub *Schlossmann* I § 10, S. 95–114. Da die Willenstheorie heute nicht mehr vertreten wird (vgl. *Larenz/Wolf* § 24 sub IV 1 Rn 23), erübrigt sich hier die Wiedergabe der von *Schlossmann* angeführten Argumente.

137 *Schlossmann* I § 20, S. 220 f.

Auf Seiten der herrschenden Lehre bestehe „nebulöse Übereinstimmung“ darin, was man mit dem Handeln im fremden Namen bezeichnen will.[138] Es sei nicht möglich, dem Handeln im fremden Namen eine Bedeutung zuzuweisen, die sich einerseits in Einklang mit der Regelung des § 164 Abs. 1 BGB[139] bringen lässt, und die sich andererseits als Abgrenzungskriterium für die unmittelbare und die mittelbare Vertretungswirkung eignet. Die grammatikalische[140] und historische Auslegung[141] des § 164 Abs. 1 BGB führen Schlossmann zu dem Ergebnis, dass dem Handeln im fremden Namen in § 164 Abs. 1 BGB die Bedeutung des Handelns im

---

138 Jeder Gelehrte greife sich für seine Definition irgendeine Bedeutung heraus, die der Wendung nach allgemeinem Sprachgebrauch zukomme, um die Wendung dann allerdings nicht in dem zuvor definierten Sinne, sondern mit ganz unterschiedlichen Bedeutungen zu gebrauchen. *Schlossmann* zitiert hier *Laband*, ZHR 10 (1866), 183, 214 ff., *Mitteis*, „Die Lehre von der Stellvertretung“, S. 138, *Ihering* in seinem „Jahrbuch für Dogmatik II“, S. 76, *Buchka*, „Die Lehre von der Stellvertretung“, S. 230, *Dernburg* Pand. II § 117, *Behrend*, Lehrbuch des Handelsrechts I, S. 345, *Hölder* Pandekten, S. 296, vgl. *Schlossmann* I § 12, S. 136 ff.

139 § 164 Abs. 1 BGB lautet: S.1: „Eine Willenserklärung, die jemand innerhalb der ihm zustehenden Vertretungsmacht im Namen des Vertretenen abgibt, wirkt unmittelbar für und gegen den Vertretenen.“ S.2: „Es macht keinen Unterschied, ob die Erklärung ausdrücklich im Namen des Vertretenen erfolgt, oder ob die Umstände ergeben, dass sie in dessen Namen erfolgen soll.“

140 Grammatikalisch könne das Handeln im fremden Namen formell definiert werden als Handeln unter Benennung eines anderen, oder man definiere das Handeln im fremden Namen materiell als Handeln im fremden Interesse bzw. zu fremdem Nutzen. Die formelle Deutung ist Schlossmann zufolge nicht mit § 164 Abs. 1 Satz 2 BGB vereinbar, der das konkludente Handeln im fremden Namen dem ausdrücklichen Handeln im fremden Namen gleichstellt. Denn eine Anordnung des Inhalts, dass eine Benennung auch konkludent erfolgen könne, ergebe keinen Sinn, da das Wort Benennung den Kern der Ausdrücklichkeit in sich trage, vgl. *Schlossmann* I § 11, S. 119 ff. und § 13, S. 144 f.

141 § 164 Abs. 1 BGB ist aus § 116 Abs. 1 des 1. Entwurfs zum BGB (von 1888) entstanden, der wiederum Art. 52 Abs. 1 und Abs. 2 ADHGB zum Vorbild gehabt hat.
§ 116 Abs. 1 des 1. Entwurfs zum BGB lautete: „Durch ein Rechtsgeschäft, welches der Vertreter innerhalb der Grenzen seiner Vertretungsmacht vornimmt, wird der Vertretene unmittelbar berechtigt und verpflichtet. Es macht keinen Unterschied, ob der Vertreter das Rechtsgeschäft ausdrücklich im Namen des Vertretenen vorgenommen hat, oder ob die Umstände ergeben, dass dasselbe nach dem Willen der Handelnden im Namen des Vertretenen vorgenommen werden sollte“, siehe *Mugdan* I, LXXXVIII.
Art. 52 ADHGB lautete: „Durch das Rechtsgeschäft, welches ein Prokurist oder ein Handlungsbevollmächtigter gemäss der Prokura oder der Vollmacht im Namen des Prinzipals schließt, wird der Letztere dem Dritten gegenüber berechtigt und verpflichtet (Abs. 1). Es ist gleichgültig, ob das Geschäft ausdrücklich im Namen des Prinzipals geschlossen worden ist, oder ob die Umstände ergeben, dass es nach dem Willen der Kontrahenten für den Prinzipal geschlossen werden sollte (Abs. 2).

fremden Interesse zukommt. Das von Rudolf von Jhering entwickelte Verständnis des Handelns im fremden Namen als Handeln unter angedeutetem Fremdbezug der Rechtsfolgen,[142] weist Schlossmann zurück. Diese Auslegung sei aus dogmatischen Gründen nicht schlüssig, weil die Rechtswirkung nicht zum materiellen Bestandteil eines Versprechens gemacht werden könne.[143]

Zwar habe die herrschende Lehre eine Reihe von Kriterien entwickelt, anhand derer ein Handeln im fremden Namen bewiesen werden könne,[144] nach Schlossmanns

---

Zwischen dem Prokuristen oder Bevollmächtigten und dem Dritten erzeugt das Geschäft weder Rechte noch Verbindlichkeiten (Abs. 3)."
In den Motiven wird ausdrücklich auf den Einklang des § 116 Abs. 1 Satz 2 des 1. Entwurfs zum BGB mit Art. 52 Abs. 2 ADHGB hingewiesen, vgl. Mot. I, 225 (*Mugdan* I, 477). Die Zweite Kommission betont, dass die Abweichungen des § 164 Abs. 1 BGB ggü. dem § 116 Abs. 1 des ersten Entwurfs zum BGB „rein redaktioneller Art" sind, Prot. I, 281 ff. (*Mugdan* I, 736 f.).
Für *Schlossmann* ergibt sich aus dem Vergleich des § 164 Abs. 1 Satz 2 BGB mit Art. 52 Abs. 2 ADHGB, dass das Handeln im fremden Namen gleichbedeutend ist mit einem Handeln „für den Prinzipal" i.S.d. materiellen Definition als Handeln im fremden Interesse. Der Gesetzgeber habe durch Schaffung des § 164 Abs. 1 BGB inhaltlich nichts an Art. 52 ADHGB verändern wollen, *Schlossmann* I § 13, S. 143 ff.

142 *Jhering* Jahrbuch für Dogmatik I, S. 312 (Gesammelte Aufsätze S. 155 f.); hier erhebt *Jhering* zur Voraussetzung direkter Vertretung, dass „...die Richtung [des Geschäfts] ... auf den Prinzipal ... ein objektiv, äußerlich hervortretendes Moment des Geschäftes selbst bildet". Genauso auch die heute ganz hL, vgl. statt vieler *Flume* AT II § 43 1, S. 749 ff.

143 *Schlossmann* I § 14, S. 167 ff.: Zum Bestandteil eines Vertrages können nach Schlossmann nur der Leistungsgegenstand werden, Identifikationsmerkmale über die Person, die leisten soll, oder Identifikationsmerkmale über die Person, die verspricht und damit Vertragspartner wird. Wäre der Fremdbezug der Rechtsfolgen eine inhaltliche Leistungsbestimmung, würde die Erklärung lauten: „Ich verspreche Dir, dass ich den Vertrag für n.n. schließe." Dies sei aber sinnlos, weil hierdurch eine Tatsache versprochen werde, die niemals versprochen werden könne; Gegenstand eines Vertrages seien immer Leistungspflichten und nie Tatsachen. Hätte der Fremdbezug Bedeutung für die Bestimmung der Person, die leisten soll, lautete die Erklärung: „Ich verspreche Dir, dass n.n. leisten werde." Dies sei zwar als eigenes Garantieversprechen des Vertreters denkbar, aber eine Leistungspflicht des n.n. ggü. dem Versprechensempfänger werde dadurch nicht begründet. Und wäre der Fremdbezug für die Identifikation des Vertragspartners von Bedeutung, würde der Vertreter mit anderen Worten sagen: „N.n. verspricht, Dir zu leisten." Dies wäre aber die Behauptung einer unwahren Tatsache, weil n.n. nicht verspreche.

144 Bspw. die Kundgabe der Absicht, für einen anderen tätig zu sein; die Kundgabe der Eigenschaft, Vertreter zu sein; die Kundgabe des Vertretungsverhältnisses; den Abschluss des Geschäfts in den Geschäftsräumen des Vertretenen; die Mitteilung des Vertreters an den Vertretenen, dass alles ordnungsgemäß verlaufen sei; die objektive Zuordnung des Geschäfts zum Interessenkreis des Vertretenen; die

Ansicht entscheiden die Gerichte und die herrschende Lehre aber letztlich intuitiv, ob das Vertreterhandeln unmittelbare oder mittelbare Wirkungen auslöst: So nimmt die ganz herrschende Auffassung im Beispielsfall (1) an, dass H gemäß § 164 Abs. 1 Satz 1 BGB unmittelbar vertreten wird, obwohl V den H bei Vertragsschluss nicht erwähnt, sog. konkludentes Handeln im fremden Namen. Im Beispielsfall (2) wird hingegen V selbst Partei des Vertrages, obgleich V sogar ausdrücklich erwähnt, dass er im Auftrag des H tätig wird, sog. offene, mittelbare Stellvertretung.[145] Schlossmann weist darauf hin, dass dem D in den Beispielsfällen (1) und (2) lediglich bekannt ist, dass das Geschäft auf Rechnung des H geschlossen wird. Diesen objektiv gleichen Tatbeständen wird verschiedene inhaltliche Bedeutung beigemessen, indem die Beziehung zum Hintermann einmal konkludenter Vertragsbestandteil wird und einmal bloßes Motiv ist.[146] Das Intuitive dieser Rechtsfindung werde an den Urteilsbegründungen deutlich, die sich zueinander kontradiktorisch verhielten: Einerseits heiße es, „wenn Jemand für einen anderen ein Geschäft schließt und der Dritte von dessen Absicht, für den anderen zu handeln, Kenntnis hat, so treffen die Rechtswirkungen des Geschäfts unmittelbar den anderen." Andererseits werde konstatiert, „die bloße, selbst aus ausdrücklicher Mitteilung des Vertreters geschöpfte Kenntnis des Dritten davon, dass sein Mitkontrahent das Geschäft für einen anderen schließe, genügt nicht, um direkte Rechtswirkungen für und gegen den anderen zu erzeugen."[147]

Anders als in den Fällen (1) und (2), ist es dem D in Beispielsfall (3) nicht einmal bewusst, dass das Geschäft auf Rechnung des H geschlossen wird. Trotzdem wird in Beispielsfall (3) nach bereits zur Zeit Schlossmanns herrschender Lehre der H als Geschäftsinhaber Vertragspartner des D. Denn auch wenn D irrtümlich die frühere Geschäftsfirma als noch bestehend und den V noch als Inhaber des Geschäfts ansah, habe der D bei Ausstellung der Rechnung nicht den V persönlich bezeichnen wollen, sondern in seiner Funktion als Geschäftsinhaber,[148] sog. unternehmensbezogenes Geschäft. Nach hL ist konkludent im Namen des H gehandelt worden.[149]

Die Fälle des unternehmensbezogenen Geschäfts beruhen Schlossmanns Meinung nach auf Fiktion. Die Ansicht, dass der Dritte nicht ein bestimmtes Individuum, sondern den Inhaber des Handelsgeschäfts schlechthin verpflichten wolle, sei lebensfremd und verkenne den kaufmännischen Verkehr. Denn gerade im Handelsverkehr erwachse die Motivation, mit einer Person Verhandlungen aufzunehmen, aus den

pflichtgetreue Ausführung bei Auftrag mit vorgegebener Marschroute; der unmittelbare Vermögensbezug zum Vertretenen; die Buchführung, die auf Vertretung schließen lasse, vgl. *Schlossmann* II §§ 11 f., S. 84 ff.

145 *Schlossmann* I § 13, S. 150 ff., 158.

146 *Schlossmann* I § 20, S. 223. Diesen Vorwurf erhebt auch *Bettermann* in seiner Monografie „Vom stellvertretenden Handeln", 1937, S. 41, 46 ff.

147 *Schlossmann* I § 13, S. 152 – 157.

148 So das ROHG v. 12.09.1871, Seuff. Arch. XXVII Nr. 215 in einem ähnlichen Fall, zitiert bei *Schlossmann* I § 17, S. 186.

149 Vgl. hierzu aus neuerer Zeit MüKo-BGB/*Schramm* § 164 Rn 23 f. mit zahlreichen Hinweisen auf Rechtsprechung und Literatur.

persönlichen Merkmalen des Gegenübers, da es auf dessen Renommee, Zuverlässigkeit, Redlichkeit und Kreditwürdigkeit ankomme.[150]

Schlossmann zufolge hat die Erkenntnis, dass es für den Eintritt unmittelbarer Vertretungswirkung nicht auf die Vereinbarung eines Fremdbezugs ankommt, gesetzliche Anerkennung in den Fällen des § 1357 Abs. 1 BGB[151] und des § 494 HGB a.F.[152] gefunden.[153]

Letztlich lässt sich nach Schlossmann die These, dass das Handeln im fremden Namen die unmittelbare Vertretungswirkung verursacht, auch nicht durch einen Umkehrschluss aus § 383 Abs. 1 HGB[154] bestätigen, in dem das Handeln im eigenen Namen als Ursache für die mittelbare Vertretungswirkung deklariert wird. Die Funktion einer Rechtsfolgenanordnung hat das Merkmal des Handelns im eigenen Namen nur aufgrund der herrschenden Auffassung zum Handeln im fremden Namen erhalten.[155]

---

150 *Schlossmann* I § 17, S. 193.

151 § 1357 Abs. 1 BGB lautet: „Jeder Ehegatte ist berechtigt, Geschäfte zur angemessenen Deckung des Lebensbedarfs der Familie mit Wirkung auch für den anderen Ehegatten zu besorgen. Durch solche Geschäfte werden beide Ehegatten berechtigt und verpflichtet, es sei denn, dass sich aus den Umständen etwas anderes ergibt."

152 § 494 HGB lautete in seiner bis zum 24.04.2013 gültigen Fassung: „Durch ein Rechtsgeschäft, welches der Korrespondentreeder als solcher innerhalb der Grenzen seiner Befugnisse schließt, wird die Reederei dem Dritten gegenüber auch dann berechtigt und verpflichtet, wenn das Geschäft ohne Nennung der einzelnen Mitreeder geschlossen wird."

153 *Schlossmann* I § 17, S. 196 f. – Diese Fälle werden von der *hL* als „Ausnahmen von der Regel" verstanden, vgl. aus neuerer Zeit etwa *Flume* AT II § 44 I, S. 763.

154 § 383 Abs. 1 HGB lautet: „Kommissionär ist, wer es gewerbsmäßig übernimmt, Waren oder Wertpapiere für Rechnung eines anderen (des Kommittenten) im eigenen Namen zu kaufen oder zu verkaufen."

155 *Schlossmann* verweist darauf, dass der Vorgänger des § 383 Abs. 1 HGB, Art. 360 Abs. 1 und Abs. 2 ADHGB, neben der Definition des Kommissionärs als „derjenige, welcher gewerbsmäßig in eigenem Namen für Rechnung eines Auftraggebers Handelsgeschäfte schliesst" (Art. 360 Abs. 1 ADHGB), noch eine ausdrückliche Anordnung der mittelbaren Wirkung enthielt.
Art. 360 Abs. 2 ADHGB lautete: „Durch die Geschäfte, welche der Kommissionär mit Dritten schliesst, wird er allein berechtigt und verpflichtet. Zwischen dem Kommittenten und dem Dritten entstehen daraus keine Rechte und Pflichten."
Art. 360 Abs 2 ADHGB sei in § 383 HGB nicht übernommen worden, weil der von der hL beeinflusste Gesetzgeber den Aussagegehalt des Art. 360 Abs. 2 ADHGB mit Rücksicht auf den künftigen § 164 Abs. 1 BGB schon in dem Merkmal des Handelns im eigenen Namen enthalten gesehen habe. Das Handeln im eigenen Namen, das ursprünglich allein der Tatbestandsbeschreibung diente, habe so bei Schaffung des § 383 HGB die Funktion einer Rechtsfolgenanordnung bekommen. Das Merkmal sei durch Fehlannahmen zum Rechtsbegriff mutiert, vgl. *Schlossmann* I § 31, S. 359 f.

Im Übrigen geht aus der Definition des § 383 Abs. 1 HGB lediglich hervor, dass ein Kommissionär gewöhnlich im eigenen Namen handelt. Würde die hL tatsächlich ihrer Doktrin folgen, dass das Auftreten im konkreten Fall die Vertretungswirkung bestimmt, müsse sie stets zusätzlich prüfen, ob der gewöhnlich im eigenen Namen Handelnde (= § 383 Abs. 1 HGB) auch im gegebenen Fall im eigenen Namen gehandelt hat. Dies unterlässt sie aber. Vielmehr wird gerade aus der Tatsache, dass der Handelnde Kommissionär ist, gefolgert, dass er im konkreten Fall im eigenen Namen gehandelt hat. Damit gebe die hL zu, dass nicht das Auftreten im konkreten Fall zum ‚Handeln im eigenen Namen' und damit zur Selbstverpflichtung führt, sondern die allgemeine Eigenschaft, dass der Handelnde gewöhnlich Kommissionär ist.[156]

Die Umstände, die nach der herrschenden Lehre ein Handeln im fremden Namen begründen,[157] sind Schlossmann zufolge Indizien für die Absicht des Vertreters, im Interesse des anderen zu handeln. Sie beweisen die zweite Voraussetzung des allgemeinen Tatbestands der spezifischen Vertretungswirkung[158] und finden sich bei unmittelbarer und mittelbarer Vertretungswirkung gleichermaßen wieder.[159]

b) *Kriterien für den Eintritt der besonderen Art der Vertretungswirkung*

Nach Schlossmann ist für den Eintritt der besonderen Art der Vertretungswirkung primär die objektive Stellung des Vertreters entscheidend, die aus einer Zusammenschau von wirtschaftlichen Kriterien resultiert.[160] Es hängt von der wirtschaftlichen Stellung des Vertreters ab, welche Vertretungswirkungen für alle Beteiligten am gerechtesten und zweckmäßigsten sind.[161] Darüber hinaus kann der eigentlich

---

156 *Schlossmann* I § 31, S. 364.

157 Vgl. oben Fn 144.

158 Der allgemeine Tatbestand der spezifischen Vertretungswirkung setzt nach Schlossmann regelmäßig (1) das Bestehen eines Vertretungsverhältnisses zwischen Vertreter und Vertretenem, (2) ein Handeln des Vertreters für den Vertretenen zur Erfüllung (solvendi causa) der ihm aufgrund des Vertretungsverhältnisses obliegenden Pflichten und (3) die Übereinstimmung des Handelns mit den Pflichten aus dem Vertretungsverhältnis voraus, dazu oben B.I.1.b).

159 *Schlossmann* II § 11, S. 85.

160 *Schlossmann* I S. 31, S. 356.

161 *Schlossmann* II §§ 45 f., S. 308 ff. *Schlossmann* findet seine Thesen bestätigt und erwiesen durch seine Untersuchungen zum römischen Vertretungsrecht, die er in dem zweiten Band seiner Monografie, in den §§ 20 – 42, S. 153 – 296, vornimmt. Nach Schlossmanns Ansicht hat es (entgegen fehlgeleiteter Annahmen der herrschenden Lehre) auch im römischen Recht unmittelbare Stellvertretung gegeben. Die unmittelbare Vertretungswirkung habe bereits bei den Römern zum einen auf den Kriterien beruht, die Schlossmann in den allgemeinen Tatbestand der spezifischen Vertretungswirkung aufgenommen hat (Bestehen eines Vertretungsverhältnisses, Handeln des Vertreters für den Vertretenen solvendi causa und pflichtgemäß). Zum anderen sei die unmittelbare Vertretungswirkung kraft objektiven Rechts und unabhängig

unmittelbar haftende Vertreter die Vertretungswirkung durch eine Haftungsausschlussvereinbarung von sich ablenken.[162]

(1) Das Kriterium der objektiven Stellung des Vertreters

Bei einem Vertragsschluss mit einem Kaufmannsvertreter im Gewerberaum, mit einem freien Handelsvertreter, mit einem Dienstboten oder mit sonstigen in untergeordneter Stellung befindlichen Personen verlangen Gründe der Gerechtigkeit und Zweckmäßigkeit den Eintritt der unmittelbaren Vertretungswirkung – ohne Rücksicht auf das konkrete Auftreten des Vertreters, also auf ein Handeln im Namen des Vertretenen.[163] Denn beim Kontrahieren mit jenen, in untergeordneter Stellung befindlichen Personen, werde der Dritte regelmäßig durch das Renommee des Geschäftsherrn, durch dessen Kredit oder dessen Aufwendungen zum Vertragsschluss motiviert. Hier ist es unbillig, wenn der Dritte infolge mittelbarer Vertretungswirkung das hohe Insolvenzrisiko des Dienstunterworfenen tragen muss und wenn der Rechtserwerb des Vertretenen bzw. Hintermanns von einer Abtretung des ihm untergeordneten Vertreters gem. § 398 BGB abhängt. Nicht zuletzt für den Vertreter ist der Eintritt einer unmittelbaren Verpflichtung des Hintermannes die gerechte Lösung: Wenn der Vertreter schon keine Rechte erwirbt, ist es unfair, ihn dennoch mit den Pflichten zu belasten.[164]

Anders ist es, wenn ein Kommissionär im Betriebe seines eigenen Gewerbes ein Geschäft schließt.[165] Die ratio des Vertretungsrechts fordert hier den Eintritt mittelbarer Wirkungen: Der Kommissionär hat aufgrund seiner Selbstständigkeit ein berechtigtes Interesse, selbst verpflichtet zu werden. Er ist nicht als ein dienendes Glied in ein fremdes Gewerbe eingefügt (wie der Handlungsgehilfe gem. § 59 HGB) oder dauerhaft überwiegend für einen bestimmten Hintermann tätig (wie der Handelsvertreter nach § 84 HGB). Er betreibt sein Gewerbe regelmäßig mit eigenem Kapital und erhält für sein Tätigwerden eine Vergütung. Auch sein Standesgefühl verlangt die eigene Vertragspartnerstellung. Darüber hinaus hat der Kommissionär ein wirtschaftliches Interesse an der Geheimhaltung des Hintermannes, um seine Bezugsquellen vor Konkurrenten zu schützen. Nicht zuletzt leistet der Kommissionär häufig Vorschuss, so dass es nur gerecht ist, wenn er dann auch die Verfügungsgewalt über den erworbenen Gegenstand erhält. Auch den Interessen der übrigen Beteiligten entspricht der Eintritt mittelbarer Wirkungen. Dem Kommittenten wird die Geheimhaltung seines Namens und seiner Beteiligung im Ganzen ermöglicht. Er spart sich Abwicklungsarbeit und Korrespondenz mit dem Dritten und muss nicht das Risiko für etwaige Ungenauigkeiten durch Angestellte tragen. Der Dritte kann

---

vom Parteiwillen eingetreten, vgl. hierzu *Schlossmann* II §§ 20 ff., S. 153 ff., zusammenfassend *Schlossmann* II § 42, S. 293 f.

162 *Schlossmann* II § 48, S. 330; hierzu sogleich unter B.I.3.b) (2).

163 *Schlossmann* II, § 45, S. 314 und § 57, S. 393.

164 *Schlossmann* II § 45, S. 310 ff.

165 *Schlossmann* II § 46, S. 322.

den Vertrag mit dem ihm bekannten Verhandlungspartner abwickeln ohne erhöhten Beweisanforderungen (bzgl. des Kommissionsvertrags) zu begegnen.[166]

Nach Schlossmanns Lehre tritt in den Beispielsfällen (1) und (3) deswegen unmittelbare Vertretungswirkung für H ein, weil V bei Abschluss des Kaufvertrags jeweils in untergeordneter Stellung tätig wird. V erfüllt den allgemeinen Tatbestand der spezifischen Vertretungswirkung, indem er aufgrund des Anstellungsvertrages für den H solvendi causa und pflichtgemäß handelt. Aufgrund seiner weisungsgebundenen, wirtschaftlich untergeordneten Stellung löst V sodann unmittelbare Vertretungswirkung aus. In dem Beispiel (2) wird V hingegen nach Schlossmanns Lehre selbst Vertragspartner, weil er in seiner Eigenschaft als Kommissionär tätig geworden ist.

Dadurch schließt Schlossmann die Möglichkeit nicht aus, dass auch der objektiv in untergeordneter Stellung befindliche Vertreter ein Geschäft mit Wirkung für und gegen sich selbst schließen kann: er muss lediglich die Absicht aufgeben, für den Hintermann tätig zu sein, wodurch dann das Vertretungsinstitut verlassen wird, da es an der zweiten Voraussetzung des allgemeinen Tatbestands der spezifischen Vertretungswirkung[167] fehlt.[168] Auch der in seinem Gewerbebetrieb handelnde ‚Kommissionär' kann (durch Haftungsausschlussvereinbarung)[169] unmittelbare Vertretungswirkungen auslösen. Dann wird er allerdings nicht mehr ‚als Kommissionär', sondern ‚als gewöhnlicher Beauftragter' tätig.[170] Diese Ansicht findet Schlossmann durch Rückgriff auf Art. 360 Abs. 3 ADHGB bestätigt. Hier hieß es: „Ist von dem Auftraggeber ausdrücklich bestimmt, dass das Geschäft auf seinen Namen geschlossen werden soll, so ist dies keine kaufmännische Kommission, sondern ein gewöhnlicher Auftrag zu einem Handelsgeschäft."

(2) Die Haftungsausschlussvereinbarung

Nach Schlossmann greift in allen Fällen, in denen der Vertreter weder in untergeordneter Stellung noch als Kommissionär im Betrieb seines Gewerbes tätig wird, subsidiär ein weiteres Prinzip zur Bestimmung der besonderen Art der Vertretungswirkung ein: Grundsätzlich verpflichtet sich der Vertreter selbst, es sei denn, dass er die eigene Betroffenheit in diesem Vertrag ausschließt. In dem letzteren Fall treffen die Wirkungen aufgrund der dem Vertretungsinstitut wesensimmanenten Alternativhaftung[171] den Vertretenen.

---

166 *Schlossmann* II § 46, S. 317 ff.

167 Hierzu oben B.I.1.b)(2).

168 Fraglich wäre nach der Schlossmann'schen Theorie sodann, ob der Hintermann das Geschäft analog §§ 61 I, 113 HGB dennoch an sich ziehen könnte, hierzu sogleich unter B.I.5.a).

169 Hierzu B.I.3.b)(2).

170 *Schlossmann* II § 51, S. 339.

171 Hierzu oben B.I.1.a).

Den Grundsatz der Selbstverpflichtung leitet Schlossmann aus den Regeln des allgemeinen Rechtsverkehrs ab, nach dem sich jedes am Rechtsverkehr teilnehmende Rechtssubjekt regelmäßig selbst verpflichtet, und nach dem das Handlungsmotiv eines Kontrahenten im Verhältnis zu seinem Vertragspartner unbeachtlich ist, sofern es nicht zum Gegenstand des Vertrages gemacht wird.[172]

Die ausdrückliche oder konkludente Haftungsausschlussvereinbarung setzt beim Vertreter einen Ablehnungswillen und beim Dritten einen Verzichtswillen voraus, wobei es nicht notwendig ist, dass die Parteien die Haftung des Hintermannes positiv vereinbaren.[173] Die Haftung des Hintermannes folgt nämlich nicht aus der Vereinbarung, sondern aus der vertretungsrechtlichen Alternativhaftung, also aus dem Grundsatz des Vertretungsrechts, dass bei Vorliegen des allgemeinen Tatbestands der spezifischen Vertretungswirkung entweder der Vertreter oder der Vertretene haftet.[174] Zwar sei die Erwartung der Parteien, dass die Wirkungen des Geschäftes nun den Hintermann treffen, „selbstverständliches und ständiges Begleitmoment" der Haftungsausschluss-Vereinbarung, aber sie sei nur ein psychologisch notwendiges, und kein rechtlich notwendiges Moment.[175]

Als Indizien für eine Haftungsausschlussvereinbarung nennt Schlossmann dieselben Momente, durch die ihm zufolge auch ein Handeln für einen anderen[176] nachgewiesen werden bzw. die nach herrschender Lehre ein Handeln im fremden Namen i.S.v. § 164 Abs. 1 Satz 1 BGB belegen.[177] Daher will er die von der herrschenden Lehre vorgenommene Subsumtion jener Indizien unter das Merkmal des Handelns im fremden Namen anerkennen, das Merkmal aufrechterhalten, ihr aber die dogmatische Bedeutung einer Haftungsausschlussvereinbarung geben.[178] Mit dem Kriterium der Haftungsausschlussvereinbarung bekomme das Merkmal Inhalt und habe nicht nur formelle Bedeutung.[179] Die Haftungsausschlussvereinbarung sei klar nachweisbar und tauge als Unterscheidungskriterium für unmittelbare und mittelbare Vertretungswirkung. Andererseits ermögliche die Beibehaltung des Merkmals des Handelns im fremden Namen den Nachweis, dass sich die Schlossmann'sche

172 *Schlossmann* II § 48, S. 331.

173 *Schlossmann* II § 49, S. 335 und II § 50, S. 338.

174 Hierzu oben B.I.1.a).

175 *Schlossmann* II § 49, S. 333 ff.

176 Im Sinne der 2. Voraussetzung des allgemeinen Tatbestands der spezifischen Vertretungswirkung, dazu oben B.I.1.b) (2).

177 *Schlossmann* II § 50, S. 337 f.: Konkret nennt *Schlossmann* den Abschluss des Vertrages auf einen anderen Namen (Abschluss „im Namen des n.n.", „namens n.n.", „als Bevollmächtigter"); den Umstand, dass der Vertreter in der Vergangenheit stets mit unmittelbarer Wirkung tätig wurde; die Tatsache, dass der Dritte das Innenverhältnis kennt oder auch die Mitteilung seitens des Vertretenen an den Dritten, dass er selbst unmittelbar betroffen werden will.

178 *Schlossmann* II § 50, S. 335.

179 *Schlossmann* II § 50, S. 338.

Lehre im Einklang mit dem Gesetz, insbesondere mit § 164 Abs. 1 und Abs. 2 BGB, befinde.

(3) Vereinbarkeit der Schlossmann'schen Regeln mit § 164 Abs. 1 und Abs. 2 BGB

Nach Schlossmann lässt sich die Norm des § 164 BGB aufrechterhalten, wenn sie in ihrem Anwendungsbereich teleologisch um die Fälle reduziert wird, in denen der Vertreter in wirtschaftlich untergeordneter Stellung tätig ist.[180] Hier kommt es nämlich auf eine Haftungsausschlussvereinbarung nicht an. Im Übrigen kommt § 164 Abs. 1 BGB nach Schlossmanns Lehre in der Bedeutung zur Anwendung, dass der Vertretene unmittelbar betroffen wird, wenn der Vertreter für sich selbst einen Haftungsausschluss vereinbart hat.

§ 164 Abs. 2 BGB[181] enthält die Umkehrung dieses Grundsatzes und bekommt den Inhalt, dass der Vertreter selbst berechtigt und verpflichtet wird, wenn er seine Eigenberechtigung und Selbsthaftung nicht ausgeschlossen hat.[182]

c) Die Ausgestaltung der besonderen Arten der Vertretungswirkung

Die zur Konkretisierung der spezifischen Vertretungswirkung verwendeten Begriffe der unmittelbaren oder mittelbaren Wirkung dürfen in der Schlossmann'schen Vertretungslehre nicht als die Ankündigung eines Gestaltungsprinzips verstanden werden, von dem das jeweilige Rechtsverhältnis absolut beherrscht wird und das zur Lösung aller Rechtsfragen konsequent herangezogen werden kann.[183] Schlossmann zufolge gibt es keine „reine" Durchführung des Modells der unmittelbaren oder mittelbaren Vertretung. Bei jedem Vertretungstatbestand finde eine Kombination der verschiedenen Grundsätze statt.[184]

Zur Veranschaulichung werden die folgenden Fälle herangezogen:[185]

(1) H ist Inhaber einer Geldforderung gegen D. H beauftragt V mit der Einziehung der Forderung. D zahlt daraufhin die Summe an V aus.

(2) D bietet einen Rasenmäher zum Verkauf an. H, der an dem Mäher interessiert ist, weiß von der Ehefrau des D, dass der Motor des Rasenmähers einen Defekt hat. In der Hoffnung, dass er den Mangel selbst beheben kann, beauftragt H

180 *Schlossmann* II § 52, S. 342 ff.

181 § 164 Abs. 2 BGB lautet: „Tritt der Wille, in fremdem Namen zu handeln, nicht erkennbar hervor, so kommt der Mangel des Willens, im eigenen Namen zu handeln, nicht in Betracht."

182 *Schlossmann* II § 52, S. 342 f.

183 *Schlossmann* II §§ 54 f., S. 362 ff.

184 *Schlossmann* II § 16, S. 123 hinsichtlich der mittelbaren Wirkung und *Schlossmann* II § 17, S. 141 hinsichtlich der unmittelbaren Wirkung.

185 *Schlossmann* arbeitet mit diesen Beispielen in abstrakter Form in *Schlossmann* II § 55, S. 374 f. und § 54, S. 372.

den V mit dem Erwerb des Mähers. V kauft den Mäher bei D, ohne dass für D erkennbar wird, dass V für Rechnung des H handelt. D verschweigt dem V den Defekt bei Abschluss des Kaufvertrages. Als H später feststellt, dass er den Motor nicht reparieren kann, verlangt V von D Rückabwicklung des Vertrages.

(1) Die unmittelbare Vertretungswirkung

Schlossmann zufolge findet die unmittelbare Vertretung in der mittelbaren Vertretung ihre notwendige Ergänzung, wenn der Vertreter tatsächliche Vermögensvorteile erlangt:

Nach Schlossmann erfolgt die Einziehung des Rechts[186] durch V in Beispielsfall (1) mit unmittelbarer Vertretungswirkung für und gegen H mit der Folge, dass das Recht des H unmittelbar erlischt.[187] Darüber hinaus besitzt V das Geld in mittelbarer Vertretung für H, weil er es dem H Zug-um-Zug gegen Erstattung seiner Aufwendungen herausgeben muss.[188]

Typisch für das System der unmittelbaren Vertretung sei bei der Einziehung eines Rechts die konkurrierende Rechtszuständigkeit von Vertreter und Vertretenem: Trotz Erteilung der Einziehungsermächtigung an V, konnte H die Forderung in Beispielsfall (1) auch immer noch selbst einziehen, H hatte die eigene Verfügungsbefugnis nicht verloren. Das System der mittelbaren Vertretung zeichne sich im Gegensatz dazu dadurch aus, dass nur der Vertreter über die ihm im Interesse des Hintermanns zustehenden Rechte verfügungsbefugt sei.[189]

Fälle der Einziehung einer fremden Forderung im fremden Interesse[190] weisen nach Ansicht Schlossmanns unter dem Aspekt der Rechtszuständigkeit charakteristische Züge der mittelbaren Vertretung auf, falls der Rechtsinhaber selbst von der Verfügung ausgeschlossen ist, wie bspw. in Fällen der Vormundschaft oder des mit der Verwaltung betrauten Testamentsvollstreckers. Hier sei allein der mit unmittelbarer Wirkung handelnde Vertreter verfügungsbefugt, so dass hier das System der unmittelbaren Vertretung Elemente der mittelbaren Vertretung enthalte.[191]

---

186 Nach Schlossmann kommt auch tatsächlichem Handeln, wie dem Einziehen einer Forderung, Vertretungswirkung zu, vgl. oben B.I.1.b)(1).

187 Die hL würde hier von einer Einziehungsermächtigung des A gem. § 185 Abs. 1 BGB sprechen, vgl. MüKo-BGB/*Bayreuther* § 185 Rn 34 ff. Nach Schlossmann ist der Begriff der Ermächtigung aber dem Innenverhältnis zwischen Vertreter und Vertretenem vorbehalten. Im Verhältnis zu Dritten handelt es sich Schlossmann zufolge auch bei Einziehung fremder Forderungen stets um Vertretung, sofern die Einziehung im Interesse des Hintermanns erfolgt, vgl. *Schlossmann* I § 27, S. 301.

188 *Schlossmann* II § 17, S. 141.

189 *Schlossmann* II § 55, S. 374 f.

190 Bei der Einziehung einer fremden Forderung im eigenen Interesse handelt es sich nach Schlossmann nicht um einen Fall der Vertretung, vgl. Schlossmann II § 79, S. 603 ff.

191 *Schlossmann* II § 55, S. 377 ff. Dogmatisch wendet sich Schlossmann in diesem Zusammenhang gegen die Bemühungen der damals hL (etwa von Alfred Schultze,

(2) Die mittelbare Vertretungswirkung

Bei der Ausgestaltung der mittelbaren Vertretungswirkung wird nach Schlossmann in besonderem Maße deutlich, dass es sich hierbei nicht nur um die Aneinanderreihung zweier getrennter Verträge handelt, sondern um eine Erscheinungsform des Vertretungsinstituts. Die Gerechtigkeit erfordert, dass die Rechtsfolgen der mittelbaren Vertretung mit Rücksicht auf die Vertretungstendenz, die auf die Interessen des Hintermannes gerichtet ist, geregelt werden.[192]

Gesetzliche Anerkennung habe diese Erkenntnis in § 392 Abs. 2 HGB gefunden, nach dem Forderungen aus dem Ausführungsgeschäft im Verhältnis zwischen dem Kommittenten und dem Kommissionär oder dessen Gläubigern als Forderungen des Kommittenten gelten. Unvermeidlich werde die Durchbrechung starrer Gestaltungsformen auch bei der Frage, ob die mittelbare Vertretungswirkung von persönlichen Momenten[193] des Vertretenen beeinflusst wird.[194] Diesbezüglich ist die Durchsetzung des Außenverhältnisses (zwischen Vertreter und Drittem) mit Elementen des Binnenverhältnisses (zwischen Vertreter und Vertretenem bzw. Hintermann) bei Feststellung und Berechnung des Schadensersatzanspruchs des mittelbaren Vertreters größtenteils anerkannt, sog. Drittschadensliquidation.[195] Darüber hinaus gibt es Schlossmann zufolge noch weitere Situationen, in denen persönliche Momente des Hintermannes das zwischen mittelbarem Vertreter und Dritten geschlossene Geschäft beeinflussen. Als Beispiel nennt Schlossmann die Kenntnis des mittelbar Vertretenen von vorhandenen Mängeln des Kaufgegenstands bei gleichzeitiger Unkenntnis des Vertreters von selbigen.

In Beispielsfall (2) schließt V den Kaufvertrag nach hL in mittelbarer Stellvertretung ab, da dem D ein etwaig gewollter Fremdbezug der Rechtsfolgen nicht erkennbar wird und V somit im eigenen Namen handelt. Auch nach Schlossmanns

---

„Treuhänder im geltenden bürgerlichen Recht“ in Iherings Jahrbücher Bd. 43, S. 1 ff.), die Treuhand als selbstständige Rechtsfigur einzuführen. Der Begriff des Treuhänders könne höchstens als „nichttechnische Bezeichnung einer mit der Wahrnehmung fremder Interessen betrauten Person“ Verwendung finden. Von dem Begriff der Treuhand würden sowohl Fälle mit unmittelbarer als auch solche mit mittelbarer Vertretungswirkung erfasst, vgl. *Schlossmann* II § 56, S. 380 ff.

192 *Schlossmann* II § 54, S. 362 ff.

193 Schlossmann bezeichnet mit dem Oberbegriff der persönlichen Momente nicht nur subjektive Merkmale, wie etwa Geschäfts- und Zurechnungsfähigkeit, Wissen und Irrtum, Willensfreiheit und Zwang, sondern auch höchstpersönliche objektive Größen, wie beispielsweise das Leistungsinteresse, vgl. *Schlossmann* II § 59, S. 410.

194 *Schlossmann* II § 59, S. 409 ff.

195 *Schlossmann* II § 59, S. 413. Zwar werde vereinzelt immer wieder vertreten, dass der Kommissionär kein fremdes Interesse geltend mache, sondern sein eigenes. Letztere Ansicht verkennt *Schlossmann* zufolge aber, dass der Kommissionär Ersatz für einen Schaden verlange, den er nicht selbst erlitten habe, so dass er sich zwangsläufig auf ein fremdes Interesse berufe, *Schlossmann* II § 54, S. 364 ff., vgl. hierzu auch unten C.III.1.c) (1)(c) a.E.

Lehre handelt V mit mittelbarer Vertretungswirkung: V handelt kraft eines Vertretungsrechtsverhältnisses für den H solvendi causa und pflichtgemäß, so dass der allgemeine Tatbestand der spezifischen Vertretungswirkung erfüllt ist; da V weder in wirtschaftlich untergeordneter Stellung, noch als Kommissionär tätig wird, bestimmt sich die besondere Art der Vertretungswirkung nicht nach seiner objektiven Stellung. Daher greift nach Schlossmanns Lehre der allgemeine Rechtssatz, dass sich persönlich verpflichtet, wer im Rechtsverkehr handelt, sofern er seine Haftung nicht gem. § 164 Abs. 1 BGB ausgeschlossen hat. Da in Beispielsfall (2) für eine Haftungsausschlussvereinbarung nichts erkennbar ist, wird V selbst Partei des Vertrages mit D.

Die Rückabwicklung des Kaufvertrages wegen des defekten Motors könnte V in Beispielsfall (2) von D nicht verlangen, wenn V den Defekt bei Vertragsschluss gekannt hat, vgl. § 460 Satz 1 BGB a.F.[196] und § 442 Abs. 1 Satz 1 BGB n.F.[197] In Beispielsfall (2) hat aber nicht der mittelbare Vertreter V, sondern der als Auftraggeber unerkannt gebliebene H den Mangel gekannt. Schlossmann zufolge liegt es in der Logik der herrschenden Lehre, nach der bei der mittelbaren Stellvertretung strikt zwischen dem Innenverhältnis und dem Außenverhältnis getrennt wird, dem V die Gewährleistungsrechte zu gewähren. Diese Logik würde aber die Vertretungstendenz vernachlässigen, die dem Kaufvertrag auch dann zugrunde liegt, wenn sie dem D nicht erkennbar wird. So ist es Schlossmann zufolge geboten, dem V ein Recht zur Mängelrüge zu versagen.[198]

Eine genauere Erörterung und Untersuchung dieses Problemkreises lässt Schlossmann dahingestellt, da es ihm nur darauf ankommt, die Grundlinien des Vertretungsrechts zu zeichnen.[199] Insbesondere macht Schlossmann nicht deutlich, ob er bei der Lösung von Beispielsfall (2) den § 166 Abs. 2 Satz 1 BGB[200] analog zur Anwendung bringen will. Jedenfalls hänge der Einfluss persönlicher Momente von einer Interessenabwägung im Einzelfall ab. Eine Antwort sei für jedes Merkmal einzeln

---

196 Nach § 460 Satz 1 BGB a.F. hatte der Verkäufer einen Mangel der verkauften Sache nicht zu vertreten, wenn der Käufer den Mangel bei dem Abschluss des Kaufes kannte. Dieser Norm korrespondierte § 462 BGB a.F., demzufolge der Käufer Rückgängigmachung des Kaufes nur wegen eines solchen Mangels verlangen konnte, den der Verkäufer nach den Vorschriften der §§ 459, 460 BGB a.F. zu vertreten hatte.

197 Nach § 442 Abs. 1 Satz 1 BGB n.F. sind die Rechte des Käufers wegen eines Mangels ausgeschlossen, wenn er bei Vertragsschluss den Mangel kennt. Zu den Mängelrechten des Käufers gehört nach § 437 Ziff. 2 das Recht, vom Vertrag zurückzutreten.

198 *Schlossmann* II § 54, S. 372.

199 *Schlossmann* II § 59, S. 413, 417.

200 § 166 Abs. 2 Satz 1 BGB lautet: „Hat im Falle einer durch Rechtsgeschäft erteilten Vertretungsmacht (Vollmacht) der Vertreter nach bestimmten Weisungen des Vollmachtgebers gehandelt, kann sich dieser in Ansehung solcher Umstände, die er selbst kannte, nicht auf die Unkenntnis des Vertreters berufen."

zu finden – unter Berücksichtigung der ratio derjenigen Norm, die das persönliche Element für ausschlaggebend erklärt, sowie der Gerechtigkeit und Zweckmäßigkeit und vor allem unter Berücksichtigung der Interessen des Vertreters, der ggf. ein berechtigtes Interesse habe, seine Rechtsposition im Verhältnis zum Dritten nicht wegen persönlicher Merkmale des Hintermanns ersatzlos einzubüßen.[201]

4. Zur Bedeutung der Vertretungsmacht i.S.v. § 164 Abs. 1 BGB

Schlossmanns Ausführungen zum Wesen der Vertretungsmacht bilden einen zentralen Teil seiner Vertretungslehre.[202] Die Lehre von der Abstraktheit der Vertretungsmacht stehe dem richtigen Verständnis des Vertretungsrechts im Weg und verhindere eine sachgemäße Behandlung einzelner Rechtsfragen, wie zum Beispiel die Lösung der Fälle des sog. evidenten Missbrauchs der Vertretungsmacht.

Nach Schlossmann ist die Vertretungsmacht keine vom Innenrechtsverhältnis abstrakte Befugnis. Auftrag und Vollmacht sind unterschiedliche Momente zum Nachweis desselben Vertretungsrechtsverhältnisses.[203] Die Bevollmächtigung ist keine privatrechtliche Willenserklärung, sondern ein prozessrechtliches, außergerichtliches Geständnis über das Bestehen und den Inhalt des Vertretungsverhältnisses.[204]

Folgende Beispiele lassen die Unterschiede zwischen der Schlossmann'schen Vertretungslehre und der herrschenden Auffassung hervortreten:[205]

(1) V ist im Geschäft des H für den Einkauf von Waren angestellt. Zur Erleichterung der Vertragsabschlüsse händigt H dem V eine Urkunde aus, in der die Befugnis des V zum Einkauf bestätigt wird. Als V wegen Unterschlagung außerordentlich gekündigt wird, vergisst es H, sich die Urkunde zurückgeben zu lassen. V nimmt unter Vorlage der Urkunde weiterhin Einkäufe bei D für das Geschäft des H vor. D verlangt von H Abnahme und Zahlung der Waren.

(2) H will sein Motorrad für mindestens 15.000 € verkaufen und beauftragt V mit dem Verkauf. Hierzu stellt er V eine Urkunde aus, in der die Befugnis des V zum Verkauf bestätigt wird, wobei ein Mindestpreis aber nicht angegeben wird. V verkauft das Motorrad dem D unter Vorlage der Urkunde für 14.000 €.

(3) Bei Abschluss des Kaufvertrags in Fall (2) weiß D, dass H eigentlich für mindestens 15.000 € verkaufen wollte. Er hofft aber, dass H den Kauf für 14.000 € aufgrund der betragsmäßig unbeschränkt erteilten Urkunde hinnimmt.

201 *Schlossmann* II § 54, S. 373.
202 *Schlossmann* I §§ 21–27, S. 229–303; *Schlossmann* II §§ 60–79, S. 417–620.
203 *Schlossmann* II § 67, S. 496.
204 *Schossmann* II § 65, S. 471 ff.
205 Die Beispiele werden von Schlossmann in abstrakter Form selbst angeführt, vgl. *Schlossmann* I § 25, S. 2284 ff.

Seit der Abhandlung von Laband aus dem Jahre 1866[206] geht die ganz hL[207] davon aus, dass es die Funktion der Vertretungsmacht ist, unmittelbare Wirkungen zwischen dem Hintermann und dem Dritten aufgrund eines vom Vertreter im Namen des Hintermannes geschlossenen Geschäfts herzustellen.[208] Laband bezeichnet die Vertretungsmacht als Verkehrslegitimation und löst sie vom zugrunde liegenden Mandat ab.[209] Auch die heute hL[210] spricht von Legitimation bzw. mit Müller-Freienfels[211] von Zuständigkeit. Es sei grundsätzlich davon auszugehen, dass mit jedem Auftrag zur Vertretung eine konkludente Vollmacht erteilt werde, wenn nicht das Gegenteil ausdrücklich vorgeschrieben oder in der Natur der Verhältnisse begründet sei.[212]

Für Schlossmann wird der Eintritt der unmittelbaren Wirkung allein aus dem zugrunde liegenden Vertretungsverhältnis gerechtfertigt, nämlich aus dem Bestehen eines Rechtsverhältnisses zwischen Vertreter und Vertretenem mit dem Recht und der Pflicht des Vertreters zum Handeln für den anderen mit unmittelbarer Wirkung. Es bedürfe keiner Vertretungsmacht als mechanisch wirkendes „Etwas", um die Wirkungen des Vertreterhandelns an den Vertretenen zu knüpfen.[213] In ihrer Verwendung durch die hL als Tatbestandsmerkmal des § 164 Abs. 1 BGB sei die Vertretungsmacht eine Tautologie, da mit ihr lediglich die Rechtsfolge der unmittelbaren Wirkung in den Handelnden projiziert werde, ohne ihre Ursachen, also nach Schlossmann das konkrete Vertretungsrechtsverhältnis, zu benennen.[214] Der Begriff der Vertretungsmacht beruht nach Schlossmanns Ansicht auf der Gleichsetzung von Ursache (Auftrag) und Wirkung (Macht). Windscheid habe zu Recht gelehrt[215],

206 *Laband*, „Die Stellvertretung bei dem Abschluß von Rechtsgeschäften nach dem allgemeinen Deutschen Handelsgesetzbuch", ZHR 10 (1866), 183 ff.

207 Statt vieler Staudinger/*Schilken* Vorb. § 164 Rn 17; MüKo-BGB/*Schramm* § 164 Rn 68.

208 Vgl. *Laband*, ZHR 10 (1866), 183, 206.

209 Vgl. *Laband*, ZHR 10 (1866), 183, 204 ff., 240.

210 *Flume* AT II § 45 II 2, S. 785; Staudinger/*Schilken* Vorbem zu § 164 Rn 17; MüKo-BGB/*Schramm* § 164 Rn 68.

211 *Müller-Freienfels* Vertretung, S. 65 ff.

212 *Laband*, ZHR 10 (1866), 183, 204; aus der neueren Literatur *Larenz/Wolf* § 47 Rn 15.

213 *Schlossmann* II § 5, S. 36, 41.

214 *Schlossmann* I § 21, S. 235 ff.: Die Frage, weshalb die Rechtsfolge des § 164 Abs. 1 Satz 1 BGB eintrete, könne auch dahingehend formuliert werden, weshalb der im fremden Namen Handelnde Vertretungsmacht habe. Darauf könne aber nicht geantwortet werden:„Weil der im fremden Namen Handelnde Vertretungsmacht hat". Man müsste vielmehr sagen, „weil der Vertretene es so will" oder „weil das Gesetz es so vorsieht".

215 *Windscheid* Pandektenrecht I, § 74 Nr. 1a, S. 357: „(...) Auftrag bezeichnet [die Seite des Verhältnisses], dass Einer für einen Anderen etwas tun soll, Vollmacht [die Seite], dass Einer für einen Andern zu tun die rechtliche Macht hat [tun darf]." Hierzu kommentiert *Laband*, ZHR 10 (1866), 183, 203: „Auftrag bezeichne die innere, Vollmacht die äußere Seite des Verhältnisses."

dass Auftrag und Vertretungsmacht dasselbe Rechtsverhältnis aus verschiedenen Blickwinkeln bezeichnen würden.[216]

Das Tatbestandsmerkmal der Vertretungsmacht in § 164 Abs. 1 BGB diene allenfalls als Oberbegriff für Vertretungsverhältnisse, die auf Rechtsgeschäft, Gesetz oder Organschaft beruhen und unmittelbare Vertretungswirkungen auslösen.[217] Auch sei der Begriff der Vertretungsmacht brauchbar, um zahlreiche Erscheinungen in der Lehre der Vertretung zu veranschaulichen und um eine Reihe von Vorgängen prägnant zu bezeichnen: So werde durch den bloßen Begriff der Vertretungsmacht das Bestehen eines Rechtsverhältnisses mit dem Recht und der Pflicht zum Handeln für den anderen sowie das Bestehen eines objektiven Rechtssatzes, der die Wirkungen dieser Handlung dem Hintermanne zuordne,[218] bezeichnet.[219] Die Änderung des Vertretungsrechtsverhältnisses dahingehend, dass der Vertreter nur noch mit mittelbarer Vertretungswirkung handeln darf, könne anschaulich und verkürzend als Erlöschen der Vertretungsmacht bezeichnet werden. Daher ist nach Schlossmanns Lehre das Merkmal des Handelns im Rahmen der Vertretungsmacht i.S.d. § 164 Abs. 1 BGB aufrecht zu erhalten, solange man sich bewusst bleibt, dass man hierdurch ein Handeln verlangt, das den Pflichten aus dem Vertretungsrechtsverhältnis entspricht (Voraussetzung 1 und 3 der spezifischen Vertretungswirkung)[220] und an welches die objektive Rechtsordnung unmittelbare Verpflichtungswirkung knüpft, sei es kraft objektiv untergeordneter Stellung des Vertreters, sei es kraft Haftungsausschlussvereinbarung.[221] Das Erlöschen der Vertretungsmacht bezeichnet den Wegfall der Verpflichtung bzw. des Rechts aus dem Vertretungsverhältnis, für den Vertretenen mit unmittelbarer Wirkung zu handeln.[222] Indem sich gemäß § 168 Satz 1 BGB „das Erlöschen der Vollmacht ... nach dem ihrer Erteilung zugrunde liegenden Rechtsverhältnis" bestimmt, drücke das Gesetz deklaratorisch den natürlichen Zusammenhang zwischen Vertretungsmacht und Vertretungsrechtsverhältnis aus.[223]

Der herrschenden Lehre zufolge erteilt H dem V in Beispielsfall (1) konkludent mit seiner Anstellung die Vertretungsmacht über den Abschluss der Kaufverträge gem. § 167 Abs. 1 Var. 1 BGB, sog. Innenvollmacht. Aus § 168 Satz 1 BGB ergibt sich,

---

216 *Schlossmann* I § 22, S. 252 f.: Der Volksmund habe die Position des zum Vertragsschluss mit unmittelbarer Wirkung Beauftragten zur „Voll-macht" erhoben, weil ein solcher Beauftragter als besonders mächtig erschienen sei.

217 *Schlossmann* I § 21, S. 238, 250 f.

218 Dieser objektive Rechtssatz besteht nach der Schlossmann'schen Lehre entweder darin, dass der wirtschaftlich in untergeordneter Stellung handelnde Vertreter unmittelbare Wirkungen auslöst, oder darin, dass der seinen Haftungsausschluss vereinbarende Vertreter kraft vertretungsspezifischer Alternativwirkung unmittelbare Wirkungen auslöst, vgl. hierzu oben B.I.3.b).

219 *Schlossmann* II § 73, S. 536 ff.

220 Hierzu oben B.I.1.b) (1), (3).

221 *Schlossmann* II § 73, S. 534.

222 *Schlossmann* II § 75, S. 553.

223 *Schlossmann* II § 74, S. 544.

dass die (nach hL abstrakte) rechtsgeschäftliche Vertretungsmacht des V mit dem Zugang der außerordentlichen Kündigung seines Arbeitsverhältnisses gem. § 626 Abs. 1 BGB erlischt. Nach Schlossmanns Ansicht wird dem V in Beispielsfall (1) neben dem Abschluss des Arbeitsvertrages keine abstrakte Vertretungsmacht erteilt. Während des Bestehens des Arbeitsverhältnisses kann V den H kraft pflichtgetreuen Handelns[224] und kraft untergeordneter wirtschaftlicher Stellung unmittelbar verpflichten. Mit Kündigung des Arbeitsvertrages endet auch die Möglichkeit des V, den H materiellrechtlich wirksam zu verpflichten. Der Norm des § 168 Satz 1 BGB bedürfe es insoweit nicht.

Aus Fällen wie in Beispielsfall (1) und (2) ist Schlossmann zufolge der Mythos von der Abstraktheit der Vertretungsmacht genährt worden. Es werde seit jeher angenommen, dass V in Fall (1) den H trotz Nichtbestehens eines Vertretungsverhältnisses und in Fall (2) trotz inhaltlich abweichenden Vertretungsverhältnisses unmittelbar berechtigt und verpflichtet. Der Grund für die unmittelbare Vertretungswirkung sei richtigerweise darin gesehen worden, dass der schutzwürdige D auf die Richtigkeit des unbeschränkt dokumentierten Vertretungsrechtes, auf die Vollmachtsurkunde, vertraut.[225] Weil es „in der Macht“ des Vertreters liege, den Hintermann zu verpflichten, sei die herrschende Lehre jedoch in laienhafter Betrachtung davon ausgegangen, dass der Hintermann aufgrund von Vertretungsmacht hafte und nicht aufgrund des – unwirksamen – Vertretungsrechtsverhältnisses.[226] Diese Macht des Vertreters habe von der hL nicht als äußere Seite des Vertretungsverhältnisses gedeutet werden können, da sonst das Vertretungsverhältnis inkongruente Seiten gehabt hätte. Aus dieser Erkenntnis heraus habe Laband die Theorie zweier „verschiedener Verhältnisse, die nur thatsächlich in vielen Fällen sich decken“ entwickelt.[227] Eine Theorie, die nach Schlossmanns Ansicht schon deswegen unhaltbar ist, weil sie ihren Ausgangspunkt in einem Ausnahmefall, nämlich in der Divergenz von Auftrag und Vollmacht, nehme.[228]

Die Auffassung der herrschenden Lehre ist durch die §§ 172 Abs. 1 i.V.m. 171 Abs. 1 BGB und § 172 Abs. 2 BGB normiert worden, nach denen gesetzliche Vertretungsmacht besteht, wenn der Vertreter dem Dritten eine Vollmachtsurkunde vorlegt, die ihm vom Vertretenen ausgehändigt worden war, und die Vollmachtsurkunde weder zurückgegeben noch für kraftlos erklärt worden ist. So gelangt

---

224 Also kraft Vorliegens des allgemeinen Tatbestandes der spezifischen Vertretungswirkung: siehe oben B.I.1.b).

225 Gleich zu behandeln seien Fälle, in denen auf andere Dokumentationsmedien vertraut wird, wie auf die direkte Erklärung an den Dritten i.S.d. § 167 Abs. 1 Var.2 BGB bzgl. der Vertretungsmacht, auf die besondere Mitteilung über die bereits erteilte Vertretungsmacht an einen Dritten oder durch öffentliche Bekanntmachung i.S.v. § 171 Abs. 1 BGB, oder auch auf die Eintragung der Prokura im Handelsregister, *Schlossmann* I § 25, S. 286 f.

226 *Schlossmann* I § 25, S. 290.

227 *Laband*, ZHR 10 (1866), 183, 204 ff, 208.

228 *Schlossmann* I § 24, S. 264: „singularia non sunt extenda“.

die hL in Fall (1) zu dem Ergebnis, dass H nach § 164 Abs. 1 Satz 1 BGB wirksam verpflichtet wird. Zwar war die ursprünglich erteilte Vollmacht nach § 168 Satz 1 BGB mit Kündigung des Arbeitsvertrags erloschen. Gemäß §§ 172 Abs. 1 i.V.m. 171 Abs. 1 BGB hatte V aber darüber hinaus gesetzliche Vertretungsmacht aufgrund der Aushändigung der Vollmachtsurkunde durch H und ihrer Vorlage bei D. Bei der Lösung von Fall (2) geht die hL ebenfalls davon aus, dass H zwar nicht durch die rechtsgeschäftlich erteilte Vollmacht verpflichtet werden kann, von der Verträge mit einem Kaufpreis unter 15.000 € nicht erfasst werden. V handelt aber mit gesetzlicher Vertretungsmacht aufgrund der unbeschränkt ausgestellten Vollmachtsurkunde gem. §§ 172 Abs. 1 i.V.m. 171 Abs. 1 BGB. H wird so gem. § 164 Abs. 1 Satz 1 BGB unmittelbar verpflichtet.

a) Einordnung der Bevollmächtigung als außergerichtliches Geständnis

Schlossmann zufolge verkennt die herrschende Lehre, dass sich die Erscheinungen der unmittelbaren Vertretungswirkung trotz fehlenden Grundverhältnisses durch eine „künstliche Gestaltung des Beweisrechts“[229] erklären lassen. Durch die Mitteilung des Vertretenen an den Dritten oder an den Rechtsverkehr, dass der Vertreter mit dem Abschluss des Geschäftes und mit der Herbeiführung unmittelbarer Vertretungswirkung betraut ist, gibt der Vertretene nach Schlossmanns Lehre ein außergerichtliches Geständnis ab.[230] Die direkte Erklärung an den Dritten i.S.v. § 167 Abs. 1 Var.2 BGB über die Vertretungsmacht, die besondere Mitteilung an einen Dritten oder durch öffentliche Bekanntmachung über die bereits erteilte Vertretungsmacht i.S.v. § 171 Abs. 1 BGB sowie die Aushändigung und Vorlage der Vollmachtsurkunde i.S.v. § 172 Abs. 1 BGB sind Schlossmann zufolge keine privatrechtlichen Willenserklärungen[231] sondern Erklärungen mit prozessrechtlicher Wirkung. Der Vertretene wolle durch die Erklärungen das bestehende Vertretungsverhältnis bestätigen, er wolle keine besondere Rechtsmacht schaffen.[232]

Diesen außergerichtlichen Geständnissen kommt nach der Schlossmann'schen Vertretungslehre eine gesteigerte Beweiskraft zu, die über die Beweiskraft des

229 *Schlossmann* II § 68, S. 504.

230 Je nachdem ob der Hintermann die Art des Vertretungsverhältnisses genau bezeichne, oder ob er bloß das Bestehen irgendeines Vertretungsverhältnisses bekunde, liege ein spezielles Geständnis bzw. ein generelles Geständnis vor, vgl. *Schlossmann* II § 65, S. 478.

231 Die heute hL ordnet die Erklärung an den Dritten gem. § 167 Abs. 1 Var.2 BGB als Willenserklärung, nämlich als Erteilung der sog. Außenvollmacht, ein, während die besondere Mitteilung über die bereits erteilte Vertretungsmacht an einen Dritten oder durch öffentliche Bekanntmachung i.S.v. § 171 Abs. 1 BGB sowie die Aushändigung der Vollmachtsurkunde gem. § 172 Abs. 1 BGB als geschäftsähnliche Handlungen eingestuft werden, vgl. *Larenz/Wolf* § 47 Rn 16 ff. und § 48 Rn 6 f., 10.

232 *Schossmann* II § 65, S. 471 ff.

gerichtlichen Geständnisses nach §§ 288, 290 ZPO[233] hinausgeht: Erst der Nachweis, dass der Hintermann das außergerichtliche Geständnis schuldlos unter Zwang abgegeben hat oder aber dass der Dritte den wahren Umfang des materiellen Vertretungsrechtsverhältnisses kannte oder kennen musste, zusammen mit dem Beweis des wahren Rechtsverhältnisses, soll einen Widerruf des Geständnisses ermöglichen.

Nach Schlossmann handelt V somit in den Beispielsfällen (1) und (2) materiellrechtlich ohne Vertretungsmacht, also in Fallbeispiel (1) ohne zugrunde liegendes Vertretungsrechtsverhältnis[234] und in Fallbeispiel (2) ohne ein dem Vertreterhandeln entsprechendes Recht aus dem Binnenrechtsverhältnis.[235] In beiden Fallbeispielen fehlt es Schlossmann zufolge an dem allgemeinen Tatbestand der spezifischen Vertretungswirkung. Stets kann sich der D jedoch auf die ihm von V vorgelegte Vollmachtsurkunde berufen, die als außergerichtliches Geständnis dem H den Einwand der wahren Rechtslage abschneidet. H kann sich nicht auf die wahre Rechtslage berufen, weil er die Vollmachtsurkunde weder schuldlos unter Zwang ausgehändigt hatte noch nachweisen kann, dass D den wahren Umfang des Vertretungsrechtsverhältnisses kannte oder kennen musste.

(1) Widerruflichkeit des Geständnisses

Schlossmann begründet die Einordnung der Bevollmächtigung als außergerichtliches Geständnis mit gesteigerter Beweiskraft mit der größtmöglichen Interessenverwirklichung aller Beteiligten. Das außergerichtliche Geständnis wird im Interesse des Rechtsverkehrs an der Praktikabilität und tatsächlichen prozessualen Durchsetzbarkeit des Vertretungsinstituts abgegeben. Dies gebietet, dass das außergerichtliche Geständnis nicht durch bloßen Widerruf oder Beweis des wahren Grundverhältnisses entkräftet werden kann,[236] sofern der Dritte schutzbedürftig und schutzwürdig ist: Der Dritte muss auf das außergerichtliche Geständnis tatsächlich vertrauen, sich infolge dessen auf den Vertrag mit dem Vertreter einlassen (Kausalität) und darf die wahre Sachlage nicht kennen oder kennen müssen (Nachfrage bei entsprechendem Anlass).[237]

Weil der Schutz des im vorgenannten Sinne gutgläubigen Verkehrs und des Vertretungsinstituts im Gesamtinteresse liegt, ist Schlossmann zufolge die ratio

233 *Schlossmann* II § 67, S. 491 ff. – Nach § 288 ZPO macht eine gerichtliches Geständnis den Beweis der behaupteten Tatsache entbehrlich. Nach § 290 ZPO setzt der Widerruf des Geständnisses voraus, dass der Erklärende die Unwahrheit der behaupteten Tatsache beweist sowie seinen diesbezüglichen Irrtum.

234 Voraussetzung (1) des allgemeinen Tatbestands der spezifischen Vertretungswirkung, vgl. oben B.I.1.b) (1).

235 Voraussetzung (3) des allgemeinen Tatbestands der spezifischen Vertretungswirkung, vgl. oben B.I.1.b) (3).

236 Könnte der Hintermann durch Nachweis des wahren Vertretungsverhältnisses seiner Mitteilung die Beweiskraft entziehen, so wäre der Dritte in seiner prozessualen Durchsetzbarkeit genauso schutzlos gestellt, wie ohne die Mitteilung.

237 *Schlossmann* II § 67, S. 492 ff.

der Beweiskraftsteigerung nach §§ 288, 290 ZPO erfüllt.[238] Hierbei seien allerdings die Widerrufsvoraussetzungen des § 290 ZPO eine zu niedrige Hürde, da auch der sich über den Wahrheitsgehalt seines Geständnisses irrende Hintermann (der gem. § 290 ZPO zum Widerruf berechtigt wäre) dem schutzbedürftigen und schutzwürdigen Dritten gegenüber keinen Vorzug verdiene. Denn der Vertretene habe in Fällen des Irrtums oder Betrugs den wahren Sachverhalt leichter ermitteln können als der Dritte und dadurch das außergerichtliche Geständnis vermeiden können. Da dem Vertretenen auch bewusst gewesen sei, dass ihm die Abgabe eines falschen Geständnisses zum Nachteil gereichen könne, obliege ihm im eigenen Interesse eine besondere Sorgfalt.[239] Daher soll erst der Nachweis, dass der Vertretene das außergerichtliche Geständnis schuldlos unter Zwang abgegeben hat oder dass der Dritte nicht schützenswert ist, zusammen mit dem Beweis des wahren Rechtsverhältnisses, einen Widerruf des Geständnisses ermöglichen.[240] Der Dritte kann auf die Beweisführung mittels des Geständnisses verzichten und sich auf das wahre Vertretungsverhältnis berufen.[241]

(2) Keine Anfechtbarkeit des Geständnisses

In Fällen, in denen sich der herrschenden Lehre das Problem der Anfechtbarkeit der Vollmacht stellt, geht es nach Schlossmanns Lehre also um den Widerruf des außergerichtlichen Geständnisses, welches wegen seiner prozessrechtlichen Natur nicht angefochten werden kann. Aufgrund der gesteigerten Beweiskraft des außergerichtlichen Geständnisses gelangt Schlossmann in diesem Bereich zu praktisch anderen Ergebnisses als die herrschende Lehre.

Dies wird an dem folgenden Beispiel deutlich:

(4) H will sein Grundstück für mindestens 60.000 € verkaufen. Hierzu erteilt H dem V den schriftlichen Auftrag, das Grundstück für ihn mit unmittelbarer

---

238 Der Zweck des § 288 ZPO sei der Schutz der im öffentlichen Interesse gelegenen Friedensordnung. Dieses öffentliche Interesse müsse auch im Falle des außergerichtlichen Geständnisses über das Vertretungsrechtsverhältnis geschützt werden, *Schlossmann* II § 67, S. 491.

239 *Schlossmann* II § 66, S. 481 ff.: Ein unwahres Geständnis (nach hL eine Divergenz von Auftrag und Vollmacht) kann sich nach Schlossmanns Ansicht daraus ergeben, dass das Vertretungsverhältnis nichtig oder anfechtbar ist, dass die Vertragsverhandlungen hinsichtlich des Vertretungsverhältnisses erfolglos abgebrochen werden, wobei die Urkunde aber bereits übergeben worden war, dass der Hintermann aus ökonomischen Gründen eine Generalvollmacht beurkundet, allerdings mit einschränkenden Abreden im wahren Rechtsverhältnis oder dass der Hintermann die bewusst falsche Bezeichnung aus verhandlungstaktischen Gründen oder ehrenhalber vorzieht.

240 *Schlossmann* II § 67, S. 491 ff.

241 *Schlossmann* II § 67, S. 494. Die Mitteilung sei lediglich ein Beweismittel; ihre Benutzung stehe dem Dritten frei.

> Wirkung zu verkaufen. Hierbei unterläuft dem H ein Tippfehler, so dass in dem Auftrag 50.000 € statt 60.000 € als Mindestkaufpreis genannt wird. Der schriftliche Auftrag war von H auch zur Legitimation des V bestimmt. V verkauft das Grundstück für 50.000 € unter Vorlage des schriftlichen Auftrags an D. Als H seinen Irrtum bemerkt, teilt er sowohl dem V als auch dem D mit, dass er das Geschäft nicht gegen sich gelten lässt.

Der herrschenden Lehre zufolge erteilt H dem V in Fall (4) konkludent mit seiner Beauftragung die Vertretungsmacht zum Abschluss eines Kaufvertrags mit dem Mindestkaufpreis von 50.000 € gem. § 167 Abs. 1 Var. 1 BGB, sog. Innenvollmacht. Zugleich fungiert der schriftliche Auftrag als Vollmachtsurkunde. Durch den Kaufvertrag, den V im Namen des H und im Rahmen der Vertretungsmacht abschließt, wird H gem. § 164 Abs. 1 Satz 1 BGB unmittelbar berechtigt und verpflichtet. Sowohl der Auftrag als auch die Bevollmächtigung sind nach hL gem. § 119 Abs. 1 BGB wegen Erklärungsirrtums anfechtbar, da H Auftrag und Vollmacht nicht durch einen Mindestkaufpreis von 50.000 €, sondern von 60.000 €, konkretisieren wollte. Wenn sich H von dem Kaufvertrag lösen will, muss er weder den Kaufvertrag mit D noch die Beauftragung des V, sondern die hiervon abstrakte Bevollmächtigung des V sowie die Erteilung der Vollmachtsurkunde anfechten.[242] Die Anfechtung bewirkt aufgrund ihrer Rückwirkung gem. § 142 Abs. 1 BGB, dass der Kaufvertrag als ohne Vertretungsmacht abgeschlossen gilt, dass er also nicht gem. § 164 Abs. 1 BGB den H unmittelbar betrifft, sondern für D einen Haftungsanspruch gem. § 179 Abs. 1 und 2 BGB auslöst. Wem gegenüber H die Anfechtung erklären muss, ist in der herrschenden Lehre bei der sog. ausgeübten Innenvollmacht umstritten.[243] Im Ergebnis kann sich H jedenfalls vom Kaufvertrag mit D lösen und wäre nach § 122 Abs. 1 BGB zum Schadensersatz verpflichtet.[244]

---

242 Die Innenvollmacht gem. § 167 Abs. 1 Var. 1 BGB kann als Willenserklärung gem. §§ 119 ff. BGB angefochten werden. Die Ausstellung der Vollmachtsurkunde gem. § 172 Abs. 1 BGB kann nach hL als geschäftsähnliche Handlung analog §§ 119 ff. BGB angefochten werden, vgl. dazu aus der Zeit Schlossmanns *Planck*`scher Kommentar § 167 Anm. 4, S. 445 ff. und § 171 Anm. 3, S. 459 f.; aus heutiger Zeit MüKo-BGB/*Schramm* § 171 Rn 8.

243 Zur damals hL *Schlossmann* II § 66, S. 486 f.; zu den heute vertretenen Meinungen MüKo-BGB/*Schramm* § 167 Rn 111: Anfechtung nur gegenüber dem Vertreter, Anfechtung gegenüber dem Vertreter und dem Geschäftsgegner oder Anfechtung nur gegenüber dem Geschäftsgegner.

244 Wem gegenüber die Schadensersatzpflicht entsteht, ist ebenfalls umstritten, vgl. hierzu MüKo-BGB/*Schramm* § 167 Rn 111. Jedenfalls kann sich der Vertreter gem. § 122 BGB beim Vertretenen von seiner Haftungsverbindlichkeit gegenüber dem Dritten aus § 179 BGB freihalten. Nach heute herrschender Ansicht steht dem Dritten als wahrem Anfechtungsgegner analog § 122 BGB ein unmittelbarer Schadensersatzanspruch gegen den Vertretenen zu, vgl. *Flume* AT II § 52 5c und 5e, S. 870 ff.; Larenz/Wolf § 47 Rn 36; Soergel/*Leptien* § 166 Rn 22 m.w.N.

Zu einem anderen Ergebnis gelangt Schlossmann, dem zufolge die unmittelbare Vertretungswirkung in Fallbeispiel (4) deswegen eintritt, weil V das Grundstück aufgrund des wirksamen Auftrags solvendi causa für H entsprechend seiner Pflichten für 50.000 € und mit Haftungsausschlussvereinbarung gem. § 164 Abs. 1 Satz 1 BGB verkauft hat. Mit der Beauftragung wird keine abstrakte Vertretungsmacht erteilt, die Schriftform der Beauftragung dient aber nach dem Willen des H zugleich der Legitimation des V und hat somit durch ihre Vorlage bei D die Funktion eines außergerichtlichen Geständnisses. Wenn sich H von dem Kaufvertrag mit D lösen will, kann er (mangels Existenz einer anfechtbaren, abstrakten Vertretungsmacht und mangels Anfechtbarkeit des prozessrechtlich zu beurteilenden außergerichtlichen Geständnisses) nur das Auftragsrechtsverhältnis mit V anfechten, welches auf einem Erklärungsirrtum gem. § 119 Abs. 1 BGB beruht. Durch die Anfechtung des Auftrags entfällt rückwirkend gem. § 142 Abs. 1 BGB das Vertretungsverhältnis und damit der allgemeine Tatbestand für die besondere Art der unmittelbaren Vertretungswirkung. Materiellrechtlich fehlt es somit für die Lehre Schlossmanns an der unmittelbaren Vertretungswirkung. Die wahre Rechtslage kann H dem D aber nicht entgegenhalten, sofern sich D auf die Vorlage des schriftlichen Auftrags durch V beruft: Der schriftliche Auftrag kann in seiner Funktion als außergerichtliches Geständnis von H nicht lediglich wegen Irrtums widerrufen werden. Anders wäre es nur, wenn D den Tippfehler des H kannte oder kennen musste, so dass er in seinem Vertrauen auf den Mindestkaufpreis von 50.000 € nicht schutzwürdig wäre. Dafür bestehen hier keine Anhaltspunkte. Nach Schlossmanns Lehre kann sich H also in Fall (4) seiner Haftung aus dem Kaufvertrag nicht entziehen.

Schlossmann ist der Ansicht, dass seine Lehre im Problemkreis der Anfechtbarkeit der Vollmacht bzw. des Widerrufs des außergerichtlichen Geständnisses zu gerechteren Ergebnissen gelangt als die herrschende Lehre. Er vermeidet das Problem der Bestimmung des richtigen Anfechtungsgegners nach ausgeübter Innenvollmacht und ermöglicht den Widerruf einer auf Motivirrtum beruhenden Bevollmächtigungserklärung, wenn der Dritte von dem Motivirrtum weiß oder wissen muss.[245]

Auf das außergerichtliche Geständnis kann sich der schutzwürdige Dritte nach Schlossmanns Lehre kraft allgemeiner Beweisregeln bis zum Widerruf des Geständnisses berufen,[246] also so lange, bis ihm das Erlöschen der Vertretungsmacht[247] vom Vertretenen mitgeteilt wird bzw. bis die Vollmachtsurkunde

245 *Schlossmann* II § 66 Exkurs I, S. 487.

246 Zwar erbringe das außergerichtliche Geständnis nur den Beweis dafür, dass zur Zeit seiner Abgabe das Vertretungsverhältnis bestanden habe (künftige Tatsachen sind niemals Gegenstand eines Geständnisses, vgl. aus neuerer Zeit Thomas/Putzo/*Reichold* Vorbem § 284 Rn 13 und § 288 Rn 1), hinsichtlich des Fortbestehens des Grundverhältnisses greife aber die bei freier Beweiswürdigung allgemein anerkannte Beweisregel, dass die Fortdauer eines als bestehend erwiesenen Zustandes prima facie so lange anzunehmen sei, bis seine Aufhebung bewiesen werde, *Schlossmann* II § 76, S. 564.

247 Nach Schlossmanns Lehre bedeutet dies, dass das Recht und die Pflicht aus dem Binnenverhältnis entfallen ist, mit unmittelbarer Wirkung für den Vertretenen tätig zu werden, vgl. oben B.I.4.

zurückgegeben oder für kraftlos erklärt wird. Dies habe der Gesetzgeber – in der Annahme, die Wirkungsdauer der gesetzlichen Vertretungsmacht zu bestimmen – im praktischen Ergebnis zu Recht normiert: in § 170 BGB hinsichtlich der Anzeige des Erlöschens der Außenvollmacht; in § 171 Abs. 2 BGB hinsichtlich des Widerrufs der Kundgabe nach Erlöschen der Innenvollmacht; in §§ 172 Abs. 2 i.V.m. 175 BGB hinsichtlich der Rückgabe der Vollmachtsurkunde und in §§ 172 Abs. 2 i.V.m. 176 BGB hinsichtlich der Kraftloserklärung der Vollmachtsurkunde.[248] Dass sich der Dritte, der schon vor Widerruf des außergerichtlichen Geständnisses das Erlöschen der Vertretungsmacht kannte oder kennen musste, nicht auf das Fortwirken des Geständnisses kraft allgemeiner Beweisregeln berufen kann, normiere § 173 BGB[249] zu Recht.

(3) Figur des ‚Missbrauch(s) der Vertretungsmacht'

Einen wesentlichen Gewinn seiner Vertretungslehre sieht Schlossmann darin, dass sich mit ihr die für die hL dogmatisch unerklärbaren Fälle des sog. Missbrauchs der Vertretungsmacht schlüssig lösen lassen.[250] So wird in Fallbeispiel (3)[251] nach einhelliger Meinung der H deswegen nicht unmittelbar verpflichtet, weil D wusste, dass V trotz unbeschränkt ausgestellter Vollmachtsurkunde im Innenverhältnis zu einem Verkauf des Motorrads für 14.000 € nicht berechtigt war. Die hL könne das richtige Ergebnis nicht dogmatisch erklären, weil die unbeschränkte, gesetzliche Vertretungsmacht abstrakt neben dem beschränkten Innenrechtsverhältnis besteht und es ihr zufolge nur der Vertretungsmacht für die Verpflichtung des Hintermanns bedarf.[252] Schlossmann löst diese Fälle mit seiner Lehre von der Einordnung der Vollmachtsurkunde als außergerichtliches Geständnis mit gesteigerter Beweiskraft. Sollte sich D in Fall (3) auf das unbeschränkte außergerichtliche Geständnis des H berufen, kann H die wahre Rechtslage einwenden, wenn er nachweist, dass D den wahren Umfang des Vertretungsrechtsverhältnisses kannte. Hierdurch entfällt die

---

248 *Schlossmann* II § 77, S. 568 ff.

249 § 173 BGB lautet: „Die Vorschriften des § 170, des § 171 Abs. 2 und des § 172 Abs. 2 finden keine Anwendung, wenn der Dritte das Erlöschen der Vertretungsmacht bei der Vornahme des Rechtsgeschäfts kennt oder kennen muss."

250 *Schlossmann* II § 66, S. 488.

251 Siehe oben unter B.I.4.

252 Im Jahre 1884 gewährte das RG in RGZ 15, 206, 207 die Arglisteinrede bei Kenntnis des Missbrauchs. Mit Urteil vom 28.06.1902 in RGZ 52, 96, 99 ließ es sodann in einem obiter dictum die fahrlässige Unkenntnis des Dritten ausreichen. Das erste sich hierauf stützende Urteil erging 1909 in RGZ 71, 219, 222 f. Dem Reichsgericht war in RGZ 75, 299, 301 (1911) durchaus bewusst, gegen die Abstraktion zu verstoßen, welche es als zu eng empfand: „die Vollmacht könne, auch wenn man nach dem Bürgerlichen Gesetzbuch in ihr ein abstraktes Geschäft sieht, doch in ihren Wirkungen nicht als völlig von dem Kausalgeschäfte losgelöst beurteilt werden." Zu dieser Zeit war die wissenschaftliche Diskussion um diese Problematik bereits im vollen Gange, vgl. die Nachweise in den soeben zitierten Urteilen.

Beweiskraft des Geständnisses, so dass auch nach außen hin allein die materielle Rechtslage entscheidend ist. Im Ergebnis verblieben dem Dritten somit nur die §§ 177, 179 BGB, die die Rechtsfolgen des Handelns ohne Vertretungsmacht normieren.[253]

b) Einordnung der gesetzlichen Normen, die zwischen Innenverhältnis und Vertretungsmacht unterscheiden

Schlossmann erkennt die Notwendigkeit, seine Lehre mit den Normen des BGB und des HGB in Einklang zu bringen. Beide Gesetze differenzieren nämlich zwischen Regelungen zum Innenrechtsverhältnis einerseits, und Regelungen zum Außenrechtsverhältnis, der Vertretungsmacht, andererseits. Deutlich wird die gesetzliche Adaption der hL von der Einordnung des Innenrechtsverhältnisses und der Vertretungsmacht als zwei verschiedene Rechtsverhältnisse durch die Normen zur Wirkungsdauer der Vertretungsmacht gem. §§ 168 ff. BGB. Auch stehen sich bspw. bei der Ausgestaltung des Rechts der oHG Regelungen zum Rechtsverhältnis der Gesellschafter untereinander in den §§ 109 ff. HGB und Regelungen zum Rechtsverhältnis der Gesellschafter zu Dritten, insbesondere zur Vertretungsmacht, in den §§ 125 ff. HGB gegenüber.[254]

Wenn gemäß § 168 Satz 2 BGB „die Vollmacht ... auch bei dem Fortbestehen des Rechtsverhältnisses widerruflich [ist], sofern sich nicht aus diesem ein anderes ergibt“, muss dies nach Schlossmann nicht als Anerkennung von Auftrag und Vollmacht als zwei verschiedene Rechtsverhältnisse verstanden werden. § 168 Satz 2 BGB sei als gesetzlicher Widerrufsvorbehalt hinsichtlich des aus dem Vertretungsrechtsverhältnis resultierenden Rechts und der Pflicht zum Handeln mit unmittelbarer Vertretungswirkung auszulegen. § 168 Satz 2 BGB bestimme, dass der Vertreter durch einseitige Willenserklärung des Vertretenen „auf eine andere Tätigkeit als das Verhandeln und Abschließen von Geschäften mit Dritten beschränkt werden

253 *Schlossmann* II § 57, S. 393, vgl. B.I.5.b).

254 Als weitere Beispiele für das gesetzliche Nebeneinander von Regelungen zum Innenrechtsverhältnis einerseits und zum Außenrechtsverhältnis andererseits nennt *Schlossmann:* im Vereinsrecht die Normen zur Geschäftsführungsbefugnis des Vorstands gem. §§ 27 III i.V.m 662 ff BGB und zu seiner Vertretungsbefugnis gem. § 26 II BGB; im Aktienrecht Normen zur Geschäftsführung des Vorstands in den §§ 88, 90 ff. und zu seiner Vertretungsbefugnis in § 82 AktG; bei der elterlichen Sorge Normen zur Beschränkung der Vermögenssorge im Innenverhältnis gem. § 1638 BGB und zum Umfang der Vertretungsbefugnis in den §§ 1626, 1629, 1643 BGB; bei der Vormundschaft und Pflegschaft Regelungen zur Vermögensverwaltung im Innenverhältnis gem. §§ 1802 ff BGB und Normen zur Ausgestaltung der Vertretungsmacht gem. §§ 1793, 1821 ff. BGB. Hierzu *Schlossmann* II § 70, S. 522 f.

könne",[255] dass also ein Teil des Grundverhältnisses heraus gekündigt werden dürfe, wobei der Vertrag dem Grunde nach bestehen bleibe.[256]

Für diese Auslegung des § 168 Satz 2 BGB spreche nicht nur das legitime Interesse des Vertretenen, sein Vermögen im Zweifel mit sofortiger Wirkung dem Zugriff des fremdnützig tätigen Vertreters zu entziehen,[257] sondern auch die Tatsache, dass es im wirklichen Leben kaum vorkomme, dass einem Vertreter zwar die Vollmacht entzogen wird, er aber in unveränderter Stellung fortarbeiten und Geschäfte schließen soll, dass also das Vertretungsrechtsverhältnis als solches unangetastet fortbesteht.[258] § 168 Satz 2 Halbs. 2 BGB[259] sei zudem so auszulegen, dass nicht auf die Teilkündigung schlechthin verzichtet werden könne, sondern nur auf die Teilkündigung ohne besonderen Grund. Die fristlose Teilkündigung aus wichtigem Grund müsse stets möglich sein,[260] da die rechtliche Anerkennung eines Verzichts hierauf gegen die freie Selbstbestimmung der Person verstoßen würde.[261]

Die Normen der §§ 170 ff. BGB, die nach hL eine gesetzliche Vertretungsmacht neben oder anstelle der rechtsgeschäftlich erteilten Vertretungsmacht konstituieren, sind nach der Schlossmann'schen Vertretungslehre als Normen über die Wirkungsdauer des außergerichtlichen Geständnisses auszulegen.[262]

Schlossmann rechtfertigt seine Lehre über die Identität von Vertretungsrechtsverhältnis und Vertretungsmacht auch unter Einbeziehung der Normen, die zwischen der Ausgestaltung des Binnenrechtsverhältnisses und der Vertretungsbefugnis ausdrücklich unterscheiden, wie bspw. im Recht der oHG die Regelungen zum Innenrechtsverhältnis gem. §§ 109 ff. HGB einerseits und Regelungen zur Vertretungsmacht in den §§ 125 f. HGB andererseits.[263] Nach Schlossmann dienen diese Normen allesamt der Beweiserleichterung hinsichtlich des Inhalts und des Umfangs des Vertretungsverhältnisses zwischen dem Vertreter und dem Vertretenen. Ihre

---

255 *Schlossmann* II § 78, S. 598 Fn 1.

256 Eine solche Teilkündigung ist grundsätzlich unzulässig, weil sonst dem Kündigungsempfänger ein Änderungsvertrag aufgedrängt werden könnte. Vgl. *Hromadka/Maschmann* § 10 Rn 374 f.

257 Nach Schlossmann ergebe eine Interessenabwägung, dass dem Vertreter sein Vergütungsanspruch erhalten bleibe, wenn ihm – ungeachtet der Lösungsmöglichkeit des § 168 Satz 2 BGB – im Übrigen nicht mit sofortiger Wirkung gekündigt werden kann, *Schlossmann* II § 78, S. 590 ff.

258 *Schlossmann* II § 74, S. 548.

259 Nach § 168 Satz 2 Halbs. 2 BGB ist die Vollmacht bei dem Fortbestehen des Rechtsverhältnisses nur widerruflich, „...sofern sich nicht aus diesem ein anderes ergibt."

260 Dies entspricht im Ergebnis der heute hL zur Unwidrruflichkeit der Vollmacht. Demnach kann auch die infolge vertraglicher Vereinbarung unwiderrufliche Vollmacht aus wichtigem Grunde widerrufen werden, vgl. Palandt/*Ellenberger* § 168 Rn 6 m. w. N.

261 *Schlossmann* II § 79, S. 599.

262 Dazu oben B.I.4.a) (2) a.E.

263 Zu den weiteren von Schlossmann angeführten Beispielen vgl. oben Fn 254 und *Schlossmann* II § 70, S. 514 ff. und § 71, S. 525 ff.

unterschiedliche Ausgestaltung werde durch die unterschiedliche Schutzrichtung gerechtfertigt, die den Normen innewohne. Normen, die wie die §§ 109 ff. HGB den konkreten Inhalt eines Vertretungsrechtsverhältnisses festschreiben, nennt Schlossmann die materielle Ordnung der Vertretungsverhältnisse.[264] Diese Normen erleichtern den Beteiligten die Beweisführung, wenn zwischen ihnen die konkrete Ausgestaltung des Vertretungsrechtsverhältnisses umstritten ist.[265] Normen, die wie § 126 Abs. 1 HGB den Umfang der Rechte und Pflichten des Vertretungsverhältnisses abstrakt enthalten, bezeichnet Schlossmann als abstrakte Ordnung der Vertretungsverhältnisse[266]. Hier wird vom Dritten nur der Beweis verlangt, dass das Geschäft überhaupt zu einem bestimmten Geschäftskreis gehört. Die abstrakte Ordnung verschont den Dritten vor einer Beweisführung hinsichtlich solcher Elemente, die das Binnenverhältnis zwischen Vertreter und Vertretenem betreffen. Sie ist nach Schlossmann im Interesse der Verkehrssicherheit und der Brauchbarkeit des Instituts der Vertretung aufgestellt worden und bewirkt für den Dritten die gleiche Beweissituation wie sie durch das außergerichtliche Geständnis entsteht, weshalb die abstrakte Ordnung nur dem schutzwürdigen und schutzbedürftigen Dritten zugute kommen soll.[267] Soweit sich der Gesetzgeber u.a. in § 126 Abs. 2 HGB[268] zugunsten besonders hoher Verkehrssicherheit dafür entschieden hat, dass sich auch der das konkrete Vertretungsrechtsverhältnis kennende Dritte auf die abstrakte Ordnung unwiderleglich berufen kann, sei der gewährte Schutz des Dritten nicht geboten; solche Normen seien telelogisch zu restringieren.[269]

§ 125 Abs. 1 HGB, nach dem zur Vertretung der Gesellschaft jeder Gesellschafter ermächtigt ist, wenn er nicht durch den Gesellschaftsvertrag von der Vertretung ausgeschlossen ist, beinhaltet nach Schlossmann in seinem ersten Halbsatz die

264 *Schlossmann* II § 70, S. 520.
265 *Schlossmann* II § 70, S. 519.
266 *Schlossmann* II § 70, S. 520.
267 *Schlossmann* II § 70, S. 518 f.
268 Nach § 126 Abs. 2 HGB ist eine Beschränkung des Umfangs der Vertretungsmacht Dritten gegenüber unwirksam; dies gilt insbesondere von der Beschränkung, dass sich die Vertretung nur auf gewisse Geschäfte oder Arten von Geschäften erstrecken oder dass sie nur unter gewissen Umständen oder für eine gewisse Zeit oder an einzelnen Orten stattfinden soll.
269 *Schlossmann* nennt zudem § 50 Abs. 1 HGB, der eine Beschränkung der Prokura Dritten gegenüber für unwirksam befindet, sowie § 82 Abs. 1 AktG, der eine Beschränkung der Vertretungsmacht Dritten gegenüber für unwirksam erklärt. Im Gegensatz hierzu stehen § 54 Abs. 1 und Abs. 3 HGB, denen zufolge sich der Dritte Beschränkungen der Handlungsvollmacht entgegenhalten lassen muss, wenn er sie kannte oder kennen musste, *Schlossmann* II § 70, S. 519. – In Fällen des Missbrauchs der Vertretungsmacht nimmt auch heute eine Meinung hier eine teleologische Restriktion vor, vgl. zu § 50 HGB Nachweise bei *Canaris* HR § 12 V Rn 40.

Anordnung unmittelbarer Vertretungswirkung kraft objektiver Rechtsstellung.[270] Sein zweiter Halbsatz beschreibe ein nullum: eine Gesellschaftsvertragsklausel i.S.d. § 125 Abs. 1 2. Halbsatz HGB sei nichtig, da die oHG durch das Handeln jedes geschäftsführungsbefugten Gesellschafters verpflichtet werde.[271] Dies habe auch die hL erkannt, indem sie dem von der externen Vertretung ausgeschlossenen, aber dennoch gem. § 114 Abs. 1 HGB geschäftsführungsbefugten Gesellschafter (heute sog.) Duldungsvollmacht[272] zuspreche.

5. Folgen pflichtwidrigen Handelns des Vertreters

Pflichtwidriges Vertreterhandeln kommt nach Schlossmann in zwei Varianten in Betracht: Entweder wird das Vertreterhandeln vom Vertretungsrechtsverhältnis nicht gedeckt, weil das Vertretungsverhältnis nichtig ist oder anders lautende Pflichten beinhaltet, so dass es an der 1. und / oder an der 3. Voraussetzung des allgemeinen Tatbestands der spezifischen Vertretungswirkung fehlt.[273] Oder es fehlt an der 2. Voraussetzung des allgemeinen Tatbestands der spezifischen Vertretungswirkung, weil der Vertreter das Geschäft pflichtwidrig nicht für den Hintermann abschließt, sondern für sich selbst im eigenen Interesse.[274]

Zur Veranschaulichung dienen Beispielsfälle, die von Schlossmann jeweils in abstrakter Form besprochen werden:[275]

---

270 Die Unmittelbarkeit des Handelns ergebe sich aus dem Wortlaut „ermächtigt“. Die Ermächtigung sei im Sinne von „voller Macht“ des mit unmittelbarer Wirkung tätigen Vertreters zu verstehen, vgl. *Schlossmann* II § 69, S. 512 f. Das Bestehen des Vertretungsrechtsverhältnisses als erste Voraussetzung des allgemeinen Tatbestands der spezifischen Vertretungswirkung gibt § 114 Abs. 1 HGB wieder, der lautet: „Zur Führung der Geschäfte der Gesellschaft sind alle Gesellschafter berechtigt und verpflichtet.“

271 *Schlossmann* II § 74, S. 549 Fn 1, 551 f.

272 Die Duldungsvollmacht ist zur Zeit *Schlossmanns* von der damals *hL* noch als Sonderform der „stillschweigenden Vollmacht“ verstanden worden, vgl *Hupka* zitiert bei *Schlossmann* II § 60, S. 420 und § 74, S. 551. Nach *Schlossmann* führt der objektive Tatbestand des Duldens seitens des Vertretenen zu einer prozessrechtlich günstigen Beweislage, da das wiederholte Dulden auf das wirksame Bestehen eines Vertretungsverhältnisses schließen lasse. Zum Schutz des allgemeinen Rechtsverkehrs und des im Hinblick auf das Bestehen des Vertretungsrechts gutgläubigen Dritten erfahre dieses Beweismittel ebenfalls Beweiskraftsteigerung über § 290 ZPO hinaus. Der Vertretene dürfe sich selbst bei Irrtum nicht auf das wahre Rechtsverhältnis berufen. Nur der Nachweis, dass der Dritte nicht gutgläubig war oder dass der Vertretene durch Zwang vom Einschreiten abgehalten wurde, könne die Beweiskraft des Duldens beseitigen, vgl. *Schlossmann* II § 68, S. 502 ff.

273 Hierzu oben B.I.1.b) (1), (3).

274 Hierzu oben B.I.1.B) (2).

275 Vgl. *Schlossmann* II § 8, S. 58 ff.

(1) H beauftragt V mit dem Kauf eines bestimmten Gemäldes. V soll höchstens 50.000 € als Kaufpreis vereinbaren und den H unmittelbar verpflichten. V kauft das Bild von D für 55.000 € und vereinbart für sich einen Haftungsausschluss.
(2) H beauftragt V mit dem Kauf des Gemäldes für höchstens 50.000 €, wobei V selbst als Käufer fungieren und sein Handeln im Auftrag des H geheim halten soll. V kauft das Bild von D für 55.000 €.
(3) H beauftragt V mit dem Kauf des Gemäldes erneut unter Geheimhaltungspflicht. V soll selbst als Käufer fungieren. D erklärt dem V, dass er das Bild nur heute und nur an den Kunstsammler H verkaufen will. Daraufhin gibt sich V als Vertreter des H zu erkennen, erwirbt das Gemälde von D und vereinbart hierbei für sich einen Haftungsausschluss.
(4) H beauftragt V mit dem Kauf des Gemäldes. Weil V das Bild selbst so gut gefällt, kauft sich V das Bild im eigenen Interesse. Mit D vereinbart V keinen Haftungsausschluss.

a) Herbeiführung der spezifischen Vertretungswirkung durch Genehmigung

Nach § 177 Abs. 1 BGB hängt die Wirksamkeit des Vertrags für und gegen den Vertretenen von dessen Genehmigung ab, wenn jemand in seinem Namen ohne Vertretungsmacht einen Vertrag schließt. Das Gesetz greift in § 177 Abs. 1 BGB den Tatbestand des § 164 Abs. 1 Satz 1 BGB auf und normiert die Rechtsfolge für den Fall des Handelns ohne Vertretungsmacht. Sofern der Vertretene den Vertrag nicht genehmigt, haftet der Vertreter ohne Vertretungsmacht gegenüber dem schutzwürdigen Dritten gemäß § 179 BGB.[276]

In Fall (1) handelt V ohne Vertretungsmacht[277], weil er das Gemälde für 55.000 € erwirbt und nicht seiner Beauftragung entsprechend für 50.000 €. Nach der hL besteht das Handeln ohne Vertretungsmacht in der Überschreitung der auf 50.000 €

---

276 Nach § 179 Abs. 1 BGB ist derjenige, der als Vertreter einen Vertrag geschlossen hat, sofern er nicht seine Vertretungsmacht nachweist, dem anderen Teil nach dessen Wahl zur Erfüllung oder zum Schadensersatz verpflichtet, wenn der Vertretene die Genehmigung des Vertrags verweigert. Nach § 179 Abs. 2 BGB ist der Vertreter, der den Mangel der Vertretungsmacht nicht gekannt hat, nur zum Ersatz desjenigen Schadens verpflichtet, welchen der andere Teil dadurch erleidet, das er auf die Vertretungsmacht vertraut, jedoch nicht über den Betrag des Interesses hinaus, welches der andere Teil an der Wirksamkeit des Vertrags hat. Der Vertreter haftet gemäß § 179 Abs. 3 BGB nicht, wenn der andere Teil den Mangel der Vertretungsmacht kannte oder kennen musste. Er haftet auch dann nicht, wenn er in der Geschäftsfähigkeit beschränkt war, es sei denn, dass er mit Zustimmung seines gesetzlichen Vertreters gehandelt hat.

277 Wie gesehen, legt *Schlossmann* die Vertretungsmacht gem. § 164 Abs. 1 Satz 1 BGB gesetzeskonform dahin aus, dass dadurch das Bestehen eines Rechtsverhältnisses mit dem Recht und der Pflicht zum Handeln für den anderen sowie das Bestehen

beschränkten, abstrakten Vollmacht. V haftet nach § 179 BGB, wenn H den Vertrag nicht gem. § 177 Abs. 1 BGB genehmigt. Nach Schlossmann resultiert das Handeln ohne Vertretungsmacht aus der Nichterfüllung der vertraglichen Pflicht, den Kauf für höchstens 50.000 € abzuschließen, wodurch es an der 3. Voraussetzung des allgemeinen Tatbestands der spezifischen Vertretungswirkung fehlt.[278] Da V für sich einen Haftungsausschluss vereinbart hat, ist auch nach Schlossmann grundsätzlich der Anwendungsbereich der §§ 177 Abs. 1, 179 BGB eröffnet.[279]

Die Situation in Fall (2) ist nach hL keine solche des Handelns ohne Vertretungsmacht i.S.v. §§ 177 Abs. 1, 179 BGB, da V nicht mit unmittelbarer, sondern mit mittelbarer Vertretungswirkung handelt. Dem stimmt Schlossmann insoweit zu, als der Tatbestand der §§ 177 Abs. 1, 179 BGB auf die Fälle beschränkt sei, in denen der Vertreter gem. § 164 Abs. 1 Satz 1 BGB mit Haftungsausschlussvereinbarung handelt. In den Fällen (1) und (2) ist Schlossmann zufolge jeweils die 3. Voraussetzung des allgemeinen Tatbestands der spezifischen Vertretungswirkung nicht erfüllt. In beiden Fällen hänge der Eintritt der spezifischen Vertretungswirkung, und dadurch der Eintritt der besonderen Arten der unmittelbaren oder mittelbaren Vertretungswirkung, davon ab, ob der Vertretene das pflichtwidrig geschlossene Geschäft genehmigt.[280] § 177 Abs. 1 BGB normiere diese Rechtsfolge zwar nur für den Fall der besonderen Art der unmittelbaren Vertretungswirkung kraft Haftungsausschlussvereinbarung, der Norm liege aber ein Prinzip zugrunde, das bei jedem pflichtwidrigen Vertreterhandeln (sei es mit intendierter unmittelbarer, sei es mit intendierter mittelbarer Wirkung) zur Anwendung gelange: Das pflichtwidrige Handeln stelle ein Angebot zur Leistung an Erfüllungsstatt dar und die Genehmigung sei eine Annahme an Erfüllungsstatt.[281] In den Fällen (1) und (2) wird durch die Genehmigung das zunächst pflichtwidrige Vertreterhandeln mit den Rechten und Pflichten aus dem Binnenverhältnis in Einklang gebracht, so dass die allgemeinen Tatbestandsvoraussetzungen für den Eintritt der spezifischen Vertretungswirkung erfüllt sind.[282]

In Fall (3) liegt nach hL ein Handeln ohne Vertretungsmacht i.S.v. §§ 177 Abs. 1, 179 BGB vor, weil V mit mittelbarer Wirkung tätig werden sollte, ihm also von H keine Vollmacht erteilt worden war. Nach Schlossmann hingegen sind die

eines objektiven Rechtssatzes, der die Wirkungen dieser Handlung dem Hintermanne zuordnet, bezeichnet wird, vgl. oben B.I.4.

278 Hierzu oben B.I.1.b) (3).

279 *Schlossmann* II § 9, S. 62 ff.

280 Dies gilt nach Schlossmann genauso in den Fällen, in denen es an der 1. Voraussetzung des allgemeinen Tatbestands der spezifischen Vertretungswirkung, an einem wirksamen Vertretungsrechtsverhältnis, fehlt, *Schlossmann* II § 8, S. 58 ff.

281 *Schlossmann* II § 9, S. 62.

282 Für den Fall der unmittelbaren Vertretungswirkung drücke die hL diesen Gedanken dadurch aus, dass die Genehmigung in doppelter Funktion zum einen den Mangel an einem Auftrag gem. § 684.2 BGB ersetze und zum anderen die fehlende Vertretungsmacht nach § 177 BGB heile, *Schlossmann* II § 9, S. 64 Fn 1.

Voraussetzungen für die besondere Art der unmittelbaren Vertretungswirkung gegeben, da die Abweichung des V vom Pflichtenprogramm des Auftrages gem. § 665 BGB[283] rechtmäßig, wenn nicht sogar geboten war, nachdem D erklärt hat, dass er das Gemälde nur am selben Tag und nur dem H verkaufen wird. Dadurch sind alle Tatbestandsmerkmale für den Eintritt der unmittelbaren Wirkung gegeben, nämlich das Bestehen eines Vertretungsverhältnisses, das Handeln für den H solvendi causa, das pflichtgemäße Handeln gem. § 665 BGB und das Vorliegen der Haftungsausschlussvereinbarung.[284] Der direkten Betroffenheit des Vertretenen stünden auch keine schutzwürdigen Interessen desselben entgegen. Insbesondere sei sein Interesse, nicht mit dem Dritten in unmittelbare Geschäftsverbindung zu geraten, nicht schutzwürdig. Das BGB erkenne dieses Interesse nur in Ausnahmefällen an, bspw. gem. § 399 BGB, demzufolge eine Forderung nicht abgetreten werden kann, wenn die Leistung an einen anderen als den ursprünglichen Gläubiger den Inhalt der Leistung verändern würde oder wenn die Abtretung durch Vereinbarung mit dem Schuldner ausgeschlossen ist. Die bloße Weisung des Vertretenen, im eigenen Namen zu handeln, beinhalte kein Abtretungsverbot.[285]

Für die hL ist in Fall (4) durch das pflichtwidrige Handeln des V der Anwendungsbereich der §§ 177 Abs. 1, 179 BGB nicht eröffnet, weil V das Geschäft im eigenen Namen abschließt. Dieser Beurteilung folgt auch Schlossmann, da die §§ 177 Abs. 1, 179 BGB seiner Ansicht nach ein Handeln mit Haftungsausschlussvereinbarung voraussetzen. Nach Schlossmann fehlt es darüber hinaus an der 2. Voraussetzung des allgemeinen Tatbestands der spezifischen Vertretungswirkung, nämlich an dem Handeln für den Vertretenen solvendi causa.[286] In den Fällen, in denen der Vertreter nicht für den Vertretenen handelt, sondern für sich selbst im eigenen Interesse, kommt ihm zufolge die Herbeiführung der spezifischen Vertretungswirkung durch

283 Gemäß § 665 Satz 1 BGB ist der Beauftragte berechtigt, von den Weisungen des Auftraggebers abzuweichen, wenn er den Umständen nach annehmen darf, dass der Auftraggeber bei Kenntnis der Sachlage die Abweichung billigen würde. Nach § 665 Satz 2 BGB hat der Beauftragte vor der Abweichung dem Auftraggeber Anzeige zu machen und dessen Entschließung abzuwarten, wenn nicht mit dem Aufschub Gefahr verbunden ist.

284 *Schlossmann* II § 53, S. 347 ff.

285 *Schlossmann* II § 53, S. 360. Diese Betrachtung nimmt *Schlossmann* zum Anlass, die unmittelbare Verpflichtung des Hintermannes auch für den Fall in Betracht zu ziehen, in dem die Abweichung vom Auftrag nicht mehr durch § 665 BGB gerechtfertigt werden könne. Obwohl das Handeln des Vertreters dann eindeutig pflichtwidrig sei, könnte die unmittelbare Wirkung aus Gerechtigkeitsgründen angezeigt sein. Für den Schaden, den der Vertretene durch die ungewollte, unmittelbare Verpflichtung erleide, könne er den Vertreter im Innenverhältnis haftbar machen (heute gem. § 280 Abs. 1 BGB n.F.). Stets sei allerdings eine umfassende Interessenabwägung im Einzelfall notwendig, *Schlossmann* II § 53, S. 357 ff.

286 Vgl. oben B.I.1.b) (2).

Genehmigung analog §§ 61 Abs. 1 Halbs. 2, 113 Abs. 1 Halbs. 2 HGB[287] in Betracht.[288] Hierzu ist zum einen erforderlich, dass das pflichtwidrig im eigenen Interesse abgeschlossene Geschäft beim Vertretenen den Nachteil bewirkt, dass für diesen ein weiteres Geschäft zu eben diesen Konditionen nicht mehr abgeschlossen werden kann,[289] etwa weil das Geschäft nur einmal vorgenommen werden oder weil ein zweites Geschäft zu denselben günstigen Konditionen nicht mehr zustande kommen kann.[290] Zum anderen ist es notwendig, dass der Vertreter laut Vertretungsverhältnis den Interessen des Vertretenen hätte den Vorrang geben müssen.[291] Sind diese beiden Voraussetzungen erfüllt, so wirkt sich der Geschäftsabschluss auf den Vertretenen nach der Schlossmann'schen Lehre wie schädliche Konkurrenz aus; eine entsprechende Anwendung der §§ 61 Abs. 1 Halbs. 2, 113 Abs. 1 Halbs. 2 HGB sei aus Gerechtigkeits- und Zweckmäßigkeitsgründen geboten.[292]

Für die Lösung des Falls (4) bedeutet dies, dass H nach Schlossmann durch Genehmigung des pflichtwidrigen Vertreterhandelns analog §§ 61 Abs. 1 Halbs. 2, 113 Abs. 1 Halbs. 2 HGB die besondere Art der mittelbaren Vertretungswirkung herbeiführen kann, weil das konkrete Gemälde nur einmal von D erworben werden konnte und V aufgrund des Auftrags den Interessen des Vertretenen Vorrang einräumen musste. H kann somit von V die Herausgabe des Gemäldes Zug-um-Zug gegen Aufwendungsersatz verlangen.

b) Eigenhaftung des Vertreters gem. § 179 BGB

Wie bereits erwähnt, haftet der V in Fall (1) gem. § 179 BGB als Vertreter ohne Vertretungsmacht auch nach der Schlossmann'schen Vertretungslehre, wenn H den von V pflichtwidrig für 55.000 € geschlossenen Kaufvertrag nicht genehmigt.

Die ratio des § 179 BGB sieht Schlossmann nicht mit der hL in einem stillschweigenden Garantieversprechen des Vertreters hinsichtlich des Bestehens der Vertretungsmacht,[293] sondern in dem allgemeinen Rechtsgrundsatz der persönlichen

---

287 Die §§ 61 Abs. 1 Halbs. 2, 113 Abs. 1 Halbs. 2 HGB knüpfen an den Verstoß des Handlungsgehilfen bzw. des Gesellschafters gegen das gegenüber dem Prinzipal bzw. der Gesellschaft bestehende Wettbewerbsverbot an. Sie bestimmen, dass der Prinzipal bzw. die Gesellschaft verlangen kann, dass die pflichtwidrig für eigene Rechnung gemachten Geschäfte als für Rechnung des Prinzipals bzw. der Gesellschaft gelten, und dass der Handlungsgehilfe bzw. der Gesellschafter die Vorteile herausgeben muss, die er durch das pflichtwidrige Handeln erlangt hat.

288 *Schlossmann* II § 10, S. 69 ff. Die Interessen des Dritten werden hier analog § 179 Abs. 1 BGB geschützt, vgl. hierzu sogleich B.I.5.b).

289 *Schlossmann* II § 14, S. 111.

290 *Schlossmann* II § 10, S. 73 ff.

291 *Schlossmann* II § 10, S. 79 ff.

292 *Schlossmann* II § 10, S. 81 ff.; *Schlossmann* II § 14, S. 111.

293 *Schlossmann* II § 57, S. 390 ff. Auch die heute hL teilt die Einschätzung der damals herrschenden Ansicht, vgl BGHZ 105, 283, 285: § 179 Abs. 1 BGB begründe eine gesetzliche Garantenhaftung.

Haftung für eigens geschlossene Verträge: Demnach haftet grundsätzlich persönlich, wer einen Vertrag schließt, sofern nicht alle Voraussetzungen für den Eintritt der besonderen Art der unmittelbaren Vertretungswirkung gegeben sind. Da es im Fall des § 179 BGB gerade an einer dieser Voraussetzungen für den Eintritt der der unmittelbaren Vertretungswirkung fehlt, komme es zu der Eigenhaftung des Vertreters nach allgemeinen Regeln des Rechtsverkehrs.[294]

An dem Eingreifen dieses Prinzips werde deutlich, dass die Haftung des Vertreters im System der direkten Vertretung eine subsidiäre oder eventuelle sei. Die Eigenhaftung des Vertreters ruht, wenn die direkte Vertretungswirkung eintritt; die Eigenhaftung des Vertreters kommt zu Geltung, wenn das Fehlen oder die Überschreitung der Vertretungsbefugnis erwiesen wird.[295] Im Ergebnis sei die subsidiäre Eigenhaftung des Vertreters damit Ausdruck der vertretungsspezifischen Alternativhaftung, die dem Wesen des Vertretungsinstituts nach Schlossmanns Lehre innewohnt.[296]

Da sich nach Schlossmann die subsidiäre Haftung des unmittelbaren Vertreters aus den allgemeinen Grundsätzen des Rechtsverkehrs ergibt, entsteht auch dann die Eigenhaftung des Vertreters, wenn er die direkte Vertretungswirkung nicht i.S.v. § 179 Abs. 1 BGB durch Haftungsausschlussvereinbarung (also durch Handeln im fremden Namen) ausgelöst hätte, sondern wenn er in objektiv untergeordneter Stellung handelte und somit die direkte Wirkung kraft der objektiven Stellung des Vertreters eingetreten wäre. § 179 BGB drücke für den speziellen Fall des Handelns mit Haftungsausschlussvereinbarung das Prinzip aus, das dem Haftungssystem bei der direkten Vertretung zugrunde liegt.[297]

Der Ausschluss der Eigenhaftung des Vertreters gem. § 179 Abs. 3 BGB in den Fällen, in denen der Dritte den Mangel der Vertretungsmacht kannte oder kennen musste oder wenn der Vertreter in der Geschäftsfähigkeit beschränkt war und ohne Zustimmung seines gesetzlichen Vertreters gehandelt hat, und der unterschiedliche

---

294 Auch *Fehrenbach*, NJW 2009, 2173, 2176, führt in seinem Aufsatz zur Vertretung nicht existierender Personen die ratio des § 179 BGB auf den Grundsatz zurück, dass derjenige, der im Rechtsverkehr auftritt, selbst haftet, sofern er nicht nachweist, durch sein Handeln einen anderen verpflichtet zu haben. Der Zweck der Nom liege darin, den Dritten von den Unsicherheiten des Innenverhältnisses zwischen Vertreter und Vertretenem zu entlasten. Allerdings betrachtet *Fehrenbach* – anders als *Schlossmann* – § 179 BGB als Übernahme der Rechtsfolgen der mittelbaren Stellvertretung. Diese Aussage *Fehrenbachs* ist vor dem Hintergrund der auch heute herrschenden Lehre plausibel, wonach die mittelbare Stellvertretung die Aneinanderreihung zweier getrennter Geschäfte ist und sich das Ausführungsgeschäft des mittelbaren Vertreters von einem Eigengeschäft des Vertreters nicht unterscheidet.

295 *Schlossmann* II § 57, S. 393.

296 *Schlossmann* II § 57, S. 394 oben, S. 333, 305. Zur vertretungsspezifischen Alternativhaftung siehe oben B.I.1.a) a.E.

297 *Schlossmann* II § 57, S. 393.

Haftungsumfang – zum einen die Haftung gem. § 179 Abs. 1 BGB auf das positive Interesse des Dritten, und zum anderen gem. § 179 Abs. 2 BGB auf das negative Interesse des Dritten, wenn (neben dem Dritten auch)[298] der Vertreter den Mangel der Vertretungsmacht nicht gekannt hat – sind Schlossmann zufolge das Resultat einer umfassenden Interessenabwägung am Maßstab materieller Gerechtigkeit. Dabei müsse hinreichend berücksichtigt werden, dass der Dritte dem Vertreter strukturell unterlegen ist, da es für diesen schwieriger sei, die wahre Rechtslage zu ermitteln, als für den unmittelbar am Grundverhältnis beteiligten Vertreter. Dies mache es erforderlich, den § 179 Abs. 2 BGB teleologisch zu reduzieren und ihn nicht auf die Fälle anzuwenden, in denen der Vertreter den Mangel der Vertretungsmacht kennen musste. In Fällen des schuldhaften Irrtums des Vertreters sei die Erfüllungshaftung des § 179 Abs. 1 BGB angemessen.[299]

Mit Blick auf die ratio des § 179 BGB, also auf den allgemeinen Rechtsgrundsatz der Eigenverpflichtung des Vertreters bei Fehlen der Voraussetzungen für den Eintritt der besonderen Art der unmittelbaren Vertretungswirkung, ist nach Schlossmann eine Haftung des Vertreters analog § 179 Abs. 1 BGB in den Fällen der Vermögenslosigkeit des Hintermannes angemessen, wenn der Vertreter dessen Insolvenz kannte oder aufgrund einer allgemeinen Vermögensbetreuungspflicht kennen musste (bspw. Vormund, Vorstand, Testamentsvollstrecker, Prokurist)[300] und der Dritte davon weder Kenntnis noch schuldhafte Unkenntnis hatte. Bei entschuldbarem Irrtum müsse die Haftung analog § 179 Abs. 2 BGB auf das negative Interesse begrenzt werden.[301]

Darüber hinaus will Schlossmann § 179 Abs. 1 BGB auf Fälle der mittelbaren Vertretung mit der Folge anwenden, dass eine Haftung des Hintermanns begründet wird, wenn die Haftung des mittelbaren Vertreters aus Gründen ausgeschlossen ist, die der das Geschäft veranlassende Hintermann kannte und wenn sich auch hier eine strukturelle Unterlegenheit des Dritten zeigt. Konkret sei dies anzunehmen, wenn der mittelbare Vertreter beschränkt geschäftsfähig sei[302] oder aus dem tatsächlichen Grund der Vermögenslosigkeit nicht hafte.[303]

Letzteres verdeutlicht abschließend das folgende Beispiel:

(5) Der Kunstsammler H beauftragt den stark verschuldeten V mit dem Kauf eines bestimmten Gemäldes. V soll dabei selbst als Käufer fungieren und sein

298 Vgl. § 179 Abs. 3 Satz 1 BGB, nach dem es zu gar keiner Haftung des Vertreters kommt, wenn der Dritte den Mangel der Vertretungsmacht kannte oder kennen musste.

299 *Schlossmann* II § 57, S. 387 ff.; die Gleichbehandlung von Kennen und Kennenmüssen im Rahmen der Vertreterhaftung des § 179 Abs.1 BGB fordert auch *Ernst Eck* in seinen Vorträgen über das Recht des Bürgerlichen Gesetzbuchs aus den Jahren 1897–1899, vgl. *Eck* § 38, S. 191.

300 *Schlossmann* II § 57, S. 399.

301 *Schlossmann* II § 57, S. 399.

302 *Schlossmann* II § 58, S. 401 ff.

303 *Schlossmann* II § 58, S. 407 f.

Handeln im Auftrag des H geheim halten. Als D von V die Zahlung des Kaufpreises verlangt, erfährt er von dessen Insolvenz. Auch erfährt D, dass sich das Bild bei H befindet, der den Kauf ursprünglich in Auftrag gegeben hatte.

Nach Schlossmann haftet der H dem D unmittelbar analog § 179 Abs. 1 BGB, weil H die Zahlungsunfähigkeit des V kannte und D die Zahlungsunfähigkeit des A nicht kannte oder kennen musste, sofern H durch seine Haftung analog § 179 Abs. 1 BGB im Einzelfall nicht übermäßig geschädigt wird.[304]

6. Zusammenfassung

Seiner Ausgangsthese, dass unmittelbare und mittelbare Stellvertretung keine Gegensätze, sondern Unterformen desselben Rechtsinstituts seien, ist Schlossmann vor allem rechtsdogmatisch nachgegangen.

Nach Schlossmann geben die in § 164 Abs. 1 BGB normierten Tatbestandsmerkmale des Handelns im fremden Namen und der Vertretungsmacht keinen Aufschluss über das Wesen der Vertretung. Er schafft ein einheitliches Rechtinstitut der Vertretung, das jeden erfasst, der durch ein Rechtsverhältnis dazu berufen ist, in den Angelegenheiten des Vertretenen, in dessen Verhältnis zu Dritten, für dessen Rechnung und Gefahr zu wirken. Allen Vertretungsformen ist der Grundtatbestand (1) Bestehen eines Vertretungsrechtsverhältnisses, (2) tatsächliches Handeln für den anderen solvendi causa und (3) gemäß den Schranken aus dem Binnenverhältnis gemeinsam. Dieser allgemeine Tatbestand löst die spezifische Vertretungswirkung aus, die darin besteht, dass den Vertretenen letztlich alle Vorteile und Lasten des Geschäftes treffen. Als Vertretungshandlung erkennt Schlossmann hierbei nicht nur die Vornahme von Rechtsgeschäften an, sondern auch tatsächliche Handlungen.

Ob der Hintermann im Rahmen der spezifischen Vertretungswirkung unmittelbar oder mittelbar verpflichtet wird, richtet sich Schlossmann zufolge vorrangig nach der objektiven Stellung des Vertreters. Sofern sich der Vertreter in wirtschaftlich untergeordneter Stellung befindet, wird die besondere Art der unmittelbaren Vertretungswirkung auch ohne ein konkretes Handeln im fremden Namen herbeigeführt. Sofern der Vertreter den Vertrag ‚als Kommissionär' abschließt, tritt allein aufgrund seiner wirtschaftlichen Stellung die besondere Art der mittelbaren Vertretungswirkung ein. In allen sonstigen Fällen (in denen der Vertreter weder in untergeordneter Stellung noch ‚als Kommissionär'[305] im Betrieb seines Gewerbes tätig wird) greift nach Schlossmanns Lehre zur Bestimmung der besonderen Art der Vertretungswirkung subsidiär das Prinzip ein, nach dem sich der Vertreter durch sein Handeln grundsätzlich selbst verpflichtet, es sei denn, dass er die eigene Betroffenheit in diesem Vertrag ausschließt. In dem letzteren Fall treffen die Wirkungen seiner Handlung den Vertretenen aufgrund der dem Vertretungsinstitut wesensimmanenten Alternativhaftung.

---

304 *Schlossmann* II § 58, S. 407.

305 Zur Haftungsausschlussvereinbarung des Kommissionärs vgl. zu Fn 170.

Die hL aktiviere zu Unrecht die in § 164 Abs. 1 BGB verwendeten Kriterien des Handelns im fremden Namen und der Vertretungsmacht, um unmittelbare Wirkungen zu begründen. Jene Begriffe können aber auch nach Schlossmanns Lehre aufrecht erhalten bleiben, wenn man das Handeln im Rahmen der Vertretungsmacht als ein Handeln versteht, das den Pflichten aus dem Vertretungsrechtsverhältnis entspricht (Voraussetzung 1 und 3 der spezifischen Vertretungswirkung) bei Bestehen eines objektiven Rechtssatzes, der die Wirkungen dieser Handlung dem Hintermann zuordnet, und wenn man mit dem Handeln im fremden Namen den Abschluss einer Haftungsausschlussvereinbarung bezeichnet.

Mit seiner Absage an die Abstraktheit der Vertretungsmacht ebnet Schlossmann die Unterschiede zwischen unmittelbarer und mittelbarer Vertretung ein. Auftrag und Vollmacht sind nach Schlossmann nur unterschiedliche Momente zum Nachweis des konkreten Vertretungsrechtsverhältnisses. Durch eine „künstliche Gestaltung“ des Beweisrechts erklärt Schlossmann alle Situationen, in denen es trotz anders lautenden Vertretungsrechtsverhältnisses zu einer unmittelbaren Haftung des Hintermanns gegenüber dem Dritten kommt.

Nach Schlossmanns Vertretungslehre werden sowohl die Vertretungstatbestände mit unmittelbarer Wirkung als auch solche mit mittelbarer Wirkung von demselben Interessenkonflikt beherrscht. Die optimale Lösung dieses Interessenkonflikts dient als Leitlinie für die Gestaltung des gesamten Vertretungsrechts. Sie führt dazu, dass die Vertretungswirkung nie ausschließlich auf unmittelbare oder mittelbare Weise eintritt, sondern stets als Kombination dieser Gestaltungsformen. Insbesondere die Einwirkung von persönlichen Momenten des Vertretenen (z.B. subjektive Merkmale, wie etwa Irrtum, Kennen und Kennen müssen, aber auch höchstpersönliche objektive Größen wie das Leistungsinteresse) auf die Folgen der mittelbaren Vertretung müssten mit Rücksicht auf die Vertretungstendenz, die auf die Interessen des Hintermannes gerichtet ist, geregelt werden.

Im Falle pflichtwidrigen Vertreterhandelns kann der Vertretene die spezifische Vertretungswirkung stets durch Genehmigung herbeiführen. Wird das Vertreterhandeln vom Vertretungsrechtsverhältnis nicht gedeckt, weil das Vertretungsverhältnis nichtig ist oder anders lautende Pflichten beinhaltet,[306] wird durch Genehmigung die Übereinstimmung von Vertreterhandeln und Binnenrechtsverhältnis hergestellt. § 177 Abs. 1 BGB normiert diese Rechtsfolge für den besonderen Fall der unmittelbaren Vertretungswirkung kraft Haftungsausschlussvereinbarung. In Fällen, in denen der Vertreter nicht für den Vertretenen handelt, sondern für sich selbst im eigenen Interesse, kommt nach der Schlossmann'schen Vertretungslehre die Herbeiführung der spezifischen Vertretungswirkung durch Genehmigung analog §§ 61 Abs. 1 Halbs. 2, 113 Abs. 1 Halbs. 2 HGB in Betracht.

Schlossmann lässt die §§ 164 ff. BGB in ihrem Wortlaut bestehen. Sie bekommen nach seiner Lehre den folgenden Gehalt:

---

306 Es fehlt also an der 1. und / oder an der 3. Voraussetzung des allgemeinen Tatbestands der spezifischen Vertretungswirkung, vgl. oben B.I.1.b) (1), (3).

§ 164 Abs. 1 BGB wird zunächst telelogisch reduziert um die Fälle der sich in untergeordneter Stellung befindlichen Beauftragten. Hier tritt die unmittelbare Vertretungswirkung ohne Rücksicht auf das äußere Auftreten des Handelnden ein. Im Übrigen ist Absatz 1 zu lesen als „Eine Willenserklärung, die jemand für den Geschäftsherrn solvendi causa, gemäß den Pflichten aus dem Vertretungsverhältnis und unter Vereinbarung eines Ausschlusses eigener Haftung abgibt, wirkt für und gegen den Vertretenen. Es macht keinen Unterschied, ob die Haftungsausschlussvereinbarung ausdrücklich getroffen wird oder ob sie sich aus den Umständen ergibt."

§ 164 Abs. 2 BGB bedeutet: „Tritt der Wille, die eigene Haftung ausschließen zu wollen, nicht erkennbar hervor, kommt der Mangel des Willens, selbst verpflichtet zu werden, nicht in Betracht."

§ 167 Abs. 1 BGB ist wie folgt auszulegen: „Der Geschäftsherr kann das bestehende Vertretungsrechtsverhältnis, das den Beauftragten zum Handeln mit unmittelbarer Wirkung verpflichtet und berechtigt, sowohl dem Beauftragten gegenüber als auch dem Dritten gegenüber bekräftigen."

§ 168 Satz 2 BGB ist zu lesen als: „Das Recht und die Pflicht, den Hintermann mit unmittelbarer Wirkung zu vertreten, kann ohne Angabe eines Grundes jederzeit aufgekündigt werden, wobei das ursprüngliche Rechtsverhältnis im Übrigen bestehen bleibt; wenn es sich aus dem zugrunde liegenden Rechtsverhältnis ergibt, kann die Teilkündigung auch an das Vorliegen eines wichtigen Grundes gebunden werden."

§ 169 BGB lautet sinngemäß: „Die Fiktion der §§ 674, 729 BGB, durch die der Beauftragte weiterhin berechtigt ist, mit unmittelbarer Wirkung für den Hintermann zu handeln, greift nicht zugunsten eines Dritten ein, der bei der Vornahme eines Rechtsgeschäftes das Erlöschen des Vertretungsverhältnisses kennt oder kennen muss."

§ 170 BGB bedeutet: „Ist dem Dritten gegenüber ein außergerichtliches Geständnis über das Bestehen des Vertretungsverhältnisses abgegeben worden, ist das Fortbestehen solange anzunehmen, bis dem Dritten das Erlöschen des Verhältnisses vom Geschäftsherrn angezeigt wird."

§ 177 Abs. 1 BGB versteht Schlossmann wie folgt: „Schließt jemand als Vertreter mit Haftungsausschlussvereinbarung einen Vertrag, obwohl der Abschluss nicht den Pflichten aus dem zugrunde liegenden Vertretungsrechtsverhältnis entspricht, hängt die unmittelbare Betroffenheit des Hintermannes von dessen Genehmigung ab."

§ 179 Abs. 1 BGB ist zu lesen als: „Wer als Vertreter mit Haftungsausschlussvereinbarung einen Vertrag schließt, ist, sofern er nicht die pflichtgemäße Erfüllung des Vertretungsrechtsverhältnisses nachweist, dem anderen Teil nach dessen Wahl ..."

§ 179 Abs. 2 BGB ist wie folgt auszulegen: „Hat der Vertreter die Pflichtwidrigkeit nicht gekannt und musste er sie auch nicht kennen, so ist er nur zum Ersatz desjenigen Schadens verpflichtet..."

§ 179 Abs. 3 BGB bekommt den Bedeutungsgehalt: „Der Vertreter haftet nicht, wenn der andere Teil die Pflichtwidrigkeit kannte oder kennen musste..."

Aus dem Recht der oHG ist nach Schlossmanns Lehre § 125 Abs. 1 HGB mit folgender Bedeutung aufrechtzuerhalten: „Zur Verpflichtung der Gesellschaft mit unmittelbarer Wirkung ist jeder Gesellschafter berechtigt, es sei denn, dass ihm derartige Handlungen durch Gesellschaftsvertrag auch für den Bereich der Geschäftsführung verboten sind."

II. Resonanz auf die Schlossmann'sche Vertretungslehre

1. Darstellung der zeitgenössischen Resonanz

Schlossmanns Vertretungslehre fand bei seinen Zeitgenossen in kurzer Zeit Beachtung. Neben speziell auf Schlossmanns Werk zugeschnittenen Rezensionen[307] lässt sich kaum eine thematisch einschlägige Abhandlung,[308] ein Kommentar[309] oder ein Lehrbuch[310] des beginnenden Zwanzigsten Jahrhunderts finden, in dem die Ausführungen Schlossmanns nicht diskutiert oder zumindest erwähnt werden. Hierbei wird die Bedeutung der Schlossmann'schen Vertretungslehre für die Rechtswissenschaft unterschiedlich eingeschätzt:

Leonhard und Müller-Erzbach vertreten die Auffassung, dass Schlossmann die „große Reformbedürftigkeit der Vertretungslehre" erwiesen hat.[311] Rosenberg spricht von einer „tiefgründigen Kritik Schlossmanns in seinem bedeutenden Werke ‚Die Lehre von der Stellvertretung'".[312] Aus der Sicht von Manigk droht Schlossmann „die Grundfesten der gesamten herrschenden Lehren in dieser Materie zu erschüttern und zu zerstören".[313] Zurückhaltender, aber gleichwohl wertschätzend, fällt die Beurteilung von Schlossmanns Werk im Planck'schen Kommentar aus, demzufolge die Ausführungen Schlossmanns „so manches Beachtenswerte" enthalten, wenn sie auch „dem Standpunkte des BGB nicht entsprechen dürften".[314] Ähnlich lautet die Beurteilung durch Binder, der „den Werth des Buches nicht gering einschätzen" kann, obwohl die Grundtendenz des Schlossmann'schen Werkes abgelehnt werden muss.[315]

---

307 *Hellmann,* ZZP 31 (1903), 346 ff.; *Binder,* KrVJSchr 46 (1905), 347 ff.

308 *Hupka* in „Die Vollmacht", 1900, S. 23 ff.; *Manigk* in „Vertretung. Vollmacht.", 1901, S. 297 ff.; *Regelsberger* in „Ueber Besitzerwerb durch Mittelspersonen", JJ 44 (1902), 393 ff.; *Rümelin* in „Das Handeln in fremdem Namen im bürgerlichen Gesetzbuch", AcP 93 (1902), 131 ff.; *Eck/Leonhard* in „Vorträge über das Recht des Bürgerlichen Gesetzbuchs" (1903), § 37, 177 ff. Anm. 1 ff.; *Müller-Erzbach* in „Die Grundsätze der mittelbaren Stellvertretung aus der Interessenlage entwickelt", 1905, S. 7, 51 ff.; *Rosenberg* in „Stellvertretung im Prozess", 1908, S. 1 ff.; *Müller-Freienfels* in „Die Vertretung beim Rechtsgeschäft", 1955, S. 1 ff.

309 *Planck*`scher Kommentar Vorb. § 164 ff., S. 427 ff.; *Oertmanns* Kommentar Vorb. §§ 164 ff., S. 500 ff.

310 *Dernburg* I, 1902, § 171, S. 498; *Windscheid/Kipp* in Pandektenrecht I, 1906, § 73 Anm. 2; *v. Tuhr* AT II/2, 1918, S. 333 ff.

311 Zitat nach *Leonhard* in Eck I § 36 Anm 2, S. 177; ähnlich *Müller-Erzbach*, S. 7 Fn 1.

312 *Rosenberg,* S. III Vorwort.

313 *Manigk*, S. 299.

314 *Planck*`scher Kommentar Vorb. § 164 ff. Anm. 6, S. 431.

315 *Binder*, KrVJSchr 46 (1905), 391.

Demgegenüber versieht Hellmann Schlossmanns Vertretungslehre mit dem vernichtenden Urteil der Inkonsequenz, des Selbstwiderspruchs, der fehlenden Wissenschaftlichkeit, der willkürlichen Unterstellungen und der schwammigen Rechtsfindung. Nach Hellmanns Ansicht sind Schlossmanns Erkenntnisse nicht mehr als ein „Kompromiss zwischen Logik und Erfahrung mit Zweckmäßigkeits- und Billigkeitserwägungen".[316]

Inhaltlich waren sich die Rezensenten darüber einig, dass die Schlossmann'schen Ausführungen zumindest in ihren Ergebnissen überwiegend abzulehnen sind.[317] Allein seine These zum Einfluss der Vertretungstendenz auf die Gestaltung der mittelbaren Vertretungswirkung ist mehrfach auf Zustimmung gestoßen.[318]

a) Zur fehlenden Abstraktheit der Vertretungsmacht

Zu den bekanntesten Rezensionen des Schlossmann'schen Werkes gehört die Stellungnahme von Josef Hupka in seiner Monografie „Die Vollmacht" aus dem Jahre 1900. Hupka befasst sich themenkonform nur mit Schlossmanns These von der fehlenden Abstraktheit der Vertretungsmacht.[319]

Nach Hupka muss die Bevollmächtigung als Einwilligung in die unmittelbare Stellvertretung betrachtet werden, deren Wirkung in einem rechtlichen Können, in der Vertretungsmacht, besteht.[320] Aus ihrem in den §§ 164 ff. BGB normierten Wesen ergibt sich, dass die Vollmacht ein vom Auftrag verschiedenes, selbstständiges Rechtsverhältnis begründet. Ihre Selbstständigkeit folgt daraus, dass sie nicht nur mit dem Auftrag, sondern auch mit anderen Rechtsverhältnissen, wie z.B. mit einem Dienstvertrag oder Werkvertrag, in Verbindung treten kann, und dass sie in Bestehen und Umfang vom Grundverhältnis unabhängig ist: Die Vollmacht kann ohne Grundverhältnis entstehen, ein solches überdauern, trotz Fortbestehen des Grundverhältnisses erlöschen und in ihrem Umfang die interne Handlungsbefugnis überschreiten.[321]

Schlossmanns Lehre von der fehlenden Abstraktheit der Vertretungsmacht weise eine „unschließbare Lücke" auf, da der im Ergebnis unstrittige Fall nicht erklärt

316 *Hellmann*, ZZP 31 (1903), 381.

317 Wer die Lektüre Schlossmanns zum grundlegenden Verständnis des Vertretungsrechts empfahl, wies sogleich darauf hin, dass Schlossmanns Ausführungen in den Ergebnissen „problematisch" (so *Planck*'scher Kommentar, Vorb. §§ 164 ff. Anm 6, S. 431; *Oertmanns* Kommentar Vorb. §§ 164 ff. a), S. 500; differenzierter sodann in *Oertmanns* Kommentar Vorb. §§ 164 ff. 4 a) – 4 d), S. 504 bzgl. des Vollmachtbegriffs und in § 164 1 b) β), S. 507 hinsichtlich des „Handelns im fremden Namen") bzw. „abzulehnen" seien, vgl. *Dernburg* I, § 171, S. 498 hinsichtlich der Wahlfreiheit des Vertreters zwischen unmittelbarer und mittelbarer Vertretungswirkung; *v.Tuhr* AT II/2, S. 338 Fn 34 hinsichtlich der Einordnung des Boten als Stellvertreter.

318 Hierzu sogleich B.II.1.e).

319 *Hupka*, S. 23 ff.

320 *Hupka*, S. 23, 28.

321 *Hupka*, S. 29.

werden könne, dass auch dann unmittelbare Vertretungswirkungen eintreten, wenn das Grundverhältnis nichtig ist.[322] Auch setze sich Schlossmann in einen unlösbaren Widerspruch mit § 172 Abs. 2 BGB, nach dem die Vertretungsmacht, die gem. § 172 Abs. 1 BGB infolge einer dem Vertreter vom Vertretenen ausgehändigten und dem Dritten vorgelegten Vollmachtsurkunde entstanden ist, unabhängig vom Grundverhältnis bestehen bleibt, bis die Vollmachtsurkunde dem Vollmachtgeber zurückgegeben oder für kraftlos erklärt wird. Das Gesetz löse damit den Eintritt unmittelbarer Vertretungswirkung infolge wirksamer Vertretungsmacht von dem Bestand des Innenverhältnisses ab.[323] Der Begriff der Vertretungsmacht sei schon deshalb keine „auf Tautologie beruhende, gänzlich überflüssige" Tatbestandsvoraussetzung, weil der Begriff die unterschiedlichen Tatbestände der gewillkürten, gesetzlichen und organschaftlichen Vertretungsmacht zusammenfasse.[324]

An der Argumentation von Hupka wird deutlich, dass Hupka im Jahre 1900 nur den ersten Band der Schlossmann'schen Vertretungslehre kannte.[325] Hupka hätte den Vorwurf einer „unschließbaren Lücke" in Schlossmanns Lehre (aufgrund der Unerklärbarkeit des Eintritts unmittelbarer Vertretungswirkung trotz nichtigen Grundverhältnisses) so nicht erhoben, wenn ihm bekannt gewesen wäre, dass Schlossmann diese Lücke in seinem zweiten Band über die künstliche Gestaltung des Beweisrechts schließt.[326] Auch gesteht Schlossmann der Vollmachtsurkunde in seinem zweiten Band die Funktion eines Beweismittels mit gesteigerter Beweiskraft zu.[327] Der Einwand, Schlossmann verkenne, dass sich der Begriff der Vertretungsmacht als Oberbegriff für die gewillkürte, gesetzliche und organschaftliche Vertretungsmacht eignet, verfängt nicht. Schlossmann hat diese Funktion der Vertretungsmacht im Sinne eines Oberbegriffs selbst konstatiert.[328]

---

322 *Hupka*, S. 25: Indem Schlossmann die unmittelbare Vertretungswirkung materiellrechtlich aus dem Grundverhältnis heraus rechtfertigt, produziere er eine „unschließbare Lücke" für den Fall der Nichtigkeit des Grundverhältnisses.

323 *Hupka*, S. 28. Zum anderen beweise § 172 Abs. 1 BGB, dass die Vollmachtsurkunde mehr ist, als ein bloßes Motiv für den Geschäftsabschluss, wie es Schlossmann behaupte, vgl. *Hupka* a.a.O.

324 *Hupka*, S. 23 f., 26. Dieses Argument macht auch *Manigk*, S. 339 ff., 345 geltend.

325 Band 1 aus dem Jahre 1900 beinhaltet Schlossmanns Kritik der herrschenden Lehre, während Schlossmann in Band 2 aus dem Jahre 1902 seine eigene Lehre darlegt.

326 Dazu oben B.I.4.a).

327 Oben B.I.4.a). Nach Schlossmann hat § 172 BGB prozessrechtliche Bedeutung.

328 *Schlossmann* I § 21, S. 250 f. Schlossmann erklärte den Begriff der Vertretungsmacht in seiner Funktion als Tatbestandsvoraussetzung deswegen als „auf einer Tautologie beruhend" und „gänzlich überflüssig", weil der Begriff für die wissenschaftliche Erkenntnis über die konkreten Tatbestandsvoraussetzungen des § 164 I BGB nichts sagend sei, weil er kein „reales Etwas" beinhalte, sondern ein „leerer Begriff" sei, vgl. *Schlossmann* I § 21, S. 239, 248 ff. und oben B.I.4.

Soweit in späteren Abhandlungen hinsichtlich der Zurückweisung der Thesen Schlossmanns auf Hupka verwiesen wird,[329] ist also insoweit Vorsicht geboten, als Hupkas Argumente gegen den Schlossmann'schen Ansatz durch die Veröffentlichung des zweiten Bandes der Schlossmann'schen Vertretungslehre[330] ihre Anknüpfungspunkte teilweise verloren haben.[331]

Aber auch diejenigen Rezensenten, denen durch den zweiten Band der Schlossmann'schen Vertretungslehre bekannt war, dass Schlossmann seine These von der fehlenden Abstraktheit der Vertretungsmacht durch eine künstliche Gestaltung des Beweisrechts ergänzt, um die Fälle zu erklären, in denen es trotz nichtigen oder anders lautenden Binnenrechtsverhältnisses zu unmittelbarer Wirkung für den Hintermann kommt, wiesen den Ansatz Schlossmanns zurück. Zwar war man sich uneins darüber, wie die Vertretungsmacht rechtsdogmatisch einzuordnen ist,[332] Einigkeit bestand aber über die Hinfälligkeit von Schlossmanns künstlicher

329 Bspw. in *Planck*'scher Kommentar, Vorb. §§ 164 ff. Anm 6, Windscheid/*Kipp* I § 73 Anm 2; *Rümelin*, AcP 93 (1902), 138.

330 Sogar *Schlossmann* befasst sich in seinem zweiten Bande, in § 60 S. 417–435, mit der Kritik von *Hupka*, um „eine Verfestigung der hL verhindern."

331 Durch die Veröffentlichung des zweiten Bandes der Lehre Schlossmanns ist auch die Kritik *Manigks* hinsichtlich des Begriffs der Vertretungsmacht obsolet geworden. *Manigk*, S. 339 ff., 345, wirft Schlossmann vor, dass dieser die fehlende Abstraktheit der Vertretungsmacht lediglich behauptet, sie aber nicht beweist bzw. am Gesetz erprobt. Diesen Beweis tritt Schlossmann in seinem zweiten Band an, wo er den Zusammenhang von Grundverhältnis und Vollmacht ausführlich begründet, die Entwicklung der hL von der Abstraktheit der Vertretungsmacht rechtshistorisch nachzeichnet, seine Ansicht mit dem Gesetzeswortlaut in Einklang bringt und an der Lösung der Fälle des sog. Missbrauchs der Vertretungsmacht den Gewinn seiner These demonstriert.

332 Von *Binder*, KrVJSchr 46 (1905), 371 ff., bekam Schlossmann sogar Unterstützung in der Annahme, dass die Vertretungsmacht keine vom Grundverhältnis abstrakte Befugnis ist: Die Vertretungsmacht sei Inhaltsbestandteil des der Stellvertretung zu Grunde liegenden Rechtsverhältnisses; sie bezeichne als Rechtsbegriff denjenigen Teils des Grundverhältnisses, der die unmittelbare Vertretungswirkung vermittelt, also das Recht und die Pflicht, mit unmittelbarer Fremdwirkung tätig zu werden. – Nach *Hellmann*, ZZP 31 (1903), 375 ff., hat die Vollmacht den Charakter einer Anzeige i.S.d. § 409 BGB, die sich trotz § 167 I Var.1 BGB stets an den Dritten richtet und erst bei Mitteilung an diesen wirksam wird. So könne die von Schlossmann zu Recht geltend gemachte Unanfechtbarkeit der Vollmacht sowie die Fälle des sog. Missbrauchs der Vertretungsmacht logisch begründet werden, vgl. *Hellmann*, ZZP 31 (1903), 377. – Nach *Rosenberg*, S. 115 – 124, ist die Bevollmächtigung eine Zustimmung zu der vom Vertreter zu erzeugenden Rechtswirkung. Die Vollmacht bewirkt keine subjektive Beziehung des Vertretenen zum Vertreter oder zum Dritten, sondern sei objektiv auf die Aneignung des Produktes der Vertretertätigkeit gerichtet. Sie sei ein vom Grundverhältnis in ihrer Wirksamkeit und in ihrem Umfang unabhängiges Rechtsinstitut, das sich allerdings regelmäßig in demselben

Gestaltung des Beweisrechts.[333] Die Einordnung der Bevollmächtigung als außergerichtliches Geständnis bedeute „einen Umweg, der uns dem wahren Verständnisse der Rechtslage keineswegs näher bringt."[334] Die Konstruktion eines außergerichtlichen Geständnisses sei ein rechtsgeschichtlicher Rückschritt und laufe dem Zweck der Rechtswissenschaft zuwider. Aufgabe der Rechtswissenschaft sei es, einem Gerechtigkeitsgedanken zu materiellrechtlicher Gültigkeit zu verhelfen, der sich zunächst auf prozessualem Wege im streitigen Einzelfall Geltung verschafft habe.[335] Schlossmann versuche umgekehrt, aus einem unzweifelhaft materiellen Rechtssatz eine prozessuale Konstruktion zu erschaffen. Dies führe dazu, dass Schlossmann die unmittelbare Vertretungswirkung bei abweichendem Grundverhältnis nur dann begründen kann, wenn es zu einem Rechtsstreit kommt.

Die künstliche Gestaltung des Beweisrechts kann Rosenberg zufolge nicht mit dem Schutz des Rechtsverkehrs und den Beweisschwierigkeiten des Dritten gerechtfertigt werden, da jenen Interessen bereits durch eine einfache Beweislastumkehr zugunsten des Dritten und zulasten des Vertretenen ausreichend genügt wäre.[336] Überdies fehlt es nach Rosenbergs Ansicht an einem praktischen Bedürfnis für die künstliche Gestaltung des Beweisrechts, da Schlossmann mit ihrer Hilfe keine anderen Ergebnisse erziele, als sie von der hL über die Abstraktion der Vertretungsmacht erreicht werden. Auch verkennt Schlossmann das Wesen des Geständnisses, das sich nur auf bestimmte Tatsachen, nicht aber auf ein Rechtsverhältnis (Vertretungsverhältnis) beziehen könne. Einem Geständnis über die Vollmacht würde es zudem an der erforderlichen Bestimmtheit ermangeln.[337] Unhaltbar sei die Annahme, dass dem außergerichtlichen Geständnis durch die Anzeige von dem Erlöschen des Vertretungsverhältnisses seine Beweiskraft hinsichtlich der Fortdauer des Vertretungsverhältnisses genommen wird.[338] Schlossmann könne dies nicht damit begründen, dass auch im allgemeinen Prozessrecht das Bestreiten (vergleichbar mit der Anzeige von dem Erlöschen des Vertretungsverhältnisses) eines prima facie als erbracht anzusehenden Beweises (vergleichbar mit dem außergerichtlichen Geständnis) zur Beweisbedürftigkeit der konkreten Tatsache führt, da das außergerichtliche Geständnis nicht die Bedeutung eines Anscheinsbeweises, sondern eines konkret geführten Beweises habe. Es mache einen entscheidenden Unterschied, ob die Beweisbedürftigkeit von vorgetragenen Tatsachen erst ausgelöst oder ob einem konkret geführten

Tatbestand, in der Begründung der Pflicht zum Handeln im fremden Namen, finden lasse, vgl. *Rosenberg*, S. 141–143, 147–158, 171 f.

333 Vgl. *Rosenberg*, S. 160 ff., 166; *Binder*, KrVJSchr 46 (1905), 374 ff.; *Hellmann*, ZZP 31 (1903), 381.

334 *Rosenberg*, S. 160 ff., 166.

335 *Rosenberg*, S. 162: „Der Rechtswissenschaft[..] erwächst die Aufgabe, den Recht gewordenen neuen Gedanken seiner konkreten prozessualischen Form zu entkleiden und seinen tieferen materiellrechtlichen Gehalt zu finden und zu entwickeln."

336 *Rosenberg*, S. 166.

337 *Rosenberg*, S. 167.

338 Dazu oben B.I.4.a).(1).

Beweis seine Beweiskraft genommen wird. Nur ersteres, nicht aber letzteres könne durch die pauschale Behauptung des Erlöschens bewirkt werden.[339]

Den Ausführungen Rosenbergs muss zur Richtigstellung der Schlossmann'schen Vertretungslehre entgegengehalten werden, dass Schlossmann zumindest vereinzelt zu praktisch anderen Ergebnisses gelangt als die herrschende Auffassung: Nach Schlossmann ist das auf Irrtum beruhende außergerichtliche Geständnis nicht widerruflich, wenn der Dritte den Irrtum nicht kannte oder kennen musste. Nach herrschender Auffassung kann hingegen die sog. Außenvollmacht gem. § 167 Abs. 1 Var. 2 BGB unabhängig vom Kenntnisstand des Dritten angefochten werden. Zumindest aus Sicht der heute hL ist anerkannt, dass sich ein Geständnis auf das Bestehen eines Rechtsverhältnisses beziehen kann und dabei der Bestimmtheit genügt.[340] Auch wird nach Schlossmann durch das außergerichtliche Geständnis das Fortbestehen des Vertretungsrechtsverhältnisses nicht detailliert bewiesen, sondern nur prima facie vermutet. Durch die Anzeige von dem Erlöschen des Vertretungsverhältnisses wird dieser Vermutung die Grundlage entzogen und die Beweisbedürftigkeit des Fortbestehens des Vertretungsrechtsverhältnisses ausgelöst. Schlossmann befindet sich somit im Einklang mit den auch von Rosenberg wiedergegebenen Beweisgrundsätzen des allgemeinen Prozessrechts. Im Übrigen aber ist Rosenbergs Argumentation wenig entgegenzusetzen.[341]

b) Zur Bedeutung des Handelns im fremden Namen

Die Kritik Schlossmanns an dem Merkmal des Handelns im fremden Namen wird von den Rezensenten einhellig zurückgewiesen. Zwar habe Schlossmann zu Recht aufgezeigt, dass es unmöglich ist, die direkte Vertretungswirkung aus dem Wesen der Willenserklärung heraus zu erklären, weshalb auch jede Theorie zum Wesen der unmittelbaren

---

339 *Rosenberg*, S. 168 f.

340 Thomas/Putzo/*Reichold* § 288 Rn 1: Tatsachen können auch Rechtsbegriffe oder Rechtsverhältnisse als inhaltlich tatsächliches Vorbringen sein, wenn sie einfach und allgemein bekannt sind, wie z.B. der Abschluss eines Vertrages.

341 Gleichfalls ablehnend äußern sich *Binder* und *Hellmann* zu der von Schlossmann entwickelten künstlichen Gestaltung des Beweisrechts: Nach *Binder*, KrVJSchr 46 (1905), 374 ff., ist eine künstliche Gestaltung des Beweisrechts überflüssig. Alle Fälle der Divergenz von Grundverhältnis und Vertretungsmacht seien Erscheinungen gesetzlicher Vertretungsmacht, bei denen die Normen den Umfang der Vertretungsmacht unabhängig vom Parteiwillen festlegen würden. – *Hellmann*, ZZP 31 (1903), 381, weist darauf hin, dass die künstliche Gestaltung des Beweisrechts unhaltbar sei, da der prozessuale Bedeutungszuwachs eines außergerichtlichen Geständnisses nicht allein durch die Rücksicht auf das Vertrauen des Dritten in die Mitteilung des Vertretenen gerechtfertigt werden könne. *Hellmann* übersieht hier, dass sich Schlossmann zur Begründung der Beweissteigerung in erster Linie auf das Interesse der Öffentlichkeit an dem Bestehen des Vertretungsinstituts stützt, dessen Existenz gefährdet werde, wenn es prozessual kaum durchsetzbar wäre, vgl. dazu oben B.I.4.a).

Stellvertretung[342] verfehlt sei.[343] Seit Normierung der unmittelbaren Vertretungswirkung in § 164 Abs. 1 BGB habe sich dieses Problem aber erübrigt. Die unmittelbare Vertretungswirkung tritt nicht aufgrund einer Vereinbarung zwischen dem Vertreter und dem Dritten ein, sondern (bei entsprechender Vereinbarung und Bestehen der Vertretungsmacht) aufgrund der Rechtsfolgenanordnung des § 164 Abs. 1 Satz 1 BGB. Die herrschende Lehre erfasse dabei zu Recht das von § 164 Abs. 1 Satz 1 BGB vorausgesetzte Handeln im fremden Namen in seiner Bedeutung als Handeln mit gewollter Fremdwirkung.[344] All den scheinbar verschiedenen Definitionen sei derselbe Grundgedanke gemein: die Offenkundigkeit der Stellvertretung. Es müsse zum Ausdruck kommen, dass der Handelnde bloß als Mittelsperson, nicht aber als Betroffener agiert.[345]

Der Nachweis Schlossmanns, dass das Handeln im fremden Namen gem. § 164 Abs. 1 BGB aufgrund des Art. 52 Abs. 2 ADHGB als Handeln im fremden Interesse auszulegen ist, sei nichts als „Wortklauberei".[346] Von der Unbestimmtheit und Beliebigkeit dieses Merkmals, wie sie Schlossmann in der Praxis aufzufinden meint, könne keine Rede sein. Schlossmann unterstelle den Urteilen des Reichsgerichts zu Unrecht einen widersprüchlichen Umgang mit dem Merkmal des Handelns für einen anderen. Stets sei erkennbar, ob das Gericht hiermit (nur) ein Handeln auf

342 Da sich nach der im gemeinen Recht des 19. Jahrhunderts und in den Anfangsjahren des BGB vorherrschenden Willenstheorie der Erklärende durch eine Willenserklärung in Selbstbestimmung nur selbst binden kann, vgl. Darstellung bei *Flume* AT II § 43 3, S. 752, und da bei der Vertretung aber der Vertreter die Willenserklärung tatsächlich abgibt, musste zu Fiktionen gegriffen werden, um das Wesen der unmittelbaren Stellvertretung zu erklären. Nach Savignys ‚Geschäftsherrntheorie', vgl. *Savigny*, Obligationenrecht II, S. 19 f., ist in konsequenter Durchführung der Willenslehre fingiert worden, dass der Hintermann der „wahre rechtsgeschäftlich Handelnde" sei. Das Geschäft ist zu keiner Zeit als ein Geschäft des Vertreters angesehen worden, sondern von vornherein so, als hätte es der Hintermann in eigener Person geschlossen, vgl. HKK/*Schmoekel*, S. 921. Dem stand Windscheids ‚Repräsentationstheorie', *Windscheid* I § 73 Nr. 16b, S. 352, gegenüber, nach der die Fiktion auf den subjektiven Tatbestand der vom Vertreter abgegebenen Willenserklärung erweitert wurde. Zwar ist der Vertreter als rechtsgeschäftlich Handelnder anerkannt worden, hierbei hat er aber den Vertretenen repräsentiert. Für den Hintermann ist eine Willenserklärung „wie die des Vertreters" fingiert worden. Auch der Gesetzgeber des BGB ist bei Schaffung des § 164 BGB von der Repräsentationstheorie ausgegangen, vgl. Mot. I, 226 (*Mugdan* I, 477); *Flume* AT II § 43 3, S. 752.

343 *Binder*, KrVJSchr 46 (1905), 368 ff.: Die Stellvertretung sei „ein abnormes Institut, das sich der Herleitung aus allgemeinen Prinzipien" widersetze; so im Ergebnis auch *Rümelin*, AcP 93 (1902), 140.

344 *Manigk*, S. 319; *Binder*, KrVJSchr 46 (1905), 362; *Rümelin*, AcP 93 (1902), 137; *v.Tuhr* AT II/2, S. 342 Fn 54.

345 *Binder*, KrVJSchr 46 (1905), 362 f.

346 *Binder*, KrVJSchr 46 (1905), 363; *Hellmann*, ZZP 31 (1903), 354 f.

fremde Kosten oder (auch) ein Handeln im fremden Namen im Sinne von Handeln mit gewollter Fremdwirkung erfasst.[347]

Die Norm des § 1357 Abs. 1 Satz 2 BGB könne Schlossmanns These der Entbehrlichkeit des Handelns im fremden Namen nicht stützen, sondern wegen ihres Ausnahmecharakters nur widerlegen.[348]

Schlossmann werde zudem seiner eigenen Theorie untreu, wenn er das Handeln im fremden Namen i.S.d. § 164 Abs. 1 BGB als Haftungsausschlussvereinbarung deutet. Dadurch macht er den Eintritt der unmittelbaren Vertretungswirkung nun doch von der nach dem Empfängerhorizont auszulegenden Vertretererklärung abhängig. Im Wesentlichen rekonstruiere er damit die herrschende Lehre zu der Bedeutung des Handelns im fremden Namen.[349]

c) *Zum Eintritt der besonderen Art der Vertretungswirkung kraft objektiver Stellung des Vertreters*

Die Ansicht Schlossmanns zum Eintritt der besonderen Art der Vertretungswirkung (also der unmittelbaren oder mittelbaren Vertretungswirkung) infolge der objektiven Stellung des Vertreters stehe in Widerspruch zur bestehenden Rechts- und Verkehrsauffassung, nach der stets der zum Ausdruck gebrachte Wille des Vertreters über die Art der Vertretungswirkung entscheidet.[350]

Wenn Schlossmann für den Eintritt der konkreten Vertretungswirkung die objektiv wirtschaftliche Stellung des Vertreters für ausschlaggebend befindet, zeige er nur die dem jeweiligen Fall zugrunde liegenden Gerechtigkeitserwägungen bzw. beim Handeln eines Kommissionärs i.S.d. § 383 HGB das Motiv des Gesetzgebers für die Annahme eines Handelns mit mittelbarer Vertretungswirkung auf.[351] Die Unterordnung oder Eingliederung des Handelnden in das Geschäft des Vertretenen stehe der Erklärung, dass im fremden Namen gehandelt wird, nicht im Wege; der Geschäftsabschluss eines Kommissionärs lässt Raum für die Erklärung, im eigenen Namen zu handeln.[352]

---

347 *Manigk*, S. 323, 327; so auch *Hellmann*, ZZP 31 (1903), 354 f., 357; *v.Tuhr* AT II/2, S. 342 Fn 54.

348 *Hellmann*, S. 357; so auch *Rümelin*, AcP 93 (1902), 14 Fn 2. – Nach *K. Schmidt*, JuS 1987, 425, 430, ist § 1357 Abs. 1 Satz 2 BGB keine Ausnahme vom Offenkundigkeitsprinzip, da es sich um keine rechtsgeschäftliche Regel handle. § 1357 Abs. 1 Satz 2 BGB sei „eine gesetzliche Ausdehnung der Rechtsfolgen, die kraft Vertrages nur in der Person des anderen Ehegatten eintreten."

349 *Hellmann*, ZZP 31 (1903), 353, 356, 372 f.; *Binder*, KrVJSchr 46 (1905), 388; Rosenberg, S. 3 Fn 2.

350 *Manigk*, S. 352. Rechtliches Kriterium für den Eintritt der Vertretungswirkung sei allein das konkrete Auftreten des Vertreters im fremden oder im eigenen Namen, *Hellmann*, ZZP 31 (1903), 365; *Manigk*, S. 324.

351 *Hellmann*, ZZP 31 (1903), 365.

352 *Hellmann*, ZZP 31 (1903), 372.

Zu Unrecht gehe Schlossmann davon aus, dass es Fälle direkter Vertretung gibt, in denen der Dritte die Stellung des Handelnden als Mittelsperson weder kennt noch in Kauf nimmt.[353] In dem von Schlossmann gewählten Beispiel des unternehmensbezogenen Geschäfts liegt sehr wohl ein Handeln im fremden Namen vor: Der Dritte nimmt einen Vertrag mit unmittelbarer Fremdwirkung auch dann in Kauf, wenn er den Handelnden für den Geschäftsinhaber hält und von dessen Selbstbetroffenheit ausgeht. Dem Dritten kommt es nämlich für den Geschäftsabschluss nicht darauf an, ob der vor ihm Stehende zuverlässig, redlich und kreditwürdig ist, sondern darauf, ob dem durch die Firma individualisierten Inhaber diese Attribute zuzuschreiben sind.[354]

Schließlich nehme Schlossmann dem objektiv in untergeordneter Stellung befindlichen Vertreter die Freiheit, im eigenen Namen zu handeln. Selbst wenn ein Handeln im fremden Namen aufgrund bestimmter Umstände erwartet wird, muss es nach den Grundsätzen der Privatautonomie dem Vertreter überlassen bleiben, ob er durch sein Handeln tatsächlich unmittelbare Fremdwirkung auslösen will.[355]

Hinsichtlich des zuletzt genannten Einwands ist zur Klarstellung der Schlossmann'schen Vertretungslehre hervorzuheben, dass Schlossmann den objektiv in untergeordneter Stellung befindlichen Vertreter nicht seiner Vertragsabschlussfreiheit beraubt, da die unmittelbare Vertretungswirkung auch bei objektiv in untergeordneter Stellung befindlichen Vertretern die Erfüllung des allgemeinen Tatbestands der spezifischen Vertretungswirkung voraussetzt und somit ein subjektives Handeln für den Vertretenen, ein Handeln im Interesse des Hintermanns. Fasst der in untergeordneter Stellung befindliche Vertreter den Entschluss, im eigenen Interesse zu handeln und sich selbst zu verpflichten, ist dem Eintritt der unmittelbaren Vertretungswirkung nach der Schlossmann'schen Vertretungslehre im Regelfall die Grundlage entzogen.[356] Der pflichtwidrig im eigenen Interesse agierende Vertreter haftet dem Dritten analog § 179 Abs. 1 BGB.[357]

d) *Zur Einordnung von Besitz und Botenschaft in das Vertretungsinstitut*

Schlossmanns Einordnung von Besitz und Botenschaft in das Vertretungsinstitut ist überwiegend auf Ablehnung gestoßen.

Zum einen mache Schlossmann nicht klar, worin der praktische Gewinn bestehe, wenn man die Differenzierung von Botenschaft und Vertretung aufgeben würde.[358] Zum anderen habe Schlossmann nicht bewiesen, dass auf die Unterscheidung von

---

353 *Binder*, KrVJSchr 46 (1905), 387.

354 *Binder*, KrVJSchr 46 (1905), 369, nach *Rümelin*, AcP 93 (1902), 229, erklärt der Dritte: „Ich will mit dem Geschäftsinhaber contrahiren, also wenn Sie es sind, mit Ihnen direkt, andernfalls mit Ihnen als Stellvertreter."

355 *Manigk*, S. 319.

356 Der Hintermann kann das Geschäft in Ausnahmesituationen analog §§ 61 Abs. 1, 113 Abs. 1 HGB dennoch an sich bringen, siehe oben B.I.5.a).

357 Dazu B.I.5.b).

358 *Manigk*, S. 350 ff.

Botenschaft und unmittelbarer Stellvertretung verzichtet werden kann. Schlossmann habe sich nicht hinreichend mit den Konstellationen befasst, in denen der Einsatz eines Boten und der Einsatz eines unmittelbaren Stellvertreters unterschiedliche rechtliche Konsequenzen auslösen, bspw. beim Zugang der Willenserklärung[359] oder beim Einsatz Geschäftsunfähiger.[360] Aufgrund solcher Fälle sei die Einordnung der Botenschaft in das Vertretungsinstitut unmöglich; ihre Verschiedenheit werde von der bestehenden Rechtsordnung vorgegeben.[361] Zugestanden werden könne Schlossmann allein, dass die Grenzen zwischen den Rechtsbegriffen der Botenschaft und der unmittelbaren Stellvertretung noch nicht klar und sicher genug fixiert sind. Hierzu sei dem Kriterium des Erfolgswillens vermehrte Aufmerksamkeit zu schenken: Während der Bote beim Abschluss eines Rechtsgeschäfts ohne einen auf den rechtlichen Erfolg gerichteten Willen tätig werde, handle der Vertreter stets mit eigenem Erfolgswillen.[362] Die Tätigkeit des Boten sei rein faktischer Natur und daher dem Anwendungsbereich der §§ 164 ff. BGB entzogen. Auch der Besitzerwerb und die Herstellung nach § 950 BGB seien aus diesem Grunde den Regeln der Vertretung nicht zugänglich.[363]

---

359 Eine gegenüber dem (Empfangs-) Boten abgegebene Willenserklärung geht dem Hintermann nach herrschender Lehre erst im Zeitpunkt der tatsächlichen oder üblichen Weiterleitung durch den Boten zu, vgl. aus der Zeit Schlossmanns *Oertmanns* Kommentar Vorb. §§ 164 ff. 7e), S. 507 und aus heutiger Zeit Jauernig/*Mansel* BGB § 130 Rn. 7, während eine gegenüber dem unmittelbaren Stellvertreter abgegebene Willenserklärung bereits im Zeitpunkt des Zugangs der Erklärung beim Vertreter zugeht, vgl. § 164 Abs. 3 BGB.

360 So ist nach herrschender Lehre bei der Botenschaft der Einsatz eines Geschäftsunfähigen unproblematisch und zulässig, vgl. aus der Zeit Schlossmanns *Oertmanns* Kommentar Vorb. §§ 164 ff. 7d), S. 506, und aus heutiger Zeit MüKo-BGB/*Schmitt* § 105 Rn. 29, während sich aus dem Umkehrschluss des § 165 BGB ergebe, dass ein Geschäftsunfähiger kein unmittelbarer Stellvertreter sein könne. Nach § 165 BGB wird nämlich die Wirksamkeit einer von oder gegenüber einem Vertreter abgegebenen Willenserklärung nicht dadurch beeinträchtigt, dass der Vertreter in der Geschäftsfähigkeit beschränkt ist. Aus dem Umkehrschluss folgt somit, dass ihre Wirksamkeit beeinträchtigt werde, wenn der Vertreter geschäftsunfähig ist.

361 *Manigk*, S. 350 f.; *Oertmanns* Kommentar Vorb. §§ 164 ff. Anm 7a, S. 506; *Binder*, KrVJSchr 46 (1905), 375. – Anders und zurückhaltender *Hellmann*, ZZP 31 (1903), 361, der es für denkbar hält, dass sich im heutigen Recht keine Unterschiede in der rechtlichen Behandlung von Boten und Vertretern finden ließen. Dies vertieft Hellmann jedoch nicht.

362 *Manigk*, S. 350 f.; nicht auf die bloße Existenz des Erfolgswillens, sondern auf seine objektive Erkennbarkeit stellt *Binder*, KrVJSchr 46 (1905), 356, ab, der die Abgrenzung zwischen Botenschaft und Vertretung danach vornimmt, ob dem objektiven Erklärungstatbestand ein eigenes Erklärungs-Ermessen zu entnehmen ist. Wenn dem so sei, liege Stellvertretung vor. Mit der Ansicht *Binders* übereinstimmend *Oertmanns* Kommentar Vorbemerkung § 164 Anm 7b, S. 506. Wie *Binder* die heute hL, vgl. *Flume* AT II § 43 sub 4, S. 756; Staudinger/*Schilken* Vorbem zu §§ 164 ff Rn 74 f.

363 *Manigk*, S. 359; *v.Tuhr*, AT II/2, S. 371 f. – Differenzierter *Rümelin*, AcP 93 (1902), 149 f., der eine analoge Anwendung der Stellvertretungsregeln der §§ 164 ff. BGB

Nur Rosenberg stimmt Schlossmann hinsichtlich der Einordnung der Botenschaft in das Recht der Vertretung dem Grunde nach zu.[364] Rosenberg geht aber über die Schlossmann'sche These hinaus[365] und ordnet den Boten als unmittelbaren Stellvertreter i.S.d. §§ 164 ff. BGB ein.[366]

---

auf nicht-rechtsgeschäftliche Handlungen in Betracht zieht, sofern der bewirkte Rechtserfolg durch „irgendeinen Willen" verursacht werde. Im Bereich der tatsächlichen Handlungen, bei denen die Rechtsfolge unabhängig vom Willen des Vertreters eintrete, gebe es daher keine Stellvertretung. Handlungen wie Vermischung, Verbindung, Fund, Nießbrauchnutzung oder Besitzstörung müssten endgültig aus dem Vertretungsrecht verwiesen werden. Dies gilt nach *Rümelin* auch für den Besitzerwerb und Besitzverlust, die allein aufgrund objektiver Umstände eintreten würden. Nur beim Besitzerwerb gem. § 854 Abs. 2 BGB durch Einigung des bisherigen Besitzers und des Erwerbers, wenn der Erwerber in der Lage ist, die Gewalt über die Sache auszuüben, komme die analoge Anwendung der Stellvertretungsregeln in Betracht. Einer entsprechenden Anwendung des Stellvertretungsrechts entzogen ist nach Rümelin auch die Besitzvermittlung durch dritte Personen, die willensunabhängig aufgrund objektiver Merkmale geregelt sei, vgl. *Rümelin*, AcP 93 (1902), 180 ff.

364 Insbesondere habe *Schlossmann* überzeugend nachgewiesen, dass es bereits im römischen Recht die unmittelbare Stellvertretung gegeben habe und dass im römischen Recht dem Boten und dem unmittelbaren Vertreter dieselben Aufgaben zugefallen seien. Die Gleichstellung von Boten und Vertretern in ihrer juristischen Tätigkeit reiche daher bis ins römische Recht zurück und bilde das historische Fundament für die Wesensgleichheit von Botenschaft und Vertretung auch im heutigen Recht, vgl. Rosenberg, S. 187 ff., 193, 226.

365 Nach *Schlossmann* ist der Bote zwar ein Vertreter, der mit unmittelbarer Wirkung für den Hintermann tätig wird. *Schlossmann* begründet den Eintritt der unmittelbaren Wirkung aber nicht mit der Anwendbarkeit des § 164 Abs. 1 BGB, sondern mit der objektiv weisungsgebundenen, untergeordneten Stellung des Boten, vgl. dazu oben B.I.1.3.b) (1).

366 Nach *Rosenberg*, S. 194 ff., ist der unmittelbare Stellvertreter (und damit auch der Bote) von den Gehilfen (wie bspw. der Dolmetscher, Notar, Schreibgehilfe, Vermittler und Konzipient) abzugrenzen, die lediglich an einem fremden Vertragsschluss mit-wirken, während der unmittelbare Stellvertreter (und damit auch der Bote) den Vertragsschluss be-wirkt. *Rosenberg* geht dabei von der Prämisse aus, dass die Übermittlung einer Willenserklärung zu ihrem Tatbestand gehört, da nach § 130 Abs. 1 BGB Wirksamkeitsvoraussetzung der Willenserklärung ihr Zugang sei. Rosenberg unternimmt sodann eine umfangreiche Untersuchung, um die Subsumtion der Botenschaft unter die §§ 164 ff. BGB zu beweisen. – Bereits *v. Thur* AT II/2, S. 338 Fn 34, setzte Rosenbergs Prämisse überzeugend entgegen, dass nicht der Bote die Erklärung abgebe, sondern der Hintermann. Es müsse zwischen Abgabe und Zugang einer Willenserklärung unterschieden werden, wobei § 130 Abs. 1 BGB nur den Zugang regelt, nicht aber die Abgabe. Dass der Bote lediglich den Zugang einer bereits abgegebenen Willenserklärung bewirkt und sein Handeln somit nicht mehr zum objektiven Erklärungstatbestand der Willenserklärung gehört, ergebe die Norm des § 120 BGB, nach der ein Übermittlungsirrtum durch den Boten unter

e) *Zur Bedeutung des weiten Vertretungsbegriffs*

Auf Schlossmanns weiten Vertretungsbegriff, der sowohl den mit unmittelbarer Wirkung als auch den mit mittelbarer Wirkung handelnden Vertreter erfasst, reagieren die Rezensenten teils ablehnend, teils anerkennend.

Mehrmals wird Schlossmann vorgeworfen, dass er die von ihm so genannte spezifische Vertretungswirkung[367] nur durch eine unzulässige Gleichsetzung von wirtschaftlicher Wirkung und Rechtswirkung erlangt. Schlossmann erhebt den wirtschaftlichen Erfolg, der der unmittelbaren und der mittelbaren Vertretungswirkung gemeinsam ist, unzulässigerweise zu einer Rechtsfolge und somit zu einem juristisch-technischen Begriff. Wegen dieser unzulässigen Vermischung von privatwirtschaftlicher und juristisch-technischer Betrachtungsweise sei der weite Vertretungsbegriff zu verwerfen.[368] Darüber hinaus bringe Schlossmann durch die Entwicklung des allgemeinen Tatbestandes der spezifischen Vertretungswirkung[369] keine neuen Erkenntnisse hervor. Die herrschende Lehre fordere seit jeher im Regelfall sowohl bei unmittelbarer als auch bei mittelbarer Vertretungswirkung das Bestehen eines Vertretungsrechtsverhältnisses sowie pflichtgemäßes Handeln.[370]

Diesen Angriffen muss zweierlei entgegengesetzt werden. Zum einen will Schlossmann durch die Entwicklung des weiten Vertretungsbegriffs und der spezifischen Vertretungswirkung nicht auf die besonderen Arten der Vertretungswirkung, in concreto auf die Differenzierung zwischen unmittelbarer und mittelbarer Vertretungswirkung, verzichten. Schlossmann erhebt die spezifische Vertretungswirkung nicht zu einer konkreten Rechtsfolge, durch die der Einzelfall abschließend gestaltet werden würde – er will keinen allgemeinen wirtschaftlichen Erfolg mit einer

---

den gleichen Voraussetzungen angefochten werden könne, wie eine nach § 119 BGB irrtümlich abgegebene Willenerklärung. Wäre Rosenberg darin Recht zugeben, dass die Übermittlung zur Setzung des objektiven Erklärungstatbestandes gehören würde, wäre die Verweisungsnorm des § 120 BGB überflüssig, weil dann § 119 BGB auf die vom Boten bewirkte Erklärung unmittelbar anwendbar wäre. So aus neuerer Zeit auch *Hanloser*, S. 29 ff.: Der Bote gebe die Erklärung nicht ab, sondern bewirke ihren Zugang.

367 Die spezifische Vertretungswirkung besteht nach Schlossmann darin, dass die gesamten wirtschaftlichen Wirkungen des Geschäftes mit dem Dritten kraft rechtlicher Anordnung das Vermögen des Vertretenen treffen, sei es gemäß § 164 Abs. 1 BGB durch die unmittelbare Verpflichtung und Berechtigung des Hintermanns, sei es gemäß §§ 667, 670 BGB durch seinen Herausgabeanspruch und seine Aufwendungsersatzpflicht gegenüber dem Vertreter. Vgl. dazu *Schlossmann* II § 1, S. 8 und oben B.I.1.a).

368 *Rosenberg*, S. 16; *Hellmann*, ZZP 31 (1903), 364. Vgl. auch *Oertmanns* Kommentar Vorb. §§ 164 ff. Anm. 6, S. 505: Eine derartige „schöpferische Jurisprudenz", die die Schärfe unserer Rechtsbegriffe auflöst, scheint alles andere eher als ein Fortschritt zu sein.

369 Vgl. oben B.I.1.b).

370 *Hellmann*, ZZP 31 (1903), 365.

konkreten Rechtswirkung gleichsetzen. Vielmehr dient ihm die spezifische Vertretungswirkung zur Verdeutlichung des Wesens der Vertretung sowie zur Abgrenzung des Vertretungsinstituts von anderen Rechtsinstituten.[371] Zum anderen will Schlossmann anhand des allgemeinen Tatbestandes der spezifischen Vertretungswirkung keine neuartigen Erkenntnisse über die tatbestandlichen Gemeinsamkeiten von unmittelbarer und mittelbarer Vertretung hervorbringen. Vielmehr bestimmt Schlossmann durch die Definition des allgemeinen Tatbestandes einen Anknüpfungspunkt für solche Rechtsfolgen, die sich seiner Meinung nach sowohl bei der unmittelbaren als auch bei der mittelbaren Stellvertretung durchsetzen und sich aus dem Wesen der Vertretung erklären lassen, bspw. für die Bestimmung des Schadensumfangs nach dem Leistungsinteresse des Vertretenen (sog. Drittschadensliquidation).[372] Schlossmann will durch die Schaffung eines gemeinsamen Anknüpfungstatbestands solche Rechtsfolgen im Rahmen der mittelbaren Stellvertretung logisch aus dem Vertretungsbegriff deduzieren, für die in dem traditionellen System der mittelbaren Vertretung kein Raum ist, das nach der herrschenden Lehre von dem Dogma der strikten Trennung des Innenverhältnisses vom Außenverhältnis beherrscht wird. Er will ein Vertretungsrecht schaffen, das insbesondere im Bereich der mittelbaren Stellvertretung nicht mehr von Ausnahmetatbeständen durchdrungen wird.[373]

Diese Intention Schlossmanns wird von Manigk als überflüssig und verfehlt zurückgewiesen. Ihm erscheint Schlossmanns weiter Vertretungsbegriff wie eine rein terminologische Streitigkeit ohne praktische Bedeutung.[374] Unmittelbare und mittelbare Vertretung sind unverkennbare Gegensätze: Die direkte Vertretung ist ein Rechtsinstitut mit den besonderen Wirkungen der §§ 164 ff. BGB, während die indirekte Vertretung nichts anderes darstellt als den gesonderten Abschluss zweier Rechtsgeschäfte. Dass der mittelbare Vertreter dabei auf fremde Rechnung handelt, sei sein bloßes Motiv und mache die indirekte Vertretung nicht zu einem besonderen Rechtsinstitut, das sich von einem gewöhnlichen Eigengeschäft unterscheiden ließe.[375] Denn ob der mittelbare Vertreter sein Motiv später auch in die Tat umsetzt und die Geschäftswirkungen auf den Hintermann überträgt, ist zur Zeit des Geschäftsabschlusses ungewiss. Die vertretungstypischen Rechtsfolgen aber von der tatsächlichen Weiterübertragung abhängig zu machen, sei widersinnig.[376]

Diesem Argument ist entgegenzuhalten, dass Schlossmann das Handeln des mittelbaren Vertreters dem Vertretungsinstitut nicht erst bei tatsächlicher Übertragung der Geschäftswirkungen auf den Hintermann zuordnet, sondern bereits bei der Vornahme des Geschäftsabschlusses im Interesse des Vertretenen, solvendi causa

371 Dazu oben B.I.1.a).
372 Dazu oben B.I.3.c) (2).
373 *Schlossmann* I § 1, S. 1 f.; *Schlossmann* II § 1, S. 9 und §§ 54 ff., S. 362 ff.
374 *Manigk*, S. 338.
375 *Manigk*, S. 325.
376 *Manigk*, S. 327.

der Pflichten aus dem Binnenverhältnis, wodurch der Aufwendungsersatzanspruch des Vertreters gegen den Vertretenen gem. § 670 BGB entsteht.

Nach der Auffassung Manigks geht Schlossmann sodann fehl in der Annahme, dass es Vertretungsfälle gibt, bei denen sich unmittelbare und mittelbare Wirkung „mischten". Das von ihm zum Beweis dieser These herangezogene Beispiel des § 392 Abs. 2 HGB, demzufolge Forderungen aus dem Ausführungsgeschäft des Kommissionärs auch ohne Abtretung im Verhältnis zwischen dem Kommittenten und dem Kommissionär oder dessen Gläubigern als Forderungen des Kommittenten gelten, sei untauglich. Hier werde die mittelbare Vertretungswirkung keineswegs mit der unmittelbaren Vertretungswirkung kombiniert. Denn der Eintritt unmittelbarer Vertretungswirkung setze stets voraus, dass sie vom Handelnden in den objektiv erkennbaren Erfolgswillen aufgenommen wurde. Die kraft Gesetzes eintretende Wirkung des § 392 Abs. 2 HGB ist aber von diesem Willen unabhängig, so dass bei § 392 Abs. 2 HGB ein „reiner Fall der mittelbaren Vertretung" gegeben ist.[377]

Manigk greift mit dieser Argumentation freilich nur eines der Beispiele auf, die Schlossmann zum Beweis seiner These anführt, dass sich in bestimmten Fällen der mittelbaren Vertretung Elemente der unmittelbaren Vertretungswirkung wieder finden. Als weitere Beispiele für einen Mischfall in der Vertretungswirkung, und damit für das Bedürfnis nach einem weiten Vertretungsbegriff, hat Schlossmann die Drittschadensliquidation sowie die Kenntnis des Hintermanns von einem Mangel des Kaufgegenstands beim Erwerb in mittelbarer Stellvertretung angeführt.[378] Wie Manigk diese Fälle einordnet, führt er nicht aus.

Für Hellmann ist ein weiter Vertretungsbegriff u.a. deswegen entbehrlich, weil der dogmatisch schwer einzuordnenden Figur der Drittschadensliquidation die Existenzberechtigung schlicht versagt werden muss: „...weit einfacher wäre es, den Satz [zur Schadensbegründung] so zu fassen: der Kommissionär haftet dem Kommittenten schlechthin wegen Nichterfüllung des Dritten. Dann ergäbe sich alles Weitere von selbst."[379]

Auch nach Rosenbergs Auffassung ist der Versuch Schlossmanns, einen weiten Vertretungsbegriff zu konstituieren, verfehlt. Die mittelbare Vertretung besteht aus zwei streng voneinander zu unterscheidenden Rechtsverhältnissen, bei denen kein Prinzip erkennbar wird, aufgrund dessen von einem einheitlichen und abgerundeten Institut zu sprechen wäre.[380] Mangels dieser Einheitlichkeit in der Rechtswirkung gibt es kein „Institut der mittelbaren Stellvertretung, das mit der unmittelbaren Vertretung auf eine Stufe gestellt oder gar zu einer höheren Einheit wissenschaftlicher Erkenntnis

---

377 *Manigk*, S. 312 f.

378 *Schlossmann* I § 9, S. 93 f.

379 *Hellmann*, ZZP 31 (1903), 373 f. Durch diese Erfolgshaftung des Kommissionärs wird der Schaden des Kommittenten infolge der Nicht- oder Schlechtleistung des Dritten stets zu einem Eigenschaden des Kommissionärs, weshalb es im Verhältnis des Kommissionärs zum Dritten der Liquidation eines „Drittschadens" nicht bedarf. Zu dem Streit um die dogmatische Begründung der Drittschadensliquidation vgl. auch unten C.III.1.c) (1)(c) a.E.

380 *Rosenberg*, S. 13.

verbunden werden könnte."[381] Zwar ist es „denkbar, praktisch notwendig und empfehlenswert", dass in Konstellationen der mittelbaren Vertretung die beiden getrennten Rechtsverhältnisse aufeinander einwirken, „aber nie wird die mittelbare Stellvertretung den begrifflichen Abgrund überschreiten, der sie von der direkten Stellvertretung trennt. Die Grundsätze der einen können nicht auf die andere übertragen, aus dem Wesen der einen nicht Rückschlüsse auf das Wesen der anderen gezogen werden."[382]

Neben diesen ablehnenden Reaktionen hat die Schlossmann'sche Auffassung aber auch Zustimmung erfahren. So sind nach Rümelin die Ausführungen Schlossmanns zum Einfluss der Vertretungstendenz auf die mittelbare Vertretungswirkung „in hohem Grade beachtenswert." Rümelin sieht hier Anlass zu Weiterbildung.[383]

Binder ist der Ansicht, dass zu den wichtigsten Ergebnissen Schlossmanns die Erkenntnis gehöre, dass nicht die stringente Durchführung einer Vertretungsart, sondern stets eine Kombination aus unmittelbarer und mittelbarer Wirkung erforderlich ist, um die Rechtsfolgen eines konkreten Vertretungsverhältnisses gerecht und zweckmäßig anzuordnen.[384] Auch die Idee eines allgemeinen Vertretungstatbestands sowie einer spezifischen Vertretungswirkung ist in die weitere Erforschung des Vertretungsinstituts zu übernehmen. Hierbei kann allerdings an dem von Schlossmann zum Tatbestandsmerkmal erhobenen Handeln für den Vertretenen solvendi causa nicht festgehalten werden. Für die mittelbare Wirkung, die bereits dann eintritt, wenn das Vertretergeschäft objektiv dem in Auftrag gegebenen Geschäfte entspricht, ist diese Absicht nicht erforderlich. Für die unmittelbare Vertretung ist die bloße Existenz einer solchen Absicht nicht hinreichend. Erst ihre Offenkundigkeit führt zu der direkten Betroffenheit des Hintermanns.[385]

Leonhard hält Schlossmanns These zum Einfluss der Vertretungstendenz auf die mittelbare Vertretungswirkung ebenfalls für richtig. So müsse nämlich nach Treu und Glauben der Gedanke des § 166 Abs. 2 BGB, nach dem sich der Vertretene in Ansehung solcher Umstände, die er selbst kannte oder kennen musste, nicht auf die Unkenntnis des Vertreters berufen kann, wenn der Vertreter im Falle einer durch Rechtsgeschäft erteilten Vertretungsmacht nach bestimmten Weisungen des Vertretenen gehandelt hat, auch bei der mittelbaren Vertretung Anwendung finden.[386]

Zustimmung erntet Schlossmann auch von Müller-Erzbach. Schlossmann zeige zu Recht auf, dass die herrschende Auffassung mit ihrem Modell von der mittelbaren Stellvertretung, insbesondere mit ihrem Dogma von der strikten Trennung des Innenverhältnisses vom Außenverhältnis, die zahlreichen Konstellationen nicht sauber erklären könne, in denen es aus Gerechtigkeitsgründen geboten sei, den mittelbar Vertretenen als unmittelbaren Vertragspartner zu behandeln. Neben

381 *Rosenberg*, S. 14.
382 *Rosenberg*, S. 14; so auch *Oertmanns* Kommentar, Vorb. §§ 164 ff. Anm 6, S. 505.
383 *Rümelin*, AcP 93 (1902), 294.
384 *Binder*, KrVJSchr 46 (1905), 380.
385 *Binder*, KrVJSchr 46 (1905), 377 f.
386 *Leonhard* in *Eck*, § 36, S. 181 Anm 3.

anderen Beispielen nennt Müller-Erzbach die Fälle der Drittschadensliquidation[387] sowie die Relevanz subjektiver Merkmale in der Person des mittelbar Vertretenen, nämlich von Kennen und Kennen müssen sowie von Willenmängeln.[388] Die herrschende Lehre bringe die mittelbare Stellvertretung durch das Dogma von der strikten Trennung des Innenverhältnisses vom Außenverhältnis in einen „ungeregelten, von Ausnahmen zerrissenen Zustand", in dem „unerklärliche Verstöße gegen andere Rechtsgrundsätze, gegen alle Logik und Systematik" an der Tagesordnung stünden.[389] Schlossmann sei der Nachweis gelungen, dass im Rechtsgebilde der mittelbaren Stellvertretung „nur zusammenhangslose Trümmer vorhanden sind, wo man ein festes Rechtsgebäude vermutete."[390] Dabei habe Schlossmann richtigerweise aufgezeigt, dass als Leitlinie für die Gestaltung des Vertretungsrechts nur die optimale Interessenverwirklichung aller Beteiligten in Betracht komme, nicht aber die starre Deduktion aus a priori aufgestellten Rechtssätzen.[391]

Müller-Erzbach teilt allerdings den Schlossmann'schen Ansatz von einem allgemeinen Tatbestand der spezifischen Vertretungswirkung, der die unmittelbare und mittelbare Vertretungswirkung gleichermaßen umfasst, nicht.[392] Vielmehr

---

387 *Müller-Erzbach*, S. 22 ff.

388 *Müller-Erzbach*, S. 15 ff. Als weitere Beispiele nennt *Müller-Erzbach* u.a.: die Anfechtbarkeit des Vertrages durch den Geschäftsgegner gem. § 123 BGB infolge einer Täuschung durch den mittelbar Vertretenen; die Entstehung des Werkunternehmerpfandrechts gem. § 647 BGB an den Sachen des Bestellers, da sich die Sachen bei der mittelbaren Vertretung regelmäßig nicht im Eigentum des Bestellers, also des mittelbaren Vertreters, sondern im Eigentum des mittelbar Vertretenen befinden; den rechtsgeschäftlichen Eigentumserwerb nach § 929 Satz 1 BGB, um einen Durchgangserwerb durch das Vermögen der mittelbaren Vertreters zu vermeiden und um auf die Konstruktion des Handelns „für den, den es angeht" verzichten zu können; die Anwendbarkeit des § 255 BGB, demzufolge der für den Verlust einer Sache zum Schadensersatz Verpflichtete zum Ersatz nur gegen Abtretung der Ansprüche verpflichtet ist, die dem Ersatzberechtigten auf Grund des Eigentums an der Sache gegen Dritte zustehen: wenn der Geschäftsgegner dem mittelbaren Vertreter Ersatz leisten muss und dem mittelbar Vertretenen Ansprüche gegen die Versicherung erwachsen, sei die Anwendung des § 255 BGB entgegen seinem Wortlaut geboten; vgl. hierzu und zu weiteren Beispielen *Müller-Erzbach*, a.a.O.

389 Müller-Erzbach, S. 41.

390 *Müller-Erzbach*, S. 7 Fn 1.

391 *Müller-Erzbach*, S. 93 ff.: Die richtige Methode zur Gestaltung des Rechts sei die „realistische Methode", bei der historische, rechtsvergleichende und interessenorientierte Wege gleichermaßen beschritten und miteinander ergänzt würden.

392 Zwar geht *Müller-Erzbach*, S. 68 f., in Übereinstimmung mit Schlossmann davon aus, dass sich die Vertretung von anderen Rechtsinstituten dadurch unterscheidet, dass der Vertreter ein fremdes Interesse auf fremde Gefahr wahrnimmt und kein direktes oder selbstständiges Interesse am Inhalt des Vertrages habe. Der herrschenden Lehre sei aber darin zuzustimmen, dass es sich bei unmittelbarer und mittelbarer Stellvertretung um auseinander zu haltende Rechtsfiguren „mit

entwickelt Müller-Erzbach ein eigenes Modell der mittelbaren Stellvertretung, das keiner Ausnahmen mehr bedürfe, um die gebotene Einbindung des mittelbar Vertretenen in das Außengeschäft mit dem Dritten zu bewirken: Nach Müller-Erzbach wird der Vertretene (nicht nur beim Vertreterhandeln im fremden Namen gem. § 164 Abs. 1 BGB, sondern auch) beim Vertreterhandeln im eigenen Namen unmittelbar berechtigt und verpflichtet.[393] Der Vertreter hafte dem Dritten beim Handeln im eigenen Namen akzessorisch, unmittelbar und primär, weil der Vertreter seinen eigenen Kredit nutze, indem er den Vertrag auf seinen eigenen Namen stelle. Hierdurch werde seine akzessorische (Mit-) Haftung vereinbart.[394] Der Unterschied zwischen unmittelbarer und mittelbarer Stellvertretung liegt also Müller-Erzbach zufolge in der akzessorischen Mitverpflichtung des Vertreters. Während es beim Handeln im fremden Namen bei den Rechtsfolgen des § 164 Abs. 1 BGB bleibt, zieht das Handeln im eigenen Namen nach Müller-Erzbach eine Doppelverpflichtung nach sich. Die Rechte aus dem Außenvertrag werden danach allein vom Hintermann erworben,[395] der mittelbare Vertreter ist diesbezüglich allerdings umfassend verfügungsbefugt.[396]

Um seine Theorie mit dem geltenden Recht zu belegen, beruft sich Müller-Erzbach neben zahlreichen Hinweisen auf das englische, französische und schweizerische Kommissionsrecht[397] auf das Seeversicherungsrecht gem. §§ 778–900 HGB a. F.,[398] das die „wahren" Prinzipien der mittelbaren Stellvertretung detailliert als

tiefgehenden Unterschieden" handelt, vgl. *Müller-Erzbach,* S. 40. Terminologisch will Müller-Erzbach auch nur bei der unmittelbaren Stellvertretung von Vertretungsrecht sprechen, bei der mittelbaren Stellvertretung liege Vermittlungsrecht vor; der mittelbare Vertreter sei der Vermittler, *Müller-Erzbach,* S. 40.

393 *Müller-Erzbach,* S. 21, 28, 34. *Müller-Erzbach* ist der Ansicht, dass beim Handeln im fremden Namen die Wahrnehmung des fremden Interesses zum Vertragsbestandteil erhoben wird, während beim Handeln im eigenen Namen der Umstand, dass ein fremdes Interesse wahrgenommen wird, nicht Teil der Vereinbarung wird, vgl. *Müller-Erzbach,* S. 5. Schlossmann habe diese Bedeutung des Handelns im eigenen und im fremden Namen verkannt, *Müller-Erzbach,* S. 51 ff. Fn 5.

394 Müller-Erzbach, S. 40.

395 Müller-Erzbach, S.9.

396 Der mittelbare Vertreter könne alle Rechte geltend machen und die Leistung mit Wirkung gegen den Hintermann entgegennehmen; seine umfassende Ermächtigung sei „ohne weiteres" im Auftrag zu mittelbarer Stellvertretung enthalten, *Müller-Erzbach,* S. 39 f., 55.

397 Müller-Erzbach, S. 57 ff.

398 Der Zehnte Abschnitt des Fünften Buchs des HGB, der die §§ 778–900 HGB über die Versicherung gegen die Gefahren der Seeschifffahrt enthielt, ist durch das Gesetz zur Reform des Versicherungsvertragsrechts (VVRG) vom 23.11.2007, BGBl. I S. 2631, mit Wirkung vom 01.01.2008 ersatzlos aufgehoben worden.

positiv geltendes Recht[399] wiedergegeben habe.[400] Die Seeversicherung für fremde Rechnung sei „nichts anderes als ein fortschrittlich entwickeltes Stellvertretungsverhältnis mit versicherungsrechtlichen Zutaten."[401]

Dem eigenen Ansatz von Müller-Erzbach wurde entgegengehalten, dass seiner Theorie die Stütze im geltenden Rechte fehlt.[402] Dieses Argument gilt seit der

---

399 Hierbei hat der Versicherungsnehmer die Funktion des mittelbaren Vertreters, der Versicherte hat die Funktion des mittelbar Vertretenen und der Versicherer hat die Funktion des Geschäftsgegners.
§ 781 HGB a.F. lautete: „(1) Der Versicherungsnehmer kann entweder sein eigenes Interesse (Versicherung für eigene Rechnung) oder das Interesse eines Dritten (Versicherung für fremde Rechnung) und im letzteren Fall mit oder ohne Bezeichnung der Person des Versicherten unter Versicherung bringen. (2) Es kann im Vertrag auch unbestimmt gelassen werden, ob die Versicherung für eigene oder für fremde Rechnung genommen wird (für Rechnung „wen es angeht"). Ergibt sich bei einer Versicherung für Rechnung „wen es angeht", dass sie für fremde Rechnung genommen ist, so kommen die Vorschriften über die Versicherung für fremde Rechnung zur Anwendung. (3) Die Versicherung gilt als für eigene Rechnung des Versicherungsnehmers geschlossen, wenn der Vertrag nicht ergibt, dass sie für fremde Rechnung oder für Rechnung „wen es angeht" genommen ist."
§ 812 HGB a.F. lautete im Jahre 1905: „(1) Die Prämie ist, sofern nicht ein anderes vereinbart ist, sofort nach dem Abschlusse des Vertrags und, wenn eine Polize verlangt wird, gegen Auslieferung der Polize zu zahlen. (2) Zur Zahlung der Prämie ist der Versicherungsnehmer verpflichtet. (3) Wenn bei der Versicherung für fremde Rechnung der Versicherungsnehmer zahlungsunfähig geworden ist und die Prämie von dem Versicherten noch nicht erhalten hat, so kann der Versicherer auch den Versicherten auf Zahlung der Prämie in Anspruch nehmen."
Die Rechte aus dem Versicherungsvertrag standen bei der Versicherung für fremde Rechnung dem Versicherten zu gem. § 886 Abs. 1 Satz 1 HGB in seiner bis zum 31.12.2007 geltenden Fassung.

400 Müller-Erzbach, S. 8.

401 *Müller-Erzbach,* S. 64, 91. Aufgrund der versicherungstechnischen Besonderheiten sei die hier vorzufindende Kodifikation des reinen Stellvertretungsrechtsverhältnisses verkannt und von der herrschenden Lehre irrig als Vertrag zugunsten Dritter nach § 328 BGB eingeordnet worden. Der Vertrag zugunsten Dritter zeichne sich jedoch dadurch aus, dass der Versprechensempfänger ein selbstständiges Interesse an Inhalt und Aufrechterhaltung des Vertrages habe, während dem Versicherungsnehmer einer Seeversicherung – ebenso wie dem mittelbaren Vertreter – jedes direkte und selbstständige Interesse an dem Inhalte des Vertrages fehle. Zudem könne der aus § 328 BGB Begünstigte im Gegensatz zum Seeversicherten gem. § 894 Abs. 1 HGB a.F. keinen Aufhebungsvertrag ohne Einwilligung des Versprechensempfängers schließen. Schließlich habe der Seeversicherte, anders als der nach § 328 BGB Begünstigte, eigene Pflichten, vgl. den soeben zitierten § 812 Abs. 3 HGB a.F. und ausführlich *Müller-Erzbach,* S. 66–76.

402 *Oertmanns* Kommentar Vorb. §§ 164 ff. Anm 6, S. 505 m.w.N. Vgl. auch *Schwark,* JuS 1980, S. 777 sub I.: Die Berufung auf das „ohnedies singuläre Seeversicherungsrecht" sei problematisch. Die Einordnung der Seeversicherung als Prototyp der

ersatzlosen Aufhebung des Seeversicherungsrechts mit Wirkung vom 01.01.2008[403] umso mehr. Gegen Müller-Erzbachs Modell von der mittelbaren Stellvertretung wird auch vorgetragen, dass seine Konstruktion zu einer „exorbitanten Begünstigung" des Geschäftsgegners im Verhältnis zum gewöhnlichen Kontrahenten führt. Dafür, dass der Vertragspartner eines (verdeckten) mittelbaren Vertreters im Gegensatz zum gewöhnlichen Vertragspartner zwei Schuldner bekommt, fehlt es an einem zureichenden und zwingenden Grund.[404] Aus dogmatischer Sicht wird eingewendet, dass Müller-Erzbach Rechtsfolgen eintreten lässt, die dem erklärten Parteiwillen widersprechen.[405] Teilweise wird auch darüber gestritten, ob Müller-Erzbach seine Forderungen nicht überhaupt de lege ferenda aufgestellt hat und nicht de lege lata.[406]

Der herrschenden Lehre ist in ihrer Ablehnung des von Müller-Erzbach vorgeschlagenen Gestaltungsmodells der mittelbaren Vertretung beizupflichten. Müller-Erzbach beraubt den Rechtsverkehr um die Möglichkeit, einen anderen mit der Wahrnehmung eigener Interessen zu beauftragen und dabei zugleich von jeglichen Rechten und Pflichten gegenüber dem Außenvertragspartner verschont zu bleiben. Die Privatautonomie wird eingeschränkt, wenn es nicht mehr möglich ist, einen „Strohmann" einzusetzen und dadurch eine eigene Rechtsbetroffenheit im Verhältnis zum Geschäftsgegner zu vermeiden. Für diese Einschränkung allgemein anerkannter[407], rechtlicher Gestaltungsmöglichkeiten gibt es keinen triftigen Grund. Das rein dogmatische Bedürfnis nach einem Regelungsmodell der mittelbaren Stellvertretung, das keiner Ausnahmen mehr bedarf, um Fälle wie die Drittschadensliquidation zu erklären, rechtfertigt die Einschränkung der Privatautonomie nicht. Die vorliegende Arbeit befasst sich nicht weiter mit dem eigenen Ansatz von Müller-Erzbach zur Gestaltung der mittelbaren Stellvertretung. Die Darstellung seiner Ansätze demonstriert aber, dass neben Schlossmann auch andere Rechtswissenschaftler die Notwendigkeit empfunden haben, mit dem herrschenden Dogma von der strikten Trennung des Innenverhältnisses vom Außenverhältnis in der mittelbaren Stellvertretung zu brechen.

(verdeckten) mittelbaren Vertretung scheitere daran, dass der (bei der Vertretung dem Geschäftsgegner gleichzusetzende) Versicherer bei der Seeversicherung für fremde Rechnung stets wisse, wer Versicherungsnehmer sei bzw. dass gegebenenfalls ein Dritter versichert werde, vgl. den oben zitierten § 781 HGB. Zumindest bei der verdeckten mittelbaren Vertretung wisse hingegen der Geschäftsgegner nichts von der Interessenwahrnehmung für den Hintermann.

403 Dazu soeben Fn 398.

404 *Schmidt-Rimpler*, S. 609; *Oertmanns* Kommentar Vorb. §§ 164 ff. sub 6, S. 505.

405 *Schwark*, JuS 1980, 782 sub IV 5.

406 Vgl. *Neubecker*, GrünhutsZ 36 (1909), 31 ff., 35, 38; *Böhm*, S. 45 m.w.N. in Fn 10.

407 Vgl. zum Strohmann als alltägliche Erscheinung des Wirtschaftslebens ausführlich *Klein*, S. 1 ff., 27 ff.

2. Wirkungen der zeitgenössischen Resonanz

Das Werk Schlossmanns ist durch die überwiegend ablehnenden Rezensionen seiner Zeitgenossen in Vergessenheit geraten. Als Müller-Freienfels im Jahre 1955 seine Monografie „Die Vertretung beim Rechtsgeschäft" veröffentlicht, geht er nicht genauer auf Schlossmanns Argumentation ein, sondern verweist kurzerhand auf die zahlreichen Gegendarstellungen, die zu Beginn des Zwanzigsten Jahrhunderts erschienen waren.[408] Als Hager und Schwark im Jahre 1980 dazu aufrufen, das Recht der mittelbaren Stellvertretung zu reformieren, wird das Werk Schlossmanns nicht angeführt.[409] Und auch die Abhandlungen neueren Datums, die einen Teil von Schlossmanns Anliegen erörtern, erwähnen letzteren nur am Rande[410] bzw. überhaupt nicht.[411]

Das Verschwinden der Schlossmann'schen Lehre aus den Abhandlungen zum Vertretungsrecht liegt wohl daran, dass die Rezensenten Schlossmanns Kritik an der herkömmlichen Bedeutung des Handelns im fremden Namen und der Vertretungsmacht einhellig zurückwiesen. Aus dieser einheitlichen Verteidigung der herrschenden Lehre scheint der nahe liegende Schluss gezogen worden zu sein, dass dann auch für Schlossmanns eigene Vertretungslehre kein Raum besteht.[412]

3. Stellungnahme

Die Zurückweisung seiner Lehre von der fehlenden Abstraktheit der Vertretungsmacht ist nachvollziehbar. Die von Schlossmann vorgenommene Einordnung der Mitteilung des Vertretenen an den Dritten über das Bestehen des Vertretungsverhältnisses (nach herrschender Lehre die Einordnung der Außenvollmacht gem. § 167 Abs. 1 Var. 2 BGB, der besonderen Mitteilung an den Dritten gem. § 171 Abs. 1 BGB und der Vollmachtsurkunde gem. § 172 Abs. 1 BGB) als außergerichtliches Geständnis mit gesteigerter Beweiskraft einerseits,[413] und die Einordnung der Normen, die

408 *Müller-Freienfels* Vertretung, S. 1, 16.

409 *Hager*, AcP 180 (1980), 239 ff.; *Schwark*, JuS 1980, 777 ff.

410 *Hanloser*, „Stellvertretung und Botenschaft", S. 7, 23 Fn 36, 30 f.; *Moser*, „Die Offenkundigkeit der Stellvertretung", 2010, S. 30.

411 *Grzibek*, „Direkte Rechtsbeziehungen bei der verdeckten Stellvertretung", 2004; *Klinck*, „Stellvertretung im Besitzerwerb", AcP 205 (2005), S. 487–519; ausdrückliche Erwähnung findet sein Werk samt Anliegen hingegen bei HKK/Schmoekel §§ 164–181 IV Rn 33.

412 Vgl. hierzu *Planck*`scher Kommentar Vorb. § 164 ff. Anm 6, S. 431: Die Kritik Schlossmanns an der herrschenden Lehre bzgl. des Handelns im fremden Namen und der Vertretungsmacht wird thesenförmig wiedergegeben und zurückgewiesen, ohne die eigenen Ausführungen Schlossmanns zur Bedeutung und zum Zweck seines weiten Vertretungsbegriffs darzustellen; ebenso die ablehnende Darstellung in *Enneccerus/Nipperdey* § 179 I Fn 3, S. 1096, unter ergänzender Bezugnahme auf die ablehnenden Stellungnahmen von *Hupka* und *Rümelin.*

413 Dazu oben B.I.4.a).

die Vertretungsbefugnis ausdrücklich unabhängig und andersartig als das Binnenrechtsverhältnis ausgestalten, als abstrakte Ordnung der Vertretungsverhältnisse mit gesteigerter Beweiskraft andererseits,[414] erscheint unnötig kompliziert. Wie Rosenberg aufgezeigt hat ist es auch wenig sinnvoll, den Normen des materiellen Rechts zum Bestehen der Vertretungsmacht prozessrechtliche Bedeutung zuzumessen, da es somit außerhalb einer prozessrechtlichen Auseinandersetzung zu Begründungslücken hinsichtlich des Eintritts der unmittelbaren Vertretungswirkung kommt.

Zudem erzielt Schlossmann durch die künstliche Gestaltung des Beweisrechts neben einigen Vorteilen auch gewichtige Nachteile. Zwar gelingt ihm einerseits eine systemgetreue, logisch deduzierbare Begründung der Rechtsfolgen im Falle des evidenten Missbrauchs der Vertretungsmacht,[415] zwar macht er den Streit um den richtigen Anfechtungsgegner bei ausgeübter Innenvollmacht entbehrlich, und nicht zuletzt ermöglicht er es dem Vertretenen, sich von seinen Rechten und Pflichten gegenüber dem Dritten zu lösen, wenn sein außergerichtliches Geständnis auf einem Motivirrtum beruhte und der Dritte den Motivirrtum kannte. Andererseits bewirkt Schlossmann aber mit der künstlichen Gestaltung des Beweisrechts eine Benachteiligung des im Irrtum befangenen Vertretenen, die den Hintermann grundsätzlich vom Gebrauch des Vertretungsinstituts abhalten könnte: Wie oben gesehen[416] kann sich nämlich der Vertretene, der sich bei Ausspruch des außergerichtlichen Geständnisses (nach herrschender Lehre bei Ausspruch der Außenvollmacht gem. § 167 Abs. 1 Var. 2 BGB, der besonderen Mitteilung an den Dritten gem. § 171 Abs. 1 BGB und bei Ausstellung der Vollmachtsurkunde gem. § 172 Abs. 1 BGB) über den Inhalt seiner Erklärung geirrt hat, nach Schlossmanns Lehre nur dann von dem Vertrag mit dem Dritten lösen, wenn der Dritte den Irrtum des Vertretenen kannte oder hätte kennen müssen, also wenn der Dritte in seinem Vertrauen auf das außergerichtliche Geständnis nicht schutzwürdig war. Die herrschende Lehre

414 Dazu oben B.I.4.b).

415 Dazu oben B.I.4.a)(3). – Auch in der heute hL ist die Begründung der Haftungsfreistellung des Vertretenen bei einem evident pflichtwidrigen aber vertretungsmachtkonformen Handeln des Vertreters umstritten. Eine Ansicht nimmt ein „Durchschlagen“ der internen Grenzen auf die Vertretungsmacht an bzw. eine telelogische Reduktion der Vorschriften über den Umfang der Vertretungsmacht und über deren Unabhängigkeit vom Innenverhältnis, so dass der Vertreter nach §§ 177, 179 BGB vollmachtlos gestellt wird, vgl. *Flume* AT II § 45 II 3, S. 788 ff.; Staudinger/*Schilken* § 167 Rn 103. Nach anderer Meinung besteht die Vertretungsmacht zwar formal weiter, einer Inanspruchnahme des Vertretenen steht jedoch die Einwendung unzulässiger Rechtsausübung aus § 242 BGB entgegen Der Vertreter hafte analog §§ 177, 179 BGB, vgl. BGH NJW 1984, 1461, 1462; BGH NJW 1988, 3012, 3013; BGHZ 113, 320; *Larenz/Wolf* § 46 Rn 150; *Köhler* § 11 V 3 Rn 63; *Canaris* HR § 12 V Rn 40; Soergel/*Leptien* § 177 Rn 15; Palandt/*Ellenberger* § 164 Rn 14.

416 Siehe oben Beispielsfall 4: B.I.4.a) (2) a.E.

lässt hingegen die Anfechtbarkeit der Außenvollmacht, der besonderen Mitteilung an den Dritten und der Vollmachtsurkunde zu, so dass sich der Vertretene von dem Vertrag mit dem Dritten lösen kann, indem der Vertreter ex tunc vollmachtlos gestellt wird, vgl. § 142 Abs. 1 BGB. Schlossmann benachteiligt also durch die Deutung der Außenvollmacht, der besonderen Mitteilung an den Dritten und der Vollmachtsurkunde als außergerichtliches Geständnis mit gesteigerter Beweiskraft den Vertretenen: Hätte der Vertretene den Vertrag ohne Zwischenschaltung eines Vertreters geschlossen, könnte er seine Willenserklärung anfechten. Nach Schlossmanns Lehre gereicht es ihm zum Nachteil, dass er von dem Vertretungsinstitut sowie einer der vorgenannten Verlautbarungsformen Gebrauch macht. Die These Schlossmanns zur Einordnung der Außenvollmacht, der besonderen Mitteilung an den Dritten und der Vollmachtsurkunde als Geständnisse mit gesteigerter Beweiskraft führt damit zu einer Schwächung des Rechtsinstituts der Vertretung im allgemeinen Rechtsverkehr.

Auch die Verteidigung der herrschenden Definition des Handelns im fremden Namen i.S.v. § 164 Abs. 1 BGB als Handeln unter angedeutetem Fremdbezug der Rechtsfolgen ist begreiflich. Schlossmanns These, dass sich das Handeln im fremden Namen dieser Auslegung entzieht, weil die unmittelbare Vertretungswirkung nicht zum materiellen Bestandteil eines Versprechens gemacht werden kann, ist plausibel entgegengehalten worden, dass die unmittelbare Vertretungswirkung seit Schaffung des § 164 Abs. 1 Satz 1 BGB nicht allein aufgrund der Vereinbarung zwischen dem Vertreter und dem Dritten eintritt, sondern aufgrund der Rechtsfolgenanordnung des Gesetzes, zu dessen Tatbestand das Handeln im fremden Namen gehört. Erst die Rechtsordnung ermöglicht durch Anerkennung der direkten Stellvertretung in § 164 Abs. 1 BGB, dass der Vertreter etwas verspricht, dass dies aber nicht zur Regelung seiner eigenen Verhältnisse führt, sondern zur Regelung fremder Verhältnisse.[417]

Entgegen der Schlossmann'schen Auffassung lässt sich die Definition des Handelns im fremden Namen als Handeln unter angedeutetem Fremdbezug der Rechtsfolgen aus dem Umkehrschluss zu § 383 Abs. 1 HGB herleiten, demzufolge der Kommissionär im eigenen Namen handelt und hierdurch selbst verpflichtet und berechtigt wird, vgl. hierzu auch § 392 Abs. 1 HGB.[418] Denn selbst wenn das Merkmal des Handelns im eigenen Namen ursprünglich nicht die Bedeutung einer Rechtsfolgenanordnung hatte, kann ihr diese Funktion nunmehr durch die systematische Auslegung im Hinblick auf § 392 Abs. 1 HGB und auf § 164 Abs. 1 und Abs. 2 BGB zukommen. Mit dem Handeln im eigenen Namen macht der Kommissionär deutlich,

---

417 Hierzu auch *Flume* AT II sub § 43 3, S. 752 ff. Berühmt ist hiezu die Parodie *v. Jherings* Scherz und Ernst, S. 261: „Man kann sich nicht denken, daß die Handlung des A die des B sei, was doch nötig sein würde, damit die Wirkungen derselben letzterem zugute kämen. Sowenig der eine für den andern eine Medicin einnehmen kann, sowenig (kann er) für ihn eine Handlung vornehmen (...)".

418 Nach § 392 Abs. 1 HGB kann der Kommittent Forderungen aus dem Ausführungsgeschäft des Kommissionärs dem Schuldner gegenüber erst nach der Abtretung geltend machen.

dass ihn die Rechtsfolgen selbst treffen sollen gem. § 392 Abs. 1 HGB. Diese Bedeutung hat das Handeln im eigenen Namen auch im Rahmen des BGB, da dem Gebot der Einheitlichkeit der Rechtsordnung folgend gleiche Rechtsbegriffe gleich auszulegen sind. Nach § 164 Abs. 2 BGB[419] bilden das Handeln im fremden Namen und das Handeln im eigenen Namen einen Gegensatz, wodurch dem Handeln im fremden Namen die Bedeutung zukommen muss, dass die Rechtsfolgen erkennbar den Fremden treffen sollen, sog. Offenkundigkeitsprinzip.[420]

Zu Recht ist von den Rezensenten moniert worden, dass Schlossmann seine Thesen zu der Einordnung von Botenschaft und Besitz in das Vertretungsinstitut unzureichend herleitet und beweist. Seine These zum Eintritt der unmittelbaren Vertretungswirkung kraft untergeordneter Stellung des Boten ruft Zweifel hervor: Nach ganz überwiegender Auffassung kann als Bote jedermann fungieren, nicht nur ein in untergeordneter Stellung Befindlicher. Schlossmanns These könnte so gemeint sein, dass beim Boten die Unterordnung durch eine fehlende Ermessensfreiheit bei Abgabe der Erklärung festzustellen wäre.[421] Dies bleibt aber im Unklaren, weshalb seine Lehre insoweit wenig greifbar ist.[422]

Schlossmanns Idee eines einheitlichen Vertretungsinstituts, das die unmittelbare und die mittelbare Vertretungswirkung als Unterformen umfasst, ist durch die Zurückweisung seiner übrigen Thesen möglicherweise zu Unrecht verdrängt worden. Denn sein Ansatz eines den beiden Vertretungsformen gemeinsamen Wesens kann unabhängig von der dogmatischen Einordnung der Vertretungsmacht und der Bedeutung des Handelns im fremden Namen Bestand haben.

Insbesondere benennt Schlossmann mit seiner Definition der „spezifischen Vertretungswirkung“ als „Handeln für fremde Gefahr und fremde Rechnung“[423] diejenigen Kriterien, die unzweifelhaft auch der unmittelbaren Stellvertretung immanent sind und die auch heute zur Abgrenzung der mittelbaren Stellvertretung von anderen Formen der selbstständigen Wahrnehmung fremder Interessen in eigenem Namen herangezogen werden. Dabei wird auch heute das „Handeln auf fremde Rechnung“ dadurch definiert, dass der Handelnde kraft des Innenverhältnisses nicht nur von den Kosten und Risiken der Geschäftsbesorgung befreit ist, sondern vor allem die dabei erlangten Vorteile herauszugeben hat.[424] Letzteres Kriterium

---

419 § 164 Abs. 2 BGB lautet: „Tritt der Wille, in fremdem Namen zu handeln, nicht erkennbar hervor, so kommt der Mangel des Willens, im eigenen Namen zu handeln, nicht in Betracht.“

420 Zum Offenkundigkeitsprinzip *Larenz/Wolf* § 46 Rn 74; *Köhler* § 11 Rn 18.

421 Wie aufgezeigt, wurde dies in der Literatur bspw. von *Binder*, KrVJSchr 46 (1905), 356 und *Oertmanns* Kommentar Vorbemerkung § 164 Anm 7b, S. 506 vertreten.

422 Die Einordnung von Botenschaft und Besitz in das Vertretungsinstitut wurde in jüngerer Zeit in den Abhandlungen von *Hanloser*, „Stellvertretung und Botenschaft“, 2005, und *Klinck*, „Stellvertretung im Besitzerwerb“, AcP 205 (2005), S. 487 ff. untersucht.

423 *Schlossmann* II § 1, S. 8.

424 Staub/*Koller* § 383 HGB Rn 100.

unterscheidet beispielsweise den Kommissionär vom Vertragshändler, der auch in eigenem Namen und in fremdem Interesse handelt, der ggf. sogar Kosten und Risiken auf den Hintermann verlagern kann, der aber die Vorteile des Drittgeschäfts behalten darf und deshalb „auf eigene Rechnung" tätig wird.[425]

Das Verschwinden der Idee eines rechtsfolgenübergreifenden Vertretungsinstituts aus den Abhandlungen zum Vertretungsrecht lässt sich auch damit erklären, dass sich Schlossmann zwar eingehend mit den tatbestandlichen Gemeinsamkeiten von unmittelbarer und mittelbarer Vertretungswirkung befasst, er aber zu wenig den praktischen Gewinn hervorhebt, den die Schaffung eines allgemeinen Vertretungstatbestandes mit sich bringen soll. Schlossmann deutet die Probleme nur an, die seiner Meinung nach durch die Zusammenführung von unmittelbarer und mittelbarer Vertretungswirkung in ein gemeinsames Rechtinstitut gelöst werden könnten. Explizit nennt er die dogmatische Erklärung der Drittschadensliquidation und den Ausschluss von Gewährleistungsrechten beim Erwerb einer mangelbehafteten Sache durch den mittelbaren Vertreter, wenn der Hintermann den Mangel kannte.[426] Er will diese Problemkreise nicht vertiefen und überlässt sie ausdrücklich anderweitiger Erörterung.[427]

III. Wiederbelebung von Teilaspekten des Schlossmann'schen Ansatzes in der Literatur

1. Eintritt unmittelbarer Vertretungswirkung aufgrund der objektiven Stellung des Vertreters

Einzelne der Ideen und Ansätze von Schlossmann wurden im letzten Jahrhundert von neuer Seite vorgetragen. So haben sich auch unabhängig von Schlossmann Wissenschaftler dafür eingesetzt, dass der Eintritt unmittelbarer Fremdwirkung ohne Rücksicht auf ein etwaiges Handeln im fremden Namen anerkannt wird, allein aufgrund einer objektiv untergeordneten, weisungsgebundenen Stellung des Vertreters.

Zu nennen ist zunächst Regelsberger, der für den Bereich der dinglichen Einigung nach § 929 Satz 1 BGB zu dem Ergebnis gelangt, dass es für die unmittelbare Berechtigung des Vertretenen eines Handelns im fremden Namen nicht bedarf, wenn ein Dienstnehmer für seinen Dienstherrn tätig wird.[428] Voraussetzung für die Außerachtlassung des Offenkundigkeitsprinzips des § 164 BGB sei, dass der Vertreter in einem Dienst- oder Abhängigkeitsverhältnis stehe und dass der Erwerb „in seinen Pflichtenkreis" gehört. Unerheblich sei eine etwaige Kenntnis des Veräußerers davon, dass sein Vertragspartner auf fremde Rechnung handelt.[429]

---

425 Staub/*Koller* § 383 HGB Rn 100.

426 Vgl. oben B.I.3.c)(2).

427 Vgl. *Schlossmann* II § 59, S. 413, 417.

428 *Regelsberger*, JJ 44 (1902), 393 ff.

429 Vgl. *Regelsberger*, JJ 44 (1902), 422 ff.

Einen erneuten Anlauf in diese Richtung unternahm Bettermann in seiner 1937 erschienenen Monografie „Vom stellvertretenden Handeln". Nach Ansicht Bettermanns tritt die unmittelbare Vertretungswirkung unabhängig vom Handeln im fremden Namen ein, wenn der Vertreter nicht nur für einen fremden Rechtskreis handelt, sondern in einen fremden Rechtskreis eingegliedert ist. Kennzeichnend sei eine besonders enge, nicht lediglich schuldrechtliche Bindung an den, dessen Interessen wahrgenommen bzw. dessen Geschäfte geführt werden. Der Vertreter hätte in diesen Fällen einen besonderen „personenrechtlichen Status", wie bspw. im Dienstverhältnis der Angestellte oder Beamte, wie bei einem Geschäftsführervertrag bzw. der Organstellung oder wie die Handlungsgehilfen im Außendienst, Prokuristen, Handlungsbevollmächtigten, Rechtsanwälte, Gerichtsvollzieher, Versteigerer, gesetzliche Verwalter fremden Vermögens sowie der Vormund und der Pfleger.[430]

Bei Vorliegen eines Statusverhältnisses der Einordnung in einen fremden Betrieb oder Haushalt befürwortet auch Flume den unmittelbaren Eigentumserwerb des Betriebsinhabers oder Haushaltsvorstands unabhängig von einem Handeln im fremden Namen in analoger Anwendung des § 1646 BGB, wonach das Eigentum beweglicher Sachen, die von den Eltern mit Mitteln des Kindes angeschafft werden, mit dem Erwerb auf das Kind übergeht, es sei denn, dass die Eltern nicht für Rechnung des Kindes erwerben wollen. Durch den Status der Einordnung in den Haushalt oder Betrieb werde dem Erfordernis der Evidenz der Rechtsverhältnisse ausreichend Rechnung getragen.[431]

2. Annäherung der Rechtsfolgen von unmittelbarer und mittelbarer Stellvertretung durch Schaffung der eigenständigen Rechtsfigur des „Handelns für fremde Rechnung"

Unter ausdrücklicher Distanzierung von einem vertretungsrechtlichen Ansatz nähert Canaris im Jahr 1982 die Rechtsfolgen der mittelbaren Stellvertretung denen der unmittelbaren Stellvertretung an, indem er mit Rücksicht auf ein unabweisbares Verkehrsbedürfnis im Wege der Rechtsfortbildung praeter legem die eigenständige Rechtsfigur des „Handelns für fremde Rechnung" begründet, die neben dem Finanzierungsleasing u.a. gewisse Formen der mittelbaren Stellvertretung und der Treuhand, für deren Selektion es möglicherweise darauf ankomme, ob der Fremdbezug des Handelns nach außen in Erscheinung trete, erfasst. Anlass für die Ausführungen von Canaris war seine Einordnung des Finanzierungsleasings als gemischt-typischer Vertrag aus Elementen des Geschäftsbesorgungs- und des Darlehensvertrages, bei

430 *Bettermann*, S. 61 ff.
431 *Flume* AT II § 44 II 1 d) und 2 d), S. 769 und 774.

dem der Leasinggeber das Leasinggut im Interesse und für Rechnung des Leasingnehmers erwirbt. Dabei stellt Canaris die These auf, dass es sich bei dem „Handeln für fremde Rechnung" um eine eigenständige Rechtsfigur handelt, die „dogmatisch wie praktisch eine Mittelstellung zwischen der offenen Stellvertretung und dem Handeln mit reiner Eigenwirkung einnimmt"[432] und Sonderregeln unterliegt, die in Zwangsvollstreckung und Konkurs des Fremdgeschäftsführers, bei der Drittschadensliquidation und im Rahmen der Rechtsgeschäftslehre in Erscheinung treten würden. Als Besonderheit im Rahmen der Rechtsgeschäftslehre sei für Auslegung, Willensmängel und inhaltliche Schranken des Vertrags grundsätzlich auf die Person desjenigen abzustellen, für dessen Rechnung und Interesse gehandelt wird, sofern dieser die Entscheidung über den Vertragsschluss selbst getroffen hat.[433]

Da der offenkundige Fremdbezug des Handelns beim Finanzierungsleasing regelmäßig unproblematisch sei, vertieft Canaris die Abgrenzung der Rechtsfigur des „Handelns für fremde Rechnung" zu anderen Rechtsinstituten nicht.[434] Dogmengeschichtlich setze er jedoch die zuvor gescheiterten Versuche fort, die Rechtsfolgen der mittelbaren Stellvertretung denen der offenen Stellvertretung anzunähern. Denn es sei evident, dass die reine Eigenwirkung bei der mittelbaren Stellvertretung der Interessenlage nicht gerecht wird. Bei den bislang vergeblich unternommenen Annäherungsversuchen[435] gehe es „in Wahrheit nicht um Fragen der Stellvertretung, sondern um solche des Handelns für fremde Rechnung."[436] Soweit ersichtlich, vertiefte Canaris seine Thesen bis dato nicht.[437]

---

432 *Canaris,* NJW 1982, 305 ff., 308.

433 *Canaris,* NJW 1982, 305 ff., 307.

434 *Canaris,* NJW 1982, 305 ff., 308.

435 *Canaris* verweist auf die Lehre vom „Geschäft für den, den es angeht" und auf die oben, B.II.1.e) a.E., dargestellte Vertretungslehre von *Müller-Erzbach.*

436 *Canaris,* NJW 1982, 305 ff., 308. Die Verkennung dieses Umstandes habe zu einer unterschiedlichen Behandlung von mittelbarer Stellvertretung und Treuhand und dem verfehlten Versuch einer scharfen Grenzziehung zwischen ihnen geführt.

437 Keine Fortsetzung des Ansatzes von Canaris ist die 2006 erschienene Monografie „Rechtsträgerschaft für fremde Rechnung" von *Bitter,* bei der es um das Außenrecht der Verwaltungstreuhand geht, also um die Zuordnung bereits erworbener Rechte, nicht um den Vorgang des Rechtserwerbs als solchen. Vgl. zur Abgrenzung zwischen (mittelbarer) Stellvertretung und Treuhand *Schless,* S. 43, 60 f., wonach Treuhand u mittelbare Stellvertretung keine Gegensätze sind, sondern Institute auf unterschiedlicher Ebene. Mittelbare Stellvertretung kann zu fiduziarischer Berechtigung führen, muss dies aber nicht.

C. Die Relevanz eines einheitlichen Vertretungsinstituts im geltenden Recht – Haltbarkeit oder Überholtheit der Lehre Schlossmanns

I. Gedankengang und Prüfungsaufbau

Um die Lehre Schlossmanns von einem rechtsfolgenübergreifenden Vertretungsinstitut auf seine Relevanz im geltenden Recht zu prüfen, werden im Folgenden von Schlossmann selbst erwähnte Konstellationen der mittelbaren Stellvertretung aufgegriffen und vertieft, in denen ihm zufolge die Rechtsfolgen nach denselben Prinzipien zu gestalten sind wie bei der unmittelbaren Stellvertretung. Uns interessiert, wie eingangs ausgeführt, speziell die Einwirkung des Wissensstands des mittelbar Vertretenen analog § 166 Abs. 2 BGB auf das Ausführungsgeschäft und die etwaige Beachtlichkeit von Willensmängeln des Hintermanns. Dabei legen wir das Verständnis der herrschenden Lehre von den Merkmalen des Handelns im fremden Namen und der Vertretungsmacht zugrunde.

Für die Untersuchung, ob die strenge Durchführung des Trennungsdogmas tatsächlich interessenwidrig ist und ob der jeweilige Interessenkonflikt durch Gleichbehandlung mit der unmittelbaren Stellvertretung gelöst werden kann, sind bei der Analyse der Einzelfragen die berechtigten Interessen der Beteiligten herauszuarbeiten und gegeneinander abzuwägen. Dabei sind auch die Wertungen zu berücksichtigen, die dem konkreten Regelungsbereich zugrunde liegen – also beispielsweise dem Ausschluss der kaufrechtlichen Gewährleistungsrechte gem. § 442 Abs. 1 Satz 1 BGB bei Kenntnis des Käufers vom Mangel der gekauften Sache bei Vertragsschluss oder der Anfechtbarkeit einer Willenserklärung gem. § 119 Abs. 2 i.V.m. Abs. 1 BGB wegen Irrtums über verkehrswesentliche Eigenschaften der Person oder der Sache. Die Wertungsgesichtspunkte der jeweiligen gesetzlichen Regelungen gewichten die Interessen der an der Vertretung Beteiligten und ergeben einen Maßstab für die Anwendung der jeweiligen Norm im Rahmen der unmittelbaren und der mittelbaren Stellvertretung.

In Vorbereitung dieser Interessenabwägung wird zunächst ein Überblick gegeben über die abstrakte Interessenlage der an der unmittelbaren und mittelbaren Vertretung Beteiligten. Dabei soll nicht nur das jeweilige wirtschaftliche Interesse benannt, sondern seine konkrete rechtliche Ausformung betrachtet werden. Verdeutlicht werden hierdurch die Gemeinsamkeiten der Vertretungsinstitute, die durch das jeweilige Innenverhältnis zwischen Vertreter und Hintermann bewirkt werden, indem das Innenverhältnis in beiden Fällen als Zurechnungsgrundlage für das Ausführungsgeschäft an den Hintermann fungiert. Insoweit wird die bereits von Schlossmann herausgearbeitete Interessenidentität der an der unmittelbaren und mittelbaren Vertretung Beteiligten, also des Hintermanns, des Vertreters, des Dritten und des allgemeinen Rechtsverkehrs, im geltenden Recht weitgehend bestätigt.

Dieser Befund macht es erforderlich, auf die These Fleckners einzugehen, wonach sich hinter dem Institut der mittelbaren Stellvertretung aufgrund der jeweiligen Interessenlage des Vertretenen heterogene Sachverhalte verbergen, die im Hinblick auf eine Annäherung der Rechtsfolgen der mittelbaren Vertretung an die Wertungen der unmittelbaren Stellvertretung nicht einheitlich, sondern differenziert zu behandeln sind.[438] Zwar beschränkt Fleckner seine Untersuchung im Wesentlichen auf die Drittschadensliquidation. Die Aufspaltung der mittelbaren Stellvertretung in Fallgruppen anhand der Motive des Vertretenen und die grundsätzliche Annäherung an die unmittelbare Stellvertretung nur einer der so geschaffenen Fallgruppen schlägt er jedoch für sämtliche Rechtsfragen der mittelbaren Stellvertretung vor, auch für den Einfluss des Wissensstands des Hintermanns auf das Ausführungsgeschäft analog § 166 Abs. 2 BGB oder die Behandlung von Willensmängeln.[439]

Im Anschluss daran werden die Sachverhalte analysiert, in denen die strikte Durchführung des Trennungsdogmas interessenwidrig erscheint und der Einfluss des Wissensstands des Hintermanns auf das Ausführungsgeschäft analog § 166 Abs. 2 BGB bzw. die Relevanz seiner Willensmängel auch heute diskutiert wird.

II. Weitgehende Identität der Interessenlage bei direkter und indirekter Stellvertretung

1. Verwirklichung der Vertretungstendenz in der gesetzlichen Ausgestaltung der Rechtspositionen

a) Interessen des Vertretenen

(1) Interessendelegation und Nutzung fremder Marktkenntnisse

Die Beauftragung eines unmittelbaren oder mittelbaren Stellvertreters mit der Wahrnehmung der Vermögensinteressen des Hintermanns gegenüber Dritten ermöglicht dem Vertretenen bekanntlich die Nutzung der beim Vertreter vorhandenen besonderen Marktkenntnisse und seines Marktzugangs für eigene Zwecke.[440] Wegen dieser Faktoren werden auch andere Mittelspersonen, wie bspw. Vertragshändler[441] oder Makler, zwischengeschaltet, so dass weder die Interessendelegation noch die Nutzung fremder Sachkunde oder einer fremden faktischen Marktposition spezielle Beweggründe für die Wahl des Vertretungsinstituts sind.[442]

438 *Fleckner*, FS Hopt, 2008, 3 ff., 7, 11 ff.

439 *Fleckner*, FS Hopt, 2008, 3 ff., 11, 17 Fn 51, S. 30.

440 Staub/*Koller* § 383 HGB Rn 3. Dabei muss der Begriff „Marktzugang" wirtschaftlich verstanden werden als tatsächliche Machtposition.

441 Der Vertragshändlervertrag ist Geschäftsbesorgungsvertrag mit kaufrechtlichen Elementen, Ebenroth/Boujong/Joost/Strohn/*Löwisch* § 84 HGB Rn 100 m.w.N.

442 Staub/*Koller* a.a.O.

Gleichwohl werden damit Wesensmerkmale der Vertretung beschrieben, die durch die Pflichten des Vertreters zur optimalen Interessenwahrnehmung und zur Befolgung von Weisungen konkretisiert werden. Diese Pflichten werden im Auftragsrecht des BGB als selbstverständlich vorausgesetzt und nur mittelbar ausgedrückt, etwa durch die in § 665 BGB normierte, für unmittelbare und mittelbare Vertretung gleichermaßen einschlägige Befugnis des Beauftragten zur Abweichung von Weisungen, wenn der Beauftragte den Umständen nach annehmen darf, dass der Auftraggeber bei Kenntnis der Sachlage die Abweichung billigen würde.[443] Im Handelsrecht werden die Interessenwahrnehmungs- und Weisungsbefolgungspflicht des Vertreters ausdrücklich normiert, etwa in § 384 Abs. 1 HS 2 HGB für den Kommissionär und in § 86 Abs. 1 HS 2 HGB zumindest die Interessenwahrnehmungspflicht des Handelsvertreters.

Der Umfang des Weisungsrechts ist im Einzelfall durch Vertragsauslegung zu ermitteln, korreliert aber regelmäßig mit der besonderen Sachkunde des Vertreters nach dem Prinzip: Je größer die Sachkunde, desto weniger wird das Weisungsrecht die Modalitäten der Auftragserfüllung betreffen.[444] Jedenfalls eröffnet das Weisungsrecht dem Hintermann die Möglichkeit, in das Zustandekommen des konkreten Vertretergeschäfts, das sowohl bei unmittelbarer als auch bei mittelbarer Vertretung die Abgabe einer eigenen Willenserklärung des Vertreters voraussetzt, einzugreifen und aktiv mitzuwirken. Zwar ist der Vertreter aufgrund seiner Abweichungsbefugnis gem. § 665 BGB nicht zu „blindem" Gehorsam verpflichtet, er muss aber nach etwaiger[445] Beratung des Hintermanns und bei dessen Beharren auch unvernünftige Weisungen befolgen.[446] Das Weisungsrecht versetzt den Hintermann also in die Lage, sowohl bei unmittelbarer als auch bei mittelbarer Vertretung maßgebliche Entscheidungen selbst zu treffen und lediglich ihre Umsetzung an den Vertreter zu delegieren.

(2) Ausweitung der eigenen Geschäftstätigkeit

Sowohl bei unmittelbarer als auch bei mittelbarer Vertretung kommt es dem Hintermann darauf an, seine eigene Geschäftstätigkeit auszuweiten,[447] dabei nur im Rahmen der eigenen Vorgaben gebunden zu werden[448] und sämtliche Vorteile des Vertretergeschäftes möglichst schnell und sicher zu erlangen.[449]

---

443 So auch Staudinger/*Martinek* § 665 BGB Rn 1 ff und § 662 Rn 26 ff.

444 *Musielak*, S. 1209 ff., 1294 m.w.N.

445 Vgl. hierzu § 665 Satz 2 BGB, wonach der Beauftragte vor der Abweichung von Weisungen dem Auftraggeber Anzeige zu machen und dessen Entschließung abzuwarten hat, wenn nicht mit dem Aufschub Gefahr in Verzug verbunden ist.

446 Staudinger/*Martinek* § 665 BGB Rn 3: „denkender Gehorsam".

447 *Herbert*, S. 4–6: „Arbeitsteilungstatbestände beim Rechtsgeschäft"; so auch *Müller-Freienfels*, Stellvertretungsregeln, S. 26; *Moser*, S. 51 ff.

448 HKK/*Schmoeckel* §§ 164–181 Rn 1.

449 *Moser*, S. 56.

Optimal werden diese Interessen bei der unmittelbaren Stellvertretung verwirklicht, indem der Vertretene gem. § 164 Abs. 1 und Abs. 3 BGB durch vertretungsmachtkonforme Handlungen des Vertreters unmittelbar berechtigt und verpflicht wird. Wie Schlossmann bereits herausgearbeitet hat, wird auch bei der mittelbaren Stellvertretung der Hintermann nur bei auftragsgemäßem Verhalten zur Kostenübernahme durch den Aufwendungsersatzanspruch des Vertreters gem. § 670 BGB verpflichtet[450] und zu den Geschäftsvorteilen gem. § 667 BGB durch Gewährung eines Herausgabeanspruchs berechtigt. Letzterer erfasst die Herausgabe sämtlicher durch das Ausführungsgeschäft erlangter Vorteile, also auch unvorhergesehene Gewinne, wodurch sich die Vertretungsinstitute von anderen Formen der Interessendelegation unterscheiden.[451] Die Gewinnchancen trägt der Hintermann allein.

Die besondere Bedeutung des Innenverhältnisses als Geltungsgrundlage für das Vertretergeschäft gegen den Hintermann wird hervorgehoben durch das spezialgesetzlich ausgeformte Zurückweisungsrecht des Kommittenten gem. § 385 HGB, wonach der Kommittent das Ausführungsgeschäft bei Vorliegen eines Weisungsverstoßes[452] nicht für seine Rechnung gelten lassen muss. Eine Zurückweisung hat zur Folge, dass der Kommissionär keine Provision verlangen kann und grundsätzlich weiterhin zur Geschäftsbesorgung verpflichtet bleibt; das vom Dritten erlangte Gut kann der Kommissionär auch dann behalten, wenn ihm der Hintermann bei schuldlosem Weisungsverstoß seine Aufwendungen zu ersetzen hat.[453] Die im Kommissionsrecht normierte Zurückweisungsbefugnis verkörpert die nach allgemeinem Schuldrecht stets zulässige Reaktion des Auftraggebers auf einen untauglichen Erfüllungsversuch und ist damit keine Eigentümlichkeit der handelsrechtlich geregelten mittelbaren Stellvertretung.[454]

Das Interesse des mittelbar Vertretenen, die durch das Ausführungsgeschäft erworbenen Gegenstände trotz des Durchgangserwerbs des mittelbaren Vertreters unbelastet zu erlangen und dem Zugriff der Gläubiger des Vertreters zu entziehen, schützte das Gesetz ursprünglich nur hinsichtlich erworbener Forderungen durch die eingangs dargestellte[455] Norm des § 392 Abs. 2 HGB im Kommissionsrecht bzw. kraft der Verweisungsnorm in § 407 Abs. 2 HGB a.F.[456] auch im Speditionsrecht. Im

---

450 Dazu sogleich ausführlich C.II.1.b)(1).

451 Staub/*Koller* § 383 HGB Rn 23 ff.

452 Irrelevant ist, ob dieser schuldhaft oder schuldlos ist, vgl. *Koller*, BB 1979, 1725 ff., 1730 ff.

453 Zum Schicksal seines Aufwendungsersatzanspruchs ausführlich *Koller*, BB 1979, 1725 ff., 1727 ff.

454 *Canaris* HR § 30 Rn 20; Kritisch Staub/*Koller* § 385 HGB Rn 3 m.w.N.

455 Vgl. oben A.I.

456 § 407 Abs. 2 HGB a.F. lautete in seiner bis zum 30.06.1998 gültigen Fassung: „Auf die Rechte und Pflichten des Spediteurs finden, soweit dieser Abschnitt keine Vorschriften enthält, die für den Kommissionär geltenden Vorschriften, insbesondere die Vorschriften der §§ 388 bis 390 über die Empfangnahme, die Aufbewahrung und die Versicherung des Gutes, Anwendung."

Speditionsrecht wurde dieser Schutz durch das im Jahre 1998 erlassene Transportrechtsreformgesetz[457] mit Schaffung des § 457 HGB n.F.[458] verselbstständigt und auf das an die Stelle der Forderung getretene Surrogat ausgedehnt.

(3) Nutzung fremder Zugangsrechte und fremder Kreditwürdigkeit zur Vereinfachung, Umgehung oder Geheimhaltung als besondere Motive bei mittelbarer Vertretung

Der Durchgangserwerb des mittelbaren Stellvertreters birgt für den Vertretenen nicht nur Risiken, sondern eröffnet ihm auch Tätigkeitsfelder, die dem Hintermann bei eigenem Handeln und bei Handeln im Wege unmittelbarer Stellvertretung verschlossen bleiben und die der mittelbaren Stellvertretung ihre besondere wirtschaftliche Funktion verleihen. Der indirekt Vertretene kann sich nämlich die subjektiven Rechte und die Kreditwürdigkeit seines Vertreters zunutze machen,[459] während es bei der direkten Vertretung auf die persönlichen Verhältnisse[460] und auf die Kreditwürdigkeit des Hintermanns ankommt.

Schless hat anhand dieser Überlegung vier Funktionen der mittelbaren Stellvertretung herausgearbeitet, die sie von der unmittelbaren Stellvertretung unterscheiden und die Aufschluss geben über die Motivation des Vertretenen, sich zur Arbeitsteilung gerade der mittelbaren Stellvertretung zu bedienen. Er nennt sie Kreditfunktion, Umgehungsfunktion, Verbergungsfunktion und Vereinfachungsfunktion.[461]

Alle vier Funktionen können durch die Effektenkommission veranschaulicht werden, die den wichtigsten[462] Anwendungsbereich der mittelbaren Stellvertretung[463] darstellt. Da dem einzelnen Anleger mangels Zulassung zur Börse gem. § 19 Abs. 1

---

457 Gesetz zur Neuregelung des Fracht-, Speditions- und Lagerrechts (Transportrechtsreformgesetz – TRG) vom 25.06.1998, BGBl. 1998 I S. 1588 ff. (1999 I S. 42 ff.).

458 Seit 01.07.1998 lautet § 457 HGB (n.F.): „Der Versender kann Forderungen aus einem Vertrag, den der Spediteur für Rechnung des Versenders im eigenen Namen abgeschlossen hat, erst nach der Abtretung geltend machen. Solche Forderungen sowie das in Erfüllung solcher Forderungen Erlangte gelten jedoch im Verhältnis zu den Gläubigern des Spediteurs als auf den Versender übertragen."

459 Vgl. *Schless*, S. 16 ff.

460 So kommt es beispielsweise für die Frage nach dem Vorliegen persönlicher Geschäftsabschlussverbote oder nach der Formbedürftigkeit des Vertretergeschäfts auf die persönlichen Verhältnisse des unmittelbar Vertretenen an, vgl. *Flume* § 46 1, S. 794 und § 46 4, S. 796.

461 *Schless*, S. 17; ihm folgend *Grzibek*, S. 164 ff., und *Fleckner*, FS Hopt, 2008, 3 ff., 12 ff.

462 *Dalwigk zu Lichtenfels*, S. 5, ff., 159; *Köndgen*, FS Canaris, 2007, 183, 185.

463 Wirtschaftliche Bedeutung hat die mittelbare Stellvertretung allgemein bei der Veräußerung und Anschaffung von Finanzinstrumenten sowie im Binnenhandel beim Kunst-, Antiquitäten- und Briefmarkenhandel und im Versteigerungsgewerbe, vgl. *Fleckner*, FS Hopt, 2008, 3 ff., 13; MüKo-HGB/*Häuser* § 383 Rn 4 f., Staub/*Koller* § 383 Rn 2.

BörsG der Börsenbesuch und die Teilnahme am Börsenhandel versagt sind, kann er sich durch Zwischenschaltung eines Börsenhändlers als mittelbaren Stellvertreter Zugang zur Börse verschaffen. Dabei profitiert der Anleger von der Solvenz und Zuverlässigkeit seines Kommissionärs, durch die das Ausführungsgeschäft mit dem Dritten erst ermöglicht wird (Kreditfunktion), weil der Kommissionär nur durch seine Solvenz und Zuverlässigkeit gem. § 19 Abs. 2 und Abs. 4 BörsG die Börsenzulassung erworben hat.[464]

Sollte sich der Anleger zu diesem Zweck im voll automatisierten Onlinegeschäft einer Direktbank[465] bedienen, die seinen Onlineauftrag ungesehen und vollautomatisiert an den Handelsplatz oder den Handelspartner weiterleitet,[466] wird deutlich, dass hier nur eine andere Person vorgeschoben wird, um sich Vorteile zu verschaffen, die der Hintermann selbst aus rechtlichen Gründen nicht erreichen könnte (Umgehungsfunktion).[467]

Befürchtet der Anleger eine Preissteigerung bei Bekanntwerden seines Kaufinteresses, so kann er das Kreditinstitut anweisen, seine Identität geheim zu halten (Verbergungsfunktion).[468] Für den Hintermann wird die Erwerbsabwicklung dadurch

---

464 Nach § 19 Abs. 2 BörsG darf zur Teilnahme am Börsenhandel nur zugelassen werden, wer gewerbsmäßig bei börsenmäßig handelbaren Gegenständen die Anschaffung und Veräußerung für eigene Rechnung oder im eigenen Namen für fremde Rechnung betreibt oder die Vermittlung von Verträgen über die Anschaffung und Veräußerung übernimmt und dessen Gewerbebetrieb nach Art und Umfang einen in kaufmännischer Weise eingerichteten Geschäftsbetrieb erfordert. Nach § 19 Abs. 4 BörsG ist dabei einem Unternehmen die Zulassung zur Teilnahme am Börsenhandel u.a. zu erteilen, wenn sein Inhaber oder Geschäftsführer zuverlässig ist und die für das börsenmäßige Wertpapier- oder Warengeschäft notwendige berufliche Eignung hat (Nr. 1), die ordnungsgemäße Abwicklung der an der Börse abgeschlossenen Geschäfte sichergestellt ist (Nr. 2) und das Unternehmen über Eigenkapital in gewisser Höhe verfügt (Nr. 3).

465 Direktbanken beschränken sich i.d.R. auf die bloße Ausführung der Kundenorder, ohne zuvor zu beraten, vgl. *Fleckner/Vollmuth* WM 2004, 1263 ff., 1265.

466 *Fleckner*, FS Hopt, 2008, 3 ff., 15.

467 Ein anschauliches Beispiel für die Umgehungsfunktion bei Termingeschäften enthält das Urteil des BGH vom 6.12.1994, NJW 1995, 727 ff., in dem ein nicht börsentermingeschäftsfähiger Hintermann einen börsentermingeschäftsfähigen Strohmann in den Abschluss und die Abwicklung von Börsentermingeschäften eingeschaltet hat, um die Gefahr des Termineinwands auszuschließen.

468 Schranken werden dem Geheimhaltungsinteresse durch die kapitalmarktrechtlichen Mitteilungspflichten gem. § 21 Abs. 1 Satz 1 i.V.m. § 22 Abs. 1 Satz 1 Nr. 2 WpHG gesetzt, indem gem. § 21 Abs. 1 Satz 1 WpHG Meldepflichten ausgelöst werden durch das Erreichen, Über- oder Unterschreiten von 3 Prozent, 5 Prozent, 10 Prozent, 15 Prozent, 20 Prozent, 25 Prozent, 30 Prozent, 50 Prozent oder 75 Prozent der Stimmrechte an einem Emittenten, für den die Bundesrepublik Deutschland der Herkunftsstaat ist, wobei gem. § 22 Abs. 1 Satz 1 Nr. 2 WpHG den eigenen Stimmrechten solche Stimmrechte gleichstehen, die einem Dritten gehören und von ihm für Rechnung des Meldepflichtigen gehalten werden.

vereinfacht, dass ihm die Erteilung der Vollmacht erspart bleibt und er nur mit der ihm bekannten Bank als Vertragspartner konfrontiert wird (Vereinfachungsfunktion).[469]

Dass diese vier Funktionen bei der Effektenkommission bzw. bei der mittelbaren Stellvertretung nicht stets kumulativ vorliegen, erklärt sich von selbst.

b) Interessen des Vertreters

(1) Befreiung vom Aufwendungsrisiko und Verteilung des Vergütungsrisikos

Für den Vertreter ist es von besonderem Interesse, für einen anderen tätig werden zu können, ohne die Marktrisiken tragen zu müssen, die beispielsweise ein Eigenhändler durch schwankende Preise oder bei schwer erschließbaren Märkten auf sich nehmen muss.[470] Der Vertreter will von den Lasten des Ausführungsgeschäfts möglichst verschont bleiben.

Dieses Interesse wird gesetzlich verwirklicht durch die unmittelbare Verpflichtung und Berechtigung des Hintermanns gem. § 164 Abs. 1, Abs. 3 BGB oder mittelbar durch eine weitgehende Entlastung des Vertreters vom sog. Aufwendungsrisiko.[471] Durch den Anspruch des Vertreters auf Ersatz der zum Zwecke der Ausführung des Auftrags gemachten Aufwendungen, die er den Umständen nach für erforderlich halten darf, gem. § 670 BGB (im Falle entgeltlicher Tätigkeit i.V.m. § 675 Abs. 1 BGB) kann dieser nicht nur sämtliche Kosten auf den Hintermann abwälzen, die anfallen, um das Ausführungsgeschäft anzubahnen oder abzuwickeln. Der Vertreter bekommt nach § 670 BGB auch vergebliche, objektiv unangemessene Aufwendungen ersetzt, solange er sie aus seiner Sicht ex ante für erforderlich und interessengerecht halten durfte.[472] Der Vertreter trägt mithin nur das Risiko verschuldet nutzloser Vermögensopfer sowie das Risiko eines erhöhten Arbeits- und Verwaltungsorganisationsaufwands, da der eigene Arbeitseinsatz des Vertreters keine „Aufwendung" i.S.v. § 670 BGB darstellt[473] und allein durch Vereinbarung einer Tätigkeitsvergütung abgegolten werden kann.

Sofern ein Leistungsentgelt vereinbart ist, liegt im Innenverhältnis zum Vertretenen ein gegenseitiger Vertrag gem. § 320 BGB vor, dessen Auslegung ergibt, ob der

---

469 Zur Vereinfachungsfunktion auch *Schmidt-Rimpler*, S. 563 f.

470 Staub/*Koller* § 383 HGB Rn 3.

471 Staub/*Koller* § 383 HGB Rn 109 ff.

472 Anders ist dies allein bei der Selbsteintritts-Kommission gem. § 400 ff. HGB, bei der das Aufwendungsrisiko gem. § 403 HGB nach kaufrechtlichen Risikogrundsätzen verteilt ist, vgl. *Koller*, BB 1979, 1725 ff., 1731 ff. Da der Selbsteintritt des Kommissionärs das Innenverhältnis zwischen Kommissionär (Vertreter) und Kommittent (Hintermann) vom Kommissionsvertrag (Geschäftsbesorgungsvertrag) in einen Kaufvertrag umgestaltet (vgl. Baumbach/*Hopt* § 400 HGB Rn 5), bleibt die Selbsteintritts-Kommission als „Mischtypus" zwischen Kaufvertrag und Geschäftsbesorgung (so *Köndgen*, FS Canaris, 2007, 183 ff., 187) bei der abstrahierenden Betrachtung der typischen Interessenlagen außen vor.

473 Palandt/*Sprau* § 670 BGB Rn 3 m.w.N.

Vertreter nur das Bemühen um den Abschluss eines Ausführungsgeschäfts schuldet, womit die Geschäftsbesorgung i.S.v. § 675 Abs. 1 BGB Dienstvertragscharakter gem. § 611 BGB aufweist, oder ob der Vertreter den erfolgreichen Abschluss oder sogar die erfolgreiche Abwicklung des Ausführungsgeschäfts schuldet, wodurch die Geschäftsbesorgung i.S.v. § 675 Abs. 1 BGB Werkvertragscharakter gem. § 631 BGB bekommt.

Der konkret vereinbarte Inhalt der Hauptleistungspflichten des Vertreters ist ausschlaggebend für die Verteilung der Leistungs- und Gegenleistungsgefahr.[474] Im Regelfall aber umfasst die vom Hintermann als Gläubiger gem. § 275 BGB zu tragende Leistungsgefahr nicht nur das Risiko des zufälligen Untergangs der in Obhut des Vertreters befindlichen Ware, sondern auch das Risiko, dass der Dritte seinen Leistungspflichten nicht nachkommt.[475] Den Vertreter trifft ein hohes Gegenleistungsrisiko, wenn er – wie in der Praxis üblich[476] – nicht nur den Abschluss, sondern auch die erfolgreiche Abwicklung des Ausführungsgeschäfts samt Überführung der Vorteile an den Hintermann als Hauptleistungspflichten übernimmt. In diesem Fall verliert der Vertreter gem. § 326 Abs. 1 BGB seine Vergütungsansprüche ersatzlos, wenn kein Ausführungsgeschäft zustande kommt, wenn der Dritte nicht leistet, wenn die geleistete Ware in Obhut des Vertreters untergeht oder wenn das Ausführungsgeschäft so stark von den Weisungen des Hintermanns abweicht, dass es keine Auftragserfüllung darstellt. Ist der Hintermann allerdings für das Leistungshindernis allein oder weit überwiegend verantwortlich oder tritt das vom Vertreter nicht zu vertretende Leistungshindernis zu einer Zeit ein, zu welcher der Hintermann im Verzug der Annahme ist, behält der Vertreter gem. § 326 Abs. 2 BGB den Anspruch auf die Gegenleistung.

Der mittelbare Vertreter kann den Umfang seines eigenen Haftungsrisikos steuern. Dieses Risiko ergibt sich daraus, dass der mittelbare Vertreter aus dem Vertrag mit dem Dritten selbst verpflichtet wird, er also mit seinem eigenen Vermögen für die Erfüllung des Vertrages einstehen muss. Würde der Hintermann seiner Pflicht zum Ersatz dieser Aufwendungen nicht nachkommen, bliebe der mittelbare Vertreter auf den Kosten sitzen. Um dieses Risiko zu umgehen, kann er zum einen gem. § 669 BGB Vorschuss einfordern.[477] Zum anderen könnte er sich von vornherein nur zum Abschluss solcher Verträge verpflichten, bei denen die Gegenleistung des

---

474 Vgl. zum Kommissionsrecht eingehend *Koller*, BB 1979, 1725 ff., 1729 f.

475 Der Vertreter kann vertraglich zusagen, für die Erfüllung der Verbindlichkeiten des Dritten einzustehen. Diese sog. Delkrederehaftung kann im Kommissionsrecht auch gem. § 394 Abs. 1 HGB durch Handelsbrauch begründet werden, gem. § 384 Abs. 3 HGB durch fehlende Namhaftmachung des Dritten und gem. § 393 Abs. 3 HGB durch unbefugte Kreditgewährung.

476 *Koller*, BB 1979, 1725 ff., 1729.

477 Zwar begründet § 669 BGB wegen der jederzeitigen Kündbarkeit des Auftrags gem. § 671 Abs. 1 BGB keinen klagbaren Anspruch auf Vorschussleistung, § 669 BGB führt aber mangels Vorleistungspflicht zu einem Zurückbehaltungsrecht des Beauftragten mit der Auftragsausführung gem. § 273 Abs. 1 BGB, solange der

Außenvertragspartners wertmäßig zumindest seinem eigenen Einsatz gleichkommt und Zug-um-Zug erbracht wird.

Kommt nun der Hintermann seiner Pflicht zum Aufwendungsersatz nicht nach und liegt im Innenverhältnis ein gegenseitiger Vertrag zugrunde, kann sich der Vertreter durch Rücktritt vom zugrunde liegenden Rechtsverhältnis gem. §§ 346 I, 323 I.1 Var.2 BGB von seiner Herausgabepflicht gegenüber dem Hintermann befreien und den erworbenen Gegenstand auf eigene Rechnung verkaufen bzw. die erworbene Forderung für eigene Rechnung einziehen.[478] Aus dem Erlös kann er sich dann befriedigen.

Liegt im Innenverhältnis ein bloßer Auftrag zugrunde, kann der Vertreter die Übertragung der aus dem Ausführungsgeschäft erworbenen Gegenstände lediglich gem. § 273 Abs. 1 BGB verweigern. Handelt es sich um bewegliche Sachen, die gem. § 372 BGB zur Hinterlegung nicht geeignet sind, kann er unter den weiteren Voraussetzungen des § 383 BGB[479] zur Versteigerung schreiten, wodurch der Herausgabeanspruch des Auftraggebers in eine Geldforderung umgewandelt werden würde, gegen die der Vertreter mit seinem Aufwendungsersatzanspruch aufrechnen kann.[480]

Die beste Absicherung erfährt der Kommissionär[481] im Handelsrecht durch die Gewährung eines gesetzlichen Pfandrechts am Kommissionsgut gem. § 397 HGB bzw. pfandähnlicher Befriedigungsrechte an sämtlichen durch das Ausführungsgeschäft erworbenen Gegenständen gem. §§ 398, 399 HGB, durch die nicht nur sein Aufwendungsersatzanspruch, sondern auch sein Provisionsanspruch und alle sonstigen Forderungen aus laufender Rechnung in Kommissionsgeschäften gesichert werden. Durch die Gewährung eines selbstständigen Befriedigungsrechtes gem. § 399 HGB an Forderungen aus dem Ausführungsgeschäft statuiert das Gesetz den Vorrang dieses Befriedigungsrechts gegenüber der Zurechnungsfiktion des § 392 Abs. 2 HGB, die ihrem Wortlaut nach die Forderungen aus dem Ausführungsgeschäft auch im Verhältnis zwischen Kommissionär und Kommittent dem letzteren

---

Auftraggeber den erforderlichen Vorschuss nicht zahlt, vgl. Staudinger/*Martinek* § 669 BGB Rn 2, 5.

478 So auch Staub/*Koller* § 398 HGB Rn 6. Anders die hL, die allerdings ihren Standpunkt zum „alten Schuldrecht" entwickelt hat. Nach dem durch das Gesetz zur Modernisierung des Schuldrechts vom 26.11.2001 geschaffenen § 323 Abs. 1 BGB setzt der Rücktritt keine Verletzung synallagmatischer Pflichten mehr voraus, so dass der Streit dahin stehen kann, ob die Herausgabepflicht als Hauptleistungspflicht einzuordnen ist, Nachweise bei Staub/*Koller* a.a.O.

479 § 383 BGB lautet: „Ist die geschuldete bewegliche Sache zur Hinterlegung nicht geeignet, so kann der Schuldner sie im Falle des Verzugs des Gläubigers am Leistungsort versteigern lassen und den Erlös hinterlegen."

480 Ein echtes Befriedigungsrecht gewährt § 371 HGB i.V.m. § 369 HGB, falls der Auftrag ein beiderseitiges Handelsgeschäft darstellt.

481 Dies gilt auch für den kleingewerbetreibenden Gelegenheitskommissionär über den erweiterten Anwendungsbereich der §§ 383 ff. HGB gem. § 383 Abs. 2 HGB i.V.m. § 406 Abs. 1 Satz 2 HGB, vgl. hierzu Baumbach/*Hopt* § 383 Rn 2.

zurechnet.[482] Das gesetzliche Pfandrecht des Spediteurs gem. § 464 HGB bleibt hinter den Befriedigungsrechten des Kommissionärs nur geringfügig[483] zurück.

An der Darstellung dieser Sicherungsmöglichkeiten, die dem mittelbaren Vertreter durch Abschluss und Durchführung des Ausführungsgeschäfts entstehen, wird deutlich, dass der mittelbare Vertreter ein eigenes Interesse am Ausführungsgeschäft hat, das vom Gesetz je nach Natur des Innenverhältnisses unterschiedlich stark geschützt wird.

(2) Geheimhaltung als besonderes Motiv bei mittelbarer Vertretung

Gegenüber der unmittelbaren Stellvertretung eröffnet die mittelbare Vertretung dem Handelnden die Möglichkeit, zu verhindern, dass der Hintermann und der Dritte miteinander bekannt werden und künftig direkt Verträge schließen. Der Vertreter kann sich so seine künftigen Einnahmequellen sichern. Die Geheimhaltung des Dritten gegenüber dem Hintermann wird dem Vertreter nur gelingen, indem er im Innenverhältnis seine Pflicht zur Namhaftmachung des Dritten, die sich aus der Auskunfts- und Rechenschaftspflicht gem. § 666 BGB ergibt, abbedingt. Hierauf wird sich der Hintermann regelmäßig nur einlassen, wenn der Vertreter dafür eine Einstandspflicht für die Erfüllung des Ausführungsgeschäfts übernimmt.[484]

c) Interessen des Dritten

Die speziell bei der Vertretung vorliegenden Interessen des Dritten resultieren daraus, dass ihm sowohl bei der unmittelbaren als auch bei der mittelbaren Vertretung zwei Personen gegenüberstehen, die die Parteirolle unter sich aufgeteilt haben, indem der Vertreter den Vertrag zwar durch eine eigene Willenserklärung abschließt, dabei aber primär im fremden Interesse handelt, und der Hintermann als wahrer Geschäftsherr Vorgaben für das Vertretergeschäft machen kann und dessen Risiken trägt.

(1) Erkennbarkeit der Vertragspartnerstellung

Ein grundlegendes Interesse des Dritten besteht deshalb daran zu wissen, mit wem er sich vertraglich verbindet. Diese Kenntnis ermöglicht ihm die Wahrnehmung seiner Privatautonomie in Form der positiven und negativen Vertragsfreiheit, also des Rechts, nach Belieben nur mit bestimmten Personen zu kontrahieren oder gerade nicht zu kontrahieren.[485] Das Interesse, die Identität des Vertragspartners zu kennen,

---

482 Staub/*Koller* § 399 HGB Rn 1.

483 Es sichert nämlich neben aller durch den Speditionsvertrag begründeten Forderungen nur unbestrittene Forderungen aus anderen mit dem Versender abgeschlossenen Speditions-, Fracht- und Lageverträgen.

484 Vgl. dazu oben Fn 475.

485 Zur Abschlussfreiheit als Erscheinungsform der Privatautonomie Larenz/*Wolf* § 34 Rn 22 ff., S. 646 ff.

wird dadurch rechtlich anerkannt, dass die Parteien Essentialia des Vertrages sind, über die eine Einigung vorliegen muss.[486] Seinen gesetzlichen Ausdruck findet dieser Grundsatz im Offenkundigkeitsprinzip gem. § 164 Abs. 2 BGB, das wir in Abkehr von Schlossmanns Ausführungen mit der herrschenden Lehre verstehen.[487]

Durch die Kenntnis seines Vertragspartners kann sich der Dritte von dessen Solvenz und Zuverlässigkeit überzeugen, weshalb das Offenkundigkeitsprinzip auch das wirtschaftliche Interesse des Dritten an der tatsächlichen Durchführung des Vertrages schützt.[488]

(2) Unabhängigkeit von Pflichtverstößen im Innenverhältnis

Der Dritte muss sich bei einem umfassend bevollmächtigten Kontrahenten darauf verlassen können, dass sich der Geschäftsherr nicht im Nachhinein auf interne Weisungsverstöße beruft und das Vertretergeschäft deswegen nicht gegen sich gelten lassen will. Diese Rechtssicherheit gewährleistet bei der unmittelbaren Stellvertretung das Ab-straktionsprinzip, solange der Pflichtverstoß für den Dritten nicht evident ist.[489]

Bei der mittelbaren Stellvertretung ergibt sich die Unabhängigkeit des Ausführungsgeschäfts von internen Weisungsverstößen daraus, dass der Vertreter selbstständiger Vertragspartner wird. Zwar könnte infolge des Weisungsverstoßes die Abwicklung der Vertretung unterbleiben, der Dritte behält aber jedenfalls die auf Erfüllung gerichteten Ansprüche gegen seinen unmittelbaren Vertragspartner.

(3) Erkennbarkeit des Trägers des rechtlich relevanten Bewusstseinshorizonts

Aus der zwischen dem Vertreter und Vertretenen aufgeteilten Parteirolle folgt auch das Interesse des Dritten zu wissen, auf wessen Erkenntnishorizont es ankommt, soweit der Inhalt und Bestand des Vertretergeschäfts von Willensmängeln, Kenntnissen und Kennenmüssen „der Gegenseite" rechtlich beeinflusst werden. Für den sorgfältig planenden Dritten, der die Wirksamkeitsrisiken seiner Rechtsgeschäfte abschätzen will, macht es einen Unterschied, ob er sich auf die Verständnismöglichkeiten seines Verhandlungspartners verlassen kann oder ob er diejenigen des Hintermanns einkalkulieren muss.

Dieser Frage nimmt sich das Gesetz für den Bereich der unmittelbaren Stellvertretung mit der Norm des § 166 BGB ausdrücklich an. Nach § 166 Abs. 1 BGB kommt nicht die Person des Vertretenen, sondern die des Vertreters in Betracht, soweit die rechtlichen Folgen einer Willenserklärung durch Willensmängel oder durch die Kenntnis oder das Kennenmüssen (was nach der Legaldefinition des § 122 Abs. 2 BGB fahrlässige Unkenntnis bedeutet) gewisser Umstände beeinflusst werden. Hat der Vertreter im Falle einer durch Rechtsgeschäft erteilten Vertretungsmacht

486 So bereits im pandektistischen Vertragsmodell, vgl. *Herbert*, S. 5 m.w.N.
487 Vgl. oben A.II.; statt vieler MüKo-BGB/*Schramm* § 164 BGB Rn 15 m.w.N.
488 *Dressler*, S. 123; *Schless*, S. 19; *Fleckner*, FS Hopt, 2008, 3 ff., 12 f.
489 *Flume* AT II § 45 II 3, S. 788 ff.; Soergel/*Leptien* Vor § 164 Rn 40 m.w.N.

(Vollmacht) nach bestimmten Weisungen des Vollmachtgebers gehandelt, so kann sich dieser gem. § 166 Abs. 2 Satz 1 BGB in Ansehung solcher Umstände, die er selbst kannte, nicht auf die Unkenntnis des Vertreters berufen. Dasselbe gilt nach § 166 Abs. 2 Satz 2 BGB von Umständen, die der Vollmachtgeber kennen musste, sofern das Kennenmüssen der Kenntnis gleichsteht.

Auf welche Weise das Gesetz damit die aufgeworfene Frage nach der Maßgeblichkeit des Erkenntnishorizonts des Vertreters oder des Vertretenen oder beider beantwortet, ist trotz der klaren Formulierung des § 166 BGB umstritten. Da diese Norm den Gegenstand der nachfolgenden Analyse bildet, soll bereits hier zumindest die grammatikalische und historische Auslegung der Norm vorgenommen werden.

Nach dem Wortlaut des § 166 Abs. 1 BGB, wonach für Willensmängel, Kenntnis und Kennenmüssen „nicht die Person des Vertretenen, sondern die des Vertreters" in Betracht kommt, ist grundsätzlich immer die Bewusstseinslage des Vertreters rechtlich relevant. Nur wenn sich dieser in Unkenntnis befindet und der Hintermann auf das Vertretergeschäft durch bestimmte Weisungen Einfluss genommen hat, kommt es gemäß § 166 Abs. 2 BGB zusätzlich auf das Kennen und Kennenmüssen des Vertretenen an. Daraus folgt, dass sich die beim Vertreter vorliegende Kenntnis stets auf das Vertretergeschäft auswirkt und auch im Falle bestimmter Weisungen gem. § 166 Abs. 2 BGB nicht durch die Bewusstseinslage des Vertretenen verdrängt wird. Die grammatikalische Auslegung des § 166 BGB ergibt somit, dass sich der Dritte auf die Maßgeblichkeit des Verständnisses seines umfassend aufgeklärten Kontrahenten verlassen kann.

Die vorgenannte Auslegung entspricht auch den Vorstellungen der Gesetzesverfasser, die bei der Normierung der Stellvertretung von der Repräsentationstheorie[490] ausgegangen sind,[491] also davon, dass der Vertreter durch Abgabe einer eigenen Willenserklärung selbst rechtsgeschäftlich handelt. Beide Kommissionen stellten bei Schaffung des § 166 BGB fest, dass sich die für die Beachtlichkeit von Willensmängeln, Kenntnissen und Kennenmüssen maßgebliche Person als Konsequenz aus der dogmatischen Entscheidung für die Repräsentationstheorie und gegen die Geschäftsherrntheorie[492] ergibt,[493] sie nahmen aber jeweils auch Interessenwertungen

490 Vgl. dazu oben Fn 342.

491 Mot. I, 223, 226 (*Mugdan* I, 475, 477); Prot. I, 291 ff. (*Mugdan* I, 739 f.).

492 Vgl. dazu oben Fn 342.

493 Mot. I, 226 (*Mugdan* I, 477): „Die Frage, inwieweit die für die Gültigkeit eines in Vertretung vorgenommenen Rechtsgeschäftes maßgebenden Momente aus der Person des Vertreters oder aus der Person des Vertretenen zu entnehmen sind, bedarf besonderer Entscheidung; diese hängt mit der Grundauffassung der rechtlichen Natur der Vertretung eng zusammen. Das Ergebnis ist ein verschiedenes, je nachdem man davon ausgeht, daß das Rechtsgeschäft in der Person des Vertreters zu Stande kommt und nur die Wirkungen auf den Vertretenen bezogen werden, oder davon, daß der Vertretene der rechtsgeschäftlich handelnde Theil ist, der seine Willenserklärung durch Vermittelung des Vertreters abgiebt (...). Der Entwurf folgt der ersteren Auffassung." Die 2. Kommission machte sich diese Auffassung zu eigen, Prot. I, 291 ff. (*Mugdan* I, 739 f.).

vor, u.a. zugunsten des sorgfältig aufklärenden Dritten, der auf die Maßgeblichkeit der Kenntnisse seines Verhandlungspartners vertraut.[494]

Speziell zu der Regelung i.S.v. § 166 Abs. 1 BGB[495] führt die 1. Kommission aus: „Bei dem Vertreter liegt dagegen die Vornahme des Rechtsgeschäftes. Etwaige Willensmängel können nur da gesucht werden, wo die Willensentscheidung stattgefunden hat, mithin in der Person des Vertreters. (...) Des Weiteren entscheidet die Person des Vertreters, soweit es sich um die Uebereinstimmung des wirklichen mit dem erklärten Willen, um die Erheblichkeit von Zwang, Betrug, Irrthum, Wissen und Wissenmüssen handelt (...). Bei Auslegungsfragen kommt es ebenfalls auf das an, was der Vertreter gewollt und erklärt hat. (...) Die abweichende Regelung des bayerischen und hessischen Entwurfs, nach welcher es, wenigstens bei freigewählter Vertretung, hinsichtlich des Irrthumes und mithin auch hinsichtlich des guten Glaubens nur auf die Person des Vertretenen ankommen soll, führen zu erheblichen Härten; bei Generalvollmachten wird darnach kaum je ein Irrthum in Frage kommen können und fast immer guter Glaube angenommen werden müssen."[496]

Zum Verhältnis von § 166 Abs. 1 BGB zu § 166 Abs. 2 BGB[497] stellt die 1. Kommission fest: „Bestimmt sich das Wissen und Wissenmüssen, soweit es rechtlich bedeutsam ist, grundsätzlich nach der Person des Vertreters, so kann doch das Wissen und Wissenmüssen des Vertretenen dann nicht unerheblich sein, wenn der Vertreter auf Grund rechtsgeschäftlicher Ermächtigung handelt und die Ermächtigung auf ein bestimmtes Rechtsgeschäft sich bezieht. Der Vertretene beeinflußt in einem solchen Falle die Willensentscheidung und hat Theil an ihr. Sein Wissen und Wissenmüssen muß daher die gleiche Wirkung haben, wie das des Vertreters. (...) Andererseits kann das entscheidende Gewicht nicht auf die Person des Vertretenen allein gelegt werden; das Rechtsgeschäft ist und bleibt, auch bei dem Handeln auf Grund einer solchen [Spezial-] Vollmacht, eine Willensthat des Vertreters; es muß daher auch dessen Wissen oder Wissenmüssen in Betracht kommen. Die Vorschrift auf alle Vollmachtsfälle bz. alle Vertretungsfälle auszudehnen, in welchen der Ver-

494 Darauf macht *Wilhelm* AcP 183 (1983), 1 ff., 18 f. aufmerksam.

495 Die 1. Kommission entwarf eine dem § 166 Abs. 1 BGB weitgehend entsprechende Norm § 117 folgenden Wortlauts: „Das Erforderniß der Üebereinstimmung des wirklichen Willens mit dem erklärten Willen, ingleichen die Erheblichkeit von Drohung, Betrug, Irrthum, Wissen und Wissenmüssen bestimmt sich nach der Person des Vertreters.", vgl. *Mugdan* I, LXXXVIII.

496 Mot. I, 227 (*Mugdan* I, 478).

497 Die 1. Kommission sah eine dem § 166 Abs. 2 BGB im Wesentlichen entsprechende Norm § 118 folgenden Wortlauts vor: „Ist die Ermächtigung zur Vertretung von dem Vertretenen durch Rechtsgeschäft ertheilt (Vollmacht) und bezieht sich die Ermächtigung auf ein bestimmtes Rechtsgeschäft, so ist ein Nichtwissen des Vertreters unerheblich, wenn der Vertretene wußte oder, sofern dem Wissen das Wissenmüssen gleichsteht, wissen mußte.", vgl. *Mugdan* I, LXXXVIII.

tretene Kenntnis von der Vornahme eines Rechtsgeschäftes in seinem Namen hat, ist bedenklich, und praktisch liegt kein Bedürfnis dazu vor."[498]

Die 2. Kommission schloss sich den vorgenannten Ausführungen der 1. Kommission an und verteidigte diese Auffassung gegen Änderungsanträge, mit denen im Falle des Vertreterhandelns nach bestimmten Weisungen des Hintermanns die Alleinmaßgeblichkeit von Willensmängeln[499] oder auch von Willensmängeln, Kennen und Kennenmüssen[500] in der Person des Vertretenen angestrebt wurde. Hinsichtlich des Einflusses von Willensmängeln folge die alleinige Relevanz der Person des Vertreters aus der dogmatischen Entscheidung für die Repräsentationstheorie, die dort zugleich zu sachgerechten Ergebnissen führe.[501] „Hinsichtlich des Einflusses des Kennens und Kennenmüssens fand der einzige vom Entwurf abweichende Vorschlag des Antrages 2[502], auf die Kenntniß des Vertreters keine Rücksicht zu nehmen, die Zustimmung nicht, weil diese Regelung die Sicherheit des dem Vertreter gegenüberstehenden Dritten zu sehr gefährden würde."

Hieran wird deutlich, dass sich die Gesetzesverfasser bei Normierung des § 166 Abs. 1 BGB nicht nur den aus der Repräsentationstheorie resultierenden „logischen Zwängen" unterworfen und „rein begriffskonstruktive Folgerungen" gezogen,[503] sondern eine eigenständige normative Begründung vorgenommen haben.[504]

---

498 Mot. I, 227 (*Mugdan* I, 478).

499 So lag von Börner der Antrag vor, den späteren § 166 Abs. 2 BGB wie folgt zu fassen: „Ist die Vertretungsmacht durch Rechtsgeschäft ertheilt (Vollmacht) und handelt der Vertreter nach bestimmten Weisungen, so wird insoweit der Einfluß der Willensmängel nach der Person des Vertretenen beurtheilt; auch kann der Vertretene auf die Unkenntniß eines Umstandes auf Seiten des Vertreters sich nicht berufen, wenn er den Umstand kannte oder, sofern dem Kennen das Kennenmüssen gleichsteht, kennen musste.", vgl. *Jakobs/Schubert* AT S. 925; Prot. I, 287 (*Mugdan* I, 738).

500 Struckmann hatte beantragt, anstelle des späteren § 166 Abs. 2 BGB zu bestimmen: „Ist die Vertretungsmacht durch Rechtsgeschäft ertheilt (Vollmacht) und handelt der Vertreter nach bestimmten, aus der Bevollmächtigung sich ergebenden Weisungen, so wird insoweit der Einfluß der Willensmängel sowie das Kennen und Kennenmüssen nach der Person des Vertretenen beurtheilt.", vgl. *Jakobs/Schubert* AT S. 925; Prot. I, 287 (*Mugdan* I, 738).

501 Prot. I, 291 f. (*Mugdan* I, 739): „Von diesem Gesichtspunkte aus sei auch bei einem Bevollmächtigten, der nach bestimmten Weisungen des Vollmachtgebers handele, den in seiner Person vorhandenen Willensmängeln Einfluß beizumessen. Falls er wirklich als Vertreter und nicht etwa nur als Bote handele, so verbleibe ihm zum Mindesten die Willensentscheidung darüber, ob er die ihm aufgetragene Willenserklärung abgeben wolle oder nicht. (...) Was dagegen den Einfluß von Willensmängeln auf Seiten des Vollmachtgebers anbelange, so führe es zu angemessenen Ergebnissen, wenn man ihnen Einfluß nur auf das Rechtsgeschäft der Vollmachtsertheilung zuschreibe."

502 Dies ist der oben unter Fn 500 wiedergegebene Antrag von Struckmann.

503 So aber *Schilken*, S. 10 ff.

504 Vgl. bereits *Wilhelm* AcP 183 (1983), 1 ff., 18 f.

Dass die Norm des § 166 Abs. 2 BGB nicht aus der Repräsentationstheorie abgeleitet werden kann und hinsichtlich des Einflusses von positiver Kenntnis des Vertretenen gem. § 166 Abs. 2 Satz 1 BGB bereits nach der Regelungsabsicht der 2. Kommission zumindest auch dem Schutz des Rechtsverkehrs vor arglistigem Handeln dienen sollte,[505] ergibt sich aus ihren Erwägungen zur Notwendigkeit einer Anordnung gem. § 166 Abs. 2 BGB: Zwar handele es sich bei dem Einfluss der Willensmängel, der Kenntnis und des Kennenmüssens lediglich darum, „aus dem richtig erfaßten Begriffe der direkten Stellvertretung (...) Folgerungen zu ziehen", aber „der im § 118 [§ 166 Abs. 2 BGB] aufgenommene Satz verstehe sich nicht von selbst; ohne ihn würde auch im Falle des § 118 an sich die Regel des § 117 [§ 166 Abs. 1 BGB] Platz greifen müssen, sofern man nicht annehme, daß aus der Kenntniß des Vertretenen dem Dritten eine exc. doli erwachse; bedürfe aber die Ausnahme des § 118 eines gesetzlichen Ausspruches, so müsse auch die Regel des § 117 im Gesetze zum Ausdrucke gelangen."[506]

Ungeachtet dieser klaren Regelungsabsicht der Gesetzesverfasser folgert Rosenberg aus der Feststellung der 1. Kommission, wonach etwaige Willensmängel nur da gesucht werden können, wo die Willensentscheidung stattgefunden hat,[507] dass die Norm des § 166 BGB in ihrem Wortlaut hinter dem Regelungsplan der Verfasser des BGB zurückbleibe, die in § 166 BGB den Rechtssatz hätten ausdrücken wollen, „daß Wissen und Willen bald des einen, bald des anderen, bald beider zu beachten sind, je nachdem der eine oder der andere oder beide den Geschäftsinhalt maßgeblich und ursächlich bestimmt haben und kraft des Verhältnisses, in dem sie zueinander stehen, bestimmen sollten."[508] Rosenberg kritisiert dementsprechend den Wortlaut des § 166 Abs. 1 BGB als zu weitgehend, indem für Willensmängel „nicht die Person des Vertretenen" in Betracht kommen soll. Der Wortlaut des § 166 Abs. 2 BGB in Gestalt einer Ausnahmeregelung sei hingegen zu eng, da Willensmängel, Kennen und Kennenmüssen des Vertretenen bei seiner konkreten Einflussnahme auf das Vertretergeschäft auch alleinmaßgeblich sein könnten.[509] Dabei beantwortet sich nach Rosenberg die aus der Sicht des Dritten aufgeworfene Frage nach dem Träger des rechtlich relevanten Bewusstseinshorizonts der Gegenseite anhand des konkreten Entscheidungsfindungsprozesses im Innenverhältnis zwischen Vertreter und Vertretenem. Das Vertrauen des Dritten in die Maßgeblichkeit des Erkenntnishorizonts des Vertreters, der äußerlich als „selbstbeschließend" auftritt, obwohl er tatsächlich streng nach Weisung handelt, wird Rosenberg zufolge gesetzlich nicht geschützt.[510] Die Norm des § 166 Abs. 1 BGB sei im Falle des streng nach Weisung handelnden Vertreters teleologisch zu reduzieren: Es komme dann auf die Willensmängel, das Kennen und Kennenmüssen des Vertretenen an.

---

505 Zur ratio des § 166 Abs. 2 BGB vgl. unten C.III.1.b)(1).
506 Prot. I, 293 f. (*Mugdan* I, 740).
507 Vgl. oben zu Fn 496 und Mot. I, 227 (*Mugdan* I, 478).
508 *Rosenberg*, S. 241 f.
509 *Rosenberg*, S. 237 f.
510 Rosenberg, S. 245 f.

Mit Urteil vom 24.10.1968 schloss sich der BGH dieser Auffassung von Rosenberg ausdrücklich an und stellte fest: „Allen drei in § 166 Abs. 1 und 2 BGB getroffenen Regelungen ist der Grundgedanke gemeinsam, es komme jeweils auf die Person und die Bewußtseinslage bei der Willensbildung desjenigen an, auf dessen Interessenbewertung und Entschließung der Geschäftsabschluß beruhe. Das ist, handelt er selbständig, der Vertreter. Dagegen ist es der Vollmachtgeber, wenn er dem Vertreter eine besondere Weisung erteilt und damit sein Geschäftswille Abgabe und Inhalt der Vertretererklärung entscheidend bestimmt."[511] Der BGH ließ mit dieser Erwägung die Anfechtung des Vertretergeschäfts aufgrund eines Willensmangels des anweisenden Vertretenen analog § 166 Abs. 2 BGB zu, obgleich sich der Vertreter selbst nicht irrte und alle maßgeblichen Umstände kannte.[512] Die Literatur hat sich dem BGH überwiegend angeschlossen.[513]

Den Fragen, ob dem BGH tatsächlich gefolgt werden kann und dem zugrundeliegend wie Rosenberg seine Ansicht näher begründet, wird später[514] nachgegangen. An dieser Stelle soll lediglich festgehalten werden, dass § 166 Abs. 1 Var. 2 BGB nach seinem Wortlaut und auch nach Ansicht der Gesetzesverfasser den sorgfältig aufklärenden Dritten schützt, der auf die Maßgeblichkeit der Kenntnisse seines Verhandlungspartners vertraut.

Für den Bereich der mittelbaren Vertretung folgt die Maßgeblichkeit der Person des Vertreters hinsichtlich von Willensmängeln, Kenntnissen und Kennenmüssen für Inhalt und Bestand des Ausführungsgeschäfts erneut aus seiner Stellung als selbstständiger Vertragspartner. Ob analog § 166 Abs. 2 BGB zusätzlich Kennen und Kennenmüssen des mittelbar Vertretenen und entsprechend der soeben aufgezeigten Rechtsprechung sogar dessen Willensmängel relevant werden können, ist Gegenstand der nachfolgenden Erörterung.[515]

d) Interessen des Rechtsverkehrs

(1) Praktikabilität der Modelle zur Arbeitsteilung

Die Allgemeinheit profitiert von dem Institut der Vertretung, da die Geschäftstätigkeit des einzelnen durch Modelle der Arbeitsteilung erleichtert und dadurch die Wirtschaft belebt wird. Voraussetzungen dafür sind klare Regelungen, um Streitigkeiten vorzubeugen, die Vermeidung erheblicher Nachforschungspflichten und der größtmögliche Ausschluss der Missbrauchsmöglichkeiten.[516]

---

511 BGHZ 51, 141 ff. Rn 20.

512 BGHZ 51, 141 ff. Rn 20; zu diesem Urteil ausführlich unten C.III.3.c)(2).

513 Palandt/*Ellenberger* § 166 Rn 12; *Larenz/Wolf* AT § 46 Rn 112; MüKo-BGB/*Schramm* § 166 Rn 54; Erman/*Maier-Reimer* § 166 Rn 40; *Medicus* AT Rn 899, 902; ablehnend: Staudinger/*Schilken* § 166 Rn 13, 17; Soergel/*Leptien* § 166 Rn 33.

514 C.III.3.b)(2)(a) und C.III.3.c)(2).

515 Unten C.III.

516 HKK/*Schmoeckel* §§ 164–181 BGB Rn 1, S. 917.

Dem Bedürfnis nach klaren Regelungen wird das Gesetz für den Bereich der unmittelbaren Stellvertretung durch die §§ 164 ff. BGB nur unvollständig gerecht, wie bspw. die Entwicklung der Rechtsscheinvollmachten und die gewohnheitsrechtliche Regelung des Missbrauchs der Vertretungsmacht zeigen.[517] Für den Bereich der mittelbaren Stellvertretung würde das von der herrschenden Lehre propagierte Trennungsdogma für Rechtsklarheit sorgen, wenn es nicht schon von Rechtsprechung und Lehre, wie eingangs dargestellt, an einigen Stellen als unbillig erkannt und durchbrochen worden wäre.[518]

Die durch die Beteiligung von drei Personen ausgelösten Nachforschungspflichten werden minimiert durch die Vollmachtsurkunde nach § 172 BGB, durch die besondere Mitteilung oder öffentliche Bekanntmachung nach § 171 BGB und in der Funktion entsprechende Eintragungen in öffentlichen Registern, sowie durch das Prinzip der Eigenverpflichtung im Rahmen der mittelbaren Vertretung.

Den Missbrauchsmöglichkeiten beugt die Rechtsordnung dadurch weitgehend vor, dass sich der mittelbare Vertreter stets, der unmittelbare Vertreter zumindest bei evident missbräuchlichem Handeln selbst verpflichtet.[519]

(2) Erkennbarkeit der Vermögenszuordnung

Problematisch ist, ob und inwieweit das Interesse des allgemeinen Rechtsverkehrs an der Erkennbarkeit der Vermögenszuordnung durch das vertretungsrechtliche Offenkundigkeitsprinzip geschützt wird.

Bereits die 2. Kommission stellte in ihren Erwägungen zum Auftragsrecht[520] zwischen den Rechtsfolgen der unmittelbaren oder mittelbaren Stellvertretung einerseits und dem Schutz der Gläubiger durch Erkennbarkeit der Vermögenszuordnung andererseits einen Zusammenhang her, indem sie ausführte: „Nach jetzigem Rechte könne derjenige, der sich fremder Hülfe bei der Besorgung seiner Geschäfte bedienen wolle, entweder die Vollmacht benutzen; dann werde er direkt durch die Geschäfte des Beauftragten, welche dieser in seinem Namen geschlossen, berechtigt. Oder aber, falls ihm die Vollmacht wegen der damit verbundenen Gefahr einer weitgehenden Verpflichtung durch den Beauftragten zu bedenklich erscheine, könne er die mittelbare Stellvertretung wählen. Dann müsse er allerdings auch die Gefahr tragen, daß der Beauftragte insolvent werde, und daß ihm andere Gläubiger desselben zuvorkämen. Wolle man nun hiervon abweichen und eine Vermischung der beiden Institute eintreten lassen, so werde das zu großer Unklarheit führen. Der

517 Ausführlich zu den richterrechtlichen Modifikationen der §§ 164 ff. BGB *Schmoeckel*, S. 77 ff.

518 Vgl. dazu oben A.I.

519 *Flume* AT II § 45 II 3, S. 788 ff.

520 Beantragt war, eine Norm aufzunehmen, die den Auftraggeber im Falle mittelbarer Stellvertretung vor den Gläubigern des Beauftragten in ähnlicher oder gleicher Weise schützt wie § 392 Abs. 2 HGB den Kommittenten; vgl. zum Wortlaut der Anträge Prot. II, 2305 (*Mugdan* II, 948) bzw. unten C.III.1.c)(1)(c).

Kredit könne erheblich gestört werden, wenn die Gläubiger einer Person nicht mehr sicher seien, daß das Vermögen, welches sich äußerlich als ihr gehörig darstelle, auch rechtlich entsprechend behandelt werde."[521]

Dass im Kommissionsrecht eine solche Vermischung der Institute durch die – wortlautidentische – Vorgängernorm des heutigen § 392 Abs. 2 HGB, durch Art. 368 Abs. 2 ADHGB, stattfand, sahen die Gesetzesverfasser wie folgt begründet: „(...) die Bestimmung entspreche zudem einer alten Gewohnheit des Handelsverkehres. Bei dem gewerbsmäßigen Kommissionär wisse Jeder, daß er vielfach fremdes Vermögen in Händen habe, und es sei deshalb eine Täuschung der Gläubiger und eine Störung der Kreditverhältnisse kaum zu befürchten."[522]

Diese Äußerungen in den Protokollen werden von Canaris zur Begründung seiner umstrittenen[523] These herangezogen, dass das stellvertretungsrechtliche Offenkundigkeitsprinzip, das die scharfe Trennung zwischen den Rechtsfolgen der unmittelbaren und der mittelbaren Vertretung bewirke, u.a. den „Schutz des Kredits als Institution" und „die Erhaltung der Funktionsfähigkeit von Zwangsvollstreckung und Konkurs" bezweckt.[524] Der institutionalisierte Gläubigerschutz sei insbesondere dort zu gewährleisten, wo das Gesetz von der scharfen Trennung zwischen den Rechtsfolgen der mittelbaren und der unmittelbaren Vertretung abweicht, nämlich bei der vollstreckungs- und insolvenzrechtlichen Privilegierung des Kommittenten gem. § 392 Abs. 2 HGB. Hier werde das Interesse der Gläubiger an der Erkennbarkeit der Vermögenszuordnung abstrakt geschützt durch die kraft Gewerbes bewirkte Offenkundigkeit des Handelns für fremde Rechnung, wodurch die Norm des § 392 Abs. 2 HGB ihre Rechtfertigung erhalte.[525] Wo es an der kraft Gewerbes bewirkten Offenkundigkeit des Handelns für fremde Rechnung fehlt, etwa in den Fällen der Beauftragung eines privaten Strohmanns,[526] sei eine entsprechende Anwendung des § 392 Abs. 2 HGB demnach ausgeschlossen.[527]

Eine genauere Auseinandersetzung mit der Argumentation von Canaris und mit den Ausführungen der 2. Kommission soll an dieser Stelle nicht erfolgen. An der Darstellung seiner Thesen wurde aber bereits deutlich, dass sich Canaris spe-

521 Prot. II, 2310 (*Mugdan* II, 949 f.).

522 Prot. II, 2311 (*Mugdan* II, 950).

523 Ablehnend: *K. Schmidt* HR § 31 VI 4a Rn 123; *Bork* Rn 1378; *Einsele,* JZ 1990, 1005 ff.; *Hager* AcP 180 (1980), 239, 248; Müller, JZ 1982, 777, 779; *Moser,* S. 60, spricht sich gegen einen Schutzzweck und „allenfalls für einen Schutzreflex" aus.

524 *Canaris,* FS Flume, 1978, 371 ff., 406 ff.

525 *Canaris,* FS Flume, 1978, 371 ff., 407, 418; *Canaris* HR § 30 IV Rn 74, S. 474; zustimmend Staub/*Koller* § 392 HGB Rn 2.

526 Zur Meinung von Canaris bzgl. der Anwendbarkeit des § 392 Abs. 2 HGB über die allgemeine Verweisung in § 406 Abs. 1 Satz 2 HGB auf den sog. Gelegenheitskommissionär, also auf denjenigen, der gelegentlich seines andersartigen Gewerbebetriebs für fremde Rechnung handelt, vgl. ursprünglich *Canaris,* FS Flume, 1978, 371 ff., 408 Fn 172; abweichend neuerdings *Canaris* HR § 30 IV Rn 74.

527 *Canaris,* FS Flume, 1978, 371 ff., 419.

ziell mit der Rechtsstellung des Kommittenten in der Zwangsvollstreckung oder Insolvenz des Kommissionärs auseinandersetzt und kein allgemeines Prinzip von der Offenkundigkeit des Handelns für fremde Rechnung aufstellt, das er an sämtlichen Konstellationen erprobt hätte, in denen die Rechtsfolgen der mittelbaren und der unmittelbaren Vertretung einander angenähert werden könnten.[528] Der Frage nach der ratio des § 392 Abs. 2 HGB wird in dieser Arbeit nicht nachgegangen. Sie wurde zuletzt gründlich von Bitter untersucht, der unter eingehender Erörterung der Meinung von Canaris und nach Darstellung der Entstehungsgeschichte der Vorreiternorm des Art. 368 Abs. 2 ADHGB überzeugend zu dem Ergebnis gelangt, dass es sich bei der Norm aus historischer Sicht um eine schlichte Ausprägung des bürgerlich-rechtlichen Auftrages (Mandats), des Handelns für fremde Rechnung, handeln sollte, und dass § 392 Abs. 2 HGB daher analog auf sämtliche Fälle der mittelbaren Stellvertretung angewendet werden kann.[529]

Unter Bezugnahme[530] auf die Meinung der 2. Kommission und auf die Thesen von Canaris sieht Fleckner mit dem Offenkundigkeitsprinzip auf der einen Seite den Schutz des Dritten und auf der anderen Seite den Schutz der Gläubiger und des allgemeinen Rechtsverkehrs verbunden. Dies führt ihn bei der Prüfung, ob die Rechtsfolgen der mittelbaren Vertretung den Wertungen der unmittelbaren Stellvertretung angenähert werden können, zu einer Fallgruppenbildung innerhalb der mittelbaren Vertretung. Da Fleckner eine Aufspaltung in Fallkategorien auch bei Fragen nach dem Einfluss des Wissensstands des Hintermanns auf das Ausführungsgeschäft analog § 166 Abs. 2 BGB, bei der Behandlung von Willensmängeln oder beim Bereicherungsausgleich befürwortet,[531] soll die Argumentation von Fleckner näher betrachtet werden.

2. Das Geheimhaltungsmotiv beim mittelbar Vertretenen als Unterscheidungskriterium

a) Bildung von Fallgruppen innerhalb der mittelbaren Vertretung nach Fleckner

Fleckner spaltet die Fälle der mittelbaren Vertretung in zwei Gruppen auf, die sich anhand der Motive des Hintermanns für die Wahl gerade der mittelbaren (und nicht der unmittelbaren) Vertretung unterscheiden. Dabei differenziert er zwischen der Einschaltung des mittelbaren Vertreters zwecks Geheimhaltung einerseits und der Einschaltung zur Ausnutzung der Solvenz und Zuverlässigkeit des mittelbaren Vertreters andererseits.[532]

528 Dies übersieht *Fleckner*, FS Hopt, 2008, 3 ff., 19; dazu sogleich.
529 *Bitter*, S. 150 ff., 191 ff. Siehe auch oben Fn 73.
530 *Fleckner*, FS Hopt, 2008, 3 ff., 20 zu Fn 65.
531 *Fleckner*, FS Hopt, 2008, 3 ff., 11, 16, 17 Fn 51, S. 30.
532 *Fleckner*, FS Hopt, 2008, 3 ff., 12 f.

In den Fällen, in denen es dem Hintermann um die Verbergung seiner Identität geht, komme eine grundsätzliche Annäherung an die Rechtsfolgen der unmittelbaren Stellvertretung nicht in Betracht.[533] Hier sind nach Fleckner einzelfallabhängige Billigkeitsentscheidungen zu treffen, in denen die Geheimhaltungsinteressen bewertet werden müssen: Sog. Strohmanngeschäfte sind zu missbilligen und von der Verfolgung legitimer Geheimhaltungsinteressen abzugrenzen. Einer vollständigen Übertragung der Rechtsfolgen der unmittelbaren Stellvertretung auf die Geheimhaltungsfälle stehe das Informationsinteresse des Dritten entgegen. Wo das Recht der unmittelbaren Stellvertretung allerdings für den Dritten Vorteile bringt, will Fleckner die Wertungen im Wege des Erst-recht-Schlusses übertragen, etwa beim Erwerb einer Sache, deren Mangelhaftigkeit dem Hintermann bekannt ist und ihm bei unmittelbarer Vertretung gem. § 166 Abs. 2 BGB entgegengehalten werden könnte.[534]

In den Fällen, in denen der Hintermann die mittelbare Vertretung wählt, um die Solvenz und Zuverlässigkeit des Vertreters auszunutzen, sind nach Fleckner die einzelnen Problembereiche der mittelbaren Vertretung in einem zweiten Schritt (nach Ausscheidung der Geheimhaltungsfälle) auf ihre grundsätzliche Annäherungsfähigkeit an die Rechtsfolgen der unmittelbaren Stellvertretung unter Abwägung der Interessen der Parteien und des Rechtsverkehrs zu untersuchen.[535] Für den Bereich der Drittschadensliquidation nimmt Fleckner die Untersuchung selbst vor und kommt zu dem Ergebnis der grundsätzlichen Übertragbarkeit der Wertungen der unmittelbaren Stellvertretung.[536]

b) Kritik

Fleckner begründet die gesonderte Behandlung der Geheimhaltungsfälle mit dem durch das vertretungsrechtliche Offenkundigkeitsprinzip bewirkten Schutz des Dritten, der die Gleichbehandlung von mittelbarer mit unmittelbarer Vertretung in den anderen Fällen nicht hindere. Hier seien nur Einzeldifferenzierungen um des Schutzes der Parteien und des Rechtsverkehrs willen angebracht. Dabei übersieht Fleckner, dass die eine Partei gerade der Dritte ist. Und die nach Ansicht von Fleckner in Anlehnung an die Meinung von Canaris durch das Offenkundigkeitsprinzip besonders geschützten Gläubiger tauchen in der Differenzierung gar nicht auf.

533 *Fleckner*, FS Hopt, 2008, 3 ff., 20.
534 *Fleckner*, FS Hopt, 2008, 3 ff., 16.
535 *Fleckner*, FS Hopt, 2008, 3 ff., 19 f.
536 Für die Behandlung von Willensmängeln oder die Anwendung des Rechts der ungerechtfertigen Bereicherung bei der mittelbaren Vertretung stehe die Untersuchung noch aus, vgl. *Fleckner*, FS Hopt, 2008, 3 ff., 17 Fn 51.

Ins Leere geht der von Fleckner zum Beleg der Fallgruppenbildung vorgenommene Verweis[537] auf zwei Urteile des Reichsgerichts.[538] Die Urteile geben nichts her für eine unterschiedliche Behandlung von Geheimhaltungsfällen und sonstigen Fällen innerhalb der mittelbaren Stellvertretung. In beiden Urteilen wird die analoge Anwendung des § 392 Abs. 2 HGB auf Fälle der mittelbaren Stellvertretung nach bürgerlichem Recht unter Bezugnahme auf die Ansicht der Gesetzesverfasser abgelehnt.[539] Der Schwerpunkt der Argumentation liegt dabei auf dem Fehlen einer planwidrigen Regelungslücke und dem Vorliegen einer handelsrechtlichen Sonderbestimmung.[540] Auf die etwaige Offenkundigkeit des Handelns für fremde Rechnung, auf das Bestehen von Geheimhaltungsinteressen oder den Wunsch nach Ausnutzung fremder Solvenz und Zuverlässigkeit stellen die Urteile jeweils nicht ab.

Zudem erscheint die von Fleckner vorgenommene Kategorisierung unvollständig. So werden die Fälle nicht erfasst, bei denen die Einschaltung des mittelbaren Vertreters zur Gesetzesumgehung erfolgt, die Schless mit der Umgehungsfunktion der mittelbaren Vertretung beschrieben hat,[541] und die zwar regelmäßig, aber nicht notwendig, mit der Verbergungsfunktion einhergehen.[542] Die Konstellationen, die von Schless mit der Kreditfunktion und der Vereinfachungsfunktion beschrieben werden, sind bei Fleckner in der Fallgruppe der Solvenz und Zuverlässigkeit erfasst, diejenigen der Verbergungsfunktion in Fleckners Fallgruppe der Geheimhaltung. Darüber hinaus bleibt bei Fleckner unklar, welches Regelungsregime greifen soll, wenn die Einschaltung des mittelbaren Vertreters sowohl aufgrund seiner Solvenz und Zuverlässigkeit als auch zur Geheimhaltung erfolgt.

Weiter ist die Gegenüberstellung der Fallkategorien in ihrer Pauschalität nicht überzeugend. Fleckner scheint die gleiche Wertung vorzunehmen, die sich auch bei Canaris findet, wenn dieser erwägt, dass eine analoge Anwendung des § 392 Abs. 2 HGB auf sämtliche Fälle der mittelbaren Vertretung dazu führen würde, dass auch der Hintermann eines privaten Strohmanns in dessen Zwangsvollstreckung oder Insolvenz privilegiert würde: „Mag die Einschaltung eines solchen [Strohmanns] auch rechtlich nicht zu missbilligen sein, so verdient sie doch andererseits gewiß keine Privilegierung im Wege der Rechtsfortbildung“.[543]

Im Gesetz finden sich für eine grundsätzliche Schlechterstellung des Strohmanns gegenüber dem gewöhnlichen mittelbaren Stellvertreter keine Anhaltspunkte. Der

537 *Fleckner*, FS Hopt, 2008, 3 ff., 19 Fn 65.

538 Nämlich Urteil des RG v. 14.06.1904, RGZ 58, 273 ff.; und Urteil des RG v. 19.02.1914, RGZ 84, 214 ff.

539 Ausführlich wird die 2. Kommission im Urteil des RG v. 14.06.1904, RGZ 58, 273 ff., 276 zitiert, worauf das Urteil des RG v. 19.02.1914, RGZ 84, 214 ff., 216, Bezug nimmt.

540 Vgl. RGZ 58, 273 ff., 276 und RGZ 84, 214 ff., 216.

541 Dazu oben C.II.1.a)(3).

542 *Schless*, S. 18; aus neuerer Zeit MüKo-BGB/*Schramm* Vorbemerkung § 164 BGB Rn 25 m.w.N.

543 *Canaris*, FS Flume, 1978, 371 ff., 419.

Strohmann, der stets mittelbarer Stellvertreter ist, hebt sich von diesem dadurch ab, dass seine Beauftragung die Person des wahren Interessenten verbergen soll. Adressat der Täuschung ist dabei nicht notwendig der Dritte, sondern bspw. bei der Gesetzesumgehung das Gesetz selbst.[544] Der Einsatz eines Strohmanns dient entweder der Umgehung einschränkender Gesetzes- bzw. Vertragsbestimmungen oder der Verbergung.[545] Durch die Täuschungsabsicht wird nicht das Vorliegen unlauterer Beweggründe indiziert; die Strohmannschaft kann auch lauteren Zwecken dienen oder aus achtungswerten Motiven erfolgen.[546]

Die Wirksamkeit eines Strohmanngeschäfts misst sich wie jedes andere Rechtsgeschäft an den gesetzlichen Verbotsnormen gem. § 134 BGB und am Verbot sittenwidriger Geschäfte gem. § 138 BGB.[547] Da die Umgehung oder Verbergung nur erreicht werden kann, wenn Innen- und Außenverhältnis der mittelbaren Stellvertretung gültig sind, handelt es sich in der Regel nicht um Scheingeschäfte gem. § 117 BGB.[548] Das Vorliegen der Umgehungsfunktion führt nur dann zur Nichtigkeit des Geschäfts, wenn es gerade Zweck der umgangenen Norm war, den mittelbar eingetretenen Erfolg als solchen gem. § 134 BGB zu verbieten. Wenn das Gesetz lediglich bestimmte Wege zur Erreichung eines an sich zulässigen rechtlichen Erfolgs verbietet, ist das zur Erreichung des Erfolgs auf anderem Wege vorgenommene Umgehungsgeschäft regelmäßig wirksam.[549]

3. Stellungnahme

Der Ansatz Fleckners, bei Gestaltung der Rechtsfolgen der verdeckten mittelbaren Stellvertretung ein etwaiges Informationsdefizit des Dritten besonders zu berücksichtigen, ist nicht schlechthin zu verwerfen. Nur für eine pauschale, vor Betrachtung des jeweiligen Problembereichs erfolgende Differenzierung gibt es keine gesetzlichen Anhaltspunkte, auch nicht aufgrund des stellvertretungsrechtlichen Offenkundigkeitsprinzips gem. § 164 Abs. 2 BGB. Bei der in den Einzelfällen vorzunehmenden Interessenabwägung ist jeweils zu prüfen, ob eine Geheimhaltung des Hintermanns im Lichte der konkreten Problemstellung zu anderen Ergebnissen führen muss.

Die Herausarbeitung der Interessen der an der unmittelbaren und mittelbaren Vertretung Beteiligten hat die bereits von Schlossmann angeführte Interessenidentität im geltenden Recht weitgehend bestätigt. Soweit beim Vertretenen spezielle Motive existieren, weshalb er sich zur Arbeitsteilung gerade der unmittelbaren oder der mittelbaren Vertretung bedient, resultieren diese aus der verschiedenen unmittelbaren Rechtszuordnung des Vertretergeschäfts.

---

544 *Klein*, S. 7 f.
545 *Gerhardt*, FS Lüke, 1997, 121 ff.
546 Beispiele und weitere Nachweise bei *Klein*, S. 6 ff.
547 RGZ 54, 75 ff., 78; RGZ 84, 304 ff.; Staudinger/*Singer* § 117 BGB Rn 19 m.w.N.
548 RGZ 84, 304 ff.; Staudinger/*Singer* § 117 BGB Rn 17 m.w.N.
549 *Klein*, S. 32; Staudinger/*Sack/Seidl* § 134 BGB Rn 144 f. m.w.N.

Durch Betrachtung der rechtlichen Ausformung der jeweiligen Interessen wurde deutlich, dass das Innenverhältnis bei unmittelbarer und mittelbarer Vertretung als Zurechnungsgrundlage für das Ausführungsgeschäft an den Hintermann fungiert, indem der Hintermann von Anfang an das Aufwendungsrisiko und die Gewinnchancen trägt und bei Überschreitung des von ihm gesetzten Handlungsrahmens nicht gegen seinen Willen gebunden werden kann. Der Vertreter handelt sowohl bei unmittelbarer als auch bei mittelbarer Vertretung nach pflichtgemäßem Ermessen, während der Hintermann das Vertretergeschäft durch Beauftragung des Vertreters und ggf. durch Weisung für sich aktiviert hat. Diese Gemeinsamkeiten deuten darauf hin, dass das Vertretergeschäft in beiden Fällen privatautonomes Handeln des Hintermanns darstellt.

Flume hat die Privatautonomie definiert als das Prinzip der Selbstgestaltung der Rechtsverhältnisse durch den einzelnen nach seinem Willen.[550] Die Geltung des Grundsatzes der Privatautonomie bedeutet die Anerkennung der „Selbstherrlichkeit" des einzelnen in der schöpferischen Gestaltung der Rechtsverhältnisse,[551] wobei die Rechtsordnung für die privatautonome Gestaltung einen numerus clausus der Aktstypen und der durch sie gestaltbaren Rechtsverhältnisse enthält.[552] Das Handeln des unmittelbaren Stellvertreters ist nach Flume kein privatautonomes Handeln, sondern Handeln in pflichtgemäßem Ermessen.[553] Durch die Autorisierung des unmittelbaren Vertreters regelt der unmittelbar Vertretene seine eigenen Rechtsverhältnisse.[554] Zwar wird das rechtsgeschäftliche Handeln gegenüber dem Dritten vom unmittelbaren Stellvertreter vorgenommen, die Regelung wird dem Vertretenen aber deswegen zugerechnet, weil er sie selbst –mittelbar – aktiviert hat.[555]

Dieser Ansatz könnte den Rechtsfolgen der mittelbaren Stellvertretung zugrunde liegen, sofern und soweit sie in gleicher Weise auszugestalten wären wie bei der unmittelbaren Stellvertretung. Dadurch würde die Lehre Schlossmanns von einem einheitlichen „Mutterinstitut" der Vertretung zumindest in Ansätzen bestätigt werden.

III. Einzelfragen notwendiger Gleichbehandlung

1. Einfluss des Wissen(müssen)s des mittelbar Vertretenen analog § 166 Abs. 2 BGB

a) Darstellung der in der Literatur problematisierten Fallbeispiele

Der Problemkreis, in dem sich die Frage stellt, ob im Rahmen der mittelbaren Stellvertretung vom Trennungsdogma abgewichen und die Kenntnis oder das

550 *Flume* AT II § 1 1, S. 1.
551 *Flume* AT II § 1 5, S. 6.
552 *Flume* AT II § 1 2, S. 2.
553 *Flume* AT II § 1 6c), S. 9.
554 *Flume* AT II § 34 sub 3.
555 *Flume* AT II § 46 1, S. 793.

Kennenmüssen des mittelbar Vertretenen analog § 166 Abs. 2 BGB im Ausführungsgeschäft berücksichtigt werden muss, ist durch den breiten Anwendungsbereich der Norm des § 166 Abs. 2 BGB sehr groß. Wie gesehen, stellt § 166 Abs. 2 BGB, wonach sich der unmittelbar Vertretene in Ansehung solcher Umstände, die er selbst kannte oder kennen musste, nicht auf die Unkenntnis seines rechtsgeschäftlich eingesetzten, nach bestimmten Weisungen handelnden Vertreters berufen kann, zumindest grammatikalisch eine Ausnahme zu § 166 Abs. 1 BGB dar,[556] welcher die Person des Vertretenen für unbeachtlich erklärt, soweit die rechtlichen Folgen einer Willenserklärung durch Willensmängel oder durch die Kenntnis oder das Kennenmüssen gewisser Umstände beeinflusst werden.[557] Es geht also auch bei § 166 Abs. 2 BGB im Ausgangspunkt um sämtliche Normen, nach denen Willensmängel[558], Kenntnis oder das Kennenmüssen gewisser Umstände Einfluss auf die rechtlichen Folgen einer Willenserklärung haben.[559]

Soweit in der Literatur die Analogie des § 166 Abs. 2 BGB auf Konstellationen der mittelbaren Stellvertretung nicht pauschal für alle Regelungen, nach denen Kennen oder Kennenmüssen gewisser Umstände Einfluss auf die rechtlichen Folgen einer Willenserklärung haben, befürwortet[560] oder abgelehnt[561] wird, werden überwiegend Beispielsfälle des gutgläubigen Erwerbs absoluter Rechte vom Nichtberechtigten nach §§ 929 ff., 932 ff. BGB gebildet, der scheitert, wenn dem Erwerber gem. § 932 Abs. 2 i.V.m. Abs. 1 BGB bekannt oder infolge grober Fahrlässigkeit unbekannt ist, dass die Sache nicht dem Veräußerer gehört.[562] Häufig genannt werden auch Beispiele des Ausschlusses der kaufrechtlichen Gewährleistungsrechte gem. § 442 Abs. 1 BGB bei Kenntnis oder grob fahrlässiger Unkenntnis des Käufers vom Mangel

556 Den Ausnahmecharakter bestreitet *Beuthien,* FS Medicus, 1999, 1 ff., 14 f.; dazu sogleich.

557 Vgl. oben C.II.1.c)(3).

558 Dies übersieht die ganz hL, der zufolge nur § 166 Abs. 2 BGB und § 166 Abs. 1 Var. 2 (Kennen und Kennenmüssen des Vertreters) „sachlich miteinander zusammenhängen", so *Beuthien,* FS Medicus, 1999, 1 ff., 12 f. und Staudinger/*Schilken* § 166 BGB Rn 28; vgl. ausführlich unten C.III.2.c).

559 Einen Überblick über diese Normen gibt Staudinger/*Schilken* § 166 BGB Rn 8 ff. als sachlichen Anwendungsbereich des § 166 Abs. 1 BGB.

560 *Hartmann*, S. 61; *Schwark*, JuS 1980, 777 ff., 779; Larenz/*Wolf* § 46 Rn 24 Fn 21; *Larenz* SchuldR I § 30 I Fn 14 S. 588; MüKo-BGB/*Schramm* Vorbemerkung §§ 164 ff. BGB Rn 14 Fn 28; Heymann/*Herrmann* § 383 Rn 13 Fn 39; *Herbert*, S. 138 f.

561 *Schilken*, S. 154; Staudinger/*Schilken* § 166 Rn 4; Düringer/Hachenburg/*Lehmann* Vorbem. § 383 Anm 6; *Klein*, S. 74 f.; Baumbach/*Hopt* HGB § 383 Rn 20; Schlegelberger/*Hefermehl* § 383 Rn 31; *Leonhard* in Eck § 36 Anm 3, S. 181; Ebenroth/Boujong/Joost/Strohn/*Krüger* § 383 Rn 45; Soergel/*Leptien* § 164 BGB Rn 34.

562 *Schmidt-Rimpler*, S. 613; Capelle, FS Raape, 1948, 325 ff., 336 f.; *Hager*, AcP 180 (1980), 239 ff., 257; *Eck* § 36, S. 181; Staudinger/*Wiegand* § 932 Rn 97; MüKo-BGB/*Oechsler* § 932 Rn 35.

der gekauften Sache bei Vertragsschluss.[563] Und nachdem der BGH in seinem Urteil vom 25.6.2002[564] feststellte, dass es zur Interessenwahrungspflicht der Direktbank als Kommissionärin gem. § 384 Abs. 1 HGB gegenüber ihren Anlegern gehört, beim Kauf von Wertpapieren im außerbörslichen Echtzeithandel[565] dem Emittenten Stornierungsrechte wegen Irrtums über die Preisstellung[566] nur bei gleichzeitiger Vereinbarung einer Schadensersatzpflicht entsprechend § 122 BGB einzuräumen,[567] wurde im Schrifttum die Diskussion um die analoge Anwendung des § 166 Abs. 2 BGB auf den Eintritt der Schadensersatzpflicht des wegen Irrtums anfechtenden Dritten erweitert, zu der es gem. § 122 Abs. 2 BGB nicht kommt, wenn der Beschädigte den Grund der Anfechtbarkeit kannte oder infolge von Fahrlässigkeit nicht kannte (kennen musste).[568]

In Anlehnung an die von der Literatur verwendeten Beispiele wird bei der nachfolgenden Untersuchung mit drei Grundfällen gearbeitet:

(1) Der Antiquitätenhändler H sieht im Versteigerungskatalog einer öffentlichen Versteigerung, dass dort ein Bücherschrank aus der Biedermeierzeit versehentlich als „englisches Bauernmöbel, Anfang 20. Jahrhundert, Wert ca. 300 EUR“

563 Staub/*Koller* § 383 Rn 132; *Fleckner*, FS Hopt, 2008, 3 ff., 30 f.; Koller/Kindler/Roth/Morck/*Roth* § 383 HGB Rn 15; *Schlossmann* II § 54, S. 372 und § 59, S. 413 (zu der Vorgängernorm von § 442 Abs. 1 BGB, zu § 460 BGB a.F.).

564 Az.: XI ZR 239/01 = NJW-RR 2002, 1344 ff. = WM 2002, 1687 ff.

565 Der Name Echtzeithandel bzw. Sekundenhandel stammt von der sekundengenauen Abfrage eines Wertpapierpreises und der Ausführung des Kaufes direkt nach Tastendruck beim elektronisch abgewickelten Direkthandel, vgl. *Fleckner/Vollmuth,* WM 2004, 1263 ff., 1265.

566 Im zu entscheidenden Fall hatte die Direktbank D als Kommissionärin mit der Emittentin sog. „Mistrade-Regeln“ folgenden Wortlauts vereinbart: „Die Parteien sind verpflichtet, Einwendungen gegen einen Geschäftsabschluss innerhalb von 5 Handelstagen zu erheben. Geschäfte sind bei fristgemäßer Einwendung rückabzuwickeln, wenn der Geschäftsabschluss auf einem Irrtum einer Partei oder eines Kunden der D beruht oder auf einer Fehlfunktion von T oder auf einer Fehlfunktion eines der an T angeschlossenen elektronischen Systems der Parteien beruht.“ – Diese Vereinbarung ermöglichte es der Emittentin, einen Geschäftsabschluss zu einem nicht marktgerechten Preis (sog. Mistrade) zu stornieren und rückabzuwickeln, obwohl der Emittentin bei ihrer fehlerhaften Preisangabe im Internet kein zur Anfechtung berechtigender Irrtum gem. § 119 BGB unterlief: Ihre Preisangabe im Internet stellt lediglich eine invitatio ad offerendum dar (vgl. zum Zustandekommen des Wertpapiergeschäfts im Direkthandel *Fleckner/Vollmuth,* WM 2004, 1263 ff., 1267), so dass ein hierin befindlicher Fehler für den späteren Kaufvertrag lediglich einen unbeachtlichen Motivirrtum bzw. einseitigen Kalkulationsirrtum darstellt, vgl. zu dieser Irrtumsproblematik auch *Flume* AT II § 23 2 a), S. 451.

567 Vgl. BGH NJW-RR 2002, 1344, 1345.

568 *Fleckner/Vollmuth* WM 2004, 1263 ff., 1270 f. – Im konkreten Fall hatten nämlich die Anleger als Kommittenten erkannt, dass für die Aktienoptionsscheine viel zu niedrige Preise angegeben waren, vgl. BGH NJW-RR 2002, 1344, 1346.

ausgezeichnet ist. Da H damit rechnet, dass sein persönliches Erscheinen den ihm bekannten Auktionator D möglicherweise zum Nachdenken und Erkennen des Irrtums veranlassen würde, beauftragt H seinen kunstunkundigen und nichts ahnenden Neffen V, diesen Schrank auf der Auktion im eigenen Namen zu ersteigern. Dies gelingt dem V für 350 EUR. Als die Angestellten von H den Schrank abholen wollen, wird D misstrauisch und erkennt seinen Irrtum. D ficht den Vertrag mit V wegen Eigenschaftsirrtums gem. § 119 Abs. 2 BGB an. V will als Schadensersatz zumindest die Unkosten ersetzt bekommen, die dem H durch die erfolglose Abholaktion entstanden sind.

(2) H will sich beim Gebrauchtwagenhändler D den dort ausgestellten, 6 Jahre alten VW-Bus kaufen, der zuvor dem U gehört hatte. H weiß, dass U mit dem Bus einst gegen eine Leitplanke gerutscht war und dabei einen leichten Blechschaden erlitten hatte. Dieser Schaden wurde aber fachgerecht ausgebeult und ausgespachtelt, weshalb er H von dem Kauf nicht abhält. Auch schätzt H den von D geforderten Kaufpreis als angemessen ein. Um sich aber dennoch alle Rechte vorzubehalten, beauftragt H den vom Unfall nichts ahnenden V damit, den VW-Bus im eigenen Namen zu kaufen. Der zwischen V und D geschlossene Kaufvertrag enthält die Klausel: „Unfallschäden laut Vorbesitzer: Nein“. Nachdem H mit dem Bus in den ersten 8 Monaten sehr zufrieden war, treten immer wieder Reparaturfälle ein, die jeweils auf Verschleiß beruhen. Dies ärgert H so sehr, dass er V beauftragt, vom Kaufvertrag mit D wegen der fehlenden Unfallfreiheit des Wagens zurückzutreten.

(3) H weiß, dass D Inhaberaktien gestohlen hat und nun zum Verkauf anbietet. H beauftragt den V, der von dem Diebstahl keine Kenntnis hat, die Aktien im eigenen Namen zu kaufen. V erwirbt die Aktien und leitet sie an den H weiter.

b) Anwendung des § 166 Abs. 2 BGB im Rahmen der unmittelbaren Stellvertretung

Hätte der V in den drei Beispielsfällen jeweils berechtigt als direkter Stellvertreter gehandelt, so wäre stets der Kaufvertrag und im Fall (3) zudem die Übereignung gem. § 164 Abs. 1 BGB unmittelbar zwischen H und D zustande gekommen. Im Fall (1) könnte H seine vergeblichen Abholkosten nicht gem. § 122 Abs. 1 BGB ersetzt verlangen, da er gem. § 122 Abs. 2 BGB den Eigenschaftsirrtum des D und damit den Grund der Anfechtbarkeit kannte. Zwar kommt es gem. § 166 Abs. 1 BGB grundsätzlich nicht auf die Kenntnis des H an, sondern auf den Bewusstseinszustand des unwissenden V; auf die (nicht fahrlässige) Unkenntnis des V kann sich H aber gem. § 166 Abs. 2 Satz 1 BGB nicht berufen, da er dem V den Vertragsabschluss durch Weisung aufgegeben hatte. Im Fall (2) hätte H kein Rücktrittsrecht wegen Sachmangels erworben gem. § 437 Nr. 2 i.V.m. §§ 434 Abs. 1, 323, 326 Abs. 5 BGB. Zwar ist der Gebrauchtwagen gem. § 434 Abs. 1 BGB mangelhaft, da er infolge des erlittenen

Blechschadens nicht unfallfrei ist.[569] Die Rechte des H wegen des Sachmangels sind aber gem. § 442 Abs. 1 Satz 1 BGB ausgeschlossen, da er bei Vertragsschluss von dem Blechschaden wusste. Zwar kommt es gem. § 166 Abs. 1 BGB an sich nicht auf die Kenntnis des H an, sondern auf den Bewusstseinszustand des unwissenden V; auf dessen Unkenntnis kann sich H aber gem. § 166 Abs. 2 Satz 1 BGB nicht berufen, da er den V zum Vertragsabschluss angewiesen hatte. Im Fall (3) würde H die Inhaberaktien nicht gem. § 929 Satz 1 i.V.m. § 932 Abs. 1 Satz 1 und § 935 Abs. 2 BGB durch Übergabe und Einigung mit D erwerben, da sich H aufgrund seiner Kenntnis, dass D nicht Eigentümer der Wertpapiere ist, gem. § 932 Abs. 2 BGB nicht in gutem Glauben befindet. Nach dem Grundsatz des § 166 Abs. 1 BGB wäre zwar die Kenntnis des H unbeachtlich und allein der Bewusstseinszustand seines Vertreters V erheblich, so dass der gutgläubige Erwerb trotz des Diebstahls der Aktien[570] eintreten müsste. Auf die (nicht grob fahrlässige) Unkenntnis des nach bestimmten Weisungen handelnden V kann sich H aber gem. § 166 Abs. 2 Satz 1 BGB nicht berufen.

(1) Zur ratio legis von § 166 Abs. 2 BGB und seinem Verhältnis zu § 166 Abs. 1 BGB

Durch die soeben dargestellte Anwendung des § 166 Abs. 2 BGB auf die hier gebildeten Grundfälle in der Variante unmittelbarer Stellvertretung wurde eine Interessenwertung deutlich, die dem § 166 Abs. 2 Satz 1 BGB zugrunde liegt: Die Regelung soll Missbräuche des Vertretungsinstituts ausschließen. Der Geschäftsherr soll sich durch Einschaltung eines unwissenden Vertreters nicht bewusst „dumm stellen“[571] und hinter dem Vertreter „verbergen“ können.[572] Dass bereits die Gesetzesverfasser

---

569 Nach dem Urteil des BGH vom 12.03.2008, Az.: VIII ZR 253/05, NJW 2008, 1517 ff. Rn 11 ff., handelt es sich bei der Angabe „Unfallschäden lt. Vorbesitzer – Nein“ weder um eine positive noch um eine negative Beschaffenheitsvereinbarung i.S.v. § 434 Abs. 1 Satz 1 BGB, sondern um eine Wissenserklärung oder Wissensmitteilung, mit der die Angaben des Vorbesitzers wiedergegeben werden. Das Auto wäre daher nach § 434 Abs. 1 Satz 2 Nr. 2 BGB frei von Sachmängeln, wenn es eine Beschaffenheit aufweisen würde, die bei Gebrauchtwagen üblich ist und die der Käufer erwarten kann. Nach st. Rspr. des BGH kann der Käufer auch beim Kauf eines gebrauchten Kraftfahrzeugs, wenn keine besonderen Umstände vorliegen, erwarten, dass das Fahrzeug keinen Unfall erlitten hat, bei dem es zu Blechschäden gekommen ist, die über ganz geringfügige, äußere Lackschäden (sog. Bagatellschäden) hinausgehen. Unerheblich ist, ob die Blechschäden ohne weitergehende Folgen blieben, ob der Reparaturaufwand nur gering war und ob das Fahrzeug nach dem Unfall fachgerecht repariert worden ist, vgl. BGH a.a.O. Rn 18 ff. m.w.N.

570 Die Norm des § 935 Abs. 1 BGB, wonach gutgläubiger Eigentumserwerb nach § 932 Abs. 1 BGB nicht eintritt, wenn die Sache dem Eigentümer gestohlen wurde, findet gem. § 935 Abs. 2 BGB keine Anwendung auf Inhaberpapiere.

571 Erman/*Palm* (12. Auflage) § 166 Rn 1, Soergel/*Leptien* § 166 Rn 28.

572 Staudinger/*Schilken* § 166 Rn 2; MüKo-BGB/*Schramm* § 166 Rn 2.

diese Regelungswirkung des § 166 Abs. 2 Satz 1 BGB beabsichtigt haben, wird an der oben wiedergegebenen Stellungnahme der 2. Kommission zu der Notwendigkeit einer Anordnung i.S.v. § 166 Abs. 2 BGB deutlich, die „sich nicht von selbst (...[verstehe]...), sofern man nicht annehme, daß aus der Kenntniß des Vertretenen dem Dritten eine exceptio doli erwachse."[573]

Da das Vorliegen von Kenntnis des Vertretenen aber nur Gegenstand von Satz 1 des § 166 Abs. 2 BGB ist, während es nach Satz 2 von § 166 Abs. 2 BGB auch auf das Kennenmüssen des Vertretenen, also auf seine fahrlässige Unkenntnis ankommt, und da die 2. Kommission den Gedanken der Arglisteinrede ausschließlich im Fall der Kenntnis des Hintermanns gem. § 166 Abs. 2 Satz 1 BGB als erfüllt ansah,[574] liegt dem § 166 Abs. 2 BGB aus historischer Sicht noch ein weiterer Gedanke zugrunde. Dieser findet sich in der oben zitierten Gesetzesbegründung der 1. Kommission, in der zugleich das für die Anwendbarkeit des § 166 Abs. 2 BGB entscheidende Merkmal des Handelns nach „bestimmten Weisungen"[575] erläutert wird: „...so kann doch das Wissen und Wissenmüssen des Vertretenen dann nicht unerheblich sein, wenn der Vertreter auf Grund rechtsgeschäftlicher Ermächtigung handelt und die Ermächtigung auf ein bestimmtes Rechtsgeschäft sich bezieht. Der Vertretene beeinflußt in einem solchen Falle die Willensentscheidung und hat Theil an ihr. Sein Wissen und Wissenmüssen muß daher die gleiche Wirkung haben, wie das des Vertreters."[576] Es kommt also nach historischer Auslegung auf die Teilhabe des Hintermanns an der auf das konkrete Rechtsgeschäft bezogenen Willensbildung des Vertreters an, oder einfacher gesagt auf die bewusste Einwirkung[577] des Vertretenen auf den Geschäftswillen des Vertreters.

Dass sich die „bestimmten Weisungen" dabei gerade auf den Umstand beziehen müssten, dessen Kenntnis oder Kennenmüssen in Frage steht, entspricht weder

573 Prot. I, 293 f. (*Mugdan* I, 740), vgl. oben C.II.1.c)(3) zu Fn 506.

574 Nach der heutigen Rspr kann die exceptio doli auch bei fahrlässigem Verhalten begründet werden. Zur Entwicklung der Arglisteinrede ausführlich MüKo-BGB/Roth/Schubert § 242 Rn. 197 ff.

575 Zwar wurde die Formulierung des Handelns „nach bestimmten Weisungen" im späteren § 166 Abs. 2 BGB erst durch die 2. Kommission eingeführt, während die 1. Kommission in § 118 des Entwurfs formulierte: „Ist die Ermächtigung zur Vertretung von dem Vertretenen durch Rechtsgeschäft ertheilt (Vollmacht) und bezieht sich die Ermächtigung auf ein bestimmtes Rechtsgeschäft ...", (*Mugdan* I, LXXXVIII); die 2. Kommission stellte aber fest, dass sie mit der Neuformulierung keine inhaltliche Veränderung, sondern lediglich eine Erweiterung des dem Entwurf zugrunde liegenden Gedankens vornehmen will, indem sich die „bestimmten Weisungen" nicht zwingend bereits aus der Bevollmächtigung ergeben müssen, sondern auch später – nach Vollmachtserteilung – erteilt werden können, vgl. Prot. I, 289 (*Mugdan* I, 738).

576 Mot. I, 227 (*Mugdan* I, 478).

577 Eine „Weisung" setzt nach ihrem Wortsinn wesensimmanent eine bewusste Einwirkung voraus.

dem Wortlaut des § 166 Abs. 2 BGB[578] noch der soeben betrachteten Ansicht der Gesetzesverfasser. Eine solche restriktive Auslegung des § 166 Abs. 2 BGB könnte allenfalls im Einzelfall durch Sinn und Zweck der jeweiligen Wissensnorm[579] erforderlich werden, um deren Anwendung es geht und deren Wertentscheidungen durch ihre Anwendung auf ein System der Arbeitsteilung (hier des Geschäftsabschlusses durch unmittelbare Stellvertretung) nicht ausgehebelt werden dürfen. Die Wissensnormen als solche, in unseren Grundfällen also die Regelungen nach § 122 Abs. 2, § 442 Abs. 1 Satz 1 und § 932 Abs. 2 BGB, beruhen bereits auf einer konkreten Interessenabwägung, bei der jeweils die Interessen der Vertragsparteien berücksichtigt wurden, aber auch die Interessen des allgemeinen Rechtsverkehrs oder eines sonstigen Betroffenen, wie bei § 932 Abs. 2 BGB des wahren Eigentümers. Soweit nach diesen Normen der einen Vertragspartei ihre Kenntnis oder ihr Kennenmüssen schadet, indem sie beispielsweise (wie in den Grundfällen) ein bestimmtes Recht nicht erwirbt, gewährleistet diese Norm in gleichem Maße den potentiellen Anspruchsgegnern oder Betroffenen Handlungsfreiheit in Form der Freiheit von Schadensersatz- oder Gewährleistungspflichten oder des Fortbestands des Eigentums. Wirken nun als Interessenträger auf einer Seite statt einer Person mehrere Personen im Wege unmittelbarer Stellvertretung zusammen, muss die Wertentscheidung, die sich aus der Wissensnorm für das Handeln im eigenen Namen ergibt, auch im Fall des Handelns durch einen Stellvertreter realisiert werden, um die Interessenabwägung der Wissensnorm nicht aus ihrem Gleichgewicht zu bringen.[580]

Schilken hat herausgearbeitet, dass der Norm des § 166 BGB insoweit die Funktion eines Scharniers zwischen der Wissensnorm und dem Handeln durch einen Stellvertreter zukommt. Schilken zeigt, dass den zahlreichen Wissensnormen beim Eigengeschäft ungeachtet ihres Schutzzweckes zugunsten des Geschäftspartners, eines Dritten oder der Allgemeinheit die Überlegung zugrunde liegt, dass es der Wissen(müssende) in der Hand hat, sein jeweiliges Verhalten der (gebotenen) Kenntnis entsprechend einzurichten und sich dadurch selbst vor nachteiligen Folgen seines Handelns zu schützen.[581] Handelt der unmittelbare Stellvertreter

578 So aber *Buck*, S. 135, und *Müller-Freienfels*, S. 396, wonach § 166 Abs 2 BGB vom Wortlaut her verlangen würde, dass „der Bevollmächtigte vom Vollmachtgeber etwas wie eine spezielle Instruktion in bezug auf den Umstand erhalten hat, dessen Kenntnis in Frage steht".

579 Als „Wissensnorm" werden in der jüngeren Literatur die Rechtsnormen des Privatrechts bezeichnet, die an die Kenntnis oder das Kennenmüssen bestimmte Rechtsfolgen knüpfen, vgl. *Goldschmidt*, S. 42, 84 ff.; *Baum*, S: 32 ff.

580 Einen ganz ähnlichen Ansatz wählen *Müller-Freienfels* Vertretung, S. 399 f., und *Schilken*, S. 51 ff.; ebenso *Goldschmidt*, S. 86 f., für die Problematik der sog. Wissenszurechnung. Bei dieser geht es um das allgemeine Problem der Zurechnung von Kenntnissen, die bei Organisationsmitgliedern oder im Organisationsspeicher oder Organisationsaktenstand vorhanden sind, an die Organisation, vgl. *Wilhelm* SachenR Rn 1243 ff.

581 *Schilken* S. 51 ff.

selbstständig, liegt diese Selbstschutzmöglichkeit grundsätzlich allein bei ihm, wodurch sich § 166 Abs. 1 Var. 2 BGB rechtfertigt. Handelt der Vertreter nach bestimmten Weisungen, die ihm vom Hintermann bei (gebotener) Kenntnis des relevanten Umstands erteilt wurden, ordnet § 166 Abs. 2 BGB richtigerweise auch den Einfluss des Wissensstands des Hintermanns an, da Letzterer den Selbstschutz gleichermaßen hätte ergreifen können.[582]

Hätte H im Fall (1) den Schrank selbst im eigenen Namen gekauft ohne sich dabei über dessen Herkunft aus der Biedermeierzeit Gedanken zu machen, obwohl sich dieselbe einem Kunstkenner wie H hätte aufdrängen müssen, könnte H – nach Anfechtung des Vertrages durch D – seine vergeblichen Abholkosten nicht nach § 122 Abs. 2 BGB ersetzt verlangen, weil er bei sorgfältigem Nachdenken vom Vorliegen des Eigenschaftsirrtums wissen und mit der Anfechtung des Vertrages rechnen musste. Dem § 122 Abs. 2 BGB liegt insoweit die Wertung zugrunde, dass das Vertrauen des H in die Beständigkeit des Wortes von D nicht schutzwürdig ist,[583] da der H den Irrtum kennen musste.[584] Ein gewissenhafter Kunstkenner hätte sich auf die Anfechtbarkeit eingestellt und entweder zur Vermeidung unnötiger Aufwendungen (aus Gründen des Selbstschutzes) vom Vertrag Abstand genommen oder den Vertrag mit vollem Risiko geschlossen. Dasselbe muss aber gelten, wenn H – ohne sich über die Herkunft des Schrankes Gedanken zu machen – den V anweist, den Schrank im Namen von H zu erwerben, § 166 Abs. 2 Satz 2 BGB. War die Anfechtbarkeit für H erkennbar, kann es keinen Unterschied machen, ob er den Schrank selbst gekauft oder den V zu einem Kauf angewiesen hat; in beiden Fällen ist sein Vertrauen auf die Beständigkeit des Wortes des D nicht schutzwürdig.

Das Beispiel zeigt, dass es für die Anwendung von § 122 Abs. 2 BGB im Rahmen von § 166 Abs. 2 BGB nicht darauf ankommt, ob speziell die „kritische" Frage (hier der Herkunft des Schranks) Bestandteil der Weisung zwischen H und V geworden ist. Auch bedarf es keiner Arglist des Hintermanns bei Erteilung der Weisung. Entscheidend ist in unserer Variante von Fall (1) allein, dass der Kauf des Schranks für den Hintermann selbst nur risikobehaftet möglich ist und dass er dieses Risiko durch zielgerichtete[585] Zwischenschaltung eines Vertreters nicht soll minimieren können.

In eben diesem Sinne spricht der BGH in seiner ständigen Rechtsprechung und im Anschluss an das Reichsgericht aus, dass der Zweck des § 166 Abs. 2 BGB darin besteht „zu verhüten, daß durch Bevollmächtigung eines arglosen Dritten die gesetzliche

582 *Schilken*, S. 59 ff.

583 Vgl. zur ratio von § 122 BGB *Flume* AT § 21 1, S. 416. und § 21 7, S. 422 ff.; MüKo-BGB/*Armbrüster* § 122 BGB Rn 20.

584 Damit statuiert das Gesetz trotz der Legaldefinition in § 122 Abs. 2 BGB von „Kennenmüssen" als „Nichtkennen infolge von Fahrlässigkeit" und des darin enthaltenen Verweises auf die Definition der Fahrlässigkeit in § 276 Abs. 2 BGB als „Außerachtlassung der im Verkehr erforderlichen Sorgfalt" keine Prüfungspflicht des Erklärungsempfängers, ob die ihm gegenüber abgegebene Erklärung irrtumsbehaftet ist, vgl. *Flume* AT § 21 7, S. 424.

585 Also mit dem Ziel des konkreten Rechtsgeschäfts.

Folge der Mangelhaftigkeit eines Rechtsaktes umgangen werden könnte".[586] – Diese Betrachtung nimmt ihren Ausgangspunkt ersichtlich beim potentiellen Eigengeschäft des Hintermanns, aus dem sich die gesetzliche Folge der Mangelhaftigkeit ergeben würde und zu dem der unwissende Vertreter als „Dritter" hinzutritt.

Entscheidend für das historische Verständnis des § 166 Abs. 2 BGB ist das Verhältnis der beiden Absätze von § 166 BGB zueinander, das ebenfalls durch das Merkmal der „bestimmten Weisungen" verdeutlicht wird. Dieses Tatbestandsmerkmal verhindert die generelle Beachtlichkeit der Bewusstseinslage des Vertretenen bei jeder Vollmacht, also auch bei der Generalvollmacht. Nur bei spezifischer Teilhabe an der fremden Entscheidungsfindung für das konkrete Rechtsgeschäft soll nach dem Willen der Gesetzesverfasser ausnahmsweise neben der Bewusstseinslage des Vertreters zusätzlich auch das Wissen und Wissenmüssen des Hintermanns rechtlich relevant werden: Denn „...das Rechtsgeschäft ist und bleibt (...) eine Willensthat des Vertreters; es muß daher auch dessen Wissen oder Wissenmüssen in Betracht kommen."[587] Den Einfluss der (gebotenen) Kenntnis des Vertretenen auch ohne dessen Weisungen anzuordnen, hat die 1. Kommission ausdrücklich abgelehnt: „Die Vorschrift auf alle Vollmachtsfälle bz. alle Vertretungsfälle auszudehnen, in welchen der Vertretene Kenntnis von der Vornahme eines Rechtsgeschäftes in seinem Namen hat, ist bedenklich, und praktisch liegt kein Bedürfnis dazu vor."[588]

(2) Extensive Auslegung des Begriffs der „bestimmten Weisungen" gem. § 166 Abs. 2 BGB

Zwischen dem Geschäftsabschluss nach konkreter Handlungsanweisung und demjenigen ohne (über die Erteilung einer Generalvollmacht hinausgehende) Beeinflussung durch den Hintermann befinden sich diverse Zwischenstufen unterschiedlicher Einwirkungsformen, die bald zu einer weiten Auslegung des Begriffs der „bestimmten Weisungen" geführt haben. Der Anwendungsbereich, den § 166 Abs. 2 BGB auf diese Weise nach einhelliger Ansicht von Rechtsprechung und Schrifttum[589] gefunden hat, soll hier dargestellt werden, da sich die Prüfung der entsprechenden Anwendbarkeit der Norm im Rahmen der mittelbaren Stellvertretung darauf zu erstrecken hat, ob dem § 166 Abs. 2 BGB vergleichbare Situationen nur bei „bestimmten Weisungen" des mittelbar Vertretenen vorliegen oder auch bei

---

586 BGH Urt. v. 21.06.1968, BGHZ 50, 364, 368 = NJW 1969, 37, 38; BGH Urt. v. 10.10.1962, BGHZ 38, 65, 67 = NJW 1962, 2251; RG Urt. v. 14.12.1915, JW 1916, 317 ff.

587 Mot. I, 227 (*Mugdan* I, 478).

588 Mot. I, 227 (*Mugdan* I, 478).

589 RG Urt. v. 14.12.1915, JW 1916, 317 ff.; RG 12.08.1939, RGZ 161, 153 ff.; BGH Urt. v. 21.06.1968, BGHZ 50, 364, 368 = NJW 1969, 37, 38; BGH Urt. v. 10.10.1962, BGHZ 38, 65, 67 = NJW 1962, 2251; BGH Urt. v. 17.02.1965, BB 1965, 435; MüKo-BGB/*Schramm* § 166 Rn 58; Staudinger/*Schilken* § 166 Rn 33 ff.; Soergel/*Leptien* § 166 Rn 29; *Flume* AT § 52 6, S. 875.

schwächeren Formen seiner Einflussnahme auf die Willensbildung des mittelbaren Vertreters.

(a) Bloße Veranlassung des konkreten Rechtsgeschäfts

In seinem Urteil vom 14.12.1915[590] sprach das Reichsgericht aus, dass eine enge Deutung des Ausdrucks „nach bestimmten Weisungen“ gemessen am Zweck des § 166 Abs. 2 BGB „zu verhüten, daß durch Bevollmächtigung eines arglosen Dritten die gesetzliche Folge der Mangelhaftigkeit eines Rechtsaktes umgangen werden könnte“, in vielen Fällen zu unbefriedigenden Ergebnissen führt. Dieser Zweck würde nämlich verfehlt werden, würde man „fordern, daß immer zur Vollmacht, also auch wenn schon durch diese die Richtung auf einen bestimmten Rechtsakt angedeutet ist, noch bestimmte Weisungen des Machtgebers hinzukommen müßten (...). Der Tatbestand des Gesetzes muß vielmehr schon als erfüllt gelten, wenn der Bevollmächtigte im Rahmen der Vollmacht zu einem bestimmten Rechtsakte schreitet, zu dessen Vornahme ihn der Machtgeber veranlassen wollte.“[591] Eine solche Veranlassung sah das Reichsgericht im zu entscheidenden Fall im Hinblick auf eine spätere Pfändung darin, dass der unmittelbar Vertretene seinem Rechtsanwalt Prozessvollmacht zur Einklagung eines Wechsels und damit gem. § 81 ZPO zugleich[592] zum Betreiben der späteren Zwangsvollstreckung erteilt hatte. Wird die auf diesem Wege zur Sicherung des Vertretenen erwirkte Pfändung der Wohnungseinrichtung später vom Konkursverwalter gem. § 30 Nr. 2 KO a.F.[593] angefochten, da sie nach Stellung des Konkurseröffnungsantrages erfolgte und die anderen Gläubiger benachteiligte, sei für die Abwendung der Anfechtung nicht nur die Unkenntnis des Rechtsanwalts vom Konkurseröffnungsantrag entscheidend, sondern in entsprechender Anwendung von § 166 Abs. 2 BGB[594] auch die Unkenntnis des Vertretenen. Denn durch die Prozessvollmacht hat der Vertretene seinem Anwalt „hinreichend bestimmt den Weg gewiesen, auf dem dieser dann tatsächlich durch Erhebung der Klage, Erwirkung des Urteils, Vornahme der Pfändungen gegen den Schuldner vorgegangen

590 JW 1916, 317 ff.

591 JW 1916, 317, 318.

592 Nach § 81 ZPO ermächtigt die Prozessvollmacht kraft Gesetzes zu allen den Rechtsstreit betreffenden Prozesshandlungen, einschließlich derjenigen, die durch die Zwangsvollstreckung veranlasst werden.

593 § 30 Nr. 2 der bis zum 31.12.1998 gültigen Konkursordnung sah u.a. die Anfechtbarkeit von nach dem Antrag auf Eröffnung des Konkursverfahrens erfolgten Rechtshandlungen vor, welche einem Konkursgläubiger eine Sicherung gewährten, die er nicht zu beanspruchen hatte, sofern er nicht beweist, daß ihm zur Zeit der Handlung weder der Eröffnungsantrag noch eine Absicht des Gemeinschuldners, ihn vor den übrigen Gläubigern zu begünstigen, bekannt war. – Dieser Norm entspricht heute § 130 Abs. 1 Satz 1 Nr. 2 InsO.

594 Da die Pfändung im Wege der Zwangsvollstreckung kein Rechtsgeschäft ist, wird der Anwendungsbereich des § 166 Abs.2 iVm Abs. 1 BGB nicht unmittelbar sondern nur analog eröffnet.

ist. Es bedurfte nicht einer besonderen Weisung des Beklagten [des Vertretenen] vor und zu jedem einzelnen Schritte seines Bevollmächtigten. Es genügte (...) daß das vom Beklagten von vornherein in eine bestimmte Richtung gelenkte Vorgehen seines Bevollmächtigten im allgemeinen Verlauf in dem Bewußtsein und Willen des beklagten Machtgebers lag."[595]

Den Fall, dass der „Bevollmächtigte im Rahmen der Vollmacht zu einem bestimmten Rechtsakte schreitet, zu dessen Vornahme ihn der Machtgeber veranlassen wollte" sah der BGH in seinem Urteil vom 10.10.1962[596] auch dann für gegeben an, wenn der unmittelbar Vertretene dafür sorgt, dass ihm für den Erwerb eines Grundstücks ein argloser Ergänzungspfleger gem. § 1909 BGB gerichtlich bestellt wird, der dann die Auflassung erklärt, für die dem allgemeinen gesetzlichen Vertreter des unmittelbar Vertretenen wegen In-Sich-Geschäfts gem. §§ 1794 Abs. 2, 181 BGB die Vertretungsmacht fehlte. Wird die Veräußerung von dem benachteiligten Gläubiger gem. § 3 Abs. 1 Ziff. 1 AnfG a.F.[597] angefochten, soll es gem. § 166 Abs. 1 BGB nicht nur auf das Wissen des Ergänzungspflegers ankommen, sondern analog § 166 Abs. 2 BGB[598] auch auf die Kenntnisse des Vertretenen bei Veranlassung der Bestellung des Pflegers gem. § 1909 Abs. 2 BGB, wofür gem. § 166 Abs. 1 BGB die Kenntnisse seines allgemeinen gesetzlichen Vertreters bei dieser Veranlassung entscheidend sind.[599]

Und in der Entscheidung des BGH vom 17.02.1965[600] genügte es für das Handeln nach „bestimmten Weisungen" i.S.v. § 166 Abs. 2 BGB in Form der Veranlassung zu einem bestimmten Rechtsgeschäft, dass der Vertreter allgemein bevollmächtigt war, weitere für den Bau eines Schornsteins erforderlich werdende Nachbestellungen von Steinen bei einem bestimmten Lieferanten vorzunehmen.[601] Dabei ging es um die Geltung der allgemeinen Verkaufs- und Zahlungsbedingungen des Lieferanten, von denen der nachbestellende Vertreter keine Kenntnis hatte. Nach dem Urteil des BGH kann sich aber der wissende Vertretene gem. § 166 Abs. 2 BGB nicht auf die Unkenntnis seines Bevollmächtigten berufen.

595 JW 1916, 317, 319.
596 BGHZ 38, 65, 67 = NJW 1962, 2251.
597 § 3 Abs. 1 Nr. 1 des AnfG in seiner bis zum 31.12.1998 gültigen Fassung lautete: „Anfechtbar sind Rechtshandlungen, welche der Schuldner in der dem anderen Teil bekannten Absicht, seine Gläubiger zu benachteiligen, vorgenommen hat."
598 Der BGH bejahte hier die analoge Anwendbarkeit des § 166 Abs. 2 BGB auf Fälle der gesetzlichen Vertretung im Falle der Ergänzungspflegschaft. Der Ergänzungspfleger sei dem weisungsgebundenen Bevollmächtigten ähnlich, weil beide von vornherein auf ein einzelnes Rechtsgeschäft bestimmten Inhalts ausgerichtet und festgelegt sind, BGH NJW 1962, 2251.
599 NJW 1962, 2251, 2252.
600 BB 1965, 435.
601 BB 1965, 435 Rn 13.

(b) Erlangung der (gebotenen) Kenntnis nach Weisung

Während den vorgenannten Fällen allesamt gemein ist, dass der Vertretene jeweils bereits bei der Weisung oder Veranlassung Kenntnis oder fahrlässige Unkenntnis des rechtlich relevanten Umstandes hatte, lag dem Urteil des BGH vom 21.06.1968[602] eine Situation zugrunde, in der dem Vertretenen nach Erteilung einer Spezialvollmacht zum Erwerb eines bestimmten Grundstücks die Mangelhaftigkeit desselben bekannt wurde. Obwohl der ortsabwesende Vertretene die Möglichkeit hatte, entweder die Auflassung telefonisch zu verhindern oder dafür zu sorgen, dass bei der Auflassung der Vorbehalt seiner Gewährleistungsansprüche erklärt wurde, unternahm er nichts. Als der Vertretene später wegen des Mangels Gewährleistungsansprüche erhebt, halten ihm die Verkäufer des Grundstücks seine rechtzeitige Kenntnis von dem Mangel gem. § 464 BGB a.F.[603] entgegen. Nach der Entscheidung des BGH kann sich der Vertretene gemäß § 166 Abs. 2 BGB nicht auf die Unkenntnis seines Vertreters berufen. Die Norm komme auch zur Anwendung, wenn der Hintermann zwar erst nach seiner Weisung die für die Wissensnorm relevante Kenntnis erlangt, wenn aber zur Zeit der Kenntniserlangung der durch den Bevollmächtigten vorzunehmende Rechtsakt noch bevorsteht und der Vollmachtgeber nicht eingreift, obwohl er es könnte.[604] Dabei ergebe sich aus der ratio und den damit verbundenen Wertentscheidungen der konkreten Wissensnorm des § 464 BGB a.F., wonach dem Käufer beim Eigengeschäft nur positive Kenntnis schadet, dass der Vertretene auch positiv gewusst haben muss, dass die Annahme des Grundstücks i.S.v. § 464 BGB a.F. noch bevorstand. Denn das Erfordernis der positiven Kenntnis gilt „bei Vollziehung der Annahme durch einen – im Sinne des § 166 Abs. 2 BGB nach bestimmten Weisungen des Vollmachtgebers handelnden – Bevollmächtigten nach dem Sinn der Vorschrift [des § 464 BGB a.F.] aber auch hinsichtlich der Umstände, die die Verhinderung der Annahme und die Erwirkung einer Vorbehaltserklärung ermöglichen. Kennt nämlich der Vollmachtgeber diese Umstände nicht, so ist kein Raum für die dem § 464 BGB (...) zugrunde liegende Erwägung, er habe durch die vorbehaltlose Annahme der Sache auf Gewährleistungsansprüche verzichtet; ebensowenig kann ihm dann bei späterer Geltendmachung von Gewährleistungsansprüchen ein Verstoß gegen Treu und Glauben – unter dem Gesichtspunkt innerlich widersprüchlichen Verhaltens – zur Last gelegt werden."[605]

Als Nachweis gleichgerichteter Meinungen aus dem Schrifttum zur Problematik der Kenntniserlangung nach Weisung bezieht sich der BGH u.a. auf die Ansicht von

---

602 BGHZ 50, 364, 368 = NJW 1969, 37 ff.

603 § 464 BGB lautete in seiner bis zum 31.12.2001 gültigen Fassung: „Nimmt der Käufer eine mangelhafte Sache an, obschon er den Mangel kennt, so stehen ihm die in den §§ 462, 463 bestimmten Ansprüche nur zu, wenn er sich seine Rechte wegen des Mangels bei der Annahme vorbehält." – Die Norm wurde im Zuge der Schuldrechtsmodernisierung zum 01.01.2002 ersatzlos gestrichen.

604 NJW 1969, 37, 39.

605 NJW 1969, 37, 39.

Enneccerus/Nipperdey, wonach es im Zuge der weiten Auslegung des Begriffs der „bestimmten Weisungen" nach dem Zweck des § 166 Abs. 2 BGB und nach Treu und Glauben „genügt, wenn der Vertretene beim Geschäftsabschluß anwesend war oder wenn er von dessen Bevorstehen Kenntnis hatte und nicht widersprach."[606] Dazu bemerkt der BGH, dass es „auf die im Schrifttum verschiedentlich erwähnte persönliche Anwesenheit des Vollmachtgebers bei Vornahme des Rechtsakts durch den Bevollmächtigten (...) nicht entscheidend ankommt."[607]

(c) Fazit und Stellungnahme

Sämtlichen Entscheidungen, die in der Rechtsprechung zu einer „weiten Auslegung" des Begriffs der „bestimmte Weisungen" geführt haben, liegt eine aktive Einwirkung des Hintermanns auf den konkreten Geschäftswillen des Vertreters zugrunde. Dort, wo es sich um eine bloße Veranlassung handelt, war der spätere Rechtsakt des Vertreters immerhin in seinem Zweck (Befriedigung der Wechselverbindlichkeit, Grundstückserwerb, Nachbestellung von Steinen) und nach der Person seines Geschäftsgegners vom Hintermann vorherbestimmt worden. Dort, wo es um das Unterlassen von Einwirkungen geht, lag bereits eine bestimmte Weisung im Hinblick auf den später nicht verhinderten Rechtsakt vor, so dass § 166 Abs. 2 BGB nach seinem Wortlaut unproblematisch zur Anwendung kommen konnte. Grammatikalisch setzt die Norm nämlich lediglich „bestimmte Weisungen" und Kennen oder Kennenmüssen voraus. Der Zeitpunkt der Erlangung der (gebotenen) Kenntnis bleibt dabei offen[608] – wenn die Gesetzesverfasser auch ausweislich ihrer Beratungen den Fall der Weisung bzw. „bestimmten Ermächtigung" bei (gebotener) Kenntnis vor Augen gehabt haben dürften.[609]

Die Problematik, die sich dem BGH im Fall der Unterlassung von Einwirkungen bei nachträglicher Kenntniserlangung gestellt hat, liegt darin, dass im Lichte der Wissensnorm des § 464 BGB a.F. nicht jedes Unterlassen des nicht selbst dem Dritten gegenüber rechtsgeschäftlich handelnden Vertretenen den Verlust der Gewährleistungsansprüche rechtfertigt. Die Schutzwürdigkeit des den Mangel kennenden Käufers im Fall des § 464 BGB a.F. erklärte sich beim Eigengeschäft aus der in seiner vorbehaltslosen Annahme der Sache zu erblickenden Verzichtserklärung. Zu seinem Bewusstseinszustand der Kenntnis tritt mithin noch eine Handlung (vorbehaltslose

---

606 *Enneccerus/Nipperdey* § 182 Fn 18, S. 1118.

607 NJW 1969, 37, 39.

608 Vgl. den Wortlaut des § 166 Abs. 2 BGB: „Hat im Falle einer durch Rechtsgeschäft erteilten Vertretungsmacht (Vollmacht) der Vertreter nach bestimmten Weisungen des Vollmachtgebers gehandelt, so kann sich dieser in Ansehung solcher Umstände, die er selbst kannte, nicht auf die Unkenntnis des Vertreters berufen. Dasselbe gilt von Umständen, die der Vollmachtgeber kennen musste, sofern das Kennenmüssen der Kenntnis gleichsteht." Auf diese grammatikalische Offenheit weist auch *Schilken*, S. 62 f., hin.

609 Vgl. Mot. I, 227 (*Mugdan* I, 478).

Annahme der Sache) hinzu, die ihn schutzunwürdig macht und den Nichterwerb der Gewährleistungsansprüche rechtfertigt. Wenn aber für den Käufer der arglose Vertreter handelt, soll das reine Unterlassen des Vertretenen nach Kenntniserlangung nur dann eine Verschlechterung seiner Rechtsposition bedingen, wenn das Unterlassen einer Verzichtserklärung gleichkommt. Dafür fordert der BGH, dass der Vollmachtgeber nicht eingreift, obwohl er es könnte und diese Möglichkeit positiv kannte.

Dabei unterschlägt der BGH aber ein weiteres Kriterium, welches er offenbar stillschweigend als erfüllt ansieht und ohne das die Gleichsetzung des Unterlassens mit einem Verzicht nicht gerechtfertigt werden kann: Vom Hintermann muss das Einschreiten nach Treu und Glauben erwartet werden können. Sein Einschreiten muss nach normativen Kriterien geboten gewesen sein, damit ihn sein Unterlassen schutzunwürdig macht. Denn sein reines Nichtstun im Bewusstseinszustand der Kenntnis rechtfertigt nur dann eine Negativbewertung seines Verhaltens, wenn von ihm eine Handlung erwartet werden kann.[610] Auch korreliert diese Betrachtung mit dem Grundgedanken der Gesetzesverfasser zu § 166 Abs. 2 BGB, wonach der Vertretene bei „bestimmten Weisungen" an der Entscheidung für das konkrete Vertretergeschäft teilhat. Durch die aktive Beeinflussung des konkreten Geschäftswillens des Vertreters entsteht ein Zurechnungskriterium für das spätere Rechtsgeschäft an den Hintermann, das spezieller ist, als die generelle Bevollmächtigung. Diese spezielle Einflussnahme rechtfertigt die als Ausnahmeregel in § 166 Abs. 2 BGB statuierte zusätzliche Beachtlichkeit des Bewusstseinszustands des Vertretenen, wenn die Einflussnahme bei Kenntnis oder Kennenmüssen der maßgeblichen Umstände erfolgte. Tritt dieser Bewusstseinszustand erst später ein und fehlt es fortan an einer aktiven Einflussnahme in Form „bestimmter Weisungen", so kann das spezielle Zurechnungskriterium für das Rechtsgeschäft an den Hintermann nur darin liegen, dass durch die Unterlassung ein Handlungsgebot verletzt wird, nach dem eine Einflussnahme auf das konkrete Rechtsgeschäft zu erwarten gewesen wäre.

Zu der Notwendigkeit eines Handlungsgebots kommt letztlich auch Schilken, der nicht speziell das eben dargestellte Urteil BGHZ 50, 364 ff. analysiert, sondern die Anwendbarkeit des § 166 Abs. 2 BGB im Allgemeinen auf Situationen der Kenntniserlangung nach Weisung untersucht.[611] Dabei arbeitet Schilken das Merkmal des Handlungsgebots nicht ausdrücklich heraus. Vielmehr konzentriert er sich auf die Möglichkeit des Einschreitens und die Zumutbarkeit desselben als Begrenzungskriterien einer zu weitreichenden Beachtlichkeit des Unterlassens bei Kenntniserlangung nach Weisung im Fall des § 166 Abs. 2 BGB. Schilken will verhindern, dass dem Vertretenen im Fall des Unterlassens „jede entfernte Hinderungsmöglichkeit" zum Nachteil gereicht. Daher sei zu prüfen, ob dem Hintermann selbstschützendes

610 Vgl. auch *Müller-Freienfels* Vertretung Kap. 6 C, S. 397, wonach ein Unterlassen grundsätzlich nur dann rechtlich zu beanstanden ist, wenn es gegen Treu und Glauben verstößt.

611 *Schilken*, S. 64.

Verhalten nach Treu und Glauben noch zugemutet werden kann.[612] § 166 Abs. 2 BGB greife ein, wenn der Hintermann „Maßnahmen unterlässt, die zumutbarerweise geboten (sic!) und geeignet erscheinen, die Erklärung des Stellvertreters noch zu verhindern."[613] Als Beispiel einer nicht zumutbaren Selbstschutzmaßnahme führt Schilken den Fall an, dass der Vollmachtgeber aufgrund der konkreten Umstände berechtigterweise davon ausgehen durfte, sein Vertreter werde die fehlende Verlässlichkeit der Wissensumstände selbst erkennen und die gebotenen Maßnahmen des Selbstschutzes ergreifen.[614]

(3) Analoge Anwendung bei fehlender Weisung

(a) Die Ansicht von Schilken zum Unterlassen

Im Rahmen seiner Analyse von § 166 Abs. 2 BGB hat Schilken für die unterschiedlichen, denkbaren Einwirkungsformen und Bewusstseinszustände des Vertretenen Fallgruppen gebildet und danach untersucht, welche Ausweitung des § 166 Abs. 2 BGB normativ gerechtfertigt ist.[615] Als Maßstab dient ihm dabei seine These, dass sämtlichen Wissensnormen die Überlegung zugrunde liegt, dass es der Wissen(müssen)de in der Hand hat, sein jeweiliges Verhalten der (gebotenen) Kenntnis entsprechend einzurichten und sich dadurch selbst vor nachteiligen Folgen seines Handelns zu schützen.[616] Für die Anwendung des § 166 Abs. 2 BGB sei bei allen Fallgruppen ausschlaggebend, ob der Hintermann den Selbstschutz gleichermaßen hätte ergreifen können.[617]

Schilken gelangt zu der Auffassung, dass die Konstellationen, in denen der eine Generalvollmacht erteilende Vertretene von dem bevorstehenden Rechtsgeschäft weiß und auch die hierfür maßgebliche Kenntnis besitzt oder besitzen müsste, den Abschluss des Geschäfts aber nicht aktiv beeinflusst, obwohl es ihm möglich und zumutbar wäre, zu einer analogen Anwendung des § 166 Abs. 2 BGB führen.[618] Die

612 *Schilken,* S. 58, 64.

613 *Schilken,* S. 64. Noch deutlicher formuliert er in Staudinger/*Schilken* § 166 BGB Rn 33, dass der Zweck des § 166 Abs. 2 BGB darin bestehe, dass „gebotene Maßnahmen des Selbstschutzes nicht durch den Einsatz eines Stellvertreters unterlaufen werden dürfen."

614 *Schilken,* S. 64.

615 *Schilken,* S. 60 ff.

616 *Schilken,* S. 51 ff.

617 *Schilken,* S. 59 ff.

618 *Schilken,* S. 66 ff. Nicht richtig ist allerdings seine Behauptung auf S. 66, dass die ständige Rechtsprechung des BGH diese Auffassung teilen würde. In keinem der von ihm zum Nachweis dieser These in den Fußnoten 208, 199 angeführten Entscheidungen (BGHZ 38, 65, 67; BGHZ 40, 42, 46; BGHZ 50, 364, 368; BGHZ 51, 141, 145) ging es um eine Situation reinen Unterlassens selbstschützender Maßnahmen nach Erteilung einer Generalvollmacht im Rahmen von § 166 Abs. 2 BGB. Allenfalls der oben zitierte Verweis des BGH in seiner dargestellten Entscheidung zur Kenntniserlangung nach Weisung, BGHZ 50, 364, 368 = NJW

überwiegende Literatur und das BayObLG sind hinsichtlich der Behandlung dieser Fälle nach § 166 Abs. 2 BGB der gleichen Ansicht, scheinen aber eine Analogie für nicht erforderlich zu halten.[619]

Dass die Fälle bloßen Unterlassens möglicher Verhinderungsmaßnahmen nach Erteilung einer Generalvollmacht auch bei weitester Auslegung des Begriffs der „Weisungen" vom Wortlaut des § 166 Abs. 2 BGB nicht erfasst werden und dass daher die Möglichkeiten einer gesetzesimmanenten Rechtsfortbildung zu prüfen sind, macht Schilken deutlich.[620] Dabei stellt er fest, dass keine anfängliche Gesetzeslücke vorliegt, nachdem die 1. Kommmission[621] es ablehnte, die Regelung des § 166 Abs. 2 BGB „...auf alle Vollmachtsfälle bz. alle Vertretungsfälle auszudehnen, in welchen der Vertretene Kenntnis von der Vornahme eines Rechtsgeschäftes in seinem Namen hat...".[622]

Schilken führt aus, dass die von ihm aus der jeweiligen Wissensnorm beim Eigengeschäft abgeleiteten Wertungsgrundlagen des § 166 Abs. 2 BGB[623] mit der Erkenntnis von Flume zum Wesen der Stellvertretung[624] harmonisieren, wonach die Stellvertretung eine „konsequente Durchführung" des Grundsatzes der Privatautonomie ist.[625] Indem Flume die Theorie entwickelte, dass das (Vertreter-) Rechtsgeschäft als Ergebnis des Handelns eine Regelung des Vertretenen darstellt, die

---

1969, 37 ff., auf die Meinung von *Enneccerus/Nipperdey* (vgl. zur Fn 606) könnte dahin ausgelegt werden, dass sich der BGH der Meinung von *Enneccerus/Nipperdey* vollumfassend anschließt, also auch für den Fall reinen Unterlassens selbstschützender Maßnahmen nach Erteilung einer Generalvollmacht. Diese Auslegung erscheint aber problematisch, da das Zitat ersichtlich dazu dient, die gefundene konkrete Entscheidung zu untermauern. – Tatsächlich hat – soweit ersichtlich bislang einzigst – das BayObLG in einem obiter dictum in seinem Beschluss vom 10.05.1989, NJW-RR 1989, 907 ff., 910, ausgesprochen, dass es „bestimmten Weisungen" i.S.v. § 166 Abs. 2 BGB gleichsteht, „wenn der Vertretene von einem bestimmten Vorhaben des Vertreters weiß und den Abschluß nicht verhindert, obwohl er dazu in der Lage ist."

619 MüKo-BGB/*Schramm* § 166 Rn 58; Soergel/*Leptien* § 166 Rn 29; Bamberger/Roth/Valenthin § 166 Rn 25; Erman/Maier-Reimer § 166 Rn 38; NK-BGB/Stoffels § 166 Rn 35; *Flume* AT § 52 6, S. 875, stellt darauf ab, dass es der Vollmachtgeber bewusst zu dem bestimmten Geschäft kommen lässt; BayObLG Beschl. v. 10.05.1989, NJW-RR 1989, 907 ff., 910.

620 *Schilken*, S. 67.

621 Mot. I, 227 (*Mugdan* I, 478) und oben zu Fn 498.

622 *Schilken*, S. 69.

623 Also die Überlegungen, dass es (1) der Wissen(müssen)de in der Hand hat, sein jeweiliges Verhalten der (gebotenen) Kenntnis entsprechend einzurichten und sich dadurch selbst vor nachteiligen Folgen seines Handelns zu schützen und dass es daher (2) für die Anwendung des § 166 Abs. 2 BGB ausschlaggebend sei, ob der Hintermann den Selbstschutz gleichermaßen hätte ergreifen können.

624 Vgl. dazu *Flume* AT § 43 3, S. 754, § 46 1, S. 793 f.

625 *Schilken*, S. 68 f.

dem Hintermann nicht aufgrund einer Fiktion zuzurechnen ist, sondern aufgrund der in Selbstbestimmung erfolgten Autorisierung des Vertreters, habe Flume neue Wertungsgrundlagen geschaffen, die sich auch auf die Berücksichtigung von Wissen und Wissenmüssen i.S.v. § 166 Abs. 2 BGB auswirken.[626] Die den Gesetzesverfassern zum Wesen der Stellvertretung bekannten Theorien,[627] aus denen Wertungsgrundlagen für § 166 BGB abgeleitet werden konnten, seien damit überholt. Flumes Einordnung der Stellvertretung innerhalb der heute gültigen Werteordnung und die „sich erst allmählich entwickelnde und durchsetzende Gleichstellung von Handlung und gebotener Unterlassung“[628] hätten die gesetzlichen Wertungsgrundlagen von § 166 Abs. 2 BGB derart verändert, dass sich eine nachträgliche Gesetzeslücke für die Fälle aufgetan habe, in denen der eine Generalvollmacht erteilende Vertretene von dem bevorstehenden Rechtsgeschäft weiß und auch die hierfür maßgebliche Kenntnis besitzt oder besitzen müsste, den Abschluss des Geschäfts aber nicht aktiv beeinflusst, obwohl es ihm möglich und zumutbar wäre.[629]

Die Fälle des Nichtergreifens zumutbarer, selbstschützender Maßnahmen sind nach der Auffassung von Schilken der Erteilung von „bestimmten Weisungen“ in § 166 Abs. 2 BGB hinsichtlich der jeweiligen Interessenlage so ähnlich, dass die Erstreckung der Rechtsfolge von § 166 Abs. 2 BGB auf die vorgenannten Fälle des Unterlassens in Anbetracht des Regelungszwecks der Norm, den Eintritt von Rechtsvorteilen auszuschließen, wenn der Hintermann bestehende Selbstschutzmöglichkeiten ausgeschlagen hat, geboten ist.[630] „Wer bei eigener Kenntnis Nutzen aus der Unkenntnis seines Stellvertreters zieht, obwohl er dessen Willenserklärung noch hätte verhindern können und müssen, dem sollten die vom Gesetz an eine Unkenntnis geknüpften Vorteile genauso wenig zugute kommen können, wie dem „aktiven“ Vollmachtgeber, der seinen Stellvertreter zur Abgabe entsprechender Willenserklärungen veranlasst. Da es sich bei dem Ergebnis des Handelns des Vertreters um das Rechtsgeschäft des Vertretenen handelt, erscheint es angemessen, auch von ihm die erforderlichen Maßnahmen des Selbstschutzes zu verlangen, die sein Stellvertreter mangels Kenntnis nicht ergreifen kann.“[631] Die Fälle reinen Unterlassens seien hingegen mit der Erteilung von „bestimmten Weisungen“ wegen fehlender „tatsächlicher Verlässlichkeit als Basis für den jeweils vorgesehenen Vorteilsschutz“ nicht vergleichbar.[632]

---

626 *Schilken*, S. 24 f.

627 *Schilken*, S. 24 f., meint die Repräsentationstheorie, die Geschäftsherrntheorie und die sog. vermittelnde Theorie, vgl. Nachweise oben Fn 342.

628 *Schilken*, S. 69 – Gemeint ist offensichtlich die „Gleichstellung von Handlung und Unterlassung einer gebotenen Handlung“.

629 *Schilken*, S. 68 f.

630 *Schilken*, S. 68 f.

631 *Schilken*, S. 68 f.

632 *Schilken*, S. 68.

(b) Stellungnahme

Dass die Fälle, in denen der Vertreter aufgrund einer Generalvollmacht handelt und der Vertretene auf den Geschäftswillen des Vertreters hinsichtlich des konkreten Rechtsgeschäfts keinen Einfluss nimmt, obwohl der Vertretene von dem bevorstehenden Rechtsgeschäft weiß und die nach der Wissensnorm maßgeblichen Umstände kannte oder kennen musste, auch bei weitester Auslegung des Merkmals der „bestimmten Weisungen" von der Norm des § 166 Abs. 2 BGB nicht erfasst werden, hat Schilken überzeugend herausgearbeitet. Der Wortlaut des § 166 Abs. 2 BGB verlangt zwingend eine aktive Einwirkung des Vertretenen im Hinblick auf das spätere Vertretergeschäft, die konkreter ist als die Erteilung einer Generalvollmacht.

Auch hebt Schilken richtigerweise hervor, dass eine Analogie des § 166 Abs. 2 BGB zunächst eine Gesetzeslücke voraussetzt, die nach einhelliger Ansicht als „planwidrige Unvollständigkeit" des Gesetzes definiert wird, wobei der dem Gesetz zugrunde liegende Regelungsplan aus ihm selbst im Wege der historischen und teleologischen Auslegung zu erschließen ist.[633] Während anfängliche Lücken bereits bei Erlass des Gesetzes vorhanden sind, können nachträgliche Lücken dadurch entstehen, dass sich infolge der technischen oder wirtschaftlichen Entwicklung die geregelte Tatsachenlage ändert, dass durch neue gesetzliche Regelungen in anderen Rechtsbereichen Wertvorstellungen der Gesetzgebung gültig werden, die zu bestehenden Gesetzesvorschriften in ein Spannungsverhältnis oder in offenen Widerspruch geraten, oder dass sich die Wertvorstellungen in der Rechtsgemeinschaft so einschneidend ändern, dass ebenfalls ein Spannungsverhältnis mit dem Gesetz entsteht.[634] Da die Gesetzesverfasser beim Entwurf des § 166 Abs. 2 BGB den Fall des vorsätzlichen Nichteingreifens gesehen und bewusst nicht geregelt haben, weil sie es für „bedenklich" und praktisch bedeutungslos hielten, die Norm auf alle Vollmachtsfälle auszudehnen, in welchen der Vertretene Kenntnis von der Vornahme eines Rechtsgeschäftes hat,[635] wäre eine durch Analogie ausfüllungsbedürftige Gesetzeslücke nur vorhanden, wenn sie nachträglich entstanden ist.

Die von Schilken zur Begründung einer nachträglichen Gesetzeslücke durchgeführte Argumentation ist überzeugend, wobei er den Aspekt der sich erst nach Erlass des BGB durchsetzenden Gleichstellung von Handlung und Unterlassung einer nach Treu und Glauben gebotenen Handlung stärker betonen könnte. Denn eine nachträgliche Gesetzeslücke aufgrund einschneidenden Wandels in den Wertvorstellungen der Rechtsgemeinschaft ergibt sich erst aus der Kombination von Flumes Erkenntnissen zum Wesen der Stellvertretung mit dieser Entwicklung zur rechtlichen Beachtlichkeit von Unterlassungen.

Durch Flumes Rechtsgeschäftslehre konnten die im Willensdogma verhafteten Theorien vom Wesen der Stellvertretung in Form der Repräsentationstheorie und der Geschäftsherrntheorie aufgegeben und die Stellvertretung in die heutige Lehre

633 *Larenz* Methodenlehre, II Kap. 5 2 a), S. 373.
634 Rüthers/Fischer/Birk Rn 859 ff.
635 Vgl. oben zu Fn 498.

der Willenserklärung eingeordnet werden, wonach die Rechtsfolge nicht mehr unmittelbare Folge des rechtsgeschäftlichen Willens ist, sondern ein durch Privatautonomie aktiviertes, latent zur Verfügung gestelltes Rechtsverhältnis darstellt. Indem die Rechtsordnung dies in § 164 BGB zulässt, kann rechtsgeschäftliches Handeln auch von einer anderen Person übernommen werden, wobei dem Vertretenen die Regelung deswegen zugerechnet wird, weil er sie selbst mittelbar durch Autorisierung des Vertreters aktiviert hat. Damit stellt sich das Vertretergeschäft als privatautonome Regelung des Vertretenen dar.[636]

Den Grundstein für die rechtliche Beachtlichkeit von Unterlassungen aufgrund Verstoßes gegen ein aus Treu und Glauben abgeleitetes Handlungsgebot außerhalb bestehender Schuldverhältnisse und unabhängig von Schutzgesetzen legte das Reichsgericht durch sein Urteil vom 30.10.1902[637] zum Bestehen einer allgemeinen Verkehrssicherungspflicht, sofern eine solche im konkreten Einzelfall „nach dem Maße dessen, was man im menschlichen Verkehr billigerweise an gegenseitiger Rücksichtnahme verlangen kann“ geboten erscheint.[638] Hieraus entwickelte sich die Lehre von den Verkehrspflichten, die den heutigen Wertvorstellungen zur Verantwortlichkeit für Unterlassungen so stark entspricht, dass sogar von Gewohnheitsrecht[639] gesprochen wird.[640] Dabei stellt die Lehre von den Verkehrspflichten nur ein Beispiel dar für die rechtliche Beachtlichkeit von Unterlassen infolge eines aus Treu und Glauben abgeleiteten Handlungsgebots. Das Handlungsgebot muss dabei nicht stets eine klagbare Rechtspflicht zum Handeln begründen. So kann als anderes Beispiel die Auslegung von Schweigen auf eine vorangegangene Erklärung als positive Willenserklärung aufgrund besonderer Umstände genannt werden, wenn nach Treu und Glauben im Falle einer Ablehnung eine ausdrückliche Erklärung erwartet werden konnte.[641]

---

636 *Flume* AT § 43 3, S. 753 ff.

637 RGZ 52, 373 ff.

638 RGZ 52, 373, 379. Gegenstand der Entscheidung war die Haftung des Eigentümers eines morschen Baumes, der auf einem öffentlichen Weg stand und von selbst umstürzte, wodurch das Nachbarhaus beschädigt wurde. Das Reichsgericht bejahte die Haftung des untätigen Baumeigentümers nach § 823 Abs. 1 BGB wegen Verletzung der allgemeinen Pflicht, die im Verkehr erforderliche Sorgfalt darauf zu verwenden, dass nicht andere durch die mangelhafte Beschaffenheit des Baumes Schaden erlangen, falls der Eigentümer im Einzelfall von der Gefährlichkeit des konkreten Baumes wusste.

639 Als „Gewohnheitsrecht“ werden Rechtsregeln bezeichnet, die nicht von einem Gesetzgeber statuiert sind und bei denen die Überzeugung der Mitglieder der Rechtsgemeinschaft von ihrer Geltung unmittelbar in deren Verhalten (Übung, Gewohnheit) zum Ausdruck kommt, vgl. Staudinger/*Honsell* Einleitung zum BGB Rn 78 f.

640 Staudinger/*Hager* § 823 BGB Rn E 1 m.w.N.

641 *Larenz/Wolf* § 28 Rn 51 m.w.N.

In der Untersuchung von Schilken erscheint das Kriterium der Gebotenheit des Einschreitens zwar an den oben zitierten Stellen gelegentlich, er lässt es dann aber immer wieder fallen, indem er resümiert: „Die Wertungsgrundlagen des § 166 Abs. 2 BGB erfassen auch die uns interessierende Fallgestaltung, in der der wissende Geschäftsherr trotz Kenntnis des bevorstehenden Vertretergeschäftes und zumutbarer Hinderungs- und damit Selbstschutzmöglichkeit nicht eingreift"[642] bzw. „Der Vollmachtgeber kann sich zur Wahrung des an sich vorgesehenen Vorteilsschutzes bei eigener Kenntnis und Wissen um das bervorstehende Vertretergeschäft nicht auf die Unkenntnis seines Stellvertreters berufen, wenn er das Geschäft durch zumutbare Maßnahmen noch verhindern konnte."[643]

Die hier problematisierten Fälle, in denen der Vertretene von Anfang an keine „bestimmten Weisungen" erteilt, sind in der rechtlichen Bewertung des Unterlassens den oben diskutierten Konstellationen der Kenntniserlangung nach Weisung[644] gleich zu behandeln. Hier wie dort kommt es darauf an, ob das Einschreiten nach normativen Kriterien geboten und ob es tatsächlich möglich und zumutbar war. Auch entspricht die Gleichbehandlung des Unterlassens gebotener Weisungen mit den unmittelbar von § 166 Abs. 2 BGB erfassten Fällen der Erteilung „bestimmter Weisungen" dem bereits oben[645] nach historischen und teleologischen Kriterien herausgearbeiteten Regelungsplan des Gesetzes, wonach es in § 166 Abs. 2 BGB um das Vorliegen eines speziellen Zurechnungskriteriums für das Vertretergeschäft an den Hintermann geht, das über die bloße Erteilung einer Generalvollmacht hinausgeht und die zusätzliche Beachtlichkeit des Bewusstseinszustands des Vertretenen rechtfertigt. Fehlt es an einer aktiven Einflussnahme durch „bestimmte Weisungen", liegt beim Unterlassen das spezielle (über eine Generalvollmacht hinausgehende) Zurechnungskriterium darin, dass ein Handlungsgebot verletzt wird, nach dem eine Einflussnahme auf das konkrete Rechtsgeschäft zu erwarten gewesen wäre.

(c) Die Ansicht von Müller-Freienfels zum Unterlassen

Noch weiter als Schilken geht Müller-Freienfels, der eine entsprechende Anwendung von § 166 Abs. 2 BGB auch im Falle des bloßen Unterlassens befürwortet und dabei auf etwaige Handlungsmöglichkeiten oder Handlungsgebote keine Rücksicht nehmen will.[646]

Ob und in welchem Maße die Kenntnis des Vertreters und des Vertretenen zu berücksichtigen sind, sei nicht aus den Theorien zum Wesen der Stellvertretung

642 *Schilken*, S. 72.
643 *Schilken*, S. 73.
644 C.III.1.b)(2)(b).
645 C.II.1.c)(3).
646 *Müller-Freienfels* Vertretung, S. 398; *Beuthien*, FS Medicus, 1999, 1 ff., 15; *Beuthien*, NJW 1999, 3585 ff.

abzuleiten,[647] sondern in jedem Einzelfall in Abwägung der verschiedenen Interessen jeweils nach Sinn und Zweck der einzelnen gesetzlichen Bestimmung zu ermitteln.[648] Diese Betrachtung führe zu der Erkenntnis, dass dem Vertretenen die Kenntnisse seines Vertreters gem. § 166 Abs. 1 Var. 2 BGB deswegen zum Nachteil gereichen, weil der Hintermann aus dem Vertreterhandeln auch Vorteile erlangt. Gerechtweise soll er sich dann den Nachteilen nicht entziehen können.[649] Erlange umgekehrt der Hintermann Kenntnisse, die er an seinen Vertreter nicht weitergibt, verdiene der Hintermann dem Dritten gegenüber keinen Schutz, da er sonst durch Zwischenschiebung eines Vertreters in eine „vorteilhaftere Stellung" gelangen würde. Letzteres soll durch die Regelung des § 166 Abs. 2 BGB verhindert werden.[650]

Dass dabei das Unterlassen des Vertretenen stets zur Anwendung des § 166 Abs. 2 BGB führen müsse, und nicht nur dann, wenn es gegen Treu und Glauben verstößt,[651] zeige der folgende Fall: Der Ehemann, dem der Kleiderluxus seiner Frau zu teuer wird, teilt dem Kleiderlieferanten zur Beschränkung der sog. Schlüsselgewalt gem. § 1357 Abs. 2 Satz 1 BGB[652] mit, für künftige Schulden seiner Frau aus Kleiderkäufen nicht mehr aufzukommen. Als der Geschäftsinhaber dies seiner Vertreterin mitteilen will, unterläuft seinem Büro ein Fehler, weshalb die unwissende Vertreterin erneut an die Ehefrau ein Kleid verkauft. Obwohl „niemandem der Vorwurf der Treulosigkeit gemacht werden" könne, müsse dem Vertretenen das Unterlassen der Weiterleitung seiner Kenntnisse zum Nachteil gereichen: „Immer wenn der Bevollmächtigte eine bestimmte Rechtsfolge herbeiführen will, in bezug auf die der Vollmachtgeber bösgläubig ist, verdient der Vertretene nicht, aus der Unkenntnis seines Vertreters Vorteile zu ziehen. Vielmehr ist dann stets § 166 Abs. 2 BGB entsprechend anzuwenden (...)."[653]

Eine ausfüllungsbedürftige Regelungslücke liegt nach der Auffassung von Müller-Freienfels deswegen vor, weil die wörtliche Anwendung von § 166

647 Die eigene Theorie von *Müller-Freienfels* zum Vertretergeschäft als „einheitliches Rechtsgeschäft" bzw. als „Gesamttatbestand", das sich aus der Bevollmächtigung und dem Rechtsakt des Vertreters zusammensetzt, spielt damit keine Rolle.

648 *Müller-Freienfels* Vertretung, S. 392.

649 *Müller-Freienfels* Vertretung, S. 393.

650 *Müller-Freienfels* Vertretung, S. 396.

651 *Müller-Freienfels* gibt hier die von *Schiedermair* in seiner Monografie „Das Anwendungsgebiet des § 162 BGB", Bonn 1929, S. 57 f., vertretene Meinung wieder, wonach in Fällen des Unterlassens der Weiterleitung von Kenntnissen durch den unmittelbar Vertretenen nicht § 166 BGB zur Anwendung komme sondern § 162 BGB analog, wenn der wissende Hintermann treuwidrig den Eintritt des den Rechtsnachteil begründenden Umstandes der Kenntnis des Stellvertreters verhindere.

652 Nach § 1357 Abs. 1 BGB ist jeder Ehegatte berechtigt, Geschäfte zur angemessenen Deckung des Lebensbedarfs der Familie mit Wirkung auch für den anderen Ehegatten zu besorgen, wobei diese Berechtigung nach § 1357 Abs. 2 Satz 1 BGB durch jeden Ehegatten beschränkt oder ausgeschlossen werden kann.

653 *Müller-Freienfels* Vertretung, S. 397 f.

Abs. 2 BGB zu unhaltbaren Ergebnissen führt, die in offenem Widerspruch stehen zu dem vom Reichsgericht hervorgehobenen Zweck der Norm, wonach verhütet werden soll, dass durch Bevollmächtigung eines arglosen Dritten die gesetzliche Folge der Mangelhaftigkeit eines Rechtsaktes umgangen wird.[654]

(d) Stellungnahme

Müller-Freienfels vermischt in seiner Argumentation verschiedene Aspekte. Die Frage, ob ein Unterlassen wegen Verstoßes gegen ein aus Treu und Glauben abgeleitetes Handlungsgebot rechtlich relevant werden kann, ist von den Fragen zu unterscheiden, ob das konkrete Unterlassen der an sich gebotenen Handlung dem für das Unterlassen Verantwortlichen „wegen Treulosigkeit vorzuwerfen" und inwieweit ihm das Fehlverhalten Dritter zuzurechnen ist.

Auch Müller-Freienfels geht in seinem Beispielsfall unausgesprochen davon aus, dass von dem Geschäftsinhaber die Weiterleitung seiner Kenntnisse redlicherweise erwartet werden konnte, dass also ein Einschreiten des Vertretenen geboten, möglich und zumutbar war. Die von Müller-Freienfels gezogene Schlussfolgerung, sein Beispielsfall zeige, dass jedes Unterlassen dem Tatbestandsmerkmal der „bestimmten Weisungen" in § 166 Abs. 2 BGB gleichzusetzen ist, erscheint nicht konsequent. An dieser Stelle soll die Problematik um die persönliche Vorwerfbarkeit eines Unterlassens im Rahmen einer analogen Anwendung von § 166 Abs. 2 BGB nicht gelöst werden.[655]

Müller-Freienfels hat zudem das Vorliegen einer Gesetzeslücke in § 166 Abs. 2 BGB für sämtliche Fälle des Unterlassens nicht hinreichend dargetan. Die vom Reichsgericht ausgesprochene Erkenntnis zum Regelungszweck der Norm, eine Umgehung der gesetzlichen Folge der Mangelhaftigkeit des Rechtsgeschäfts auszuschließen, begründet keine nachträgliche Regelungslücke aufgrund einschneidenden Wandels in den Wertvorstellungen der Rechtsgemeinschaft.

(e) Die Ansicht von Beuthien zum Unterlassen

Konsequent in seiner Argumentationsführung ist Beuthien, der die Meinung vertritt, dass § 166 Abs. 2 BGB dogmatisch und rechtssystematisch den Grundtatbestand für eine Wissensberücksichtigung bei der unmittelbaren Stellvertretung darstellt und stets entsprechend anzuwenden ist, wenn der Vertretene keine näheren Weisungen erteilt.[656] Dies ergebe sich aus dem Wesen der Stellvertretung, das richtigerweise mit dem Denkansatz der Geschäftsherrntheorie zu erklären sei, ergänzt um Elemente der „bürgerlichrechtlichen Willens- und Wissenszurechnung" in Form der „Vertretung im Willen".[657]

---

654 *Müller-Freienfels* Vertretung, S. 399.

655 Vgl. dazu *Schilken,* S. 73 f., einerseits und *Flume* AT § 52 6, S. 875, andererseits.

656 *Beuthien,* FS Medicus, 1999, 1 ff., 15.

657 *Beuthien,* FS Medicus, 1999, 1 ff., 4 ff.

Beuthien zufolge handelt es sich bei der Stellvertretung wesensmäßig um „fremdnützige Erklärungsmittlung".[658] Dabei bildet der Vertreter zwar gegenüber dem Dritten den Geschäftswillen, gestaltet den Inhalt der Willenserklärung und äußert sie, diese Willenserklärung ist für den Vertreter aber von Anfang an eine rechtlich fremde, da sie sowohl im subjektiven als auch im objektiven Tatbestand dem Vertretenen als eigene Erklärung zugeordnet wird. Der vom Vertreter gebildete Geschäftswillen wird dem Vertretenen also als eigener zugerechnet. Rechtlich handelt der Geschäftsherr dadurch selbst, aber durch den Vertreter. Die Stellvertretung sei nicht als drittwirkendes Fremdhandeln aufzufassen, sondern als „mittelbares Eigenhandeln des Vertretenen mittels der Erklärungshilfe des Vertreters."[659]

Die Einordnung der Stellvertretung als fremdnützige Erklärungsmittlung sei mit dem Wortlaut des § 164 Abs. 1 Satz 1 BGB vereinbar, in dem sich der Denkansatz der Repräsentationstheorie nicht niedergeschlagen habe.[660] Auch bei Schaffung des § 166 BGB hätten die Gesetzesverfasser jede doktrinäre Festlegung vermieden und einen praktischen Mittelweg gesucht.[661]

Die in Flumes Rechtsgeschäftslehre zu findende „Scheu vor der Vertretung im (zuzurechnenden) Willen" sei „ein begrifflich unbewältigter Rest rechtsbiologischen Denkens" und angesichts der im Wesen der Privatautonomie enthaltenen Willens- und Wissenszurechnung „unnötig"[662]: So werde beispielsweise bei Abgabe einer Willenserklärung der notwendige Verkehrsschutz durch das „Prinzip der Willens- und Wissenszurechnung" gewährleistet, indem die Willenserklärung nicht so gilt, wie sie der Erklärende gewollt hat, sondern so, wie der Empfänger sie verstehen durfte.[663]

Die Norm des § 166 BGB enthalte drei Regelungen, die allesamt dafür sorgen sollen, dass Einzelwirtschaft und arbeitsteiliges Wirtschaften stellvertretungsrechtlich chancengleich sind. Die Regelungen zum Kennen und Kennenmüssen gemäß § 166 Abs. 1 Var. 2 und § 166 Abs. 2 BGB sollen verhindern, dass der Vertretene unverdiente Vorteile durch arbeitsteiliges Wirtschaften erlangt, während es bei der Relevanz von Willensmängeln gemäß § 166 Abs. 1 Var. 1 BGB darum gehe, den Vertretenen vor möglichen rechtlichen Nachteilen der Stellvertretung zu bewahren.[664]

Da der Vertretene als Geschäftsherr stets eine eigene Willenserklärung abgibt, sei die Norm des § 166 Abs. 2 BGB zu eng und auf alle Fälle auszudehnen, in denen der Hintermann die maßgeblichen Umstände kennt oder kennen muss.[665] Dies liege

658 *Beuthien*, FS Medicus, 1999, 1 ff., 14.
659 *Beuthien*, FS Medicus, 1999, 1 ff., 6.
660 *Beuthien*, FS Medicus, 1999, 1 ff., 4 und 8 Fn 19.
661 *Beuthien*, FS Medicus, 1999, 1 ff., 12.
662 *Beuthien*, FS Medicus, 1999, 1 ff., 8.
663 *Beuthien*, FS Medicus, 1999, 1 ff., 3.
664 *Beuthien*, FS Medicus, 1999, 1 ff., 16.
665 *Beuthien* macht in NJW 1999, 3585, 3587, sogar den Vorschlag einer Neufassung der Norm des § 166 BGB, die in ihrem Absatz 1 den folgenden Wortlaut bekommen sollte: „Soweit es auf die Kenntnis oder das Kennenmüssen bestimmter Umstände

auch im allgemein anerkannten Zweck der Regelung zu verhüten, dass durch Bevollmächtigung eines arglosen Dritten die gesetzliche Folge der Mangelhaftigkeit eines Rechtsaktes umgangen wird. Die eine Ausweitung der Norm ablehnenden Äußerungen der 1. Kommission stünden der entsprechenden Anwendung des § 166 Abs. 2 BGB nicht entgegen, da „Vorstellungen und Motive der Gesetzesverfasser bei der Gesetzesanwendung nur dann binden" würden, „soweit sie sachlich überzeugen."[666]

(f) Stellungnahme

Dass sich mit dem zuletzt wiedergegebenen Ausspruch Beuthiens keine analogiefähige, ausfüllungsbedürftige Gesetzeslücke begründen lässt, wurde bereits oben dargetan. Es bedarf hierfür einer sorgfältigen Darlegung des Regelungsplanes des Gesetzes, der sich aus historischer und teleologischer Auslegung ergibt. Allein mit seiner Theorie zum Wesen der Stellvertretung als „fremdnützige Erklärungsmittlung kraft Vertretung im Willen" oder mit dem Hinweis auf den vom Reichsgericht festgestellten Zweck des § 166 Abs. 2 BGB in Form der Gewährleistung von Umgehungsschutz lässt sich nicht über die bewusste Entscheidung der Gesetzesverfasser gegen eine Einbeziehung der Fälle des reinen Unterlassens in die Norm des § 166 Abs. 2 BGB hinweggehen – und dies umso weniger, als sogar die 1. Kommission bei Vertretung von „Vertretung im Willen"[667] gesprochen hat.

Aber auch inhaltlich überzeugen Beuthiens Darlegungen zum „Prinzip der Willens- und Wissenszurechnung" als Bestandteil der Privatautonomie nicht. So gilt der objektive Erklärungstatbestand einer subjektiv abweichend gemeinten Willenserklärung nicht deswegen für und gegen den Erklärenden, weil er sich einen anderen Willen zurechnen lassen müsste, sondern weil er den objektiven Erklärungstatbestand in Eigenverantwortung gesetzt hat. Daher ist die Auslegung einer Willenserklärung nach dem objektiven Empfängerhorizont auch kein Ausdruck „bürgerlichrechtlicher Willenszurechnung" sondern der mit der freiheitlichen Selbstbestimmung korrelierenden Selbstverantwortung.[668] Die Angriffe auf Flumes Rechtsgeschäftslehre sowie die Theorie zum Wesen der Stellvertretung als „fremdnützige Erklärungsmittlung kraft Willenszurechnung" verfangen damit nicht.

Ergänzend sei noch darauf hingewiesen, dass die bereits bei Müller-Freienfels angedeutete und von Beuthien ausdrücklich aufgestellte These, wonach die Norm des § 166 Abs. 2 BGB die Chancengleichheit zwischen Eigenhandeln und arbeitsteiligen Handeln gewährleisten soll, nicht zwingend dazu führt, den Bewusstseinszustand des Vertretenen im Vertretergeschäft unabhängig von speziellen Zurechnungskriterien zu beachten. Vielmehr kann arbeitsteiliges Handeln durch die generelle Anwendung des § 166 Abs. 2 BGB auf sämtliche Fälle des Unterlassens des wissenden

ankommt, ist auf die Person des Vertreters abzustellen, es sei denn, es handelt sich um Umstände, die der Vertretene selbst kannte oder kennen musste."

666 *Beuthien*, FS Medicus, 1999, 1 ff., 14.

667 Mot. I, 223 (*Mugdan* I, 475).

668 Vgl. *Flume* AT § 4 8, S. 59 ff.

Hintermanns sogar benachteiligt werden. Dies zeigt folgende Abwandlung unseres oben gebildeten Grundfalls (3): V kümmert sich als Generalbevollmächtigter um die Vermögensverwaltung von H. V erfährt, dass D Inhaberaktien verkaufen will und nimmt mit ihm Vertragsverhandlungen auf. Für V ist dabei nicht erkennbar, dass D die Inhaberaktien gestohlen hat. Kurz vor Abschluss des Kaufvertrages und vor Übergabe erfährt der H von der Schwester des D, dass D die Aktien gestohlen hat und diese gerade an H, vertreten durch V, verkaufen will. H greift sofort zum Telefon, um den V zu informieren. Doch der Anruf kommt zu spät. – Nach Beuthiens Ansicht erwirbt H gem. §§ 929 Satz 1, 932 Abs. 1 Satz 1 BGB kein Eigentum an den Aktien, da er sich auf die nicht grob fahrlässige Unkenntnis des V analog § 166 Abs. 2 BGB nicht berufen kann. Nach unserer Ansicht findet § 166 Abs. 2 BGB keine analoge Anwendung, weil es dem H objektiv nicht mehr möglich war, den an sich gebotenen Selbstschutz auszuüben. Bei Eigenhandeln hätte H einfach von dem Vertragsschluss absehen können, um sich selbst zu schützen. Hier hatte er nun keine Selbstschutzmöglichkeiten. Wenn er trotzdem mit der Ansicht von Beuthien benachteiligt wird, gereicht ihm die Arbeitsteilung zum Nachteil.

c) Analoge Anwendung des § 166 Abs. 2 BGB im Rahmen der mittelbaren Stellvertretung

Wie bereits eingangs angedeutet, ist sich das Schrifttum über die Lösung unserer Grundfälle (1–3) nicht einig. In allen drei Fällen kommt der Kaufvertrag und im Fall (3) zudem die Übereignung unmittelbar zwischen dem im eigenen Namen handelnden mittelbaren Vertreter V und dem Dritten D zustande. Streitig ist, ob sich die Kenntnisse des H auf das Ausführungsgeschäft auswirken, und gegebenenfalls wann sie relevant werden, also bereits vor Übertragung der erworbenen Rechte an den Hintermann oder erst nach Abwicklung der Vertretung.

Nach einer Ansicht sind die Kenntnisse des H im Ausführungsgeschäft zwischen V und D nicht zu berücksichtigen,[669] so dass V im Fall (1) von D gem. § 122 Abs. 1 BGB verlangen kann, dass ihm (im Wege der Drittschadensliquidation) die von H vergeblich aufgewendeten Abholkosten ersetzt werden; im Fall (2) kann V demzufolge vom Kaufvertrag mit D wegen der fehlenden Unfallfreiheit des Autos gem. § 437 Nr. 2 i.V.m. §§ 434 Abs. 1, 323, 326 Abs. 5 BGB zurücktreten und im Fall (3) kann V dem H das Eigentum an den Inhaberaktien gem. § 929 Satz 1 BGB verschaffen, da V dasselbe zuvor gutgläubig von D gem. §§ 929 Satz 1, 932 Abs. 1 Satz 1 BGB erworben hat.

Nach anderer, heute überwiegender Ansicht sind die Kenntnisse des H im Ausführungsgeschäft zwischen V und D zu berücksichtigen, wobei eine Meinung den Einwand unzulässiger Rechtsausübung gem. § 242 BGB heranzieht und eine andere

---

669 *Schilken*, S. 154; *ders.* in Staudinger § 166 Rn 4; Soergel/*Leptien* § 164 BGB Rn 34; Düringer/Hachenburg/*Lehmann* Vorbem. § 383 Anm 6; *Fleckner/Vollmuth*, WM 2004, 1263 ff., 1270 f.

Meinung § 166 Abs. 2 BGB analog anwendet. Zwischen den Vertretern der Lösung nach § 242 BGB ist sodann umstritten, ob der Einwand unzulässiger Rechtsausübung bereits dem mittelbaren Vertreter entgegengehalten werden kann[670] oder erst dem mittelbar Vertretenen.[671] Die Befürworter einer analogen Anwendung von § 166 Abs. 2 BGB sind sich uneins darüber, ob die Analogie nur dann gerechtfertigt ist, wenn die mittelbare Stellvertretung tatsächlich zu Abwicklung kommt,[672] und welche Einwirkungsintensität des Hintermanns vorliegen muss, damit die Konstellationen der mittelbaren Vertretung denen der unmittelbaren in § 166 Abs. 2 BGB gleichen. Während eine Ansicht fordert, dass der mittelbar Vertretene die „eigentliche Entscheidungsgewalt" innehat und den Vertreter nur „pro forma" vorschiebt,[673] fordert eine andere Ansicht das Vorliegen „bestimmter Weisungen" i.S. des Wortlauts von § 166 Abs. 2 BGB,[674] während eine dritte Meinung sogar auf spezielle Weisungen verzichten will, wenn das Ausführungsgeschäft zwar nicht nach Inhalt und/oder Art durch den Kommittenten beeinflusst wurde, aber doch nach Treu und Glauben hätte beeinflusst werden müssen.[675]

Die zuerst genannte Ansicht, nach der die Kenntnisse des Hintermanns H bei Lösung unserer Grundfälle (1–3) gar keine Rolle spielen, begründet dies im Wesentlichen mit dem Trennungsdogma bei der mittelbaren Stellvertretung. Das

---

670 Schlegelberger/*Hefermehl* § 383 Rn 31; *Klein*, S. 74 f.; *Leonhard* in Eck § 36 Anm 3, S. 181, falls der Vertreter bei Geltendmachung der Rechte von der Arglist des Hintermanns weiß.

671 MüKo-HGB/*Häuser* § 383 Rn 52; keine Position bezieht Baumbach/*Hopt* HGB § 383 Rn 20, der den § 242 BGB nur in seltenen „Ausnahmefällen" heranziehen will, was aufgrund seines Verweises auf Ebenroth/Boujong/Joost/Strohn/*Krüger* § 383 Rn 45 wohl heißen soll, dass der Hintermann die „eigentliche Entscheidungsgewalt" innehaben und den Vertreter nur „pro forma" vorschieben muss.

672 In diesem Sinne *Schmidt-Rimpler*, S. 613, für § 932 Abs. 2 BGB; unter Bezugnahme auf *Schmidt-Rimpler*: *Hartmann*, S. 61; *Capelle*, FS Raape, 1948, 325 ff., 336 f.; *Hager*, AcP 180 (1980), 239 ff., 257; Heymann/*Herrmann* § 383 Rn 13 Fn 39.

673 Ebenroth/Boujong/Joost/Strohn/*Krüger* § 383 Rn 45.

674 *Eck* § 36, S. 181; Koller/Kindler/Roth/Morck/*Roth* § 383 HGB Rn 15; *Schwark*, JuS 1980, 777 ff., 779; unter Bezugnahme auf *Schwark*: Larenz/*Wolf* § 46 Rn 24 Fn 21; *Larenz* SchuldR I § 30 I Fn 14 S. 588; MüKo-BGB/*Schramm* Vorbemerkung §§ 164 ff. BGB Rn 14 Fn 28; *Schmidt-Rimpler*, S. 613 für § 932 Abs. 2 BGB; unter Bezugnahme auf *Schmidt-Rimpler*: *Hartmann*, S. 61; *Capelle*, FS Raape, 1948, 325 ff., 336 f.; *Hager*, AcP 180 (1980), 239 ff., 257; Heymann/*Herrmann* § 383 Rn 13 Fn 39; ebenfalls speziell für § 932 Abs. 2 BGB: Staudinger/*Wiegand* § 932 Rn 97; MüKo-BGB/*Oechsler* § 932 Rn 35; Nach *Herbert*, S. 138 f, genügt die „weite Auslegung" des Begriffs bestimmter Weisungen.

675 Staub/*Koller* § 383 Rn 132 bei § 442 Abs. 1 Satz 1 BGB; wohl auch *Fleckner*, FS Hopt, 2008, 1 ff., 31, der in der Fallgruppe der Einschaltung des mittelbaren Vertreters wegen dessen „Solvenz und Zuverlässigkeit" bei Anwendung des § 166 Abs. 2 BGB „die Wertungen des Rechts der unmittelbaren Vertretung" umfassend berücksichtigen will.

Rechtsgeschäft mit dem Dritten treffe als Ergebnis des rechtsgeschäftlichen Handelns im eigenen Namen nur den Vertreter allein.[676] Das BGB habe sich eindeutig zum Offenheitsgrundsatz bekannt, der für klare und durchsichtige Verhältnisse sorgt und einer Annäherung der Rechtsfolgen der mittelbaren an die direkte Stellvertretung entgegensteht.[677] Aufgrund der „Verschiedenheit des Obligos" bestehe zwischen dem Handeln im fremden Namen und demjenigen im eigenen Namen „eine scharfe wirtschaftliche Zäsur". So würde die Berücksichtigung der Kenntnisse des Hintermanns zwar aus Sicht des Hintermanns und des Dritten der Billigkeit entsprechen, der mittelbare Vertreter selbst würde aber entrechtet werden. Denn anders als der unmittelbare Stellvertreter macht der indirekte Vertreter eigene Auslagen und verfügt als Kommissionär über die besonderen Sicherungsrechte gem. §§ 397 ff. HGB, also über das gesetzliche Pfandrecht am Kommissionsgut gem. § 397 HGB und über die pfandähnlichen Befriedigungsrechte an sämtlichen durch das Ausführungsgeschäft erworbenen Gegenständen gem. §§ 398, 399 HGB.[678] Auch die ratio des § 166 Abs. 2 BGB komme nicht zum Zuge, da der Hintermann bei der mittelbaren Vertretung den Vertreter nicht, wie bei direkter Vertretung, zu einem Fremdhandeln autorisiert, sondern ihn lediglich zu einem selbstverpflichtenden Eigenhandeln animiere. Die nur wirtschaftliche Einbeziehung des Hintermanns in das Ausführungsgeschäft könne eine Einschränkung des durch die Wissensnorm gewährleisteten Vorteilsschutzes zugunsten des Dritten und zulasten des mittelbar Vertretenen nicht rechtfertigen.[679]

Bei Betrachtung der hierzu stärksten Gegenposition, also der Befürworter einer analogen Anwendung des § 166 Abs. 2 BGB, ist augenfällig, dass niemand die Voraussetzungen der Analogie systematisch prüft.[680] Diese Prüfung soll hier im Folgenden unternommen werden. Die einzelnen, soeben dargestellten Argumente der ablehnenden Ansicht werden dabei an jeweils entsprechender Stelle aufgegriffen und erörtert.

---

676 *Schilken*, S. 154.

677 Soergel/*Leptien* § 164 BGB Rn 33 f.

678 Düringer/Hachenburg/*Lehmann* Vorbem. § 383 Anm 6.

679 *Schilken*, S. 154.

680 Soweit ersichtlich unternimmt nur *Klein*, S. 74, diesen Anlauf, der allerdings im Ergebnis die Analogie ablehnt. Klein führt aus, dass die Berechtigung des Analogieschlusses davon abhänge, dass sich die Fälle „nur in unwesentlichen Beziehungen unterscheiden" und kein entgegenstehender Wille des Gesetzgebers vorliegt. Zwischen der unmittelbaren und der mittelbaren Stellvertretung bestehe aber „ein wesentlicher Unterschied", da sich der mittelbare Stellvertreter selbst verpflichtet, der unmittelbare Stellvertreter nur den Vertretenen. – *Klein* übersieht, dass sich die Ähnlichkeit der Sachverhalte bzw. das Fehlen wesentlicher Unterschiede als Voraussetzung des Analogieschlusses aus einer wertenden Betrachtung der beiden zu vergleichenden Tatbestände ergeben muss, bei der die ratio legis des geregelten Tatbestands herauszuarbeiten ist, vgl. *Larenz* Methodenlehre, II Kap. 5 2 b), S. 381 f.

(1) Ausfüllungsbedürftige Regelungslücke

Wie gesehen, setzt die Analogie zunächst eine Gesetzeslücke in Form einer „planwidrigen Unvollständigkeit" des Gesetzes voraus, zu deren Feststellung der dem Gesetz zugrunde liegende Regelungsplan aus ihm selbst im Wege der historischen und teleologischen Auslegung zu erschließen ist.[681] Zumindest an einer anfänglichen, ausfüllungsbedürftigen Regelungslücke fehlt es, wenn der Gesetzgeber einen bestimmten Lebenssachverhalt bewusst nicht (mit-)geregelt hat. In diesen Fällen liegt ein „beredtes Schweigen" des Gesetzes vor, das für den nicht geregelten Sachverhalt aufgrund Umkehrschlusses eine Gleichbehandlung mit dem geregelten Sachverhalt verbietet.[682]

Fraglich ist, ob ein solches Analogieverbot deswegen besteht, weil die Gesetzesverfasser ausdrücklich davon absahen, die mittelbare Stellvertretung in den §§ 164 ff. BGB zu regeln.

(a) Zur Ansicht der 1. Kommission über die mittelbare Stellvertretung

Eingangs[683] wurde bereits der größte Teil der Begründung der 1. Kommission zur Nichtregelung der mittelbaren Stellvertretung wiedergegeben, wonach zum gesetzlichen Wesen der Vertretung das Handeln „im fremden Namen" gehört. Das Rechtsgeschäft eines im eigenen Namen handelnden, sog. mittelbaren Vertreters sei ungeachtet seiner „...Absicht, die rechtlichen Wirkungen einem anderen zukommen zu lassen, (...) ausschließlich ein Rechtsgeschäft des in eigenem Namen Handelnden."[684] Um den „wirthschaftlichen Erfolg der Vertretung" herbeizuführen, sei ein weiteres Rechtsgeschäft im Innenverhältnis zwischen dem mittelbaren Vertreter und dem Hintermann erforderlich, durch das die vom Vertreter im Ausführungsgeschäft erworbenen Sachen, Forderungen und sonstigen Rechte übertragen werden. „Einen Übergang kraft Gesetzes für diese Fälle positiv vorzuschreiben (dresd. Entw. 90 Abs. 2, zür. GB § 1027) fehlt es an zureichenden Gründen."[685]

Mit dem letzteren, eingangs dieser Arbeit noch nicht zitierten Satz schließt die 1. Kommission ihre Überlegungen zur mittelbaren Stellvertretung ab, die sie im Rahmen ihrer Beratungen der späteren §§ 164 ff. BGB anstellte, nämlich zu dem Entwurf einer Regelung, die vor dem heutigen § 164 BGB die grundsätzliche Zulässigkeit der unmittelbaren Stellvertretung feststellen sollte. Der insoweit in den Motiven vorgesehene, und später von der 2. Kommission ersatzlos gestrichene § 115 lautete: „Ein Rechtsgeschäft kann, sofern nicht das Gesetz oder die Natur des Rechtsgeschäfts entgegensteht, auch durch einen Vertreter und gegenüber einem Vertreter vorgenommen werden."[686] Die 2. Kommission erachtete eine Norm im

681 *Larenz* Methodenlehre, II Kap. 5 2 a), S. 373.
682 *Rüthers/Fischer/Birk* § 23 Rn 838, 899 ff.
683 Siehe oben A.I.
684 Mot. I, 223 (*Mugdan* I, 476).
685 Mot. I, 224 (*Mugdan* I, 476).
686 *Mugdan* I, LXXXVIII.

Sinne des entworfenen § 115 für „entbehrlich, weil das Prinzip der unmittelbaren Stellvertretung bei Rechtsgeschäften gegenwärtig allgemein (...) anerkannt sei und aus den Vorschriften des Entwurfs, insbesondere dem § 116 [dem heutigen § 164 BGB], sich zur Genüge ergebe. Die Vorschrift habe nur eine retrospektive Bedeutung, indem sie den längst vollendeten Abschluß einer früheren Rechtsentwicklung nochmals konstatire."[687]

Die von der 1. Kommission angeführte These, wonach das Ausführungsgeschäft des mittelbaren Vertreters „ausschließlich ein Rechtgeschäft des in eigenem Namen Handelnden" sei, führte zur Verfestigung des hier sog. Trennungsdogmas. In der 1908 erschienenen 2. Auflage von Oertmanns Kommentar zum Bürgerlichen Gesetzbuch heißt es bereits unter Verweis auf die eben wiedergegeben Motive zur „Indirekten Vertretung: Ihre Zugehörigkeit zur Vertretung wird von manchen bestritten, und zwar wohl mit Recht. Jedenfalls bedurfte sie keiner besonderen Behandlung im Gesetzbuch, da ihre rechtliche Behandlung vollständig, restlos in dem Innenverhältnis zwischen dem „Vertreter" und dem Vertretenen aufgeht."[688]

Während Schmidt-Rimpler die Entstehung des Trennungsdogmas auf die Angst der herrschenden Meinung zurückführt, durch eine rechtliche Anerkennung der Vertretungstendenz im Ausführungsgeschäft des nur beauftragten, mittelbaren Vertreters die Grenzen zu verwischen, die bei der unmittelbaren Stellvertretung aus der theoretischen Trennung der Vollmacht vom Auftrag entstanden waren,[689] macht Hartmann für das Trennungsdogma den irrigen Gedanken verantwortlich, „daß nur derjenige am Inhalt und an den Folgen eines Vertrages Anteil nehmen könne, der aus ihm zugleich unmittelbar berechtigt und verpflichtet werde. Deshalb lehnt die herrschende Meinung mit der unmittelbaren zugleich jegliche Beteiligung des mittelbar Vertretenen [am Ausführungsgeschäft] ab (...)."[690]

(b) Stellungnahme

Selbst wenn den Äußerungen der 1. Kommission zu ihrer bewussten Nichtregelung der mittelbaren Stellvertretung in den §§ 164 ff. BGB entnommen werden kann, dass die mittelbare der unmittelbaren Vertretung auch nicht in ihren Rechtsfolgen angenähert werden sollte, weil das Ausführungsgeschäft „ausschließlich" als Rechtgeschäft des mittelbaren Vertreters betrachtet wurde, darf nicht übersehen werden, dass die Ansichten und Regelungsabsichten der 1. Kommission nicht alleinige Gesetzesgrundlage geworden sind. Sie könnten nämlich durch die Ansichten der 2. Kommission relativiert worden sein.

687 Prot. I, 277 (Mugdan I, 735).
688 *Oertmanns Kommentar* Vorbemerkung § 164 Anm 6, S. 505.
689 *Schmidt-Rimpler*, S. 606 Fn 10.
690 *Hartmann*, S. 30.

Zwar wurde der 1888 veröffentlichte Gesetzesentwurf der 1. Kommission[691] im Herbst 1890 als geeignete Grundlage für das künftige Bürgerliche Gesetzbuch anerkannt,[692] er wurde aber bekanntlich in den Jahren 1891 bis 1896 durch die 2. Kommission gründlich überarbeitet, bevor dann der 2. Entwurf im Juli 1896 Reichstag und Bundesrat passierte und von Kaiser Wilhelm II am 18.08.1896 ausgefertigt wurde.[693] Die Mitglieder der beiden Kommissionen waren nur teilweise identisch, nachdem die 1. Kommission mit Zustimmung Bismarcks aufgelöst und die 2. Kommission vor allem deswegen gebildet worden war, um die Kritik der Öffentlichkeit und die Änderungswünsche der einzelnen Bundesstaaten zu berücksichtigen sowie die sprachliche Fassung zu verbessern.[694]

So hatte Bayern in die 2. Kommission erstmals den Regierungsrat Karl August Ritter von Jacubezky entsandt, der zuvor im bayerischen Justizministerium Mitglied der 1888 eingesetzten Kommission zur Beratung des 1. BGB-Entwurfs war und dabei die schriftliche Stellungnahme Bayerns zum Erstentwurf ausgearbeitet hatte.[695] Jacubezky übernahm als ständiges Mitglied der 2. Kommission zunächst das Referat für das Recht der Schuldverhältnisse, wo er sich als scharfsinniger Dogmatiker erwies und zahlreiche Änderungsanträge stellte.[696] Nach Beratung des Schuldrechts wurde er ständiges Mitglied der Redaktionskommission, damit diese von seinen Fähigkeiten profitieren konnte.[697]

Jacubezky brachte in die Gesetzesberatungen erstmals den Gedanken ein, die mittelbare Stellvertretung zu normieren und dabei die Rechtsfolgen der mittelbaren Vertretung denjenigen der unmittelbaren anzunähern. Er stellte hierzu diverse Anträge, die in ihrer materiellen Berechtigung nicht allesamt abschlägig verbeschieden worden sind.

---

691 Die 1. Kommission hatte am 17.09.1874 ihre Arbeit aufgenommen, vgl. *Jakobs/Schubert* Entstehungsgeschichte BGB, S. 40.

692 *Jakobs/Schubert* Entstehungsgeschichte BGB, S. 50.

693 *Jakobs/Schubert* Entstehungsgeschichte BGB, S. 57 ff., 68.

694 *Jakobs/Schubert* Entstehungsgeschichte BGB, S. 53 ff., 60.

695 *Jakobs/Schubert* Entstehungsgeschichte BGB, S. 101.

696 Gottlieb Planck, der in der 2. Kommission Generalreferent war, schreibt über die Tätigkeit von Jacubezky: „Die Stellung Jacubezkys in der Kommission war anfangs keine leichte. Seine Ansichten wichen vielfach von dem ersten Entwurfe ab, und er suchte manche neue Gedanken zur Geltung zu bringen. Die Folge davon war eine große Zahl von Anträgen, die er stellte, und das Gefühl, daß dadurch die Beratungen in der Kommission verzögert würden, erzeugte eine gewisse Abneigung gegen die Anträge. Aber bald änderte sich doch die Lage. Man erkannte die gründlichen Kenntnisse und den Scharfsinn Jacubezkys; man erkannte die Berechtigung seines Strebens, den Bedürfnissen des praktischen Lebens gerecht zu werden und seine diesbezweckenden Anträge zugleich der ausgezeichneten juristischen Technik des ersten Entwurfs anzupassen, mehr und mehr an, und bald wurde er eines der angesehensten und einflußreichsten Mitglieder der Kommission", zitiert nach *Jakobs/Schubert* Entstehungsgeschichte BGB, S. 101 f.

697 *Jakobs/Schubert* Entstehungsgeschichte BGB, S. 59.

(c) Die Anträge von Jacubezky in der 2. Kommission

Seinen umfassendsten Antrag zur Normierung der mittelbaren Stellvertretung stellte Jacubezky als Antrag Nr. 73 zum Entwurf der späteren §§ 164 ff. BGB. Er beantragte, hinter den heutigen § 180 BGB (also nach den Normen zur Vertretung ohne Vertretungsmacht) oder an anderer passender Stelle folgende Vorschriften einzufügen:

> „§ a. Hat jemand eine Sache oder ein Recht in eigenem Namen, aber auf Rechnung eines Anderen erworben (mittelbare Stellvertretung), so gilt der erworbene Gegenstand im Verhältnisse zwischen dem Geschäftsherrn und dem Erwerber oder dessen Gläubigern als dem ersteren gehörig, soweit er nicht zur Deckung der aus dem Verhältniß, auf welchem die mittelbare Stellvertretung beruht, entstandenen Ansprüche des Erwerbers gegen den Geschäftsherrn erforderlich ist.
>
> § b. Soweit der im Wege der mittelbaren Stellvertretung erworbene Gegenstand im Verhältnisse zwischen dem Geschäftsherrn und dem Erwerber als dem ersteren gehörig gilt, kann der Erwerber sich auf die Vorschriften zu Gunsten derjenigen, welche Rechte von einem Nichtberechtigten herleiten, nicht berufen, wenn im Falle unmittelbarer Stellvertretung der Geschäftsherr sich auf den guten Glauben des Vertreters nicht berufen könnte.
>
> § c. Ist eine Forderung von dem Gläubiger im Wege der mittelbaren Stellvertretung erworben, so stehen, soweit die Forderung im Verhältnisse zwischen dem Geschäftsherrn und dem Gläubiger als Forderung des ersteren gilt, dem Schuldner gegen den Gläubiger die nämlichen Einwendungen zu, welche er im Falle unmittelbarer Stellvertretung gegen den Geschäftsherrn hätte.
>
> § d. Ist für einen im Wege der mittelbaren Stellvertretung erworbenen Gegenstand dem Erwerber Schadensersatz zu leisten, so gilt, soweit der Gegenstand im Verhältnisse zwischen dem Geschäftsherrn und dem Erwerber als dem ersteren gehörig gilt, der Schaden des Geschäftsherrn als Schaden des Erwerbers.“[698]

Zum konkreten formalen Schicksal dieses Antrags Nr. 73 findet sich in den Gesetzesmaterialien lediglich der Vermerk, dass er von Jacubezky „durch den Antrag Nr. 80, 1 zurückgezogen“ worden sei.[699] Bei der Benennung dieses substituierenden Antrags muss jedoch ein Redaktionsversehen vorliegen, da sich der von Jacubezky tatsächlich gestellte „Antrag Nr. 80, 1“, ebenso wie seine „Anträge Nr. 80, 2 bis Nr. 80, 7“[700], auf das gesetzliche Güterrecht bezieht.[701]

---

698 *Jakobs/Schubert* AT §§ 164–181, S. 923.

699 *Jakobs/Schubert* AT §§ 164–181, S. 923.

700 Zu diesen vgl. *Jakobs/Schubert* FamR I §§ 1373–1425, S. 602 ff.

701 Zu dem von der 2. Kommission entworfenen § 1280, der als Vorgängernorm des heutigen § 1370 BGB zunächst in § 1382 BGB a.F. Gesetz wurde und vorsah, dass Haushaltsgegenstände, die der Mann anstelle der von der Frau eingebrachten, nicht mehr vorhandenen Stücke anschafft, eingebrachtes Gut werden, hatte

Es liegt nahe, dass es sich bei dem substituierenden Antrag um den von Jacubezky zum Auftragsrecht gestellten Antrag Nr. 203, 7 handelt, mit dem er eine Vorschrift im Sinne des Art. 368 Abs. 2 ADHGB, also der wortlautidentischen Vorgängernorm des heutigen § 392 Abs. 2 HGB, in das BGB übernehmen wollte.[702] Denn zum einen wird der gesamte Antrag Nr. 73 in den Protokollen zum Auftragsrecht als Fußnote des Antrages Nr. 203, 7 mit dem Hinweis wiedergegeben: „Vergleiche zu diesen Anträgen folgenden zum Allgemeinen Theile gestellten, aber dort nicht zur Berathung gelangten Antrag (...)".[703] Zudem hat der Antrag Nr. 203, 7 einen ähnlichen Regelungsgegenstand wie die von Jacubezky im Antrag 73 vorgesehene Regelung § a. Und nicht zuletzt finden sich in der von Jacubezky zu seinem Antrag Nr. 203, 7 im Auftragsrecht vorgetragenen Begründung auch Ausführungen zu den §§ a – d des Antrages Nr. 73.

Im einzelnen wollte Jacubezky mit seinem im Auftragsrecht gestellten Antrag Nr. 203, 7 im Anschluss an die Herausgabepflicht des Beauftragten nach § 592 (nach dem heutigen § 667 BGB)[704] als § 592a folgende Vorschrift einführen:

> „Sachen, Forderungen und andere Rechte, welche der Beauftragte in Folge der Geschäftsbesorgung in eigenem Namen erworben hat, gelten im Verhältnisse zwischen dem Auftraggeber und dem Beauftragten oder dessen Gläubigern als dem ersteren erworben, soweit sie nicht zur Deckung der dem Beauftragten aus dem Auftragsverhältnisse zustehenden Ansprüche erforderlich sind."[705]

Hilfsweise wollte er in § 592a anstelle des letzten Halbsatzes „soweit sie nicht erforderlich sind" folgende Bestimmung setzen:

> „Der Beauftragte ist über diese Sachen, Forderungen und Rechte wie ein Pfandgläubiger zu verfügen berechtigt, soweit sie zur Deckung der ihm aus dem Auftragsverhältnisse zustehenden Ansprüche erforderlich sind."[706]

Zur Begründung führte Jacubezky aus, dass die seinem Antrag als Vorbild dienende Norm des Art. 368 Abs. 2 ADHGB „...nicht mit Besonderheiten des kaufmännischen Kommissionsgeschäftes zusammenhänge, sondern ihren Grund darin habe, daß der Kommissionär Gläubiger für fremde Rechnung sei, zu der abzutretenden Forderung in einem fiduziarischen Verhältnisse stehe; (...). Die Forderung sei von Anfang an rechtlich nicht für das Vermögen des Beauftragten, sondern für das des

---

Jacubezky mit seinem „Antrag Nr. 80, 1" durchgesetzt, nach dem Begriff „vorhandenen" die Worte „oder werthlos gewordenen" einzufügen. Vgl. *Jakobs/Schubert* FamR I §§ 1373–1425, S. 601; *Mugdan* IV, XXVI; Prot. IV 5250 ff. (*Mugdan* IV, 765 f.).

702 *Jakobs/Schubert* SV III §§ 666–667, S. 63 f. Dieser Antrag wird in den Protokollen unter II.1. wiedergegeben, vgl. Prot. II, 2303 f. (*Mugdan* II, 948).

703 Prot. II, 2304 (*Mugdan* II, 948).

704 *Mugdan* II, XCVI.

705 *Jakobs/Schubert* SV III §§ 666–667, S. 63; Prot. II, 2303 (*Mugdan* II, 948).

706 *Jakobs/Schubert* SV III §§ 666–667, S. 63; Prot. II, 2304 (*Mugdan* II, 948).

Auftraggebers bestimmt; deswegen dürfe der Beauftragte über sie nicht zu eigenen Zwecken verfügen (...) und seien seine Gläubiger nicht berechtigt, sie zu ihrer Befriedigung zu verwenden."[707] Diese Sachlage treffe gleichermaßen auf die für fremde Rechnung erworbenen Sachen zu. Das für fremde Rechnung erworbene Vermögensstück sei allerdings „für das Vermögen des Auftraggebers nur soweit bestimmt, als es nicht zu Deckung der dem Beauftragten aus dem Auftragsverhältnisse zustehenden Ansprüche erforderlich sei. Würden diese nicht befriedigt, so sei der Beauftragte nicht nur zur Zurückbehaltung berechtigt (§ 233)[708], sondern es müsse ihm auch gestattet werden, das rechtlich in seinem Vermögen befindliche Vermögensstück dazu zu verwenden, dem letzteren den Werth zuzuführen, der ihm gebühre."[709]

Jacubezky legt dann dar, inwieweit sich „die Rechtsform des fiduziarischen Eigenthums oder sonstigen fiduziarischen Rechtes (...) zur Verwerthung in einer Reihe von Rechtsverhältnissen eignen" würde, und schließt mit der Ansicht, dass „...das fiduziarische Rechtsverhältnis (...) ferner von Bedeutung [sei] für die Bestimmung des Schadensersatzes (als Interesse des fiduziarisch Berechtigten gelte auch das Interesse des von ihm mittelbar Vertretenen, vgl. Prot. S. 597 – 601), für die exceptio doli des Schuldners, dem ein fiduziarisch Berechtigter im Interesse eines Anderen gegenübertrete, gegen den der Schuldner eine Einrede habe, die er gegen den fiduziarisch Berechtigten nicht geltend machen könne (...), und den Schutz des gutgläubigen Erwerbers, auf welchen der für fremde Rechnung Erwerbende sich nicht werde berufen können, wenn der Schutz dem mittelbar Vertretenen im Falle unmittelbarer Stellvertretung nach § 118 [dem heutigen § 166 Abs. 2 BGB][710] nicht zu Gute käme, soweit nicht der für fremde Rechnung Erwerbende eigenes Interesse an dem Erwerbe habe."[711]

Die 2. Kommission wies den Antrag Nr. 203, 7 von Jacubezky zum einen mit der bereits oben[712] zitierten Überlegung zurück, dass er ein „neues Prinzip einführen" wolle, das „große Bedenken gegen sich habe"[713]: Wer die mittelbare Stellvertretung wähle, um sich bei Besorgung seiner Geschäfte fremder Hilfe zu bedienen, müsse die Gefahr des Vermögenszugriffs durch die Gläubiger des Beauftragten tragen. Würde man eine Vermischung der Rechtsfolgen der mittelbaren mit denjenigen der unmittelbaren Vertretung eintreten lassen, werde das zu einer erheblichen Störung des Kredits führen, „...wenn die Gläubiger einer Person nicht mehr sicher seien, daß das Vermögen, welches sich äußerlich als ihr gehörig darstelle, auch rechtlich entsprechend behandelt werde."[714]

---

707 Prot. II, 2305 (*Mugdan* II, 948).

708 Der entworfene § 233 entspricht dem späterem allgemeinen Zurückbehaltungsrecht gem. § 273 BGB, vgl. *Mugdan* II, VII.

709 Prot. II, 2306 (*Mugdan* II, 948 f.).

710 Siehe dazu *Mugdan* I, LXXXVIII.

711 Prot. II, 2308 f. (*Mugdan* II, 949).

712 C.II.1.d)(2).

713 Prot. II, 2309 f. (*Mugdan* II, 949).

714 Prot. II, 2310 (*Mugdan* II, 949 f.).

Zum anderen äußerte die Kommissionsmehrheit Bedenken, soweit Jacubezky etwaige Ansprüche des Beauftragten aus dem Innenverhältnis berücksichtigen will: „Besondere Schwierigkeiten ergäben sich auch bei der Durchführung des Gedankens im Einzelnen. Das Recht des Auftraggebers an den Sachen, Forderungen usw. des Beauftragten soll nicht bestehen, soweit derselbe Gegenforderungen habe. Nun könne der Beauftragte aber für mehrere Auftraggeber handeln, oder aber auch für sich selbst Sachen derselben Art einkaufen usw. Es werde alsdann die Trennung der verschiedenen Rechte und die Veräußerungsbefugnis des Beauftragten äußerst zweifelhaft werden."[715]

Ohne dass an dieser Stelle das Argument der Erkennbarkeit der Vermögenszuordnung zum Schutze der Kreditverhältnisse auf ihre sachliche Berechtigung geprüft werden soll,[716] könnte aus den Protokollen zum Auftragsrecht geschlussfolgert werden, dass die 2. Kommission ebenso wie die 1. Kommission eine Annäherung der Rechtsfolgen der mittelbaren an diejenigen der unmittelbaren Stellvertretung bewusst vermeiden wollte. Allerdings nahm die 2. Kommission hier thematisch nur Stellung zum Schutz des Vertretenen in der Insolvenz oder Zwangsvollstreckung seines mittelbaren Vertreters.

In einem anderen Regelungsbereich der von Jacubezky angestrebten Normierung der mittelbaren Stellvertretung zeigte sich die Kommissionsmehrheit hingegen nicht abgeneigt, den durch das Innenverhältnis bewirkten Einfluss des mittelbar Vertretenen auf das Ausführungsgeschäft in Letzterem auch rechtlich mit Wirkung gegen den Dritten zur Geltung zu bringen: Es handelt sich um die Behandlung von Jacubezkys weiteren Anträgen, die Drittschadensliquidation zu normieren.

Die 1. Kommission thematisierte bei Entwurf der allgemeinen Vorschriften zum Schadensersatz in den §§ 218 ff. (diese wurden zu den späteren § 249 ff. BGB)[717] das Problem der sog. Drittschadensliquidation nicht,[718] obgleich die Frage, ob bei der Schadensfeststellung im Ausführungsgeschäft des mittelbaren Stellvertreters nur die Person und das Interesse des Vertreters als unmittelbarer Vertragspartner zu berücksichtigen ist oder die Person und das Interesse des verdeckten mittelbar Vertretenen, seit der Entscheidung des Oberappellationsgerichts zu Lübeck vom 20.01.1855[719] eine gewaltige Flut wissenschaftlicher Abhandlungen ausgelöst hatte.[720] In seinen Urteilen vom 28.10.1873[721] und vom 09.10.1874[722] hatte sich auch das Reichsoberhandelsgericht für die Zulässigkeit der Drittschadensliquidation im

715 Prot. II, 2310 (*Mugdan* II, 950).

716 Dazu ausführlich *Bitter*, S. 150 ff., 191 ff. und oben Fn 73.

717 *Mugdan* II, S. III ff.

718 Vgl. Mot. II, 17 ff. (*Mugdan* II, 10 ff.).

719 Im sog. „Korkholz-Fall", OAG Lübeck SeuffA 11 (1857) Nrn. 36, 84 hatte das OAG Lübeck entschieden, dass der Beauftragte das Interesse seines Auftraggebers geltend machen kann.

720 Die wohl umfassendste Bestandsaufnahme findet sich bei *Mertens*, S. 10–128.

721 ROHGE 11, 256 ff., 260.

722 ROHGE 14, 400.

Ausführungsgeschäft des Kommissionärs ausgesprochen, indem der Kommissionär „befugt ist, der (...) im eigenen Namen zu erhebenden Schadensklage das Interesse der dritten Person (...) zu Grunde zu legen."[723]

Jacubezky brachte bereits in die Vorkommission des Reichsjustizamtes[724] den Antrag ein, nach § 221 (dem späteren § 253 BGB zum Ersatz immaterieller Schäden) als § 221a die Drittschadensliquidation allgemein zu normieren.[725] Nachdem er zunächst mit seinem Begehren Gehör gefunden hatte, wurde eine entsprechende Bestimmung wegen der auftretenden Formulierungsschwierigkeiten wieder fallen gelassen.[726] Jacubezky unternahm sodann in den Beratungen der 2. Kommission einen erneuten Anlauf, indem er als Antrag Nr. 5, 5 zwei unterschiedliche Varianten zur Regelung der Drittschadensliquidation vorschlug. Während die erste Variante allgemein gehalten war, erfasste die zweite Variante in ihrem ersten Absatz nur die Fälle der mittelbaren Stellvertretung. Sie hatten folgenden Wortlaut:

> „1. Ist durch den die Ersatzpflicht begründenden Umstand einem Dritten ein Schaden entstanden, wegen dessen der Dritte von dem Ersatzberechtigten Abtretung des Ersatzanspruchs zu verlangen berechtigt ist, so erstreckt sich die Ersatzpflicht auf den dem Dritten entstandenen Schaden.
> 2. Hat Jemand im eigenen Namen für Rechnung eines Anderen einen Vertrag mit einem Dritten geschlossen, so ist im Falle der Nichterfüllung von dem Dritten der Schaden zu ersetzen, welchen derjenige erlitten hat, für dessen Rechnung der Vertrag geschlossen wurde.
> eventuell mit dem Zusatze:
> Die Vorschrift des ersten Absatzes findet entsprechende Anwendung, wenn durch eine zum Schadensersatze verpflichtende Handlung Gegenstände beschädigt sind, welche der Beschädigte einem Anderen herauszugeben verpflichtet ist."[727]

In seiner Begründung nahm Jacubezky auf die mittlerweile ständige Rechtsprechung des Reichsoberhandelsgerichts Bezug, durch die dem Kommissionär und dem Spediteur die Befugnis zuerkannt wurde, den Schaden ihrer Auftraggeber

723 ROHGE 14, 400.

724 Diese tagte ab Januar 1890 in insgesamt 96 Sitzungen; die von der Vorkommission beschlossenen Änderungen des Erstentwurfs wurden von den Reichskommissaren in die Beratungen der 2. Kommission als Änderungsanträge eingebracht, vgl. *Jakobs/Schubert* Entstehungsgeschichte BGB, S. 54.

725 Er schlug eine Bestimmung folgenden Wortlauts vor: „Besteht in Ansehung des Gegenstandes, an welchem der zu ersetzende Schaden entstanden ist, zwischen dem Beschädigten und einem Dritten ein Rechtsverhältniß, vermöge dessen der Beschädigte den Ersatzanspruch dem Dritten abzutreten verpflichtet ist, so kann von dem Schuldner Ersatz des dem Dritten entstandenen Schadens gefordert werden.", vgl. *Jakobs/Schubert* SV I §§ 249–252, S. 108.

726 *Jakobs/Schubert* SV I §§ 249–252, S. 109.

727 *Jakobs/Schubert* SV I §§ 249–252, S. 109; Prot. II, 597 ff. (*Mugdan* II, 517 f.).

einzuklagen. Auch führte er das Urteil des Reichsgerichts vom 31.01.1891[728] an, wonach der Kommissionär berechtigt sei, das Interesse seines Kommittenten wie sein eigenes Interesse zu verfolgen. Jacubezky hob die Verallgemeinerungsfähigkeit dieser „Vertretung des Interesses des mittelbar Beschädigten" hervor.[729]

Als die 2. Kommission über die Normierung der Drittschadensliquidation beriet, war in der Rechtsprechung bereits erkannt worden, dass die Formel des Reichsoberhandelsgerichts, wonach der mittelbare Vertreter seinem Schadensersatzanspruch „das Interesse der dritten Person, für die er gehandelt hatte (...) zu Grunde" legen könne,[730] zu einer Aufweichung des Trennungsdogmas in anderen Bereichen, etwa bei der Beachtlichkeit von Willensmängeln des mittelbar Vertretenen im Ausführungsgeschäft, führen könnte. Als nämlich das Reichsoberhandelsgericht darüber zu entscheiden hatte, ob der Kommissionär das Ausführungsgeschäft mit dem Dritten wegen eines Willensmangels anfechten könne, der allein beim Hintermann bei Erteilung des Kommissionsauftrags vorlag,[731] machte es folgende Ausführungen zur dogmatischen Begründung der Drittschadensliquidation: „Aus dem Satze, daß der Commissionär, sofern der Drittcontrahent den mit ihm eingegangenen Vertrag verletzt, das Interesse des Committenten an der Einhaltung des Vertrages bei der Schadensforderung zu Grunde legen kann – vergl. Entsch. des R.O.H.G.'s Bd. XI S. 260, Bd. XIV S. 400 – folgt für ein Recht des Commissionärs, einen Vertrag aufzurufen, weil sein Committent vom Drittcontrahenten bei Ertheilung des Auftrages getäuscht worden, nichts. Jener Satz ist keine Anerkennung des Factums eines Handelns für Rechnung eines Dritten als eines die rechtliche Natur des zwischen Commissionär und Drittem geschlossenen Vertrages beeinflussenden. In Wahrheit legt der Commissionär der Verletzung der Vertragspflichten gegen ihn sein eigenes Interesse zu Grunde, weil er dem Committenten gegenüber für Ausführung des Auftrages zum Mindesten soweit haftet, als ihm der Drittcontrahent verantwortlich und zu leisten im Stande ist."[732] Damit übereinstimmend betonte das Reichsgericht in seinem (auch von Jacubezky in den Gesetzesberatungen genannten) ersten Urteil vom 21.01.1891 zur Drittschadensliquidation[733] das Trennungsdogma mit dem Satz: „Der Kommittent und der Kontrahent des Kommissionärs sind füreinander völlig Dritte."[734], bevor es dann ausführte, dass „...das Interesse, auf welches der Kommissionär den Anspruch gegen seinen Kontrahenten stützt, (...) in der That sein eigenes Interesse [ist]."[735]

---

728 RGZ 27, 118 ff., 125 ff.

729 Prot. II, 599 f. (*Mugdan* II, 518).

730 ROHGE 14, 400.

731 ROHG Urt. v. 08.05.1877, ROHGE 22, 248 ff.; Zu diesem Problem ausführlich unten C.III.3.

732 ROHGE 22, 248, 253.

733 RGZ 27, 118 ff.

734 RGZ 27, 118, 125.

735 RGZ 27, 118, 126.

Mit diesen Urteilen begann die bis heute andauernde, dogmatische Streitigkeit, ob sich der mittelbare Vertreter bei der Drittschadensliquidation auf ein eigenes Interesse stützt oder auf das fremde Interesse des Vertretenen.[736] Die Rechtsprechung hat sich dazu bald in ihrer Meinung enthalten.[737]

Die 2. Kommission lehnte die Anträge von Jacubezky zur Normierung der Drittschadensliquidation mit der Begründung ab, dass es sich nicht empfiehlt, „in einer so zweifelhaften, noch nicht zu festem Abschlusse gelangten Frage der wissenschaftlichen Entwickelung vorzugreifen."[738] Es bestehe kein Bedürfnis, die Fragen der Drittschadensliquidation durch eine besondere Vorschrift zu entscheiden, wobei auch zweifelhaft sei, ob sich für eine solche Vorschrift eine einwandfreie Fassung finden ließe. Zudem sei anzunehmen, dass die Rechtsprechung auch ohne eine ausdrückliche Bestimmung „wie bisher zum richtigen Ergebnisse" gelangen werde.[739]

(d) Fazit und Stellungnahme

Die fehlende Normierung der Drittschadensliquidation beruht also auf der bewussten Entscheidung der 2. Kommission, die als regelungsbedürftig erkannte Problematik der Wissenschaft und Rechtsprechung zu überlassen. Weder an dieser Stelle noch bei Ablehnung von Jacubezkys Antrag 203, 7 im Auftragsrecht hat die 2. Kommission dazu Stellung genommen, ob sich eine Annäherung der mittelbaren Stellvertretung an die unmittelbare auf Rechtsfolgenebene grundsätzlich verbietet. Ihre im Auftragsrecht angeführten Bedenken gegen eine „Vermischung" der Vertretungsinstitute begründete die 2. Kommission allein mit dem Schutz des Kredits als Institution, der bei der Frage nach einer analogen Anwendung von § 166 Abs. 2 BGB keine Rolle spielt.

Dass Jacubezky es aus Billigkeitsgesichtpunkten für erforderlich hielt, beim gutgläubigen Erwerb durch den mittelbaren Stellvertreter eine beim Hintermann vorhandene Kenntnis oder grob fahrlässige Unkenntnis vom fehlenden Eigentum nach dem Gedanken des § 166 Abs. 2 BGB im Ausführungsgeschäft zu berücksichtigen, wusste die 2. Kommission nicht nur aufgrund des § b des zurückgezogenen Antrages

---

736 Vgl. Staudinger/*Schiemann* Vorbemerkungen zu §§ 249–254 Rn 62 f. m.w.N. sowie *Junker*, S. 4 ff. m.w.N.

737 Das Reichsgericht hebt in seinem Urteil vom 23.03.1904, RGZ 58, 39 ff., hervor, dass die Drittschadensliquidation „ein in der oberstrichterlichen Judikatur (...) vielfach ausgesprochener", nach „Handelsrecht gültiger und unentbehrlicher" Satz ist, „wenn auch über die theoretische Begründung dieses Satzes Zweifel bestehen". Der Bundesgerichtshof hat auf eine dogmatische Begründung verzichtet. Während er sich anfangs noch auf das Reichsgericht berief (vgl. Urt. v. 26.09.1957, BGHZ 25, 250, 258; Urt. v. 10.07.1963, BGHZ 40, 91 ff.), begnügt er sich nunmehr mit Hinweisen auf die eigene Rechtsprechung, vgl. BGHZ 133, 36, 41 (Urt. v. 21.05.1996); BGHZ 57, 335, 336 (Urt. v. 2.12.1971).

738 Prot. II, 600 (*Mugdan* II, 518).

739 Prot. II, 600 (*Mugdan* II, 518).

73. Vielmehr hatte Jacubezky hierzu sogar mündliche Ausführungen gemacht, die die 2. Kommission nicht kommentierte.

Die allgemeine Aussage der 1. Kommission, dass das Ausführungsgeschäft „ausschließlich ein Rechtsgeschäft des in eigenem Namen Handelnden" ist,[740] würde daher überbewertet werden, wenn man aus ihr eine bewusste Entscheidung der Gesetzesverfasser gegen eine analoge Anwendung des § 166 Abs. 2 BGB auf die mittelbare Stellvertretung ableiten würde. Die Aussage der 1. Kommission ist im Zusammenhang mit den vorhergehenden Sätzen zum Wesen der unmittelbaren Vertretung als „Handeln im fremden Namen" und mit den nachfolgenden Sätzen zur Ablehnung einer Legalzession bei der mittelbaren Vertretung nach dem Vorbild des schweizerischen Rechts[741] als Hervorhebung des Offenkundigkeitsprinzips gem. § 164 Abs. 2 BGB auszulegen. Durch die Entscheidung der 2. Kommission, die Problematik der Drittschadensliquidation der Lehre und Rechtsprechung ohne dogmatische Vorgaben zu überlassen, obgleich die Drittschadensliquidation bereits damals nach einer Ansicht das Trennungsdogma auf Rechtsfolgenebene durchbrach, verliert die Aussage der 1. Kommission ihre Bedeutung als allgemeine gesetzgeberische Anordnung des Trennungsdogmas bzw. als Analogieverbot durch bewusste Nichtregelung des Gesetzgebers, soweit es um die Drittschadensliquidation oder um die entsprechende Anwendung von § 166 Abs. 2 BGB auf die mittelbare Vertretung geht. Nur die entsprechende Anwendung der Vorgängernorm von § 392 Abs. 2 HGB im Auftragsrecht des BGB hat auch die 2. Kommission ausdrücklich abgelehnt, so dass hinsichtlich dieser Analogie tatsächlich ein bewusstes Schweigen des Gesetzgebers vorliegt.[742]

Aus alledem folgt, dass eine anfängliche Regelungslücke in Situationen wie in unseren Grundfällen (1–3) vorliegt, da dem Gesetz keine Vorschrift und kein beredtes Schweigen für die Konstellationen der mittelbaren Stellvertretung entnommen werden kann, in denen der Hintermann auf den konkreten Geschäftswillen des unwissenden mittelbaren Vertreters durch Weisung einwirkt und dabei über die für das Ausführungsgeschäft rechtlich erheblichen Kenntnisse verfügt.

---

740 Mot. I, 223 (*Mugdan* I, 476).

741 Auch heute sieht das schweizerische Obligationenrecht in Art. 401 Abs. 1 OR für die mittelbare Stellvertretung eine Legalzession der vom Beauftragten erworbenen Forderungen auf den Auftraggeber vor, sobald dieser seine Verbindlichkeiten aus dem Auftragsverhältnis erfüllt hat. Art. 401 Abs. 1 OR lautet: „Hat der Beauftragte für Rechnung des Auftraggebers in eigenem Namen Forderungsrechte gegen Dritte erworben, so gehen sie auf den Auftraggeber über, sobald dieser seinerseits allen Verbindlichkeiten aus dem Auftragsverhältnis nachgekommen ist.", ZGB OR S. 207; vgl. auch *Musielak*, S. 1275.

742 Welches allerdings auf einem Fehlverständnis der Vorreiternormen beruhte, vgl. *Bitter*, S. 198 ff.

(2) Vergleichbarkeit in der Interessenlage

Die zweite Voraussetzung des Analogieschlusses besteht in der Feststellung, dass der zu beurteilende Sachverhalt dem gesetzlich geregelten so ähnlich ist, dass beide gerade in den für die rechtliche Beurteilung maßgeblichen Hinsichten übereinstimmen. Aufgrund dieser Ähnlichkeit muss sich die gleiche rechtliche Bewertung der Sachverhalte, also die Übertragung der Rechtsfolge vom geregelten auf den ungeregelten Sachverhalt, als Gebot der Gerechtigkeit darstellen, Gleichartiges gleich zu behandeln.[743] Dies erfordert zunächst die Offenlegung der ratio legis der gesetzlichen Norm und anschließend die positive Feststellung, dass der zu beurteilende Sachverhalt dem gesetzlich geregelten in dieser Hinsicht gleicht, sowie die negative Feststellung, dass die verbleibenden Unterschiede nicht von solcher Art sind, dass sie die gesetzliche Wertung hier ausschließen.[744]

Als ratio legis von § 166 Abs. 2 BGB haben wir oben[745] die aktive Einwirkung des Vertretenen auf den Geschäftswillen des Vertreters im Hinblick auf das spätere Vertretergeschäft herausgearbeitet, die konkreter ist als die Erteilung einer Generalvollmacht. Bei einer so begründeten speziellen Zurechenbarkeit des Vertretergeschäfts an den Geschäftsherrn wirkt die Norm der Gefahr entgegen, dass durch Zwischenschaltung eines unwissenden Vertreters die beim potentiellen Eigengeschäft des Vertretenen eintretende gesetzliche Folge der Mangelhaftigkeit umgangen wird. Erteilt der Vertretene dabei die „bestimmten Weisungen" in Kenntnis der nach der Wissensnorm relevanten Umstände und der diesbezüglichen Unkenntnis des Vertreters, verhindert die Norm zugleich den Missbrauch des Vertretungsinstituts.

Entscheidend für die Rechtsfolge von § 166 Abs. 2 BGB ist damit zum einen, dass es sich bei dem Vertretergeschäft um ein Geschäft für den Hintermann handelt, das diesem rechtlich als eigenes zugerechnet wird und das ihm den Abschluss eines Eigengeschäftes erspart. Zum anderen ist eine konkrete, aktive Beeinflussung des Vertreters hinsichtlich des späteren Rechtsgeschäfts maßgeblich.

In diesen für § 166 Abs. 2 BGB maßgeblichen Hinsichten macht es keinen Unterschied, ob der Vertreter unmittelbar oder mittelbar zwischengeschaltet wird. Wie wir bereits bei der Darstellung der abstrakten Interessenlage der jeweils Beteiligten sahen, nimmt auch der mittelbare Vertreter die Interessen des Vertretenen wahr und weitet dessen Geschäftstätigkeit aus, indem diesem nicht nur die Verluste, sondern auch sämtliche Gewinne aus dem Ausführungsgeschäft zufließen. Auch trägt der mittelbar Vertretene das beim Ausführungsgeschäft anfallende Aufwendungsrisiko, solange er sich das vom Vertreter angestrebte Ausführungsgeschäft kraft des Auftragsverhältnisses zurechnen lassen muss. Der Hintermann ist durch das Binnenrechtsverhältnis nicht nur wirtschaftlicher, sondern auch rechtlicher Herr des Ausführungsgeschäfts, während der Vertreter nach pflichtgemäßem Ermessen zu handeln hat. Das Rechtsgeschäft des Vertreters ist dem Hintermann daher auch

743 *Larenz* Methodenlehre, II Kap. 5 2 b), S. 381.
744 *Larenz* Methodenlehre, II Kap. 5 2 b), S. 381 f.
745 C.III.1.b)(1).

bei der mittelbaren Vertretung rechtlich als eigenes zuzurechnen. Dem mittelbar Vertretenen bleibt ebenso wie dem unmittelbar Vertretenen der Abschluss eines Eigengeschäftes erspart. Und letztlich verfügt auch der mittelbar Vertretene über das aus dem Auftragsverhältnis resultierende Weisungsrecht, das ihm die Möglichkeit eröffnet, wesentliche Entscheidungen selbst zu treffen und lediglich ihre Umsetzung an den Vertreter zu delegieren bzw. in das Zustandekommen des Ausführungsgeschäfts einzugreifen.

Natürlich handelt der Vertreter bei der mittelbaren Vertretung nicht aufgrund einer „durch Rechtsgeschäft erteilten Vertretungsmacht" i.S.v. § 166 Abs. 2 BGB, sondern aufgrund Auftrages. Dieser Unterschied steht aber der Übertragung der Rechtsfolge nicht entgegen, da es für die ratio legis nicht auf das Bestehen einer Vollmacht als solchen ankommt, sondern auf die spezielle Zurechenbarkeit des Vertretergeschäfts an den Hintermann kraft dessen privatautonomer Erklärungen. Denn wie gesehen, genügt die Generalvollmacht für die Rechtfertigung von § 166 Abs. 2 BGB nicht. Und die „bestimmten Weisungen" können sich zwar als nachträgliche Beschränkung der Vollmacht darstellen, sie können aber auch bloße auftragsrechtliche Weisungen nach Erteilung einer unbeschränkbaren Vertretungsmacht sein.[746]

Fraglich ist, ob der Umstand, dass der mittelbare Vertreter das Ausführungsgeschäft „im eigenen Namen" abschließt, dem Analogieschluss deswegen im Wege steht, weil dem Dritten dabei nicht erkennbar wird, dass der Hintermann der wahre Geschäftsherr ist. Diese Erkennbarkeit bewirkt ja der direkte Vertreter des unmittelbaren Anwendungsbereichs von § 166 Abs. 2 BGB durch sein „Handeln im fremden Namen". Vorbehaltlich spezieller Wertungen aufgrund der jeweiligen Wissensnorm ist für die Rechtsfolge von § 166 Abs. 2 BGB aber nicht ausschlaggebend, dass für den Dritten der Fremdbezug der Rechtsfolgen offenkundig ist. Denn die interne Einwirkung des Geschäftsherrn auf den Geschäftswillen des Vertreters gem. § 166 Abs. 2 BGB, die die Beachtlichkeit des Wissensstands des Hintermanns auslöst, muss für den Dritten nicht erkennbar sein, weshalb die Norm in ihrer gesetzlichen Ausgangsform[747] keinen Vertrauensschutz für den Dritten schafft und nichts mit dem Offenkundigkeitsprinzip der unmittelbaren Stellvertretung zu tun hat.

Der wichtigste Unterschied zwischen den Sachverhalten besteht in der eigenen Betroffenheit des mittelbaren Vertreters von den Rechten und Pflichten aus dem Ausführungsgeschäft, die ihm – wie wir gesehen haben – Sicherungsmöglichkeiten verschafft, falls der Hintermann seinen Pflichten aus dem Auftragsverhältnis nicht nachkommt. Nicht nur der gewerblich tätige[748] mittelbare Vertreter würde entrechtet werden, wenn er das gesetzliche Pfandrecht gem. § 397 HGB oder die

746 Staudinger/*Schilken* § 166 BGB Rn 34.
747 Etwas anderes mag gelten, soweit § 166 Abs. 2 BGB in den Fällen des Unterlassens einer nach Treu und Glauben gebotenen Weisung analog herangezogen wird.
748 Zum Anwendungsbereich der §§ 383 ff. auf den kleingewerblichen Gelegenheitskommissionär siehe oben Fn 481.

pfandähnlichen Befriedigungsrechte gem. § 398 f. HGB aufgrund des Wissensstands des mittelbar Vertretenen verlieren würde. Auch der zur Geschäftsbesorgung nach dem BGB verpflichtete mittelbare Vertreter würde die Möglichkeit verlieren, die durch das Ausführungsgeschäft erworbenen Rechte nach Vertragsrücktritt gem. § 323 Abs. 1 Var. 2 BGB für eigene Rechnung einzutreiben. Problematisch ist, ob dieses Eigeninteresse des mittelbaren Vertreters am Ausführungsgeschäft der analogen Anwendung des § 166 Abs. 2 BGB entgegensteht oder eine Rechtsfolgenübertragung zumindest erst dann zulässt, wenn die mittelbare Vertretung zur Abwicklung gekommen ist.

Dieser Frage soll im Folgenden für unsere Grundfälle (1–3) unter besonderer Berücksichtigung der Wertungen der jeweiligen Wissensnorm nachgegangen werden.

(a) Zum Ausschluss des Schadensersatzanspruchs des Anfechtungsgegners gem. § 122 Abs. 2 BGB

Zur Verdeutlichung der Interessenlage wird der Fall (1) um die Aspekte ergänzt, dass der mittelbare Vertreter V den für 350 EUR gekauften Schrank bereits aus eigenen Mitteln bezahlt hatte bevor D seinen Eigenschaftsirrtum erkannte und den Vertrag anfocht. Der V hatte sich zum Besuch der Auktion und zum Erwerb des Schrankes für den H im Übrigen nur deshalb bereit erklärt, weil H ihm 50 EUR für den Fall versprochen hatte, dass der Erwerb gelingt. Dem H sind durch die vergebliche Abholaktion Unkosten i.H.v. 100 EUR entstanden.

Infolge der von D gegenüber seinem Vertragspartner V erklärten Anfechtung des Kaufvertrages wird dieser gem. § 142 Abs. 1 BGB rückwirkend nichtig. Da dem V seine Provision i.H.v. 50 EUR nur bei erfolgreichem Schrankerwerb zugesagt worden ist, verliert V seinen gegen H bestehenden Vergütungsanspruch gem. § 326 Abs. 1 BGB.[749] Bei strikter Anwendung des Trennungsdogmas würde V als Empfänger der angefochtenen Willenserklärung einen Schadensersatzanspruch gegen D nach § 122 Abs. 1 BGB erwerben, ohne dass dem V die Kenntnis des H von der Anfechtbarkeit des Vertrages gem. § 122 Abs. 2 BGB schaden würde. Zwar sieht § 122 Abs. 2 BGB nach seinem Wortlaut vor, dass die Schadensersatzpflicht entfällt, wenn der „Beschädigte" den Grund der Anfechtbarkeit kannte oder kennen musste, so dass man bei uns darauf verweisen könnte, dass der H als durch die Abholkosten Geschädigter den Eigenschaftsirrtum doch erkannt hatte. Mit der Gesetzesformulierung in § 122 Abs. 2 BGB wollten die Gesetzesverfasser aber nicht den mittelbar Vertretenen in Fällen der Drittschadensliquidation berücksichtigen, sondern lediglich die beiden in Absatz 1 genannten Anspruchsberechtigen umschreiben, also den Erklärungsgegner der empfangsbedürftigen Willenserklärung und den Dritten der nicht empfangsbedürftigen Willenserklärung, die jeweils durch das Vertrauen auf die Gültigkeit der Erklärung einen Schaden erlitten haben.[750]

749 Vgl. zur Vergütungsgefahr oben C.II.1.b)(1).

750 In den Motiven der entworfenen § 97 Abs. 3 und § 99 Abs. 3, die durch den späteren § 122 Abs. 2 BGB ersetzt wurden, heißt es statt „Beschädigter" noch „Empfänger

Bei strikter Anwendung des Trennungsdogmas könnte V von D also nach § 122 Abs. 1 BGB den Ersatz des Schadens verlangen, den V dadurch erleidet, dass er auf die Gültigkeit der Erklärung vertraut hat. V wäre von D so zu stellen, wie er stehen würde, wenn er sich nicht auf das Zustandekommen des Vertrages eingestellt hätte.[751] Dieser sog. Vertrauensschaden würde die Rückzahlung des Kaufpreises i.H.v. 350 EUR sowie – nach den Grundsätzen der gewohnheitsrechtlich anerkannten Drittschadensliquidation – den Ersatz der von H aufgewendeten Abholkosten i.H.v. 100 EUR umfassen. Die verlorene Provision könnte V von D nicht ersetzt verlangen, da sie ihm auch dann entgangen wäre, wenn er von vornherein von dem Vertragsschluss Abstand genommen hätte und gar nicht erst auf die Gültigkeit der Erklärung des D vertraut hätte. Der Provisionsanspruch von V gehört mithin zu seinem positiven Interesse an der Erfüllung des Ausführungsgeschäftes durch D und wird von § 122 BGB nicht geschützt.

Die der verschuldensunabhängigen Haftung aus § 122 Abs. 1 BGB zugrundeliegende Wertung besteht in der Verantwortlichkeit des Anfechtenden für sein Wort. Wenn er aufgrund der gesetzlichen Zulassung der Anfechtung bei fehlerhafter Selbstbestimmung schon nicht zu seinem Wort stehen muss, soll er wenigstens dafür einstehen, dass dem anderen aus der Hingabe des Wortes kein Schaden entsteht.[752] Damit schützt die Norm die Privatautonomie des Erklärungsempfängers, der ja davon ausging, seine eigenen Rechtsverhältnisse unter Anerkennung durch die Rechtsordnung verlässlich gestaltet zu haben. Die 1. Kommission erwog hierzu, dass „die Sicherheit und Freiheit wirthschaftlicher Bewegung beeinträchtigt wird, wenn der dem Erklärenden Gegenüberstehende auf dessen Wort sich nicht verlassen kann."[753] Der Einstandspflicht ist damit ihre normative Rechtfertigung entzogen, wenn der disponierende Erklärungsempfänger wusste, dass er sich auf das Wort nicht verlassen kann, wenn er also i.S.v. § 122 Abs. 2 HS 1 BGB die Anfechtbarkeit kannte.

Hätte H dem V in Fall (1) die 350 EUR bereits vor Vertragsschluss überlassen, würde V bei strikter Anwendung des Trennungsdogmas einen Schadensersatzanspruch nach § 122 Abs. 1 BGB erwerben, an dessen Bestehen allein der H interessiert ist. Der Anspruchsberechtigte V hat zwar auf das Wort des D vertraut, er hat aber aufgrund dieses Vertrauens keinen eigenen Vermögensschaden erlitten, dessen Ausgleich der § 122 Abs. 1 BGB bezweckt.[754] Dem Ersatzanspruch würde

---

der Willenserklärung", vgl. *Mugdan* I, LXXXIII f. Die 2. Kommission wollte stattdessen „der anderer Theil" formulieren, vgl. Prot. I, 205 f., 216 (*Mugdan* I, 712 f.). Wie gesehen, lehnte die 2. Kommission jede Normierung der Drittschadensliquidation ab, vgl. oben C.III.1.c)(1)(c). – Mit unserem Ergebnis übereinstimmend *Fleckner/Vollmuth* WM 2004, 1270.

751 Zum Umfang des Ersatzanspruchs: Staudinger/*Singer* § 122 Rn 13 ff. m.w.N.

752 *Flume* AT § 21 7, S. 423.

753 Mot. I, 190, (*Mugdan* I, 457).

754 Wie gesehen, bekommt der mittelbare Vertreter seinen fehl investierten Zeitaufwand als Bestandteil der von ihm selbst zu tragenden Provisionsgefahr nicht ersetzt.

materiell nur das Interesse des H auf Rückzahlung des Kaufpreises und auf Ersatz der vergeblichen Abholkosten zu Grunde liegen, wobei H zu keinem Zeitpunkt auf das im Katalog angekündigte Wort des D vertraut hat. Dem Ersatzinteresse des H steht das Interesse des D gegenüber, für sein von H als fehlerhaft erkanntes Wort nicht einstehen zu müssen. Da H den Abschluss des irrtumsbehafteten Kaufvertrages zielgerichtet in Auftrag gegeben hat, ist sein Interesse am Ersatz eines Vertrauensschadens nach der Wertung des § 122 Abs. 2 HS 1 BGB nicht berechtigt. Dem entspricht es, wenn die Norm des § 166 Abs. 2 BGB in analoger Anwendung zur Folge hat, dass dem wissenden Geschäftsherrn die Unkenntnis seines nach Weisungen handelnden Vertreters nicht zu Gute kommen soll. Den V würde in unserem Fall seine Entrechtung durch Nichterwerb des Schadensersatzanspruchs gem. § 122 Abs. 2 BGB i.V.m. § 166 Abs. 2 BGB nicht interessieren.

Fraglich ist, ob sich etwas anderes ergibt, wenn der H dem V seine Auslagen nicht ersetzt hätte und V daher letztlich vom Geschäftsbesorgungsvertrag gem. § 323 Abs. 1 Var. 2 BGB zurücktritt. Hier hat V ein eigenes Interesse an dem Bestand des Schadensersatzanspruchs gegen D nach § 122 Abs. 1 BGB, mit dem er sich den verauslagten Kaufpreis zurückholen kann, so dass ihn eine analoge Anwendung des § 166 Abs. 2 Satz 1 BGB benachteiligen würde. Zwar wäre dem V der infolge der Anfechtung rechtsgrundlos geleistete Betrag i.H.v. 350 EUR von D auch aufgrund der condictio ob causam finitam nach § 812 Abs. 1 Satz 2 Var. 1 BGB zurückzuzahlen, der bereicherungsrechtliche Anspruch ist aber größeren Einschränkungen unterworfen, als der Schadensersatzanspruch aus § 122 Abs. 1 BGB.[755]

Möglicherweise ist aber das Interesse des V nicht schutzwürdig. Zwar hat der V auf das Wort von D vertraut, so dass die Wertung des § 122 Abs. 1 BGB einschlägig erscheint. Zugleich handelte der V dabei aber in erster Linie in Erfüllung des Geschäftsbesorgungsvertrags mit H, dessen Interessen er dabei optimal wahrnehmen wollte und dem gegenüber er sich verpflichtet hat, auch unwirtschaftliche Weisungen zu befolgen. Sein eigenes Interesse am Ausführungsgeschäft hat der mittelbare Vertreter dadurch dem Interesse seines Geschäftsherrn nachgeordnet. Die Idee zu dem Ausführungsgeschäft ist auf die Selbstherrlichkeit des Hintermanns zurückzuführen, wodurch das Ausführungsgeschäft (im Fall der Weisung i.S.v. § 166 Abs. 2 BGB) wesentlich auf der privatautonomen Entscheidung des Hintermanns beruht. Durch den Geschäftsbesorgungsvertrag hat der mittelbare Vertreter die Gefahren des Ausführungsgeschäftes auf seinen Hintermann abgewälzt. Er hat sich damit zugleich in den Gefahrenkreis des Hintermanns begeben.[756]

Wenn der Hintermann den mittelbaren Vertreter zu einem Ausführungsgeschäft anweist, das er selbst wegen Kenntnis von dessen Anfechtbarkeit nicht gefahrlos schließen könnte, befindet sich das Risiko von Fehlinvestitionen auf Seiten des angewiesenen Vertreters. Dort muss es unabhängig von dem Umstand verbleiben, ob dem V seine Auslagen intern von H ersetzt werden oder nicht. Zudem hätte der

755 So beispielsweise dem Entreicherungseinwand gem. § 818 Abs. 3 BGB.
756 Dies erwägen auch *Herbert*, S. 139, und *Hartmann*, S. 61 f. Fn 2.

V das Risiko, das ihm H die zur Ausführung des Auftrags erforderlichen Aufwendungen schuldig bleibt, durch Einforderung eines Vorschusses gem. § 669 BGB beseitigen können.

Die Richtigkeit dieser Erwägung bestätigt die ganz herrschende Lehre an einer anderen Stelle, nämlich bei der Auslegung des Tatbestandsmerkmals „Dritter" in § 123 Abs. 2 Satz 1 BGB.[757] Die Regelung des § 123 Abs. 2 Satz 1 BGB, wonach der arglistig Getäuschte seine empfangsbedürftige Willenserklärung bei einer durch einen „Dritten" verübten Täuschung nur dann anfechten kann, wenn der Erklärungsempfänger die Täuschung kannte oder kennen musste, wird nach einhelliger Ansicht teleologisch reduziert, wenn die Täuschung vom mittelbar Vertretenen ausgeht.[758] In diesem Fall kann der Getäuschte das Ausführungsgeschäft nach § 123 Abs. 1 BGB ohne Rücksicht auf ein Kennen oder Kennenmüssen des mittelbaren Vertreters von der Täuschung anfechten. Zur Begründung führt die herrschende Lehre an, dass sich der mittelbar Vertretene zwar außerhalb des durch die erschlichene Erklärung zustande gekommenen Rechtsverhältnisses befinde, er aber nicht „Dritter" im Sinne des Merkmals aus § 123 Abs. 2 Satz 1 BGB sei. Als „Dritter" könne nur der am Geschäft „Unbeteiligte" eingeordnet werden, nicht aber derjenige, der auf Seiten des Erklärungsempfängers steht und maßgeblich am Vertrag mitgewirkt hat.[759] Der mittelbar Vertretene sei aufgrund seiner wirtschaftlichen Parteistellung nicht Unbeteiligter.[760] Die Rechtsprechung formuliert dies dahin, dass derjenige „Nicht-Dritter" sei, „dessen Verhalten dem des Anfechtungsgegners gleichzusetzen ist"[761], bzw. dessen Verhalten dem Erklärungsempfänger wegen besonders „enger Beziehungen zwischen beiden"[762] oder wegen „sonstiger besonderer Umstände billigerweise zugerechnet werden muss".[763]

Für das Problem der Entrechtung des mittelbaren Vertreters durch analoge Anwendung des § 166 Abs. 2 BGB ist auf die Konsequenz hinzuweisen, die sich aus der teleologischen Reduktion des § 123 Abs. 2 Satz 1 BGB bei Täuschung durch den mittelbar Vertretenen ergibt und die dort nach herrschender Lehre der Billigkeit entspricht: Mit der Zulassung der Anfechtung durch den getäuschten Partner des Ausführungsgeschäftes nach § 123 Abs. 1 BGB wird dort der mittelbare Vertreter ebenfalls „entrechtet", obwohl der die Täuschung nicht kennen(müssen)de mittelba-

757 Ähnlich, aber ohne das Problem der Entrechtung des mittelbaren Vertreters zu erörtern, auch *Schwark*, JuS 1980, 777, 779. *Schwark* moniert lediglich, dass sich die hL widerspricht, wenn sie den Hintermann einerseits in § 123 BGB zum „Beteiligten" macht, andererseits aber vehement das Trennungsdogma vertritt.

758 MüKo-HGB/*Häuser* § 383 Rn 55; Schlegelberger/*Hefermehl* § 383 Rn 32; Staub/*Koller* § 383 Rn 134; *Schmidt-Rimpler*, S. 613; *Flume* AT II § 29 3, S. 543 f.; *Hager*, AcP 180 (1980), 239, 241; *Schwark*, JuS 1980, 777, 779.

759 Palandt/*Ellenberger* § 123 Rn 13; *Flume* AT II § 29 3, S. 545.

760 Staudinger/*Singer/v.Finckenstein* § 123 Rn 51; MüKo-HGB/*Häuser* § 383 Rn 55.

761 BGH NJW 1996, 1051; BGH NJW 1990, 1661, 1662.

762 BGH NJW 1990, 1915.

763 BGH NJW 1990, 1661, 1662.

re Vertreter auf die Beständigkeit des Wortes des getäuschten Dritten vertraut hat. Auch dort verliert der mittelbare Vertreter seine durch das Ausführungsgeschäft entstandenen Sicherheiten für seine internen Aufwendungsersatzansprüche ersatzlos. Auch dort lässt die herrschende Meinung eine Entrechtung des Vertreters ohne Rücksicht darauf zu, ob er ein eigenes Interesse am Bestand des Ausführungsgeschäftes hat.

Im Fall (1) wird deutlich, dass es gerechtfertigt ist, die entsprechende Anwendung des § 166 Abs. 2 BGB mit der Wirkung zuzulassen, dass sich bereits der mittelbare Vertreter bei Geltendmachung des Schadensersatzanspruchs im eigenen Namen nicht auf seine eigene Unkenntnis berufen kann, wenn der ihn anweisende mittelbare Vertreter die bestimmten Umstände kannte. Denn für die Bewertung der Interessen macht es keinen Unterschied, ob der mittelbare Vertreter die Forderung für den Hintermann erhebt, oder die Forderung an den Hintermann abtritt, damit dieser sie dann selbst geltend machen kann.

Darüber hinaus ist die entsprechende Anwendung des § 166 Abs. 2 BGB auch dann gerechtfertigt, wenn die Abwicklung des Ausführungsgeschäftes unterbleibt und der Vertreter das ursprünglich für fremde Rechnung geschlossene Geschäft nunmehr für sich selbst durchsetzen will. Entscheidend für die Gefahrtragung ist, dass sich der Vertreter im für das Vorliegen der Kenntnisse nach der Wissensnorm maßgeblichen Zeitpunkt den Interessen seines Geschäftsherrn untergeordnet und dessen Weisungen befolgt hat. Die Annahme, dass die analoge Anwendung des § 166 Abs. 2 BGB ex nunc entfällt, sobald der mittelbare Vertreter im eigenen Interesse handelt,[764] lässt die Wertung der Wissensnorm außer Acht, die für die Beachtlichkeit von Kennen und Kennenmüssen einen konkreten Zeitpunkt festsetzt. Diese Interessenbewertung kann nicht zu Lasten des Dritten dadurch verschoben werden, dass auf Seiten des mittelbaren Vertreters zwar im maßgeblichen Zeitpunkt eine Arbeitsteilung stattfindet, dass diese aber später scheitert.

Auch kann festgestellt werden, dass es für die Wertungen von § 122 Abs. 2 BGB i.V.m. § 166 Abs. 2 BGB unerheblich ist, ob dem D erkennbar war, dass V für den H gehandelt hat. Eine etwaige Heimlichkeit der mittelbaren Vertretung ist somit für die Analogie von § 166 Abs. 2 BGB nicht entscheidend.

Mit der Interessenwertung des § 122 Abs. 2 BGB stimmt es überein, wenn das Tatbestandsmerkmal der „bestimmten Weisungen“ auch bei analoger Anwendung von § 166 Abs. 2 Satz 1 BGB im Rahmen der mittelbaren Stellvertretung extensiv ausgelegt wird im Sinne eines Veranlassens. Wenn der Hintermann das konkrete Ausführungsgeschäft voraussieht und seinen Vertreter in diese Richtung steuert, obgleich ihm die Anfechtbarkeit des künftigen Vertrages bekannt ist, unternimmt er die Investitionen auf eigenes Risiko und ohne Vertrauen auf das Wort des D.

---

764 So *Schmidt-Rimpler*, S. 613 und *Hartmann*, S. 61 f. Fn 2. Durch pauschale Bezugnahme auf *Schmidt-Rimpler* wohl auch *Capelle*, FS Raape, 1948, 325 ff., 336 f.; *Hager*, AcP 180 (1980), 239 ff., 257; Heymann/*Herrmann* § 383 Rn 13 Fn 39.

Und auch wenn H bei Erteilung der Weisung an V im Fall (1) zwar auf das angekündigte Wort des D vertraut hat, bei sorgfältigem Nachdenken aber den Irrtum des D und damit die Anfechtbarkeit erkennen musste, ist die analoge Anwendung von § 166 Abs. 2 Satz 2 BGB im Lichte des § 122 Abs. 2 BGB interessengerecht. Zu den Wertungen der Schädlichkeit des Kennenmüssens bei § 122 Abs. 2 BGB stellte die 1. Kommission fest, dass der Schutz des „Gutgläubigen" nicht überzogen werden dürfe: „Die Begünstigung des Gutgläubigen erfolgt auf Kosten des anderen Theiles; ihm kann nur gegeben werden, was diesem genommen wird, und auf die Lage des letzteren muß gleichmäßig Rücksicht genommen werden."[765] Diesen Ausgleich schafft der § 122 Abs. 2 BGB durch Fehlen einer Einstandspflicht, wenn der Erklärungsempfänger die Anfechtbarkeit kennen musste, wobei keine Prüfungspflicht statuiert wurde, sondern lediglich die Schutzwürdigkeit des blind Vertrauenden reduziert werden sollte, wenn er „bei Anwendung der Sorgfalt eines ordentlichen Hausvaters"[766] die Anfechtbarkeit erkannt hätte.[767] Auch hier gilt, dass es für die Schutzunwürdigkeit des Hintermanns keinen Unterschied macht, ob er den Schrank trotz erkennbaren Risikos der Anfechtbarkeit selbst kauft oder den V zu diesem Kauf auf seine Rechnung (auf Rechnung des H) anweist.

(b) Zum Ausschluss kaufrechtlicher Gewährleistungsansprüche gem. § 442 Abs. 1 Satz 1 BGB

Die strikte Anwendung des Trennungsdogmas würde im Fall (2) dazu führen, dass V wegen der fehlenden Unfallfreiheit des Autos gem. § 437 Nr. 2 i.V.m. §§ 434 Abs. 1, 323, 326 Abs. 5 BGB vom Kaufvertrag mit D zurücktreten und den gezahlten Kaufpreis nach § 346 Abs. 1 BGB zurückverlangen kann. Sein Gewährleistungsanspruch wäre nicht nach § 442 Abs. 1 BGB ausgeschlossen, da V den Blechschaden weder kannte noch grob fahrlässig[768] übersehen hat. Der H könnte den Wagen zurückgeben, obwohl er beim Eigengeschäft wegen seiner Mangelkenntnis kein Rücktrittsrecht erworben hätte.

Dem Ausschluss der Gewährleistungsrechte im Fall der Kenntnis des Käufers vom Mangel bei Vertragsschluss gem. § 442 Abs. 1 Satz 1 BGB liegt nach einhelliger Ansicht der Gedanke zugrunde, dass sich der Käufer treuwidrig verhalten würde, wenn er die Sache zunächst erwirbt, ohne den erkannten Mangel zur Sprache zu bringen, und anschließend Gewährleistung verlangt. Denn der Käufer verfügte von Anfang an nicht über die Erwartung eine fehlerfreie Sache zu erhalten.[769] An dem

765 Mot. I, 191 (*Mugdan* I, 457).
766 Mot. I, 194 (*Mugdan* I, 459), Mot. I, 200 (*Mugdan* I, 463).
767 *Flume* AT § 21 7, S. 424.
768 Nach § 442 Abs. 1 Satz 2 BGB kann der Käufer Rechte wegen eines Mangels, der dem Käufer infolge grober Fahrlässigkeit unbekannt geblieben ist, nur geltend machen, wenn der Verkäufer den Mangel arglistig verschwiegen oder eine Garantie für die Beschaffenheit der Sache übernommen hat.
769 MüKo-BGB/*Westermann* § 442 Rn 1 f. m.w.N.

von ihm gesetzten Eindruck, dass er auf die Mangelfreiheit der Sache keinen Wert lege, muss er sich festhalten lassen.[770] Dabei ist es nach dem Wortlaut und aufgrund des systematischen Zusammenhangs mit § 442 Abs. 1 Satz 2 BGB im Fall Kenntnis gem. § 442 Abs. 1 Satz 1 BGB unerheblich, ob der Verkäufer den Mangel ebenfalls kannte und bewusst verschwieg oder ob der Verkäufer von der Mangelfreiheit der Sache ausging. Die Norm schützt daher den Verkäufer ohne Rücksicht darauf, ob er selbst redliche Motive verfolgt hat.

Nach dem Schutzzweck des § 442 Abs. 1 Satz 1 BGB ist die analoge Anwendung von § 166 Abs. 2 Satz 1 BGB im Fall (2) geboten, da der H als mittelbarer Käufer des VW-Busses zu keinem Zeitpunkt über die Erwartung verfügte, einen fehlerfreien Gebrauchtwagen zu erhalten. Der H soll nicht durch bewusste Zwischenschiebung eines arglosen Dritten die nachteiligen Folgen seines potentiellen Eigengeschäftes umgehen können, wobei es wertungsmäßig keinen Unterschied macht, ob der H den V anweist, den konkreten VW-Bus zu erwerben, oder ob er ihm lediglich den Kauf irgendeines VW-Busses bei D aufgegeben hat und damit rechnete und billigend in Kauf nahm, dass V den ehemaligen Unfallwagen des U kaufen würde, so dass auch hier das Merkmal der „bestimmten Weisungen" extensiv ausgelegt werden kann.

Hätte der V in Fall (2) den Kaufpreis für den gebrauchten VW-Bus i.H.v. 20.000 EUR aus eigenen Mitteln verauslagt und wird er nach dem Kauf von H enttäuscht, indem dieser weder den Kaufpreis noch die versprochene Provision aufbringen kann, stellt sich die Frage, ob V (nach Rücktritt vom Geschäftsbesorgungsvertrag mit H) das Rücktrittsrecht wegen der fehlenden Unfallfreiheit des Wagens gem. § 437 Nr. 2 i.V.m. §§ 434 Abs. 1, 323, 326 Abs. 5 BGB gegen D im eigenen Interesse geltend machen kann oder ob er sich analog § 166 Abs. 2 Satz 1 BGB i.V.m. § 442 Abs. 1 Satz 1 BGB die Kenntnisse seines ehemaligen Geschäftsherrn H entgegenhalten lassen muss.

Entsprechend der soeben zu § 122 Abs. 2 BGB vorgenommenen Erörterung einer „Entrechtung" des selbst interessierten mittelbaren Vertreters durch analoge Anwendung des § 166 Abs. 2 BGB ist auch hier auf die Wertungen der Wissensnorm in Verbindung mit der Unterordnung der eigenen Interessen des Vertreters unter diejenigen seines Auftraggebers abzustellen. Für den Verlust des Rücktrittsrechts kommt es nach § 442 Abs. 1 Satz 1 BGB auf die Erwartungen des Käufers bei Vertragsschluss an, bei dem der V noch im Gefahrenkreis des H handelte, der den Blechschaden des Wagen kannte. Dass V den Gewährleistungsanspruch letztlich im eigenen Interesse erhebt, weil H im Innenverhältnis seine Pflichten gegenüber V vernachlässigt hat, kann sich nicht zu Lasten des D durch plötzliche Entstehung

770 BGH NJW 2012, 2793 ff. Rn 22; Staudinger/*Matusche-Beckmann* § 442 Rn 1 m.w.N. Die Gesetzesverfasser führen zu der Vorgängernorm von § 442 Abs. 1 Satz 1 BGB, zu § 460 Satz 1 BGB a.F. bzw. § 382 E-I, lediglich aus, dass die Regelung mit dem gemeinen römischen Recht übereinstimme und dass die Anordnung einer Untersuchungspflicht des Erwerbers nicht gewollt sei, vgl. Mot. II, 224 und 226 (*Mugdan* II, 123 ff.).

des Anspruchs auswirken. V kann sich daher analog § 166 Abs. 2 Satz 1 BGB nicht auf seine eigene Unkenntnis von dem Mangel berufen.

Erneut kann für die Analogie von § 166 Abs. 2 BGB dahingestellt bleiben, ob dem D die mittelbare Vertretung verheimlicht wurde. Auf die Erkennbarkeit des wahren Geschäftsherrn bei Vertragsschluss kommt es für § 442 Abs. 1 Satz 1 BGB nicht an.

(c) Beim gutgläubigen Eigentumserwerb von Mobilien gem. §§ 929, 932 BGB

Um den Eigentumserwerb des bösgläubigen Hintermanns zu vermeiden, den das Trennungsdogma in Fall (3) nach sich zieht, sind im Schrifttum unterschiedliche Ansätze entwickelt worden, mit denen zugleich die Entrechtung des eigeninteressierten, gutgläubigen Vertreters vermieden werden soll.

Der von Jacubezky mit seinem Antrag Nr. 73 § b angestrebten Lösung, den fehlenden guten Glauben des Auftraggebers analog § 166 Abs. 2 BGB bereits im Ausführungsgeschäft zu berücksichtigen, soweit der erworbene Gegenstand nicht zur Deckung der auf dem Innenverhältnis beruhenden Ansprüche des mittelbaren Vertreters gegen den Geschäftsherrn erforderlich ist,[771] steht der Vorschlag von Schmidt-Rimpler gegenüber, die Analogie erst vorzunehmen, wenn das Ausführungsgeschäft tatsächlich zur Abwicklung gelangt.[772] Nach Ansicht von Reeb soll bei fehlendem wirtschaftlichen Eigeninteresse des mittelbaren Vertreters und Bösgläubigkeit des anweisenden Vertretenen im Sinne von § 166 Abs. 2 BGB das Ausführungsgeschäft vom Anwendungsbereich der „Gutglaubensschutzvorschriften" aufgrund teleologischer Reduktion ausgenommen werden, da es an einem Verkehrsgeschäft fehle.[773] Gleich der Situation des sog. Rückerwerbs des Nichtberechtigten[774] meint Reeb, dass auch beim sog. mittelbar bösgläubigen Erwerb kein schutzwürdiger rechtsgeschäftlicher Verkehr vorliegt.[775]

Hätte der H dem V im Fall (3) den Kaufpreis i.H.v. 10.000 EUR vorgeschossen, würde V nach der Ansicht von Jacubezky und nach der Ansicht vom fehlenden Verkehrsgeschäft kein Eigentum an den Aktien erwerben und könnte vom wahren Eigentümer auf Herausgabe in Anspruch genommen werden. Nach der Ansicht von Schmidt-Rimpler wäre der Herausgabeanspruch des wahren Eigentümers gegen den Besitzer der Aktien aus § 985 BGB nur erfolgreich, sobald die Aktien an H übertragen worden sind.

Mit Schmidt-Rimpler an den formalen Akt der Weiterübertragung anzuknüpfen, brächte gegenüber dem Regelungsvorschlag von Jacubezky den Vorteil größerer

771 Dazu oben C.III.1.c)(1)(c).
772 *Schmidt-Rimpler*, S. 613; ihm folgend *Capelle*, FS Raape, 1948, 325 ff., 336 f.; *Hager*, AcP 180 (1980), 239 ff.
773 *Reeb*, S. 52 ff.
774 Vgl. zum Rückerwerb des Nichtberechtigten *Wilhelm* Sachenrecht Rn 1017 ff.
775 *Reeb*, S. 102.

Rechtssicherheit und Rechtsklarheit,[776] würde aber dem alarmierten Hintermann H neue Missbrauchsmöglichkeiten eröffnen durch Einrichtung einer Verwaltungstreuhand. Mit Reeb dem Erwerbsgeschäft ohne wirtschaftliches Eigeninteresse die Natur eines Verkehrsgeschäfts abzusprechen, falls der anweisende Hintermann analog § 166 Abs. 2 BGB bösgläubig ist, vermischt die Frage nach dem grundsätzlichen Anwendungsbereich des Gutglaubensschutzes mit der Frage nach der fehlenden konkreten Schutzwürdigkeit des Erwerbsinteresses aufgrund Kenntnis oder grob fahrlässiger Unkenntnis von der Nichtberechtigung gem. § 932 Abs. 2 BGB. Auch setzt Reeb die analoge Anwendbarkeit des § 166 Abs. 2 BGB auf den mittelbar Vertretenen bereits voraus.

Für den Ausgleich, den die Vorschriften über den gutgläubigen Eigentumserwerb zwischen dem Erwerbsinteresse des Erwerbers und dem Erhaltungsinteresse des Eigentümers schaffen, kommt es in § 932 Abs. 2 BGB nicht auf Pflicht- oder Obliegenheitsverletzungen des Erwerbers durch mangelnde Prüfung der Eigentumsverhältnisse an, sondern allein auf die Schutzunwürdigkeit des Erwerbs, wenn die Grundlagen des Erwerbs ersichtlich in einer Weise lückenhaft oder die Umstände des Erwerbs ersichtlich in einer Weise verdächtig sind, dass sich ein redlicher Geschäftspartner auf den Erwerb nicht einlassen würde.[777] Die Enteignung des wahren Eigentümers wird daher nach der Wertung des § 932 Abs. 2 BGB durch die Redlichkeit der Erwerberseite gerechtfertigt. Für diese macht es bei der Subordination des Erwerbsinteresses kraft Auftrages und Einwirkung des bösgläubigen Auftraggebers auf das Ausführungsgeschäft keinen Unterschied, ob dem Beauftragten in dem für den gutgläubigen Erwerb gem. § 932 Abs. 1 Satz 1 BGB maßgeblichen Zeitpunkt der Übergabe dessen notwendige Auslagen bereits ersetzt worden waren oder nicht. Anderenfalls würde der mittelbar bösgläubige Erwerb dadurch legitimiert, dass der Hintermann seinem Vertreter dessen Auslagen erst kurz nach Abschluss des Erwerbstatbestandes ersetzt.

Auch bei § 932 BGB ist es für die Enteignung des wahren Eigentümers unerheblich, ob dem Dritten gegenüber erkennbar wurde, dass der mittelbare Vertreter auf fremde Rechnung gehandelt hat. Den wahren Eigentümer interessiert lediglich der Übergang der Rechtsscheinposition des Besitzes und die Redlichkeit der Erwerberseite.

(3) Übertragung der Rechtsfolge

Im Ergebnis ist daher die analoge Anwendung des § 166 Abs. 2 BGB im Rahmen der mittelbaren Stellvertretung bei Anwendung der Wissensnormen gem. § 122 Abs. 2, § 442 Abs. 1 Satz 1 und § 932 Abs. 2 BGB mit der Folge gerechtfertigt, dass sich der mittelbare Stellvertreter nicht auf seine eigene Unkenntnis berufen kann, wenn der mittelbar Vertretene die maßgeblichen Umstände kannte oder kennen musste

776 Wie gesehen, hatte auch die 2. Kommission die fehlende Rechtssicherheit bei Jacubezkys Anträgen im Auftragsrecht moniert, vgl. oben C.III.1.c)(1)(c).

777 *Wilhelm* SachenR Rn 938 f.

und auf den konkreten Geschäftswillen des Vertreters aktiv eingewirkt hat. Ob der mittelbare Vertreter durch die Analogie entrechtet wird, ist unmaßgeblich, da er sich bei Vornahme des Ausführungsgeschäftes den Interessen seines Geschäftsherrn unterwirft.

Ob in Konstellationen der mittelbaren Stellvertretung den „bestimmten Weisungen" i.S.v. § 166 Abs. 2 BGB auch das Unterlassen von Weisungen gleichgesetzt werden kann, hängt von dem oben[778] herausgearbeiteten Kriterium ab, ob dem Hintermann das Ausführungsgeschäft im Einzelfall konkret zurechenbar ist, weil er gegen ein aus Treu und Glauben folgendes Handlungsgebot verstoßen hat.[779] Es ist in diesen Fällen eine Analogie in zwei Tatbestandsmerkmalen zu prüfen, nämlich zum einen im Merkmal der Vollmacht und zum anderen bezüglich der bestimmten Weisungen. Dabei ist besonders stark zu berücksichtigen, ob der mittelbar Vertretene nicht nach Treu und Glauben davon ausgehen darf, dass der mittelbare Vertreter die maßgeblichen Umstände selbst erkennt und sein Handeln daran ausrichtet.[780]

2. Kenntnis des mittelbar Vertretenen analog § 166 Abs. 2 BGB wider Irrtum des Vertreters

In der höchstrichterlichen Rechtsprechung wurde die analoge Anwendung des § 166 Abs. 2 BGB im Rahmen der mittelbaren Stellvertretung bislang nicht ausdrücklich vorgenommen. Das Reichsgericht sprach sich allerdings in seinem Urteil vom 22.02.1929, dem sog. „Ming-Vasen-Fall",[781] ohne ausdrückliche Bezugnahme auf eine Rechtsnorm dafür aus, den Wissensstand des Kommittenten im Ausführungsgeschäft des Kommissionärs zu beachten. Die Entscheidung des Reichsgerichts wird in der Literatur ganz unterschiedlich interpretiert. Ob das Reichsgericht tatsächlich unausgesprochen § 166 Abs. 2 BGB entsprechend angewendet hat und ob der Ansatz überzeugend ist, klären die nachstehenden Ausführungen.

a) Darstellung der Ming-Vasen-Entscheidung des Reichsgerichts

Der Kläger verlangt aus von der Verkaufskommittentin F abgetretenem Recht Wertersatz für zwei Vasen, die der Beklagte zuvor beim Kommissionär W gekauft und mittlerweile weiterveräußert hat. Die Parteien streiten dabei über die Wirksamkeit der wegen Eigenschaftsirrtums erklärten Anfechtung des zwischen W und dem Beklagten geschlossenen Kaufvertrages.

Frau F hatte im Frühjahr 1925 zwei in ihrem Eigentum stehende, chinesische Vasen dem Warenhaus W[782] zum kommissionsweisen Verkauf überlassen, die im Einverständnis mit F in der dortigen Abteilung für moderne China- und Japanwaren

778 C.III.1.b)(3)(b).
779 Für § 442 Abs. 1 Satz 1 BGB im Ergebnis ebenso Staub/*Koller* § 383 Rn 132.
780 So bereits für die unmittelbare Stellvertretung einschränkend *Schilken*, S. 64.
781 RGZ 124, 115 ff.
782 Die Rechtsform des Warenhauses geht aus dem Urteil nicht hervor.

zum Verkauf ausgestellt worden waren. Am 1.08.1925 verkaufte W die Vasen an den Beklagten für 390 RM, der sie alsbald mit größerem Gewinn nach Holland weiterverkaufte, wo sie schließlich bei einer Versteigerung durch das Kensington-Museum in London für umgerechnet 200.000 RM erworben wurden. W war bei dem Verkauf davon ausgegangen, dass es sich um Vasen aus dem Anfang des 19. Jahrhunderts handelte, während sie tatsächlich aus der Zeit der Mingdynastie (1380–1644) stammten. Als W von dem wahren Alter der Vasen am 13.10.1925 erfuhr, ermächtigte W umgehend die F, die weiteren Schritte für W nach freiem Ermessen zu unternehmen, und trat der F sämtliche Ansprüche aus dem Ausführungsgeschäft mit dem Beklagten ab. F erklärte am 19.11.1925 im eigenen Namen und im Namen des W die Anfechtung des Kaufvertrages wegen Eigenschaftsirrtums und forderte vom Beklagten die Herausgabe der Vasen bzw. Wertersatz aus ungerechtfertigter Bereicherung. Ihren Wertersatzanspruch trat F anschließend an den Kläger bis zur Höhe von 5.000 RM ab.

Das mit der Berufung befasste Kammergericht Berlin kam zu dem Ergebnis, dass in der Person des W ein Anfechtungsrecht wegen Eigenschaftsirrtums gem. § 119 Abs. 2 BGB bestanden habe, zu dessen Ausübung die F bevollmächtigt wurde. Der Herausgabeanspruch aus ungerechtfertigter Bereicherung nach § 812 Abs. 1 Satz 2 Var. 1 BGB wäre in der Person des W entstanden. Einer wirksamen Anfechtung stehe aber der fruchtlose Ablauf der Anfechtungsfrist gem. § 121 Abs. 1 Satz 1 BGB entgegen, wonach die Anfechtung wegen Irrtums ohne schuldhaftes Zögern (unverzüglich) erfolgen muss, nachdem der Anfechtungsberechtigte von dem Anfechtungsgrund Kenntnis erlangt hat. F habe die Anfechtung nicht unverzüglich erklärt.[783] Das Reichsgericht widersprach dieser Bewertung, indem es das Zögern der F aufgrund der Umstände des Einzelfalls für nicht schuldhaft befand.[784] Dies führte zur Aufhebung der Entscheidung des Kammergerichts und zur Zurückverweisung. Für die erneute Entscheidungsfindung gab der II. Zivilsenat zu bedenken, dass zwar die Annahme richtig sei, dass der Eigenschaftsirrtum in der Person des W vorgelegen haben müsse, damit die Anfechtung zulässig sei. Frau F könne sich aber auf den Irrtum des W nicht berufen, wenn sie nicht selbst im Irrtum war. Die Vorinstanz habe zu prüfen, ob die F bei Abschluss des Kommissionsvertrags mit der Möglichkeit rechnete, dass es sich um Sachen aus früheren Jahrhunderten mit einem besonderen Altertumswert handelte und ob sie bei Kenntnis dieser Möglichkeit den Kommissionsvertrag mit der gegebenen Preisbestimmung[785] nicht abgeschlossen hätte.[786]

783 RGZ 124, 115, 117.

784 Genaueres in RGZ 124, 115, 118 f.

785 Zu dieser gehen aus dem Urteil keine Einzelheiten hervor.

786 RGZ 124, 115, 120.

b) Auslegung der Entscheidungsgründe durch die Literatur

(1) Irrtum des Vertretenen als Anfechtungsvoraussetzung

Ein Teil des Schrifttums ist der Auffassung, dass das Reichsgericht für das Bestehen eines Anfechtungsrechts in der Person des mittelbaren Vertreters das „Erfordernis eines doppelten Irrtums" aufgestellt hat.[787] Die Anfechtung des Ausführungsgeschäftes sei demnach nur dann zulässig, wenn sich sowohl der mittelbare Stellvertreter als auch der Interessent in rechtserheblicher Weise geirrt habe.[788]

Oertmann und Hager befürworten die so verstandene Entscheidung des Reichsgerichts. Nach Oertmann werde dabei § 166 BGB „ohne allzu große Kühnheit" entsprechend angewendet, indem für das Anfechtungsrecht wegen Irrtums analog § 166 Abs. 1 BGB ein solcher des Kommissionärs und analog § 166 Abs. 2 BGB ein solcher des Kommittenten erforderlich sei.[789] Hager beruft sich zwar nicht ausdrücklich auf § 166 BGB, er verweist aber auf die Stellungnahme von Oertmann und fordert, eine Korrektur des Trennungsdogmas nach Maßgabe des Ming-Vasen-Falls bei allen Anfechtungstatbeständen des § 119 BGB vorzunehmen. Die Durchbrechung des Trennungsdogmas werde dadurch gerechtfertigt, dass die Anfechtung des Ausführungsgeschäfts letztlich dem Interessenten zugute komme. Dieser verdiene die „Wohltat der Anfechtung" nicht, wenn er selbst keinem Irrtum unterlegen sei.[790]

Schilken lehnt das „Erfordernis eines doppelten Irrtums" und seine Begründung durch entsprechende Anwendung des § 166 BGB ab. Nach § 166 Abs. 1 HS 1 BGB komme allein die Person des Vertreters in Betracht, soweit die rechtlichen Folgen einer Willenserklärung durch Willensmängel beeinflusst werden, weshalb selbst bei der unmittelbaren Stellvertretung Willensmängel des Vertretenen belanglos seien.[791]

(2) Irrtum des Vertretenen als Voraussetzung der Geltendmachung des Rückforderungsanspruchs nach Zession

Ein anderer Teil des Schrifttums ist der Ansicht, dass das Reichsgericht im Ming-Vasen-Fall die Wirksamkeit der Anfechtung allein aus der Person des Kommissionärs heraus beurteilt hat. Für die Anfechtung des Ausführungsgeschäftes durch den Kommissionär sei unerheblich, ob der Kommittent alle relevanten Faktoren gekannt und sich nicht getäuscht hatte. Das Reichsgericht habe einen Irrtum des Hintermanns nur für die Geltendmachung des an den Hintermann zedierten Rückforderungsanspruchs verlangt. Die subjektiven Umstände des Hintermanns fänden

787 *Schilken*, S. 153; *Oertmann*, JW 1929, 1457 ff. sub 2; *Hager*, AcP 180 (1980), 239, 242.

788 *Hager*, AcP 180 (1980), 239, 242.

789 *Oertmann*, JW 1929, S. 1457, 1458 f. sub 2. In der Besprechung spricht *Oertmann* irrtümlich von § 164 Abs. 1 und § 164 Abs. 2 BGB. Dass er hiermit § 166 Abs. 1, Abs. 2 BGB meint, ergibt sich aber aus dem Kontext.

790 *Hager*, AcP 180 (1980), 239, 242.

791 *Schilken*, S. 154.

nur dann Beachtung, wenn er den aus der Anfechtung entstandenen Herausgabeanspruch als Zessionar geltend mache.[792]

Während sich Hefermehl der so verstandenen Gerichtsentscheidung ohne Bezugnahme auf eine Rechtsnorm inhaltlich anschließt,[793] stimmen dem Koller und Häuser nur dort zu, wo sich der Kommissionär „streng an die Weisungen des Kommittenten gehalten hatte".[794] Verfügt der irrende Kommissionär über Entscheidungsspielraum, müsse die Aufklärungsmöglichkeit durch den wissenden Hintermann unbeachtlich bleiben, da man sonst mit der Wertung des § 119 BGB, der eine verschuldensunabhängige Anfechtungsmöglichkeit eröffnet, in Kollision geraten würde.[795] Ob Koller und Häuser dabei § 166 Abs. 2 BGB analog anwenden, der ja ein Handeln nach bestimmten Weisungen voraussetzt, lassen beide ungeklärt.

Gegen jede Berücksichtigung der subjektiven Umstände des Hintermanns bei der Irrtumsanfechtung und Rückabwicklung des Ausführungsgeschäftes spricht sich eine dritte Meinung aus.[796]

c) Anwendung des § 166 Abs. 2 BGB bei fehlendem Irrtum des Hintermanns im Rahmen der unmittelbaren Stellvertretung

Für die Untersuchung, ob das Reichsgericht im Ming-Vasen-Fall die Regelung des § 166 Abs. 2 BGB entsprechend angewendet hat, soll zunächst die Rechtslage betrachtet werden, die sich ergeben hätte, wenn W im Ming-Vasen-Fall als unmittelbarer Stellvertreter gehandelt hätte. F wäre nach § 164 Abs. 1 BGB unmittelbar Partei des Kaufvertrages mit dem Beklagten geworden, weshalb ein etwaiges Anfechtungsrecht allein in ihrer Person entstanden wäre.[797] Nach § 166 Abs. 1 HS 1 BGB käme es für die Anfechtbarkeit des Kaufvertrages wegen Eigenschaftsirrtums grundsätzlich auf einen Irrtum des W über das Alter der Vasen an.

Ausgangspunkt ist dabei der Wortlaut des § 166 Abs. 1 HS 1 BGB, wonach „nicht die Person des Vertretenen, sondern die des Vertreters in Betracht kommt, soweit die rechtlichen Folgen einer Willenserklärung durch Willensmängel beeinflusst werden." Wie gesehen, leitet Schilken hieraus die Unbeachtlichkeit etwaiger Willensmängel des Vertretenen her.[798] Wir haben aber auch gesehen, dass Absatz 2 von der Regel des Absatz 1 die Fälle ausnimmt, in denen der unwissende Vertreter

792 Schlegelberger/*Hefermehl* § 383 Rn 31; Staub/*Koller* § 383 Rn 133; MüKo-HGB/*Häuser* § 383 Rn 54.

793 Schlegelberger/*Hefermehl* § 383 Rn 31.

794 Staub/*Koller* § 383 Rn 133; MüKo-HGB/*Häuser* § 383 Rn 54.

795 Staub/*Koller* § 383 Rn 133. *Häuser* schließt sich dieser Beurteilung ausdrücklich an in MüKo-HGB/*Häuser* § 383 Rn 54.

796 Soergel/*Leptien* § 166 Rn 10; *Schmidt-Rimpler*, S. 613; Koller/Kindler/Roth/Morck/*Roth* § 383 Rn 14.

797 Zur Anfechtungsberechtigung bei unmittelbarer Stellvertretung *Larenz/Wolf* § 36 Rn 122.

798 *Schilken*, S. 154.

nach bestimmten Weisungen handelt und der Vertretene die relevanten Umstände kennt. In diesen Fällen kann sich der Hintermann nicht auf die Unkenntnis des Vertreters berufen.

Nun beinhaltet jeder Irrtum das Vorliegen von Unkenntnis über einen tatsächlichen Sachverhalt.[799] Nach allgemeinem Sprachgebrauch bezeichnet man als Irrtum jede Fehlvorstellung von der Wirklichkeit.[800] Das Gesetz kennt als rechtlich relevante Irrtumstatbestände in § 119 BGB die Unkenntnis des normativ maßgeblichen Inhalts der Erklärung, sog. Erklärungsirrtum gem. § 119 Abs. 1 Var. 2 BGB, die Unkenntnis von der normativ maßgeblichen Bedeutung der Erklärung, sog. Inhaltsirrtum gem. § 119 Abs. 1 Var. 1 BGB, und die Unkenntnis von verkehrswesentlichen Eigenschaften des Geschäftsgegenstands, sog. Eigenschaftsirrtum gem. § 119 Abs. 2 BGB.[801] Der Irrtum des arglistig Getäuschten bei der Anfechtung nach § 123 BGB kann sogar auf der Unkenntnis von den für die Entscheidung bedeutsamen Umständen beruhen, also einen sog. Motivirrtum darstellen, der grundsätzlich kein Anfechtungsrecht auslösen würde.[802]

Wenn also der zur Anfechtung berechtigende Irrtum die Unkenntnis über einen rechtlich relevanten Umstand enthält, kann § 166 Abs. 2 Satz 1 BGB grammatikalisch auch auf den Irrtum des Vertreters angewendet werden. § 166 Abs. 2 Satz 1 BGB bekommt die Bedeutung, dass sich der Vertretene nicht auf den Irrtum des Vertreters, also auf die Unkenntnis des Vertreters hinsichtlich des rechtlich relevanten Umstandes, berufen kann, wenn er selbst den Umstand kannte und der Vertreter nach bestimmten Weisungen gehandelt hat. Wenn der Vertretene selbst den maßgeblichen Umstand kannte, befand er sich diesbezüglich nicht im Irrtum. Auch von der ratio des § 166 Abs. 2 BGB werden die Willensmängel des Vertreters nach § 166 Abs. 1 Var. 1 BGB erfasst: Wenn der Hintermann die konkrete Entscheidung des Vertreters über die Vornahme des Vertretergeschäfts beeinflusst hat und an ihr teilhatte, muss er sein Wissen über anfechtungsrelevante Umstände gegen sich gelten lassen. Das Merkmal der „bestimmten Weisungen“ fungiert auch hier als spezielles Zurechnungskriterium des Vertretergeschäfts an den Hintermann. § 166 Abs. 2 Satz 2 BGB spielt dabei keine Rolle. Eine etwaige fahrlässige Unkenntnis des Vertretenen von den maßgeblichen Umständen steht seiner Berufung auf die Unkenntnis des Vertreters nicht entgegen, da im Fall des Irrtums das Kennenmüssen nicht der Kenntnis gem. § 166 Abs. 2 Satz 2 BGB gleichsteht. Nur Kenntnis der objektiven Umstände schließt den Irrtum aus, hingegen befindet sich auch der fahrlässig Unkundige im Irrtum.

Läge im Ming-Vasen-Fall unmittelbare Stellvertretung vor, käme es für die Anfechtbarkeit des Kaufvertrages wegen Eigenschaftsirrtums durch F zwar grundsätzlich

799 BeckOK-BGB/*Wendtland* § 119 Rn 21.

800 Staudinger/*Singer* § 119 Rn 6; *Larenz*/*Wolf* § 36 Rn 1.

801 *Larenz*/*Wolf* § 35 Rn 2, § 36 Rn 2 ff. Vgl. auch *Flume* AT II § 24 2, S. 476 ff.

802 Vgl. Mot. I, 208 (*Mugdan* I, 467), wonach der Betrug i.S.v. § 123 Abs. 1 BGB „einen die Entstehung des Willens betreffenden Irrthum erzeugt“.

gem. § 166 Abs. 1 HS 1 BGB auf einen Irrtum des W über das Alter der Vasen an. F könnte sich aber gem. § 166 Abs. 2 Satz 1 BGB nicht auf die Unkenntnis des W von der wahren Herkunft der Vasen berufen, wenn sie selbst das wahre Alter kannte und dem W „bestimmte Weisungen" im Hinblick auf den Kaufvertrag erteilt hatte, die es rechtfertigen, sie an dem Vertretergeschäft festzuhalten, weil ihr der Kaufvertrag in seiner konkreten Gestalt zuzurechnen ist.

(1) Diskutierte Fallkonstellationen

In Richtung der hier vertretenen Auffassung geht die Ansicht der herrschenden Meinung, wonach § 166 Abs. 2 Satz 1 BGB nicht nur dann anwendbar ist, wenn eine Norm ausdrücklich die Kenntnis gewisser Umstände voraussetzt, sondern auch dann, wenn die Kenntnis Bestandteil anderer Tatbestandmerkmale ist, so bspw. beim Tatbestandsmerkmal der Arglist oder der Sittenwidrigkeit.[803]

Darüber hinaus führt Eck in seinen im Jahre 1897 gehaltenen Vorträgen über das Recht des Bürgerlichen Gesetzbuchs zur Wirkung des § 166 Abs. 2 BGB eine Konstellation an, die derjenigen des Ming-Vasen-Falls entspricht. Eck bildet den Fall, dass A den B beauftragt, ein Bild, das eine Kopie ist, zu kaufen. B kauft das Bild in der Meinung, es sei ein Original. A könne dann den Kauf nach § 166 Abs. 2 BGB nicht „widerrufen", da er die bestimmte Eigenschaft des Gegenstandes, auf die es ankommt, gekannt hat.[804] Den von Eck gebildeten Beispielsfall kommentiert Leonhard im Jahre 1903 dahingehend, dass dem Hintermann die Anfechtung aber nicht nach § 166 Abs. 2 BGB versagt werden dürfe, „wenn A glaubte, auch B kenne die Eigenschaft der Kopie und werde danach den Preis verabreden, während B sie nicht kannte und deshalb zu theuer einkaufte."[805] Mit dieser Fallabwandlung spricht Leonhard das auch von Koller im Rahmen der mittelbaren Vertretung hervorgehobene Problem an, über welchen Entscheidungsspielraum der irrende Vertreter verfügen darf, damit der Anfechtung durch den Vertretenen gem. § 166 Abs. 2 Satz 1 BGB seine eigene Kenntnis von den maßgeblichen Umständen entgegensteht. Dieser Frage wird sogleich unter (2) nachgegangen.

Ohne Bezugnahme auf Eck (oder auf die Ming-Vasen-Entscheidung des Reichsgerichts) plädiert Müller-Freienfels im Rahmen der unmittelbaren Stellvertretung für eine Berücksichtigung der irrtumsausschließenden Kenntnis des Hintermanns. Er demonstriert seine Meinung an dem Beispiel, dass der Prinzipal den V bevollmächtigt, eine bestimmte Person als Arbeiter zu einem festgelegten Lohn zu verpflichten, von der er weiß, dass sie vorbestraft ist, während es der Bevollmächtigte nicht ahnt und seine Aufmerksamkeit auch nicht darauf richtet. Hier könne der wissende Prinzipal sich nicht auf den Irrtum seines Vertreters berufen und eine Anfechtung erreichen, da diese auch Unkenntnis des Hintermanns voraussetze. Als weiteres

803 BGH-Urteil zu 138 II, 166 II BGB; Staudinger/*Schilken* § 166 Rn 8, 23; *Schilken*, S. 52.
804 *Eck*, § 36, S. 181.
805 *Leonhard* in Eck, S. 181 Fn 2.

Beispiel nennt Müller-Freienfels den „Fall des doppelten Mißverständnisses", in dem erst der Vollmachtgeber sich in einem dem Vertreter vorgeschriebenen Punkt, und dann der Vertreter sich in dem gleichen Punkt nochmals irrt, und zwar derart, dass der Vertreter auf diesem Wege das ursprünglich richtige Ergebnis trifft. Auch hier müsse der Irrtum des Vertreters unbeachtlich sein, da das Endergebnis dem irrtumsfreien Geschäftswillen des Prinzipals entspreche.[806] Da Müller-Freienfels seine Ergebnisse konstruktiv dadurch erreicht, dass er das Vertretergeschäft und die Bevollmächtigung als „einheitliches Rechtsgeschäft" bzw. als „Gesamttatbestand" betrachtet, weshalb das Rechtsgeschäft mit dem Dritten sowohl auf dem Entschluss des Bevollmächtigten als auch auf dem Entschluss des Hintermanns unmittelbar beruhe,[807] interessieren uns seine Ausführungen vor allem aufgrund der dahinter stehenden Interessenbewertung. Nach Müller-Freienfels ist dem Vertretenen die Anfechtung des Vertretergeschäfts trotz Irrtums des unmittelbaren Vertreters zu versagen, wenn der Vertretene im Hinblick auf das Vertretergeschäft über einen konkreten Geschäftswillen verfügt, von dem die durch den Vertreter geschaffene Regelung nicht abweicht.

Im Rahmen einer Anfechtung wegen arglistiger Täuschung gem. § 123 Abs. 1 BGB hat das Bundesarbeitsgericht in seinem Urteil vom 29.01.1997[808] die Regelung des § 166 Abs. 2 BGB dahin ausgelegt, dass sich der unmittelbar Vertretene auf den Irrtum seines arglistig getäuschten, nach bestimmten Weisungen handelnden Vertreters nicht berufen kann, wenn der Hintermann die maßgeblichen Umstände kannte.[809] Dabei gab das Gericht der Berufungsinstanz auf, zu prüfen, ob der getäuschte Vertreter nach „bestimmten Weisungen" des wissenden Hintermanns gehandelt habe, was anzunehmen sei, wenn der Vertreter im Rahmen der ihm erteilten Vollmacht ein Rechtsgeschäft abschließt, zu dessen Vornahme ihn der Vollmachtgeber „veranlasst" hat.[810]

806 *Müller-Freienfels* Vertretung S. 405 f.

807 *Müller-Freienfels* Vertretung S. 392, 405.

808 NJW 1997, 1940 ff.

809 NJW 1997, 1940, 1941. In dem zugrundeliegenden Sachverhalt hatte die Arbeitgeberin der Klägerin den mit dieser geschlossenen Aufhebungsvertrag mit Abfindungsklausel wegen arglistiger Täuschung gem. § 123 Abs. 1 BGB angefochten. Bei der Arbeitgeberin handelte es sich um eine Gesellschaft Bürgerlichen Rechts, bestehend aus den Eheleuten F und M. M hatte zuvor eine heimliche Affäre mit der Klägerin gehabt. Als das Arbeitsverhältnis auseinander ging, führte der Sohn des Ehepaars S die Vertragsverhandlungen. Dabei war S von F angewiesen worden, der Klägerin nur dann eine Abfindung zuzusagen, wenn sie den Verdacht einer Affäre ausräumen würde. Angeblich hatte die Klägerin dem Sohn vorgespiegelt, keine Affäre mit M gehabt zu haben, weshalb S dann die Abfindung vereinbarte.

810 NJW 1997, 1940, 1941.

(2) Extensive Auslegung des § 166 Abs. 2 BGB

Fraglich ist, ob das Merkmal der „bestimmten Weisungen" i.S.v. § 166 Abs. 2 BGB in Fällen, in denen der Vertreter einem Irrtum nach § 119 BGB unterliegt und beim einwirkenden Hintermann dieser Irrtum fehlt, restriktiv ausgelegt werden muss, um nicht mit den Wertungen der Irrtumsanfechtung zu kollidieren.

Durch die Anfechtungstatbestände wegen Irrtums nach § 119 BGB kann sich der Erklärende, der seine Privatautonomie fehlerhaft ausgeübt hat, von seinem Wort lösen.[811] Dabei kommt es auf die Vermeidbarkeit des Irrtums durch den Erklärenden nicht an.[812] Der Dritte wird in seinem Vertrauen auf die Beständigkeit des Wortes nur durch die Begrenzung der potentiellen Anfechtungsgründe (weitgehender Ausschluss der Motivirrtümer), durch den Ausschluss der Anfechtung wegen Verfristung oder Bestätigung sowie durch den Ersatz seines Vertrauensschadens nach § 122 BGB geschützt. Das Vorliegen eines Irrtums muss für den Dritten also nicht erkennbar sein, damit ihm das Wort seines Gegenübers als Vertrauensgrundlage entzogen werden darf.

Versagt man dem unmittelbar Vertretenen gem. § 166 Abs. 2 BGB die Anfechtung wegen Irrtums des Vertreters, lässt sich dies im Lichte des § 119 Abs. 2 BGB nur dann rechtfertigen, wenn der Vertreter durch Herbeiführung der rechtsgeschäftlichen Regelung die Privatautonomie des Hintermanns nicht verletzt, wenn sich also das Vertretergeschäft im Ergebnis als Willensverwirklichung des Hintermanns darstellt. Diese Feststellung setzt zunächst eine Prüfung des Innenverhältnisses zwischen dem Hintermann und dem Vertreter auf Irrtumsfreiheit voraus. Zudem ist erforderlich, dass sich der Hintermann über die essentialia negotii des Vertretergeschäfts Gedanken gemacht hat und dass das Vertretergeschäft diesen Vorstellungen entspricht.

Hätte F im Ming-Vasen-Fall im Rahmen unmittelbarer Vertretung nichts von der Herkunft der Vasen aus der Mingdynastie gewusst, wäre der Verkauf für 390 RM zwar auftrags- und vertretungsmachtkonform. Der Kaufvertrag würde aber auf fehlerhaft ausgeübter Privatautonomie der F beruhen, da sie Auftrag und Vollmacht nach § 119 Abs. 2 BGB wegen ihres eigenen Irrtums anfechten könnte. F könnte auch den Kaufvertrag mit dem Dritten nach § 166 Abs. 1 HS 1 BGB wegen des Eigenschaftsirrtums des W anfechten.

Hätte F hingegen von der Herkunft der Vasen aus der Mingdynastie gewusst, ihr wäre aber der zu erzielende Kaufpreis egal gewesen und sie hätte dem W bewusst keine Preisvorgaben für den Verkauf gemacht, so würde der Verkauf für 390 RM ihrem Willen auch dann entsprechen, wenn sich W über Alter und Herkunft der Vasen getäuscht hatte. F hätte im Innenverhältnis gegenüber W ihren Willen fehlerfrei ausgeübt und auch den späteren Kaufpreis in ihren potentiellen Geschäftswillen aufgenommen. W hätte mit dem Abschluss des Kaufvertrages sein ihm von F eingeräumtes Ermessen im Verhältnis zu F fehlerfrei wahrgenommen, da sie mit jedem Kaufpreis einverstanden war. F müsste sich nach den Grundsätzen

811 *Flume* AT II § 4 8, S. 61 f.

812 *Flume* AT II § 21 1 und 11, S. 415, 431 ff.

der Privatautonomie an dem Verkauf festhalten lassen. Dass sie dabei dem W Spielraum gelassen und den konkreten Kaufvertrag lediglich „veranlasst" hatte, ändert an dieser Bewertung nichts. Sie könnte sich nach § 166 Abs. 2 BGB nicht auf den Irrtum des W berufen.

Hätte F von der Herkunft der Vasen aus der Mingdynastie gewusst und darauf vertraut, dass W die Herkunft erkennt und einen hohen Preis erzielt, ohne ihm Vorgaben zu machen, so hat sie sich von den essentialia negotii des späteren Kaufvertrages keine oder wesentlich abweichende Vorstellungen gemacht. Zwar ist der Kaufvertrag vertretungsmachtkonform und entspricht ihrer gegenüber W anfechtungsfrei ausgeübten Selbstbestimmung. F hatte den späteren Kaufpreis aber nicht in ihren potentiellen Geschäftswillen aufgenommen. W hat mit dem Abschluss des Kaufvertrages sein ihm von F eingeräumtes Ermessen im Verhältnis zu F fehlerhaft wahrgenommen, da er verpflichtet war, zu ihrem Besten zu handeln und sie nicht mit jedem Kaufpreis einverstanden war. F muss sich das spätere Vertretergeschäft in seiner konkreten Gestalt nicht als unanfechtbar zurechnen lassen, da sie selbst es so nicht vereinbart hätte und ihr Vertreter einem relevanten Irrtum unterlag. Sie könnte sich daher auf den Irrtum des W berufen, obgleich sie die wahre Herkunft der Vasen kannte und das konkrete Geschäft veranlasst hatte. Dass sie den Irrtum des W durch Hinweis auf die Herkunft der Vasen hätte vermeiden können, spielt nach der Wertung der verschuldensunabhängigen Irrtumsanfechtung keine Rolle.

Im Ergebnis ist nicht das Merkmal der „bestimmten Weisungen" i.S.v. § 166 Abs. 2 Satz 1 BGB im Lichte der verschuldensunabhängigen Anfechtungsmöglichkeit des § 119 Abs. 2 BGB restriktiv auszulegen, sondern die Norm als solche. Der unmittelbar Vertretene kann sich auf einen Irrtum seines Vertreters nicht berufen, wenn er selbst dem Irrtum nicht unterlag, wenn er das konkrete Vertretergeschäft veranlasst hatte und die essentialia negotii des Vertretergeschäfts seinem potentiellen bzw. mittelbaren Geschäftswillen entsprechen.

d) Analoge Anwendung des § 166 Abs. 2 BGB bei fehlendem Irrtum des Hintermanns im Rahmen der mittelbaren Stellvertretung

Wie wir oben festgestellt haben, besteht bei der mittelbaren Stellvertretung hinsichtlich der Einwirkung des Wissenstands des Vertretenen auf das Ausführungsgeschäft eine anfängliche Regelungslücke.[813]

Der dem Ming-Vasen-Fall zugrunde liegende Sachverhalt gleicht in den für die Regelung des § 166 Abs. 2 BGB wertungsrelevanten Aspekten der Konstellation im Rahmen der unmittelbaren Stellvertretung. Kommt es für die Relevanz irrtumsausschließender Kenntnis des Hintermanns gem. § 166 Abs. 2 Satz 1 BGB nach dem Normzweck darauf an, dass der Hintermann an dem konkreten Entschluss seines Vertreters zur Vornahme des Rechtsgeschäfts mit dem Dritten teilhatte, indem er auf den Geschäftswillen seines Vertreters eingewirkt hatte, macht es keinen

813 C.III.1.c)(1)(d).

Unterschied, ob diese Einwirkung durch einen Auftrag, durch eine den Auftrag konkretisierende Weisung oder durch Erteilung der Vertretungsmacht geschieht. Kommt es im Lichte des § 119 Abs. 2 BGB zudem für die Relevanz irrtumsausschließender Kenntnis gem. § 166 Abs. 2 BGB darauf an, dass die essentialia negotii des Vertretergeschäfts dem potentiellen Geschäftswillen des Hintermanns entsprechen, bleibt dieser Wille des Hintermanns sowohl bei der direkten als auch bei der indirekten Vertretung ein dem rechtgeschäftlichen Handeln des Vertreters nur mittelbar zugrundeliegender Geschäftswille.

Der Vergleichbarkeit der Sachverhalte steht daher nicht entgegen, dass W den Kaufvertrag in eigenem Namen abgeschlossen hatte und dass der Beklagte bei Erwerb der Vasen möglicherweise von der Existenz der F nichts wusste. Das Handeln in fremdem Namen und die damit verbundene Offenkundigkeit der Stellvertretung spielen für die Bewertung der Interessenlage bei Berücksichtigung der irrtumsausschließenden Kenntnis des unmittelbar Vertretenen gem. § 166 Abs. 2 Satz 1 BGB i.V.m. § 119 Abs. 2 BGB keine Rolle. Da W bereits sämtliche Ansprüche aus dem Ausführungsgeschäft an F zediert und sie zur Ausübung seiner Anfechtungsberechtigung bevollmächtigt hatte, steht der Vergleichbarkeit der Interessenlage im Ming-Vasen-Fall auch kein etwaiges Eigeninteresse des mittelbaren Stellvertreters an seiner Anfechtungsbefugnis entgegen.

Die Ming-Vasen-Konstellation ist der entsprechenden Situation im Rahmen der unmittelbaren Vertretung daher so ähnlich, dass ihre Gleichbehandlung durch analoge Anwendung des § 166 Abs. 2 Satz 1 BGB geboten ist. Durch konkrete Beauftragung des W mit dem Verkauf der Vase wirkte F auf den künftigen Geschäftswillen des W ein. Offenbar hatte sie dem W eine bestimmte Preisvorstellung mitgeteilt, sich also über die essentialia negotii des Ausführungsgeschäfts Gedanken gemacht. Wenn nun die F ihre Privatautonomie durch irrtumsfreie Erteilung des Kommissionsauftrages fehlerlos ausgeübt hatte und der Verkauf an den Dritten in ihren Preisvorstellungen liegt, wäre es nicht gerechtfertigt, wenn sie sich später auf den Irrtum des W berufen und damit den Kaufvertrag anfechten könnte.

Genau diese Aspekte benennt das Reichsgericht, wenn es dem Kammergericht aufgibt, zu prüfen, ob die F bei Abschluss des Kommissionsvertrags mit der Möglichkeit rechnete, dass es sich um Sachen aus früheren Jahrhunderten mit einem besonderen Altertumswert handelte und ob sie bei Kenntnis dieser Möglichkeit den Kommissionsvertrag mit der gegebenen Preisbestimmung nicht abgeschlossen hätte.[814]

Fraglich ist, ob die Analogie des § 166 Abs. 2 BGB bei irrtumsausschließender Kenntnis des mittelbar Vertretenen stets erst nach Zession sämtlicher Ansprüche aus dem Ausführungsgeschäft an den Hintermann und Erklärung der Anfechtung durch diesen[815] gerechtfertigt ist oder in jedem Fall. Entsprechend unseren oben

814 RGZ 124, 115, 120.

815 Bei der Abtretung der Rechte aus einem Rechtsgeschäft geht das Anfechtungsrecht auf den Zessionar nicht über, weil es mit dem Rechtsgeschäft und dem durch die-

gefundenen Wertungen der mittelbaren Stellvertretung kann auch hier das etwaige Eigeninteresse des Vertreters an seiner Anfechtungsbefugnis die Vergleichbarkeit der Interessenlage mit derjenigen bei der unmittelbaren Vertretung nicht ausschließen. Bei Vornahme des Ausführungsgeschäfts handelt der mittelbare Vertreter in Ausübung fremder Privatautonomie. Er hat seine eigenen Interessen denen seines Geschäftsherrn untergeordnet. Daran muss er sich auch dann festhalten lassen, wenn es nach Abschluss des Vertrags mit dem Dritten nicht zur Abwicklung der Vertretung kommt. Der mittelbare Vertreter kann sich daher analog § 166 Abs. 2 Satz 1 BGB nicht auf seinen eigenen Irrtum berufen, wenn das Geschäft vom Hintermann veranlasst worden war, letzterer die irrtumsbehafteten Umstände kannte und die essentialia negotii des Ausführungsgeschäftes für sich wollte.

e) Fazit

Das Reichsgericht hat § 166 Abs. 2 Satz 1 BGB im Ming-Vasen-Fall analog angewendet und das zu Recht.

Entgegen der Interpretation des Urteils im Schrifttum verlangt das Reichsgericht keinen „doppelten Irrtum" des Vertreters und des Vertretenen als Anfechtungsvoraussetzung bei der mittelbaren Stellvertretung. Vielmehr erkennt das Reichsgericht, dass die Anfechtung nach § 119 Abs. 2 BGB – wie bei der unmittelbaren auch bei der mittelbaren Stellvertretung – einen Irrtum des Vertreters voraussetzt, wobei analog § 166 Abs. 2 Satz 1 BGB die Kenntnis des Hintermanns die Anfechtungsbefugnis des Vertreters ausschließt, falls der Vertretene das Geschäft veranlasst hat und die essentialia negotii des Ausführungsgeschäftes für sich wollte.

3. Einfluss alleiniger Willensmängel des mittelbar Vertretenen analog § 166 Abs. 2 BGB

a) Überblick über den Problembereich

Eine ganz andere Konstellation ist betroffen, wenn es um die Frage geht, ob ein Willensmangel des auf die konkrete Gestaltung des Ausführungsgeschäfts einwirkenden Hintermanns den mittelbaren Vertreter zur Anfechtung des Ausführungsgeschäfts berechtigt, obwohl beim Vertreter selbst kein Willensmangel vorlag.

Zur Veranschaulichung der Problematik werden folgende Beispielsfälle[816] gebildet:

---

ses begründete Rechtsverhältnis verbunden ist, *Flume* AT § 31 3, S. 561. Bei der mittelbaren Stellvertretung kann der Hintermann daher auch nach Abwicklung des Ausführungsgeschäfts die Anfechtung nur im Namen des Vertreters erklären.

816 Fall 1 wird im Schrifttum von *Neubecker*, GrünhutsZ 36 (1909), 31 ff., 47, und *Schmidt-Rimpler*, S. 614 ff., erörtert; Fall 2 wird von *Rosenberg*, S. 240 f., im Rahmen der unmittelbaren Stellvertretung diskutiert.

(1) H will den V mit dem Kauf von 100 Zentnern Ware beauftragen. H verschreibt sich aber, weshalb er dem V Kaufauftrag über 1000 Zentner erteilt. V erwirbt von D dementsprechend 1000 Zentner. Als H seinen Irrtum entdeckt, ficht er den Auftrag wegen Erklärungsirrtums gem. § 119 Abs. 1 Var. 2 BGB an. Fraglich ist, ob sich auch V gegenüber D auf den Irrtum des H berufen und den Kaufvertrag mit D anfechten kann.

(2) H erteilt dem V Auftrag zum Erwerb eines Gemäldes von D für 1000 EUR, wobei H davon ausgeht, dass es sich um ein Original handelt. V, der weiß, dass das Bild eine Kopie ist, kauft das Gemälde von D für 1000 EUR. Als H seinen Irrtum entdeckt, ficht er den Auftrag wegen Eigenschaftsirrtums gem. § 119 Abs. 2 BGB an. Fraglich ist, ob sich auch V gegenüber D auf den Irrtum des H berufen und den Kaufvertrag anfechten kann.

(3) H beauftragt V mit dem Erwerb eines antiken Sekretärs von D, weil H davon ausgeht, dass sich seine Tochter T über den Sekretär freuen würde. D hatte zuvor dem H vorgespiegelt, dass T sich für den Sekretär begeistert hätte. Tatsächlich hatte T aber daran keinen Gefallen gefunden, was D auch wusste. Als H erfährt, dass er von D arglistig getäuscht wurde, will er sich an dem Auftrag nicht festhalten lassen. Fraglich ist, ob V den Kaufvertrag mit D wegen arglistiger Täuschung gem. § 123 Abs. 1 BGB anfechten kann.

Seit Müller-Erzbach in solchen Fällen die Anfechtbarkeit des Ausführungsgeschäfts wegen des Willensmangels des Hintermanns „analog § 166 BGB" befürwortete und den Wortlaut des § 166 BGB[817] als „offenbar zu eng" kritisierte, indem dort eine Anfechtung nur zugelassen wird, wenn auch der Stellvertreter selbst im Irrtum war,[818] wurde im Schrifttum die Anfechtbarkeit des vom Vertreter vorgenommenen Rechtsgeschäfts bei alleinigen Willensmängeln des aktiv einwirkenden Hintermanns aufgrund entsprechender Anwendung des § 166 Abs. 2 BGB nicht nur im Rahmen der unmittelbaren Stellvertretung[819] sondern auch im Rahmen der mittelbaren Stellvertretung[820] in Erwägung gezogen.

Im Rahmen der unmittelbaren Stellvertretung erfuhr die Meinungsbildung Aufschwung durch das bereits oben[821] zitierte Urteil des BGH vom 24.10.1968,[822] worin dem getäuschten Vollmachtgeber die Anfechtung des Vertretergeschäfts analog § 166 Abs. 2 BGB wegen arglistiger Täuschung gem. § 123 Abs. 1 BGB gestattet wurde, obwohl der Bevollmächtigte nicht getäuscht worden war und keinem Irrtum unterlag. Da der unmittelbar Vertretene die von ihm erteilte Vollmacht nicht

---

817 Vgl. zum Wortlaut des § 166 Abs. 1 und Abs. 2 BGB oben C.II.1.c)(3).

818 Müller-Erzbach, S. 88.

819 *Rosenberg*, S. 236 ff., 240 ff.; *Müller-Freienfels*, S. 402 ff.; *Schilken*, S. 44 ff., *Beuthien*, FS Medicus 1999, 1 ff., 16 f.; *Roth*, FS Gaul, 1997, 585 ff.

820 *Krückmann*, Jehrings Jahrbücher 56 (1910), 245 ff., 325; *Neubecker*, GrünhutsZ 36 (1909), 31 ff., 47; *Schmidt-Rimpler*, S. 614 ff.; *Herbert*, S. 137 f.

821 C.II.1.c)(3).

822 BGHZ 51, 141 ff. Vgl. zum genauen Sachverhalt sogleich C.III.3.c)(2)(a).

anfechten konnte, konzentrierte sich der BGH darauf, dass die an den Vertreter erteilten „bestimmten Weisungen“ des Hintermanns auf seinem durch Täuschung bewirkten Irrtum beruhten und der Willensmangel des Vertretenen analog § 166 Abs. 2 BGB das Vertretergeschäft anfechtbar machte.

An der Entscheidung wird der Unterschied deutlich, der bei Vorliegen eines alleinigen Willensmangels des Vertretenen zwischen der Anfechtung der Vollmacht und der Anfechtung des Vertretergeschäfts analog § 166 Abs. 2 BGB besteht. Während bei Anfechtung der Vollmacht eine Vielzahl weiterer Probleme auftreten können,[823] die ja auch Schlossmann gesehen hat und vermeiden wollte, die uns hier aber nicht näher beschäftigen werden, müssen bei der Anfechtung des Vertretergeschäfts analog § 166 Abs. 2 BGB nur das Vorliegen des Willensmangels beim Hintermann, die fristgerechte Anfechtungserklärung und die Analogievoraussetzungen geprüft werden.

Die Literatur zur unmittelbaren Stellvertretung hat die Entscheidung des BGH ganz überwiegend zustimmend aufgenommen[824] und in kritikloser Rezeption der Argumentation die entsprechende Anwendung des § 166 Abs. 2 BGB auf die Irrtumsanfechtung gem. § 119 BGB ausgeweitet.[825] Denn wie gesehen, hatte der BGH die Analogie unter Bezugnahme auf Rosenberg darauf gestützt, dass „allen drei in § 166 Abs. 1 und 2 BGB getroffenen Regelungen der Grundgedanke gemeinsam [sei], es komme jeweils auf die Person und die Bewußtseinslage bei der Willensbildung desjenigen an, auf dessen Interessenbewertung und Entschließung der Geschäftsabschluß beruhe.“[826] Die heute herrschende Lehre würde daher in unseren Beispielsfällen (1–3) jeweils die Anfechtung des Kaufvertrages gegenüber D analog § 166 Abs. 2 BGB zulassen, wenn V als unmittelbarer Stellvertreter gehandelt hätte. Dabei würde der konkretisierte Auftrag des V die „bestimmten Weisungen“ i.S.v. § 166 Abs. 2 BGB bereits enthalten.

---

823 Wenn es sich um eine ausgeübte Innenvollmacht handelt, ist die Anfechtbarkeit als solche und der richtige Anfechtungsgegner problematisch, vgl. *Flume* AT II § 52 5c, S. 870. Wenn der Hintermann vom Dritten arglistig getäuscht wurde, deshalb die Vollmacht erteilte und dies dem Vertreter nicht evident war, ist fraglich, ob der Hintermann die Vollmacht anfechten kann, obwohl der Vertreter die vom Dritten ausgehende Täuschung nicht kannte oder kennen musste gem. § 123 Abs. 2 BGB, vgl. *Flume* AT II § 52 5d, S. 871. Problematisch ist auch die Ausgestaltung der Haftungsfolge für den aufgrund der Rückwirkung der Anfechtung vollmachtslos handelnden Vertreter gem. § 179 BGB, hierzu *Flume* AT II § 52 5e, S. 872 ff.

824 Soergerl/*Leptien* § 166 Rn 33; Bamberger/Roth/*Valenthin* § 166 Rn 26; RGRK/*Steffen* § 166 Rn 22; Erman/*Palm* (12. Auflage) § 166 Rn 18; *Roth*, FS Gaul, 1997, 585 ff., 591; *Larenz/Wolf* § 46 Rn 118; Jauernig/*Jauernig* § 166 Rn 6; MüKo-BGB/Schramm § 166 Rn 54 m.w.N.; ablehnend lediglich *Schilken*, S. 44 ff.; *ders.* in Staudinger § 166 Rn 17 f.

825 *Roth*, FS Gaul, 1997, 585 ff., 591; Erman/*Palm* (12. Auflage) § 166 Rn 18; RGRK/*Steffen* § 166 Rn 22; MüKo-BGB/Schramm § 166 Rn 54; Jauernig/*Jauernig* § 166 Rn 6.

826 BGHZ 51, 141 ff. Rn 20.

Differenziert haben sich hingegen die Meinungen über die Anfechtbarkeit des Ausführungsgeschäfts bei alleinigem Willensmangel des aktiv einwirkenden Vertretenen im Rahmen der mittelbaren Stellvertretung entwickelt. Soweit nicht streng am Trennungsdogma festgehalten und jeder Einfluss von alleinigen Willensmängeln des mittelbar Vertretenen auf das Ausführungsgeschäft abgelehnt wird,[827] unterscheidet die Literatur einhellig zwischen dem Irrtum des Hintermanns gem. § 119 BGB und der vom Dritten bewirkten Täuschung des Hintermanns i.S.v. § 123 Abs. 1 BGB. Nach ganz überwiegender Meinung wird lediglich der arglistigen Täuschung des Hintermanns durch den Dritten Einfluss auf das Ausführungsgeschäft zugestanden, nicht aber dem Irrtum des Hintermanns gem. § 119 BGB.[828]

Während argumentativ zunächst noch auf die Parallelproblematik bei der unmittelbaren Stellvertretung verwiesen und die Anfechtbarkeit des Ausführungsgeschäfts wegen Irrtums des mittelbar Vertretenen abgelehnt wurde, weil nicht einmal der unmittelbar Vertretene das Vertretergeschäft wegen seines eigenen Willensmangels anfechten könne,[829] war diesem Vergleich als Argument für die Irrelevanz des Irrtums des Hintermanns seit der vorgenannten Entscheidung des BGH zur Analogie des § 166 Abs. 2 BGB im Rahmen der unmittelbaren Vertretung und ihrer auch auf Irrtümer erweiterten Anwendung durch die herrschende Lehre der Boden entzogen.

Die Frage nach der analogen Anwendung des § 166 Abs. 2 BGB bei alleinigen Willensmängeln des Hintermanns wird heute im Rahmen der mittelbaren Stellvertretung trotz der deutlichen Parallelen zu der vergleichbaren Situation im Rahmen der unmittelbaren Stellvertretung nicht mehr explizit gestellt. Die Befürworter einer Durchbrechung des Trennungsdogmas bei arglistiger Täuschung des Hintermanns durch den Dritten streiten darüber, ob das Ausführungsgeschäft unmittelbar gem. § 123 Abs. 1 BGB[830] oder analog § 123 Abs. 2 Satz 2 BGB anfechtbar ist,[831] oder ob

827 Ebenroth/Boujong/Joost/Strohn/*Krüger* § 383 Rn 42; Düringer-Hachenburg/*Lehmann* § 383 Anm. 6.

828 So *Herbert*, S. 133 ff.; *Capelle*, S. 336 f.; *Neubecker*, GrünhutsZ 36 (1909), 31 ff., 46 ff.; *Hartmann*, S. 64 ff.; *Hager*, AcP 180 (1980), 239 ff., 240, 242; Schlegelberger/*Hefermehl* § 383 Rn 31 f.; MüKo-HGB/Häuser § 383 Rn 53 und 56; Staub/*Koller* § 383 Rn 129 und 135; nur *Schmidt-Rimpler*, S. 614 ff., und *Krückmann*, Jehrings Jahrbücher 56 (1910), 245 ff., 325, wollen den alleinigen Irrtum des mittelbar Vertretenen im Ausführungsgeschäft berücksichtigen.

829 *Neubecker* GrünhutsZ 36 (1909), 31 ff., 48; *Hartmann*, S. 66.

830 *Neubecker* GrünhutsZ 36 (1909), 31 ff., 50; *Hartmann*, S. 65.

831 *Hager*, AcP 180(1980), 239 ff., 242. § 123 Abs. 2 Satz 2 BGB lautet: „Soweit ein anderer als derjenige, welchem gegenüber die Erklärung abzugeben war, aus der Erklärung unmittelbar ein Recht erworben hat, ist die Erklärung ihm gegenüber anfechtbar, wenn er die Täuschung kannte oder kennen musste."

dem Hintermann lediglich der Einwand unzulässiger Rechtsausübung gem. § 242 BGB zusteht, zu dessen Geltendmachung der Kommissionär verpflichtet ist.[832]

Nachdem wir die Analogie des § 166 Abs. 2 BGB im Rahmen der mittelbaren Stellvertretung für Kennen und Kennenmüssen des Hintermanns befürworten, soll geprüft werden, ob sie nicht auch für alleinige Willensmängel des mittelbar Vertretenen gerechtfertigt ist. Insbesondere drängt sich die Frage auf, ob die Argumentation des BGH aus seinem Urteil vom 24.10.1968 nicht auf die Konstellationen bei der mittelbaren Stellvertretung übertragen werden muss, falls die Entscheidung im Rahmen der unmittelbaren Vertretung überzeugt. Entsprechend der Darstellung des Problemkreises in der Literatur wird zunächst die Berücksichtigung von Irrtümern des mittelbar Vertretenen untersucht und anschließend die Relevanz der durch den Dritten bewirkten Täuschung des Hintermanns.

b) Anfechtbarkeit des Ausführungsgeschäfts wegen Irrtums des mittelbar Vertretenen

(1) Darstellung der Interessenlage

Nach allgemeiner Rechtsgeschäftslehre könnte der Hintermann H in unseren Fällen 1 und 2 bei Vorliegen mittelbarer Stellvertretung nur sein Auftragsverhältnis mit dem Vertreter V wegen Erklärungsirrtums gem. § 119 Abs. 1 Var. 2 BGB (Fall 1) bzw. Eigenschaftsirrtums gem. § 119 Abs. 2 BGB (Fall 2) anfechten. Denn nur diesem gegenüber hat H rechtsgeschäftlich gehandelt bzw. eine eigene Willenserklärung abgegeben. V hat sich hingegen bei Abschluss des Kaufvertrages mit D nicht in der Verlautbarung seiner Erklärung gem. § 119 Abs. 1 Var. 2 BGB oder wegen einer verkehrswesentlichen Eigenschaft des Gemäldes gem. § 119 Abs. 2 BGB geirrt. V wollte die erklärten 1000 Zentner tatsächlich kaufen (Fall 1) und wusste, dass das Bild eine Kopie ist (Fall 2). V ging zwar bei Abschluss des Kaufvertrages irrtümlich davon aus, dass der Auftrag von H fortbestehen und nicht angefochten werden würde, dieser Irrtum im Beweggrund stellt aber einen unwesentlichen Motivirrtum des V dar, der V gegenüber D nicht zur Anfechtung des Kaufvertrages nach § 119 BGB berechtigt. V könnte daher den Vertrag mit D wegen eines eigenen Irrtums nicht anfechten.

V könnte sich nach allgemeiner Rechtsgeschäftslehre auch nicht auf die Fehlvorstellung des H berufen, um eine Anfechtung gegenüber D zu begründen. Weil § 119 Abs. 1 BGB demjenigen das Recht zur Anfechtung verleiht, „wer bei der Abgabe einer Willenserklärung (...) im Irrtum war", setzt die Anfechtungsberechtigung wegen Irrtums gem. § 119 BGB voraus, dass in der Person des Erklärenden ein unbewusstes Auseinanderfallen von Wille und Erklärung vorliegt.[833] V bliebe dem D mithin mangels Anfechtbarkeit des Kaufvertrages zur Erfüllung verpflichtet.

---

832 Schlegelberger/*Hefermehl* § 383 Rn 32; MüKo-HGB/Häuser § 383 Rn 56; Staub/*Koller* § 383 Rn 135.

833 *Roth*, FS Gaul, 1997, 585 ff., 587; *Larenz/Wolf* § 44 Rn 22.

War für V der Irrtum des H nicht erkennbar, kann V von H nach § 122 Abs. 1 BGB Ersatz seines Vertrauensschadens verlangen. V wäre wirtschaftlich so zu stellen, wie er stehen würde, wenn er nicht auf die Gültigkeit des Auftrags vertraut hätte. Hätte V im Fall 1 für die von H nicht gewollten 900 Zentner Ware keine anderen Absatzmöglichkeiten, müsste H den V gem. § 122 Abs. 1 BGB von der insoweit entstehenden Kaufpreiszahlungspflicht freihalten. Hätte V im Fall 2 für die Fälschung keine Verwendung, müsste H dem V gem. § 122 Abs. 1 BGB die 1.000 EUR Kaufpreis ersetzen.

Im Ergebnis kann die Anwendung der allgemeinen Rechtsgeschäftslehre darauf hinauslaufen, dass sich der mittelbar Vertretene trotz Anfechtung des Auftrages nicht von der Übernahme der Pflichten aus dem Ausführungsgeschäft befreien kann. Hätte H den Kaufvertrag mit D jeweils selbst abgeschlossen, hätte er diesen unmittelbar anfechten können. Die von ihm gewählte Arbeitsteilung benachteiligt den Hintermann, obwohl er dem Vertreter sogar in dem maßgeblichen Umstand eine Weisung erteilt und damit die „eigentliche" Geschäftsentscheidung selbst getroffen hatte.

(a) Die Kritikpunkte von Müller-Erzbach

Die dargestellten Konsequenzen kritisiert Müller-Erzbach als unvereinbar mit dem Schutz der Privatautonomie als Sinn und Zweck der Anfechtungsrechte. Da der mittelbar Vertretene „wahrer Vertragspartner" und Entscheidungsträger sei, dürfe er nicht an einem Vertrag festgehalten werden, der seinem Willen widerspreche, sofern ihm der Willensmangel bei eigenständigem Handeln die Anfechtung ermöglicht hätte. Die herrschende Lehre schließe den getäuschten oder in einem Irrtum befangenen mittelbar Vertretenen materiell von dem Anfechtungsrecht aus, das sonst jedem Getäuschten oder Irrenden zustehe.[834] Insbesondere bei „bestimmten Weisungen" des Hintermanns werde sich der Vertreter häufig gar nicht um die Sachlage kümmern, sondern einfach nach Maßgabe des Auftrags handeln, weshalb § 166 Abs. 2 BGB auf alleinige Willensmängel des anweisenden Hintermanns erweitert werden müsse.[835]

Die Anfechtbarkeit des Ausführungsgeschäftes bei alleinigem Willensmangel des mittelbar Vertretenen sei ein Gebot der Gerechtigkeit, dem keine schutzwürdigen Interessen des Dritten entgegenstünden. Seinem Vertrauen in die Beständigkeit des Wortes werde durch Gewährung des Schadensersatzanspruchs des Anfechtungsgegners gem. § 122 BGB hinreichend Rechnung getragen. Der Dritte habe kein Recht, von den Irrtümern eines unbekannten Hintermanns verschont zu bleiben, da das Vorliegen eines Irrtums dem Anfechtungsgegner gesetzlich nicht erkennbar sein muss und gerade die Voraussehbarkeit des Irrtums gem. § 122 Abs. 2 BGG zum Verlust des Ersatzanspruchs führt.[836]

---

834 *Müller-Erzbach*, S. 17 ff.
835 Müller-Erzbach, S. 88.
836 *Müller-Erzbach*, S. 18 ff.

(b) Stellungnahme

Wir hatten bereits oben gesehen, dass Müller-Erzbach ein eigenes Modell der mittelbaren Vertretung entwickelte, das mit dem geltenden Recht nicht vereinbar ist und allgemein abgelehnt wird.[837] Seine Argumente für die Berücksichtigung der alleinigen Willensmängel des mittelbar Vertretenen im Ausführungsgeschäft analog § 166 Abs. 2 BGB stehen aber nicht zwingend im Zusammenhang mit seiner eigenen Vertretungslehre und können daher unabhängig davon betrachtet werden. Dies ist auch in der bisherigen Literatur so erfolgt.[838]

Müller-Erzbach übersieht, dass der Dritte im geltenden Recht als Anfechtungsgegner nicht nur durch Gewährung eines Schadensersatzanspruchs geschützt wird, sondern auch durch die gesetzliche Begrenzung der zulässigen Anfechtungsgründe und durch die Anfechtungserklärungsfristen. Zudem geht Müller-Erzbach bei der Anwendung des § 166 Abs. 2 BGB unbesehen über die gesetzliche Anordnung des § 166 Abs. 1 BGB hinweg, wonach es stets auch auf die Kenntnis des Vertreters ankommt und nach Absatz 2 lediglich zusätzlich die Bewusstseinslage des Hintermanns Berücksichtigung findet. Wir hatten gesehen, dass sich die Regelung des § 166 Abs. 2 BGB nur aus seinem Zusammenhang mit Absatz 1 heraus verstehen lässt.[839]

Fraglich ist, mit welchen Argumenten die herrschende Lehre bei der unmittelbaren Stellvertretung über die Anordnung des § 166 Abs. 1 BGB hinweggeht und den Aussagegehalt des § 166 Abs. 2 BGB so erweitert, dass Willensmängel des Hintermanns trotz irrtumsausschließender Kenntnis des Vertreters das Vertretergeschäft anfechtbar machen.

(2) Analoge Anwendung des § 166 Abs. 2 BGB auf den Irrtum des unmittelbar Vertretenen

(a) Die Auslegung des § 166 BGB nach Rosenberg

Rosenberg reduziert, wie wir oben gesehen haben,[840] die Regelung des § 166 Abs. 1 BGB teleologisch bei strengen Weisungen des Hintermanns, so dass sie keine Anwendung findet, soweit der Vertreter ohne Ermessenspielraum handelt.[841] Die in § 166 Abs. 2 BGB angeordnete Maßgeblichkeit von Kennen und Kennenmüssen des das Vertretergeschäft durch Weisungen beeinflussenden Hintermanns müsse

---

837 Oben B.II.1.e) a.E.

838 Beispielsweise *Krückmann*, Jehrings Jahrbücher 56 (1910), 245 ff., 325, findet Müller-Erzbachs Ausführungen hinsichtlich der analogen Anwendung von § 166 BGB auf alleinige Willensmängel des mittelbar Vertretenen überzeugend und befürwortet die Analogie im Rahmen des herkömmlichen Modells der mittelbaren Stellvertretung als „Vertragskette".

839 Oben C.III.1.b)(1).

840 Oben C.III.1.c)(3) a.E.

841 *Rosenberg*, S. 236.

auf Willensmängel erweitert werden, nachdem Wissen und Willen keine gegensätzlichen psychologischen Vorgänge sind, sondern Wissen den Willen erzeugt und gestaltet.[842]

Rosenberg begründet die gesetzesimmanente Rechtsfortbildung mit einer missglückten Formulierung der Norm, die hinter dem Regelungsplan der Gesetzesverfasser zurückbleibe.[843] Tatsächlich habe die 1. Kommission anordnen wollen, „daß Wissen und Willen bald des einen, bald des anderen, bald beider zu beachten sind, je nachdem der eine oder der andere oder beide den Geschäftsinhalt maßgeblich und ursächlich bestimmt haben und kraft des Verhältnisses, in dem sie zueinander stehen, bestimmen sollten."[844] Die Regelungsabsicht der Gesetzesverfasser ergebe sich daraus, dass die 1. Kommission konstatierte, dass etwaige Willensmängel nur da gesucht werden können, wo die Willensentscheidung stattgefunden hat.

Hätte V in unserem Fall (2) als unmittelbarer Stellvertreter gehandelt, kann nach Rosenberg der gem. § 164 Abs. 1 BGB von den Wirkungen des Kaufvertrages unmittelbar betroffene H den Kaufvertrag gegenüber D analog § 166 Abs. 2 BGB wegen seines Eigenschaftsirrtums anfechten. Dies soll auch dann gelten, wenn H im Fall (2) dem V die Preisbemessung überlassen und V die Kopie zu einem geringeren, objektiv angemessen Preis erworben hätte.[845] Für die Anfechtbarkeit sei allein maßgeblich, dass H eine Weisung zum Erwerb des konkreten Gemäldes erteilt hatte, sich dabei über dessen Echtheit irrte, und V hinsichtlich der Wahl des Kaufobjektes über kein Ermessen verfügte, so dass die irrtumsbehaftete Weisung für den Geschäftsinhalt mit D maßgeblich wurde.

Der Dritte, der sich womöglich vor einer Anfechtung wegen Eigenschaftsirrtums im Fall (2) bewahren wollte, indem er seinen Verhandlungspartner V auf die Eigenschaft des Bildes als einer Kopie hingewiesen hatte, werde gesetzlich in seinem Vertrauen auf die Rechtsbeständigkeit des Vertrages nicht geschützt. Zur Begründung verweist Rosenberg auf die Argumentation Müller-Erzbachs, wonach die Interessen des Anfechtungsgegners bei der Irrtumsanfechtung ausschließlich durch Gewährung des Schadensersatzanspruchs gem. § 122 BGB berücksichtigt werden würden.[846]

(b) Kritik

Rosenberg setzt sich mit dem Bestehen einer planwidrigen Gesetzeslücke als Voraussetzung für die teleologische Reduktion des § 166 Abs. 1 BGB und die Analogie des § 166 Abs. 2 BGB nur oberflächlich auseinander. Er gibt die Überlegungen der 1. Kommission verkürzt wieder, die den Satz „Etwaige Willensmängel können nur da gesucht werden, wo die Willensentscheidung stattgefunden hat, (...)" beendete

842 *Rosenberg*, S. 239.
843 *Rosenberg*, S. 239 ff.
844 *Rosenberg*, S. 241 f.
845 *Rosenberg*, S. 240.
846 *Rosenberg*, S. 241.

durch die Schlussfolgerung „(...), mithin in der Person des Vertreters."[847] Rosenberg konstruiert dadurch vorschnell eine Gesetzeslücke, ohne den vollständigen Regelungsplan der Gesetzesverfasser zu beachten.

Wie wir gesehen haben, legte bereits die 1. Kommission darauf Wert, dass das Rechtsgeschäft des Vertreters „seine Willensthat ist" und auch bei dem Handeln nach bestimmten Weisungen bleibt.[848] Die 2. Kommission lehnte den Antrag Struckmanns, der in Rosenbergs Sinne die Alleinmaßgeblichkeit von Willen und Wissen des anweisenden Vertretenen normieren wollte, bewusst ab.[849] Sie begründete ihre Ansicht nicht nur doktrinär mit der Repräsentationstheorie, sondern wertend mit der Verkehrssicherheit des Dritten.[850] Die von beiden Gesetzeskommissionen vertretene Ansicht, dass bei der Vertretung stets eine eigene Willenserklärung des Vertreters und damit ein eigener Geschäftswillen in der Person des Vertreters gegeben ist,[851] kommt im Wortlaut des § 166 BGB unmissverständlich zum Ausdruck, indem die Kenntnisse des Hintermanns nach Absatz 2 nur ergänzend neben die Unkenntnis des Vertreters aus Absatz 1 treten, indem also Kenntnisse des Vertreters stets relevant werden.[852]

Rosenberg übersieht, dass gerade § 166 Abs. 1 BGB in Fall (2) für den gesetzlichen Schutz des D vor der Anfechtung des Kaufvertrages wegen Eigenschaftsirrtums sorgt, falls D seinen Kontrahenten auf die Unechtheit des Bildes hingewiesen hatte. Rosenberg lässt zudem außer Acht, dass dieser Wirkung des § 166 Abs. 1 BGB ein entsprechender, die Interessen der Beteiligten gewichtender Plan des Gesetzgebers zugrunde liegt. Dass sich in dem Plan nachträglich eine Lücke aufgetan hätte, behauptet Rosenberg nicht, so dass er eine gesetzesimmanente Rechtsfortbildung durch telelogische Reduktion des § 166 Abs. 1 BGB und Analogie des § 166 Abs. 2 BGB nach allgemeiner Methodenlehre nicht vornehmen kann.

Abschließend soll hervorgehoben werden, dass Rosenberg von einem Modell der unmittelbaren Stellvertretung ausgeht, das im Gesetz wegen § 166 Abs. 1 BGB keine Stütze findet. Nach Rosenberg muss der Vertreter nämlich nicht über einen eigenen Geschäftswillen verfügen. Die Setzung eines rechtsgeschäftlichen Tatbestands durch den Vertreter i.S.v. § 164 Abs. 1 BGB erfordere nur dessen Handlungs- und Erklärungswillen sowie den objektiven Tatbestand der Erklärung dahingehend, dass eine Folge gewollt werde.[853] Es genüge, wenn der Rechtsfolgewillen beim unmittelbar Vertretenen vorliege,[854] weshalb auch der Bote als unmittelbarer Stellvertreter

847 Mot. I, 227 (*Mugdan* I, 478). Das volle Zitat findet sich oben zu Fn 496.
848 Mot. I, 227 (*Mugdan* I, 478).
849 Oben zu Fn 500.
850 Prot. I, 291 f. (*Mugdan* I, 739).
851 Vgl. oben die Erwägung der 2. Kommission in Fn 501, wonach dem Vertreter auch bei „vorgegebener Marschroute" die Entscheidung über das „ob" der Erklärung verbleibt.
852 Vgl. bereits *Wilhelm* AcP 183 (1983), 1 ff., 18 f.
853 *Rosenberg*, S. 210 ff.
854 *Rosenberg*, S. 215.

eingeordnet werden könne.[855] Dass das Gesetz in § 166 Abs. 1 BGB von dem eigenen Geschäftswillen des Vertreters ausgeht und dies dem Regelungsplan des Gesetzgebers entspricht, haben wir gerade gesehen.

(c) Unverwertbarkeit der Ansichten von Müller-Freienfels und Beuthien

Auch Müller-Freienfels[856] und Beuthien[857] befürworten die Anfechtbarkeit des Vertretergeschäfts bei alleinigem Willensmangel des unmittelbar Vertretenen. Mit dem Problem irrtumsausschließender Kenntnis in der Person des Vertreters gem. § 166 Abs. 1 BGB befassen sich die beiden aber nicht.

Die Forderung von Müller-Freienfels, dass „die Willensmängel des Vollmachtgebers auch nach § 166 Abs. 2 BGB beim Ganzen berücksichtigt werden müssen",[858] ist im Lichte seiner Vertretungstheorie vom „Gesamttatbestand" auszulegen. Indem Müller-Freienfels das Vertretergeschäft als „einheitliches Rechtsgeschäft" versteht, das sich aus der Bevollmächtigung und dem Rechtsakt des Vertreters zusammensetzt, lässt er die unmittelbare Anfechtung des Vertretergeschäfts gem. § 142 Abs. 1 BGB konstruktiv folgerichtig zu, wenn sich der Hintermann bei der Bevollmächtigung irrte.[859] Für unsere Fragestellung geben seine Ausführungen nichts her.

Beuthien leitet die Anfechtbarkeit des Vertretergeschäfts bei alleinigem Willensmangel des unmittelbar Vertretenen ohne Rückgriff auf § 166 BGB „kraft Natur der Sache" aus dem Wesen der Stellvertretung ab.[860] Wie gesehen, ordnet er diese als „fremdnützige Erklärungsmittlung kraft Vertretung im Willen" ein.[861] Die Regelung über Willensmängel in § 166 BGB habe für den arbeitsteilig wirtschaftenden Hintermann ausschließlich einen Begünstigungszweck, indem seine Anfechtungsmöglichkeiten nicht eingeschränkt, sondern erweitert werden sollen.[862] Bei einer Neufassung der Norm des § 166 BGB sollte es daher zur Klarstellung der Rechtslage betreffs der Willensmängel heißen: „Der Vertretene darf, soweit das rechtlich erheblich ist, nicht nur eigene, sondern auch Willensmängel des Vertreters geltend machen."[863] Dass § 166 Abs. 1 BGB auch den Dritten schützt, der darauf vertraut, dass der Vertreter willensmangelfrei versprochen hat, berücksichtigt Beuthien nicht.[864]

---

855 *Rosenberg*, S. 197 ff.; vgl. dazu oben Fn 366.
856 Müller-Freienfels, S. 402 ff.
857 *Beuthien*, FS Medicus, 1999, 1 ff., 17 Fn 45.; *ders.*, NJW 1999, 3585, 3587.
858 Müller-Freienfels, S. 405.
859 Müller-Freienfels, S. 402.
860 *Beuthien*, FS Medicus, 1999, 1 ff., 17 Fn 45.
861 Oben C.III.1.b)(3)(e).
862 *Beuthien*, FS Medicus, 1999, 1 ff., 16.
863 *Beuthien*, NJW 1999, 3585, 3587.
864 Gegen seine Theorie von der Vertretung als „fremdnützige Erklärungsmittlung kraft Vertretung im Willen" bereits oben C.III.1.b)(3)(f).

(d) Irrtumszurechnung nach Roth

Einen neuartigen Begründungsansatz wählt Roth mit seiner Theorie von der „Irrtumszurechnung“, die in Betracht komme, wenn und soweit die Abgabe einer Willenserklärung und ihre (auch teilweise) inhaltliche Ausformung in verschiedenen Händen liegen.[865] Wenn der Vertretene in den Fällen des § 166 Abs. 2 BGB durch „bestimmte Weisungen“ den Inhalt des späteren Vertretergeschäfts vorgibt, finde in der Person des weisungsgebundenen Vertreters eine Zuständigkeitsverlagerung für die inhaltliche Ausformung der Willenserklärung statt. Die Rolle des rechtsgeschäftlich Handelnden werde dergestalt aufgespalten, dass die für die Abgabe der Willenserklärung verantwortliche Person den Inhalt der Willenserklärung nicht selbst bestimmt. Die Weisung des Vertretenen sei nicht bloß unbeachtliches Motiv für die Willenserklärung des Vertreters, sondern deren inhaltliche Ausformung.[866] Dies führe dazu, dass dem Vertreter der Irrtum des Vertretenen zugerechnet werde.

Roth bezeichnet die Irrtumszurechnung als „sinnvolle Schranke“ des durch § 166 Abs. 1 BGB gewährleisteten Verkehrsschutzes. Würde man beim Handeln des inhaltlich weisungsgebundenen Stellvertreters als Anfechtungsvoraussetzung gemäß § 119 Abs. 1 i.V.m. § 166 Abs. 1 BGB verlangen, dass in der Person des Erklärenden ein unbewusstes Auseinanderfallen von Wille und Erklärung vorläge, würde man „ohne Not einen völligen Verlust von Anfechtungsmöglichkeiten herbeiführen“. Denn wo der Vertreter aufgrund einer Weisung die Willenserklärung abgibt, könne in seiner Person gar kein Irrtum vorliegen: „Wo auf seiten des Erklärenden (der auch Vertreter sein kann) eine Aufspaltung der Rolle in der Weise stattfindet, dass die Ausformung des Inhalts der Willenserklärung einer anderen Person als derjenigen obliegt, die für deren In-Geltung-Setzen verantwortlich ist, ist ein unbewußtes Auseinanderfallen von Wille und Erklärung in der Person des Erklärenden, auf das gerade § 119 abstellt, von vornherein ausgeschlossen. Das Willensdogma streitet hier für eine Zurechnung des Willensmangels.“[867]

Die Irrtumszurechnung sei im Schrifttum auch an anderer Stelle anerkannt, nämlich bei den Fällen der Unterschrift unter eine nicht gelesene Urkunde. Überlasse jemand einer Person, die „auf seiner Seite steht“, die Formulierung einer Urkunde und unterschreibt sie ungelesen, muss der Unterschreibende für den Inhalt auch dann einstehen, wenn er von einem anderen Inhalt ausgegangen ist. War allerdings die mit der Ausarbeitung der Urkunde betraute Hilfsperson ihrerseits einem nach § 119 relevanten Irrtum unterlegen, soll der Unterzeichnende anfechten können. Mit diesem insbesondere von Flume diskutierten Beispiel „werde die bei §§ 119 ff. wie bei § 166 vorausgesetzte Einheit in der Person des sich Irrenden wie auch des die Willenserklärung Abgebenden gesprengt.“[868]

865 *Roth*, FS Gaul, 1997, 585 ff., 594.
866 *Roth*, FS Gaul, 1997, 585 ff., 591.
867 *Roth*, FS Gaul, 1997, 585 ff., 591 f.
868 *Roth*, FS Gaul, 1997, 585 ff., 589.

(e) Kritik

Roth übersieht bei seiner Bezugnahme auf den von Flume diskutierten Fall der Unterschrift unter eine nicht gelesene Urkunde, dass sich der Erklärende dort stets von dem Inhalt seiner Erklärung eine falsche Vorstellung gemacht hat, er sich also auch selbst geirrt hat.

Schlicht unrichtig ist Roths Erwägung, dass bei inhaltlichen Weisungen des Hintermanns gar kein eigener Irrtum in der Person des Vertreters vorliegen könne, so dass der durch § 166 Abs. 1 BGB gewährleistete Schutz des Dritten zugunsten der Privatautonomie des Hintermanns eingeschränkt werden müsse. Hätte V in Fall (2) als unmittelbarer Stellvertreter gehandelt und das Gemälde ebenfalls für ein Original gehalten, wäre V bei Abschluss des Kaufvertrages einem gem. § 166 Abs. 1 BGB zur Anfechtung berechtigenden Eigenschaftsirrtum unterlegen. Die Weisung des H ist in Fall (2) nicht inhaltliche Ausformung der Erklärung des V, sondern Motiv für seine eigene Willenerklärung.[869]

Die Ansicht von Roth führt im Rahmen der unmittelbaren Stellvertretung zu einem Verstoß gegen das Abstraktionsprinzip.[870] Stellen die irrtümlich erteilten Weisungen einen Bestandteil der vom Hintermann erteilten Vollmacht dar, kann der Vertretene die Vertretungsmacht anfechten und sich dadurch von der Geltung des Vertretergeschäfts befreien. Konkretisieren die irrtümlich erteilten Weisungen aber lediglich den Auftrag des Vertreters, kann sich der Dritte nach dem Abstraktionsprinzip auf die unanfechtbar erteilte Vollmacht des Vertreters verlassen.

(3) Übertragbarkeit der Ergebnisse auf die Fälle der mittelbaren Stellvertretung

Die herrschende Lehre kann nicht plausibel erklären, weshalb sie sich im Rahmen der unmittelbaren Stellvertretung bei alleinigen Irrtümern des anweisenden Hintermanns über den mangelfreien Geschäftswillen des Vertreters hinwegsetzt und die Regelung des § 166 Abs. 2 BGB analog anwendet. Die teleologische Reduktion des § 166 Abs. 1 BGB widerspricht dem Regelungsplan des Gesetzgebers. Dass sich nachträglich eine Regelungslücke aufgetan hätte, wird nicht einmal von der herrschenden Lehre behauptet.

Die von uns bei der unmittelbaren Stellvertretung vorgenommene Interessenbewertung zugunsten des Dritten als Anfechtungsgegner muss erst Recht im Rahmen der mittelbaren Stellvertretung gelten, wo der Vertreter selbst Vertragspartei wird und die Weisungen des Hintermanns stets bloßes Handlungsmotiv sind.

Unserer Interessenbewertung setzt auch Schmidt-Rimpler keine neuen Argumente entgegen, wenn er dem Kommissionär ein Gestaltungsrecht sui generis einräumt, durch das der Kommissionär das Ausführungsgeschäft mit dem Dritten in einen auf Ersatz des negativen Interesses gerichteten Schadensersatzanspruch analog § 179 Abs. 2 BGB umwandeln kann, nachdem der irrende Kommittent den

869 So argumentiert auch Staudinger/*Schilken* § 166 Rn 13 und 17.

870 So in der Sache auch Soergel/*Leptien* § 166 Rn 33.

Kommissionsauftrag angefochten hat.[871] Die Ansicht von Schmidt-Rimpler soll daher nicht vertieft werden.[872]

c) *Anfechtbarkeit des Ausführungsgeschäfts bei Täuschung des mittelbar Vertretenen durch den Dritten*

(1) Die veränderte Interessenlage

Wir haben bereits gesehen, dass die überwiegende kommissionsrechtliche Literatur im Fall (3) das Trennungsdogma durchbrechen und die durch den Dritten D bewirkte arglistige Täuschung des anweisenden Hintermanns H ausnahmsweise im Ausführungsgeschäft zwischen V und D berücksichtigen würde.[873] Anders als bei der Anfechtung wegen Irrtums des anweisenden mittelbar Vertretenen verdient der D in Fall (3) wegen seiner Arglist keinen Schutz vor einer Anfechtung, weil er den Anfechtungsgrund selbst verursacht hat.

Fraglich ist, ob durch diese Überlegung eine analoge Anwendung des § 166 Abs. 2 BGB im Sinne des Urteils des BGH vom 24.10.1968, BGHZ 51, 141 ff., geboten ist. Nach dem oben Gesagten interessiert uns an der Argumentation des BGH insbesondere, wie er die ausfüllungsbedürftige Gesetzeslücke in § 166 Abs. 2 BGB begründet hat.

(2) Analoge Anwendung des § 166 Abs. 2 BGB bei der direkten Stellvertretung

(a) Darstellung der Entscheidung BGHZ 51, 141 ff.

Dem Urteil des BGH vom 24.10.1968, BGHZ 51, 141 ff., liegt ein Streit der Parteien um die Wirksamkeit des von ihnen zuvor geschlossenen Prozessvergleichs zugrunde. Der Beklagte, der als ehemaliger Kassenwart und als Vorstandsmitglied des klagenden Vereins Gelder i.H.v. ca. 240.000 DM veruntreut haben sollte und auf Schadensersatz verklagt worden war, hatte sich zur Abgeltung aller gegenseitigen Ansprüche auf einen Prozessvergleich eingelassen, durch den er sich zur Zahlung von noch 125.000 DM verpflichtet hatte. Bei Vergleichsabschluss befand sich der Beklagte in Untersuchungshaft wegen des Vorwurfs der auch im Zivilverfahren gegenständlichen Untreue. Der Beklagte begehrte nach seiner Haftentlassung Feststellung der Nichtigkeit des Vergleichs, zu dem er durch arglistige Täuschung gebracht worden sei. Der Vereinsvorstand und die Prozessbevollmächtigten des Klägers hätten ihm vorgespiegelt, er könne den Vergleich jederzeit widerrufen, wenn er später seine Unschuld beweisen könne. Auch der damalige Vorsitzende habe diesen Eindruck bekräftigt. Der Beklagte könne nunmehr beweisen, dass er nichts veruntreut hatte.[874]

---

871 Schmidt-Rimpler, S. 616.

872 Sie hat sich im Schrifttum auch nicht durchsetzen können, vgl. *Capelle*, S. 336 f., und *Herbert*, S. 137 f., gegen *Schmidt-Rimpler* zu den Fällen des Irrtums des Vertretenen.

873 Oben Fn 828.

874 BGHZ 51, 141 ff.

Das Berufungsgericht hielt das Vorbringen des Beklagten unter dem Gesichtspunkt der Anfechtung des Prozessvergleichs wegen arglistiger Täuschung gem. § 123 Abs. 1 BGB schon deshalb für unschlüssig, weil nicht der Beklagte, sondern seine Anwälte als unmittelbare Vertreter den Vergleich abgeschlossen hatten und es für Willensmängel gemäß § 166 Abs. 1 BGB nicht auf die Person des Vertretenen ankomme.[875]

Dem widersprach der BGH. Da sich der Beklagte an den gerichtlichen Vergleichsverhandlungen beteiligt hatte, sei es möglich, dass nicht sein Anwalt, sondern der Beklagte selbst „die eigentliche Entscheidung" über die Annahme des Vergleichs getroffen habe. In diesem Fall hätte der Anwalt des Beklagten „im wesentlichen nur den Geschäftswillen seines Mandanten in die Tat umgesetzt" und nach dessen Weisungen gehandelt, weshalb die Regel des § 166 Abs. 1 BGB nicht eingreife und die entsprechende Anwendung des § 166 Abs. 2 BGB geboten sei.[876] Allen drei in § 166 Abs. 1 und Abs. 2 BGB getroffenen Regelungen sei der Gedanke gemeinsam, es komme auf die Person dessen an, auf dessen Geschäftswillen die Willenserklärung des Vertreters tatsächlich beruht. Dieser Gedanke müsse sich im zugrundeliegenden Fall zugunsten eines Anfechtungsrechts des Vollmachtgebers durchsetzen. Die rechtliche Selbständigkeit des Vertretergeschäfts einerseits und der Weisung im Vertretungs-Innenverhältnis andererseits müsse hinter einer einheitlichen Behandlung des Gesamtgeschäfts zurücktreten. Die Dinge lägen bei der weisungsbestimmten Stellvertretung nur unwesentlich anders, als hätte der getäuschte Vollmachtgeber das Geschäft selbst abgeschlossen. Ob sich der Vertreter ebenfalls hat täuschen lassen, sei nicht entscheidend, weil das Geschäft seinem Inhalt nach im wesentlichen nicht auf seiner Entschließung beruht. Zudem führe allein diese Lösung zu einem sachgerechten Ergebnis, da es unerträglich wäre, wenn der Geschäftsgegner als Frucht seiner arglistigen Täuschung eine im Anfechtungswege nicht angreifbare Rechtsposition erwerben und behalten könnte. Die dem Getäuschten zustehenden Schadensersatzansprüche würden ihm keinen genügenden Schutz bieten.[877] In der Literatur teile u.a. Rosenberg diese Ansicht. Auf die Argumente des übrigen Schrifttums, das eine Ausdehnung des § 166 Abs. 2 BGB auf Willensmängel in der Person des Vertretenen ablehnt, müsse nicht eingegangen werden, da sich die Literatur in erster Linie mit dem hier irrelevanten Problem befasse, ob und inwieweit sich Willensmängel, die die Vollmachterteilung beeinflusst haben, auf das Vertretergeschäft auswirken. Im vorliegenden Fall gehe es hingegen um die Frage, wie Willensmängel zu behandeln sind, die die Weisung beeinflusst haben, die der Vollmachtgeber dem Vertreter nach dessen Bevollmächtigung erteilt hat, ohne die bereits begründete Vertretungsmacht abzuändern.[878]

875 BGHZ 51, 141 ff. Rn 18.
876 BGHZ 51, 141 ff. Rn 18.
877 BGHZ 51, 141 ff. Rn 20.
878 BGHZ 51, 141 ff. Rn 19.

(b) Analyse der Entscheidung

Der BGH geht fehl in der Annahme, dass sich die Fälle der mit Willensmängeln behafteten Weisungen i.S.v. § 166 Abs. 2 BGB streng trennen ließen von den Fällen, in denen die Vollmachterteilung auf Willensmängeln beruht. Wir haben gesehen, dass die „bestimmten Weisungen" i.S.v. § 166 Abs. 2 BGB regelmäßig in der Spezialvollmacht enthalten sind oder die Vertretungsmacht nachträglich einschränken. Die vom BGH angestellten Gerechtigkeitserwägungen lassen sich nicht auf die Fälle der nachträglichen Weisung bei unangetastet bleibender Vollmacht beschränken. Er hätte sich daher mit den Argumenten des überwiegend entgegenstehenden Schrifttums auseinandersetzen müssen.

Der BGH begnügt sich mit einem Verweis auf Rosenbergs Ansichten, statt die Analogievoraussetzungen eigenständig zu prüfen und insbesondere das Vorliegen einer Gesetzeslücke in § 166 Abs. 2 BGB zu begründen. Wie wir gesehen haben, überzeugen die diesbezüglichen Ausführungen von Rosenberg nicht.[879]

Selbst wenn es im vorliegenden Fall interessengerecht erscheint, bei arglistiger Täuschung des Geschäftsherrn die Fälle der weisungsbestimmten Stellvertretung und des Eigengeschäfts gleich zu behandeln, ist eine analoge Anwendung des § 166 Abs. 2 BGB methodisch nur möglich, wenn der Gesetzgeber die Fälle des Willensmangels des anweisenden Hintermanns nicht bewusst von der Rechtsfolge des § 166 Abs. 2 BGB ausgenommen hat, oder wenn sich die Wertvorstellungen in der Rechtsgemeinschaft so einschneidend geändert haben, dass nachträglich ein Spannungsverhältnis mit dem Gesetz entstanden ist.[880] Hier kann die Gesetzeslücke unter keinem dieser Aspekte angenommen werden. Die 2. Kommission führte sich bei Entwurf des § 166 Abs. 2 BGB die Situation des arglistig getäuschten, anweisenden Hintermanns vor Augen und war der Ansicht, dass ihm kein Unrecht geschieht, wenn er an das durch arglistige Täuschung herbeigeführte Vertretergeschäft gebunden bleibt, „da der Vollmachtgeber durch die Bestimmungen über unerlaubte Handlungen hinreichend geschützt werde."[881] Dass dieses Ergebnis von Anfang an als ungerecht empfunden wurde und auf Ablehnung im Schrifttum stieß,[882] stellt keine nachträgliche, einschneidende Änderung der Wertvorstellungen in der Rechtsgemeinschaft dar.

Schilken ist der Meinung, dass der BGH dasselbe Ergebnis auch ohne entsprechende Anwendung des § 166 Abs. 2 BGB finden könnte, nämlich durch extensive Auslegung des Anfechtungsrechts wegen arglistiger Täuschung gem. § 123 Abs. 1 BGB. Er weist darauf hin, dass die Anfechtungsbefugnis des § 123 Abs. 1 BGB –

879 Oben C.III.3.b)(2)(b).

880 Zur Gesetzeslücke *Larenz* Methodenlehre, II Kap. 5 2 a), S. 373.

881 Prot. I, 292 (*Mugdan* I, 739). Dabei ging die 2. Kommission davon aus, dass der Hintermann nicht einmal die auf arglistiger Täuschung des Dritten beruhende Bevollmächtigung anfechten kann. Vgl. zu diesem Problem *Flume* AT II § 52 5 d), S. 871 f.

882 *Müller-Erzbach*, S. 19 ff.; *Neubecker*, GrünhutsZ 36 (1909), 31 ff., 48 ff.

anders als diejenige wegen Irrtums gem. § 119 Abs. 1 BGB – grammatikalisch keine Fehlvorstellung in der Person des Erklärenden voraussetzt. Indem die Norm demjenigen die Anfechtungsberechtigung verleiht, „wer zur Abgabe einer Willenserklärung durch arglistige Täuschung (...) bestimmt worden ist", komme es nur auf die Kausalität zwischen der Täuschungshandlung und der Abgabe der Willenserklärung an, für die auch eine mittelbare Verursachung ausreiche. Maßgeblich sei allein, ob der Betroffene die Willenserklärung ohne die Täuschung nicht abgegeben haben würde, wovon auszugehen sei, wenn der getäuschte Vertretene den Stellvertreter aufgrund der erregten Fehlvorstellungen angewiesen oder zur Vornahme des Rechtsgeschäfts bevollmächtigt hat.[883]

Die Ansicht Schilkens lässt sich nicht nur mit dem Wortlaut des § 123 Abs. 1 BGB vereinbaren, sie ist auch historisch zu untermauern. So hat die 1. Kommission bei Entwurf des späteren § 123 Abs. 1 BGB[884] davon abgesehen, den durch die Täuschung bzw. „durch den Betrug" wesensnotwendig erregten Irrtum ausdrücklich in den Tatbestand der Norm aufzunehmen, da es rechtlich in § 123 Abs. 1 BGB auf den Betrug ankomme und nicht auf den Irrtum: „Auf den durch den Betrug erzeugten Irrthum ist (...) nicht abgestellt. Im Interesse der Durchsichtigkeit des Rechtes müssen Irrthum und Betrug streng auseinandergehalten werden, wiewohl Betrug ohne Irrthum nicht denkbar ist. (...) Hat dagegen der Betrug einen nicht das Dasein, sondern nur die Entstehung des Willens betreffenden Irrthum (§ 102)[885] erzeugt, so ist es der Betrug und nur dieser, welcher rechtlich von Bedeutung wird, und nur dieser Fall ist hier ins Auge zu fassen."[886]

Auch von dem Schutzzweck des Anfechtungsrechts wegen arglistiger Täuschung wird der anweisende Vertretene als Geschäftsherr des Vertretergeschäfts erfasst. Denn § 123 Abs. 1 BGB soll verhindern, dass die freie Selbstbestimmung auf rechtsgeschäftlichem Gebiete widerrechtlich beeinträchtigt wird.[887] Wir haben bereits gesehen, dass das Vertretergeschäft bei der unmittelbaren Stellvertretung auf privatautonomes Handeln des Hintermanns zurückzuführen ist, während der Vertreter lediglich nach pflichtgemäßem Ermessen handelt.

---

883 Staudinger/*Schilken* § 166 Rn 17.

884 Die 1. Kommission wollte in § 103 Abs. 1 E-I normieren: „Ist Jemand zur Abgabe einer Willenserklärung widerrechtlich durch Drohung oder durch Betrug bestimmt worden, so kann er die Willenserklärung anfechten.", vgl. *Mugdan* I, LXXXIV. Die 2. Kommission ersetzte das Wort „Betrug" durch „arglistige Täuschung", um klarzustellen, dass kein Betrug im strafrechtlichen Sinne vorausgesetzt wird und der Anfechtende keinen Schaden erlitten haben muss, Prot. I, 249 (*Mugdan* I, 722).

885 Der Erstentwurf sah in § 102 eine Regelung zur Unbeachtlichkeit von Motivirrtümern folgenden Wortlauts vor: „Ein Irrthum in den Beweggründen ist, sofern nicht das Gesetz ein anderes bestimmt, auf die Gültigkeit eines Rechtsgeschäftes ohne Einfluss.", vgl. *Mugdan* I, LXXXIV.

886 Mot. I, 208 (*Mugdan* I, 467).

887 Mot. I, 204 (*Mugdan* I, 465).

(3) *Übertragbarkeit der Ergebnisse auf die Fälle der mittelbaren Stellvertretung*

Lässt sich die Ausdehnung des § 166 Abs. 2 BGB auf alleinige Willensmängel in der Person des Vertretenen schon nicht bei der unmittelbaren Stellvertretung begründen, kann sie erst recht nicht bei der mittelbaren Stellvertretung erfolgen.

Die im Rahmen der unmittelbaren Stellvertretung sachgerechte Anwendung des § 123 Abs. 1 BGB wurde schon kurz nach Erlass des BGB für die vergleichbaren Konstellationen im Rahmen der mittelbaren Stellvertretung befürwortet.[888] Sie hätte zur Folge, dass V im Fall (3) nach § 123 Abs. 1 BGB den Kaufvertrag mit D anfechten könnte, weil er zum Erwerb des Sekretärs durch arglistige Täuschung des D bestimmt wurde, indem D den H zur Erteilung der Kaufanweisung durch Vorspiegelung falscher Tatsachen veranlasst hatte.

Die extensive Auslegung des § 123 Abs. 1 BGB wird auch der Interessenlage gerecht, die wir im Fall (3) bei den Beteiligten feststellen können. H kann sich als getäuschter Geschäftsherr von seinem irrtümlich in Auftrag gegebenen Kauf lösen, während das Vertrauen des arglistigen D in eine mangelfreie Willenserklärung des V nicht schutzwürdig ist. V kann seine vergeblichen Aufwendungen gem. § 670 BGB und seine ihm möglicherweise versprochene Provision von H trotz Anfechtung des Kaufvertrages ersetzt verlangen, da der Grund für die Nichtigkeit des Kaufvertrages im Verhältnis zwischen V und H in der Person des H begründet ist, vgl. § 396 Abs. 1 Satz 2 HS 2 HGB und § 326 Abs. 2 Satz 1 HS 1 BGB.

d) Fazit

Die Analogie des § 166 Abs. 2 BGB ist bei alleinigen Willensmängeln des anweisenden Hintermanns weder im Rahmen der unmittelbaren noch im Rahmen der mittelbaren Stellvertretung gerechtfertigt.

Bei der arglistigen Täuschung des Hintermanns durch den Dritten lassen sich sachgerechte Ergebnisse jeweils durch extensive Auslegung des § 123 Abs. 1 BGB erzielen, indem zur Abgabe einer Willenserklärung durch Täuschung auch derjenige „bestimmt" wird, auf den der Täuschende nur mittelbar einwirkt, indem er den Geschäftsherrn zur Erteilung einer täuschungsbedingten Weisung veranlasst hat.

---

888 *Neubecker*, GrünhutsZ 36 (1909), 31 ff., 48 ff.

D. Zusammenfassung und Ausblick

Nach der Schlossmann`schen Vertretungslehre beruhen die unmittelbare und die mittelbare Vertretungswirkung auf einem einheitlichen Grundtatbestand der Vertretung. Dieser erfordert (1) das Bestehen eines Vertretungsverhältnisses zwischen Vertreter und Vertretenem, (2) ein Handeln des Vertreters für den Vertretenen zur Erfüllung (solvendi causa) der ihm aufgrund des Vertretungsverhältnisses obliegenden Pflichten und (3) die Übereinstimmung des Handelns mit den Pflichten aus dem Vertretungsverhältnis. Der allgemeine Tatbestand löst die spezifische Vertretungswirkung aus, die darin besteht, dass die gesamten wirtschaftlichen Wirkungen des Geschäftes mit dem Dritten kraft rechtlicher Anordnung das Vermögen des Vertretenen treffen.

Ob der Hintermann im Rahmen der spezifischen Vertretungswirkung im Verhältnis zum Dritten unmittelbar oder mittelbar verpflichtet wird, richtet sich Schlossmann zufolge vorrangig nach der objektiven Stellung des Vertreters. Darüber hinaus kann der eigentlich unmittelbar haftende Vertreter die Vertretungswirkung durch eine Haftungsausschlussvereinbarung von sich ablenken. Diese Haftungsausschlussvereinbarung läßt sich aus Kriterien ableiten, die nach herrschender Lehre das Merkmal des Handelns im fremden Namen ausfüllen. Die in § 164 Abs. 1 BGB verwendeten Merkmale des Handelns im fremden Namen und der Vertretungsmacht will Schlossmann aufrecht erhalten, indem mit dem Handeln im fremden Namen der Abschluss einer Haftungsausschlussvereinbarung bezeichnet wird, und indem er das Handeln im Rahmen von Vertretungsmacht als ein Handeln versteht, das den Pflichten aus dem Vertretungsrechtsverhältnis entspricht (Voraussetzung 1 und 3 der spezifischen Vertretungswirkung) bei Bestehen eines objektiven Rechtssatzes, der die Wirkungen dieser Handlung dem Hintermann zuordnet.

Schlossmanns dogmatische Einordnung der Merkmale des Handelns im fremden Namen und der Vertretungsmacht, der von seinen Zeitgenossen erhebliche Argumente entgegengehalten wurden, kann losgelöst werden von seinem Ansatz eines den beiden Vertretungswirkungen gemeinsamen Wesens und gemeinsamen Grundtatbestands.

Schlossmann will mit der Schaffung eines gemeinsamen Vertretungstatbestands solche Rechtsfolgen im Rahmen der mittelbaren Stellvertretung logisch aus dem Vertretungsbegriff deduzieren, für die nach dem Trennungsdogma der herrschenden Lehre im System der mittelbaren Vertretung kein Raum ist. Er will ein Vertretungsrecht schaffen, das im Bereich der mittelbaren Stellvertretung nicht mehr von Ausnahmetatbeständen durchdrungen wird. Durch seinen allgemeinen Tatbestand der spezifischen Vertretungswirkung lenkt Schlossmann den Blick auf die Bedeutung des Innenverhältnisses, welches den mittelbaren Vertreter weitgehend von den Risiken des Ausführungsgeschäftes entlastet und damit gerade den Unterschied konstituiert zu der Risikostruktur einer gewöhnlichen Vertragskette des Eigenhändlers.

Auch 115 Jahre nach Schaffung des BGB und nach Schlossmanns Vertretungslehre besteht das praktische Bedürfnis fort, in bestimmten Fällen den mittelbar Vertretenen wie den unmittelbaren Vertragspartner zu behandeln bzw. die Rechtsfolgen der unmittelbaren Vertretung auf die mittelbare Vertretung zu übertragen. Dies gilt insbesondere für die Relevanz von Kenntnissen oder Kennenmüssen des auf das Zustandekommen des Ausführungsgeschäfts konkret einwirkenden Hintermanns. Hier ist die analoge Anwendung des § 166 Abs. 2 BGB jedenfalls im Rahmen der Wissensnormen gem. § 122 Abs. 2, § 442 Abs. 1 Satz 1 und § 932 Abs. 2 BGB mit der Folge gerechtfertigt, dass sich der mittelbare Stellvertreter nicht auf seine eigene Unkenntnis berufen kann, wenn der mittelbar Vertretene die maßgeblichen Umstände kannte oder kennen musste und auf den konkreten Geschäftswillen des Vertreters aktiv eingewirkt hat. Ob in Konstellationen der mittelbaren Stellvertretung den „bestimmten Weisungen" i.S.v. § 166 Abs. 2 BGB auch das Unterlassen von Weisungen gleichgesetzt werden kann, hängt davon ab, ob dem Hintermann das Ausführungsgeschäft im Einzelfall konkret zurechenbar ist, weil er gegen ein aus Treu und Glauben folgendes Handlungsgebot verstoßen hat. Es ist in diesen Fällen eine Analogie in zwei Tatbestandsmerkmalen zu prüfen, nämlich zum einen im Merkmal der Vollmacht und zum anderen bezüglich der bestimmten Weisungen.

Da jeder Irrtum das Vorliegen von Unkenntnis über einen tatsächlichen Sachverhalt beinhaltet, ist § 166 Abs. 2 Satz 1 BGB auch bei einem Irrtum des Vertreters anzuwenden, dabei aber im Hinblick auf die Verschuldensunabhängigkeit der Anfechtungsrechte restriktiv auszulegen. § 166 Abs. 2 Satz 1 BGB bekommt die Bedeutung, dass sich der Vertretene nicht auf den Irrtum des Vertreters berufen kann, wenn er selbst den Umstand kannte, wenn er das konkrete Vertretergeschäft veranlasst hatte und die essentialia negotii des Vertretergeschäfts seinem Geschäftswillen entsprechen. Auch in diesen Fällen ist die analoge Anwendung des § 166 Abs. 2 Satz 1 BGB im Rahmen der mittelbaren Stellvertretung geboten und vom Reichsgericht in der sog. Ming-Vasen-Entscheidung zu Recht vorgenommen worden.

Die Analogie des § 166 Abs. 2 BGB ist hingegen bei alleinigen Willensmängeln des anweisenden Hintermanns weder im Rahmen der unmittelbaren noch im Rahmen der mittelbaren Stellvertretung gerechtfertigt. Das diese Analogie im Rahmen der unmittelbaren Stellvertretung befürwortende Urteil des BGH, BGHZ 51, 141 ff., ist abzulehnen. Interessengerechte Ergebnisse lassen sich sowohl bei der unmittelbaren als auch bei der mittelbaren Vertretung durch extensive Auslegung des § 123 Abs. 1 BGB erreichen.

Durch diese Ergebnisse wird die Lehre Schlossmanns insoweit bestätigt, als sich die subjektiven Verhältnisse des Vertreters und des Vertretenen bei unmittelbarer und mittelbarer Vertretungswirkung im Verhältnis zum Dritten nach den gleichen Grundsätzen auswirken. Die Anordnungen des § 166 BGB könnten an einen allgemeinen Vertretungstatbestand geknüpft werden, der die unmittelbare und mittelbare Vertretungswirkung gleichermaßen umfasst.

Dogmatisch hätte dies zur Folge, dass das Trennungsdogma der herrschenden Lehre insoweit aufgegeben werden kann und die Vertretungstendenz auch bei der mittelbaren Vertretung für die Gestaltung der Rechtsfolgen anerkannt wird. Würde die Beteiligung des mittelbar Vertretenen am Ausführungsgeschäft durch einen gemeinsamen Grundtatbestand der Vertretung anerkannt werden, müsste auch nicht mehr auf Treu und Glauben ausgewichen werden, um zu erklären, weshalb der mittelbar Vertretene kein „Dritter" i.S.d. Merkmals bei § 123 Abs. 2 Satz 1 BGB ist und weshalb der mittelbare Vertreter den Schaden des Vertretenen gegenüber dem Außenvertragspartner liquidieren kann.

Literaturverzeichnis

I. Aufsätze, Monografien

Bamberger/Roth/*Bearbeiter* Bamberger, Georg/ Roth, Herbert: Kommentar zum Bürgerlichen Gesetzbuch, Band 1 §§ 1–610, CISG, 3. Auflage, München 2012..

Baum Baum, Marcus: Die Wissenszurechnung, Berlin 1998..

Baumbach/*Bearbeiter* Baumbach, Adolf: Handelsgesetzbuch mit GmbH & Co., Handelsklauseln, Bank- und Börsenrecht, Transportrecht (ohne Seerecht), Beck'sche Kurz-Kommentare, 36. Auflage, München 2014.

BeckOK-BGB/*Bearbeiter* Beck'scher Online-Kommentar BGB Edition 32, München 2014.

Bettermann Bettermann, Karl August: Vom stellvertretenden Handeln, Neudruck der Ausgabe Bochum 1937, Aalen 1964.

Beuthien Beuthien, Volker: Zur Theorie der Stellvertretung im Bürgerlichen Recht, in Festschrift für Dieter Medicus: Zum 70. Geburtstag, S. 1 ff., Köln u.a. 1999.

Beuthien Beuthien, Volker: Zur Wissenszurechnung nach § 166 BGB – § 166 II BGB ausweiten – § 166 I BGB klarer ordnen, NJW 1999, 3858 ff.

Binder Binder, Julius: Rezension zu Siegmund Schloßmann, Die Lehre von der Stellvertretung, 2 Bde, Kritische Vierteljahresschrift für Gesetzgebung Bd. 46, Tübingen 1905, KrVJSchr 46 (1905), 347 ff.

Bitter Bitter, Georg: Rechtsträgerschaft für fremde Rechnung – Außenrecht der Verwaltungstreuhand, Tübingen 2006.

Böhm Böhm, Klaus Rudolf: Auslegung und systematische Einordnung des § 392 Abs. 2 HGB, Berlin 1971.

Bonell Bonell, Michael Joachim: Agency, in Towards a European Civil Code, S. 381 ff., 3rd Edition, Nijmegen 2004.

Bork Bork, Reinhard: Allgemeiner Teil des Bürgerlichen Gesetzbuchs, 3. Auflage, Tübingen 2011.

Brox/Walker Brox, Hans / Walker, Wolf-Dietrich:Allgemeiner Teil des BGB, 38. Auflage, München 2014.

Buck Buck, Petra: Wissen und juristische Person, Tübingen 2001.

Büdenbender Büdenbender, Ulrich: Wechselwirkungen zwischen Vorteilsausgleichung und Drittschadensliquidation, JZ 1995, 920 ff.

v. Caemmerer Caemmerer, Ernst von: Das Problem des Drittschadensersatzes, ZHR 127 (1965), 241 ff.

Canaris HR Canaris, Claus-Wilhelm: Handelsrecht, 24. Auflage, München 2006.

Canaris Canaris, Claus-Wilhelm: Risikohaftung bei schadensgeneigter Tätigkeit in fremdem Interesse, RdA 1966, S. 41 ff.

Canaris Canaris, Claus-Wilhelm: Finanzierungsleasing und Wandelung, NJW 1982, 305 ff.

Canaris FS Flume I Canaris, Claus-Wilhelm: Die Verdinglichung obligatorischer Rechte, in: Festschrift Flume, Band I, 1978, S. 373 ff.

Capelle Capelle, Karl – Hermann: Das Aussenverhältnis bei der Vertretung fremder Interessen nach skandinavischem Recht, in: Festschrift für Leo Raape, Hamburg, 1948, S. 325 ff.

Dalwigk zu Lichtenfels Dalwigk zu Lichtenfels, Reinhard Freiherr von: Das Effektenkommissionsgeschäft, Berlin 1975.

Dernburg I Dernburg, Heinrich: Das bürgerliche Recht des Deutschen Reichs und Preußens, Band 1, Die allgemeinen Lehren, 2. Auflage, Halle 1902.

Dernburg II Dernburg, Heinrich: Das bürgerliche Recht des Deutschen Reichs und Preußens, Band 2, Die Schuldverhältnisse, 3. Auflage, Halle 1905.

Dressler Dressler, Rainer: Die entsprechende Anwendung handelsrechtlicher Normen auf Nichtkaufleute am Beispiel des § 392 II HGB, Ein Beitrag zur Methode der Analogie, München 1968.

Düringer/Hachenburg/*Bearbeiter* Düringer/ Hachenburg, Max: Das Handelsgesetzbuch (Kommentar), V. Band, 2. Hälfte, §§ 383–473 HGB, 3. Auflage, Leipzig 1932

Ebenroth/Boujong/Joost/Strohn/ *Bearbeiter* Ebenroth, Carsten Thomas / Boujong, Karlheinz / Joost, Detlev / Strohn, Lutz: Handelsgesetzbuch, Band 1, §§ 1–342e, 2. Auflage, München 2008.

Ebenroth, Carsten Thomas / Boujong, Karlheinz / Joost, Detlev / Strohn, Lutz: Handelsgesetzbuch, Band 2, §§ 343–475h, Transportrecht, Bank- und Börsenrecht 2. Auflage, München 2009.

Eck Eck, Ernst: Vorträge über das Recht des Bürgerlichen Gesetzbuchs, Band 1, 1. und 2. Auflage, Berlin 1903.

Einsele Einsele, Dorothee: Inhalt, Schranken und Bedeutung des Offenkundigkeitsprinzips, JZ 1990, 1005 ff.

Enneccerus/Nipperdey Enneccerus, Ludwig/ Nipperdey, Hans Carl: Lehrbuch des Bürgerlichen Rechts, Erster Band, Allgemeiner Teil des Bürgerlichen Rechts, Zweiter Halbband, 15. Auflage, Tübingen 1960.

Erman/*Bearbeiter* Erman, Walter: BGB, Handkommentar, Band 1, §§ 1–758, AGG, 14. Auflage 2014.

Fehrenbach Fehrenbach, Markus: Die Haftung bei Vertretung einer nicht existierenden Person, NJW 2009, 2173 ff..

Fleckner Fleckner, Andreas M.: Schadensausgleich beim Handeln in eigenem Namen für fremde Rechnung, in Perspektiven des Wirtschaftsrechts – Beiträge für Klaus J. Hopt aus Anlass seiner Emeritierung, Berlin 2008, S. 3 ff.

Fleckner/Vollmuth Fleckner, Andreas M./ Vollmuth, Christian: Geschäfte zu nicht marktgerechten Preisen (Mistrades) im außerbörslichen Handel – Zu den Grenzen außerbörslicher Mistrade-Regeln, zur Interessenwahrung im außerbörslichen Handel sowie zur Drittschadensliquidation im Rahmen des § 122 BGB – zugleich Anmerkung zu BGH WM 2002, 1687 –, WM 2004, 1263 ff.

Flume AT II Flume, Werner: Allgemeiner Teil des Bürgerlichen Rechts, Zweiter Band, Das Rechtsgeschäft, 3. Auflage, Berlin 1979.

Gerhardt Gerhardt Walter: Von Strohfrauen und Strohmännern – Vorgeschobene Rechtsinhaberschaft in der Zwangsvollstreckung, in: Verfahrensrecht am Ausgang des 20. Jahrhunderts – Festschrift für Gerhard Lüke zum 70. Geburtstag, München 1997, S. 121 ff.

GK-HGB/*Bearbeiter* Handelsgesetzbuch, Großkommentar, Band 6, §§ 383–424 HGB, Hrsg & Bearb: Ingo Koller, 4. Auflage, Berlin 2004.

Goerth Goerth Andreas, Die Drittschadensliquidation, JA 2005 S. 28 ff.

Goldschmidt Goldschmidt, Christof-Ulrich: Die Wissenszurechnung – Ein Problem der jeweiligen Wissensnorm, entwickelt am Beispiel des § 463 S. 2 BGB, Berlin 2001.

Grzibek Grzibek, Norbert: Direkte Rechtsbeziehungen bei der verdeckten Stellvertretung, Hamburg 2004.

Hagen Hagen, Horst: Die Drittschadensliquidation im Wandel der Rechtsdogmatik, Frankfurt am Main, 1971.

Hager Hager, Günter: Die Prinzipien der Mittelbaren Stellvertretung, AcP 180 (1980), 239 ff.

Hanloser Hanloser, Stefan: Stellvertretung und Botenschaft, Passau 2003.

Hartmann Hartmann, Hans: Das Ausführungsgeschäft im deutschen und englischen Kommissionsrecht, Ein Beitrag zur Reform der mittelbaren Stellvertretung, Rostock 1935.

Hellmann Hellmann, Friedrich: Rezension zu Siegmund Schlossmann, Die Lehre von der Stellvertretung, 2 Bde, Zeitschrift für Deutschen Zivilprozess, Band 31, Berlin 1903, ZZP 31 (1903), 346 ff.

Herbert Herbert, Dirk: Die Beteiligung des Kommittenten am Ausführungsgeschäft bei der Warenkommission, 1972.

Heymann/*Bearbeiter* Heymann, Ernst: Handelsgesetzbuch (ohne Seerecht), Kommentar, Band 4, Viertes Buch, §§ 343–475h, 2. Auflage, Berlin 2005.

HKK/*Bearbeiter* Historisch-kritischer Kommentar zum BGB, Band I, Allgemeiner Teil, §§ 1–240 BGB, Tübingen 2003.

Hromadka/Maschmann Hromadka, Wolfgang / Maschmann, Frank: Arbeitsrecht, Band 1, Individualarbeitsrecht, 5. Auflage, Berlin, Heidelberg 2012.

Hupka Hupka, Josef: Die Vollmacht: Eine civilistische Untersuchung mit besonderer Berücksichtigung des deutschen Bürgerlichen Gesetzbuches, Leipzig 1900.

Jansen/Zimmermann Jansen, Nils/Zimmermann, Reinhard: Was ist und wozu der DCFR?, NJW 2009, 3401 ff.

Jauernig/*Bearbeiter* Jauernig Othmar: Bürgerliches Gesetzbuch mit Allgemeinem Gleichbehandlungsgesetz (Auszug), Kommentar, 15. Auflage, München 2014.

Jhering Scherz und Ernst Jhering, Rudolf von: Scherz und Ernst in der Jurisprudenz, unveränderter Nachdruck der 13. Auflage Leipzig 1924, Darmstadt 1975.

Jhering Jahrbuch für Dogmatik Jhering, Rudolf von: Gesammelte Aufsätze aus den Jahrbüchern für die Dogmatik des heutigen römischen und deutschen Privatrechts, Band 1, Abhandlungen aus den vier ersten Bänden der Jahrbücher, Neudruck der Ausgabe Jena 1881, Aalen 1969.

Junker Junker, Michael: Die Vertretung im Vertrauen im Schadensrecht – Ein Beitrag zum Problem des Drittschadensersatzes, München 1991.

Klein Klein, Otto: Der Strohmann im Privatrecht, Hamburg 1932.

Klinck Klinck, Fabian: Stellvertretung im Besitzerwerb, AcP 205 (2005), 487 ff.

Köhler Köhler, Helmut: BGB Allgemeiner Teil, 38. Auflage, München 2014.

Koller Koller, Ingo: Das Provisions- und Aufwendungsrisiko bei der Kommission, BB 1979, 1725 ff.

Koller Koller, Ingo: „Interessenkonflikte bei der Ausführung von Geschäftsbesorgungsverträgen“, in Festschrift für Henning Piper, München 1996, S. 899 ff.

Koller/Kindler/Roth/Morck/*Bearbeiter* Koller, Ingo / Kindler, Peter/ Roth, Wulf-Henning / Morck, Winfried: Handelsgesetzbuch, Kommentar, 8. Auflage, München 2015.

Köndgen Köndgen, Johannes: Preis- und Vergütungsgestaltung im Wertpapierhandel – Zur Obsoleszenz des Kommissionsrechts -, in Festschrift für Claus-Wilhelm Canaris zum 70. Geburtstag, München 2007, S. 183 ff.

Krückmann Krückmann, Paul: Schadensliquidation aus fremdem Interesse, Jherings Jahrbücher für die Dogmatik des bürgerlichen Rechts, Band 56 (1910), S. 245 ff.

Laband Laband, Paul: Die Stellvertretung bei dem Abschluß von Rechtsgeschäften nach dem allgem. Deutsch. Handelsgesetzbuch, Zeitschrift für das gesammte Handelsrecht, ZHR 10 (1866), 183 ff.

Larenz Methodenlehre Larenz, Karl: Methodenlehre der Rechtswissenschaft, 6. Auflage, Berlin 1991.

Larenz SchuldR I Larenz, Karl: Lehrbuch des Schuldrechts, I. Band, Allgemeiner Teil, 14. Auflage, München 1987.

Larenz/Wolf Larenz, Karl / Wolf, Manfred: Allgemeiner Teil des Bürgerlichen Rechts, 9. Auflage, München 2004.

Leipold BGB I Leipold, Dieter: BGB I Einführung und Allgemeiner Teil, 7. Auflage, Tübingen 2013.

Leonhard AT Leonhard, Rudolf: Der Allgemeine Teil des Bürgerlichen Gesetzbuchs in seinem Einflusse auf die Fortentwicklung der Rechtswissenschaft, Berlin 1900.

Leser Leser, Hans: Zum Entwurf eines einheitlichen Kommissionsgesetzes für den internationalen Handelsverkehr, Zeitschrift für das Gesamte Handelsrecht und Wirtschaftsrecht, ZHR 126 (1964), 118 ff.

Martinek Martinek, Michael: Das allgemeine Geschäftsbesorgungsrecht und die analoge Anwendung des § 392 Abs. 2 HGB – Anregungen aus und zu *Musielaks* Gutachten zur Schuldrechtsreform, in: Festschrift für Hans-Joachim Musielak zum 70. Geburtstag, München 2004, S. 355 ff.

Manigk Manigk, Alfred: Vertretung. Vollmacht., in: Das Anwendungsgebiet der Vorschriften für die Rechtsgeschäfte, Studien zur Erläuterung des bürgerlichen Rechts, Heft 5, Breslau 1901, IV. Kapitel, S. 297 ff.

Medicus AT Medicus, Dieter: Allgemeiner Teil des BGB, 10. Auflage, Heidelberg 2010.

Medicus/Lorenz Medicus, Dieter / Lorenz, Stephan: Schuldrecht I, Allgemeiner Teil, 20. Auflage, München 2012.

Mertens Mertens, Hans-Joachim: Der Begriff des Vermögensschadens im Bürgerlichen Recht, Stuttgart, Berlin 1967.

Moser Moser, Dominik: Die Offenkundigkeit der Stellvertretung – Eine Untersuchung zum deutschen und englischen Recht sowie zu den internationalen Regelungsmodellen, Tübingen 2010.

MüKo-BGB/*Bearbeiter* Münchener Kommentar zum Bürgerlichen Gesetzbuch: Band 1, Allgemeiner Teil, §§ 1–240 BGB, ProstG, 6. Auflage, München 2012.

Band 3, Schuldrecht, Besonderer Teil I, §§ 433–610 BGB, CISG, 6. Auflage, München 2012.

Band 4, Schuldrecht, Besonderer Teil II, §§ 611–704 BGB, EFZG, TzBfG, KSchG, 6. Auflage, München 2012.

Band 6, Sachenrecht, §§ 854–1296 BGB, WEG u.a., 6. Auflage, München 2013.

MüKo-HGB/*Bearbeiter* Münchener Kommentar zum Handelsgesetzbuch: Band 5, §§ 343–406 HGB, CISG, 3. Auflage, München 2013.

Band 7, Transportrecht, §§ 407–619, 3. Auflage, München 2014.

Müller Müller, Klaus: Das Geschäft für den, den es angeht, JZ 1982, 777 ff.

Müller-Erzbach Müller-Erzbach, Rudolf: Die Grundsätze der mittelbaren Stellvertretung aus der Interessenlage entwickelt, Berlin 1905.

Müller-Freienfels Vertretung Müller-Freienfels, Wolfram: Die Vertretung beim Rechtsgeschäft, Tübingen 1955.

Müller-Freienfels Stellvertretungsregeln Müller-Freienfels, Wolfram: Stellvertretungsregeln in Einheit und Vielfalt, Frankfurt am Main 1982.

Musielak Musielak, Hans-Joachim: Entgeltliche Geschäftsbesorgung, in: Gutachten und Vorschläge zur Überarbeitung des Schuldrechts, Band II, S. 1209 ff. Köln 1981.

Musielak GK BGB Musielak, Hans-Joachim: Grundkurs BGB, 9. Auflage, München 2005.

Neubecker Neubecker, Friedrich Karl: Beiträge zur Lehre von der mittelbaren Stellvertretung, in: Zeitschrift für das Privat- und Öffentliche Recht der Gegenwart, Hrsg.: Dr. C.S. Grünhut, 36. Band, Wien 1909, 31 ff.

Oertmanns Kommentar Oertmann, Paul: Kommentar zum Bürgerlichen Gesetzbuche und seinen Nebengesetzen, Erstes Buch, Allgemeiner Teil, 2. Auflage, Berlin 1908.

Oertmann Oertmann, Paul: Anmerkung zu dem Urteil RGZ 124, 115 ff. („Ming-Vasen-Fall"), JW 1929, 1457 ff.

Oetker Oetker, Hartmut: Handelsrecht, 6. Auflage, Heidelberg 2010.

Ohr Ohr, Günther: Zur Anerkennung der verdeckten Stellvertretung in der Rechtsprechung des Reichsgerichts, AcP 150 (1949), 525 ff.

Palandt/*Bearbeiter* Palandt, Otto: Bürgerliches Gesetzbuch, 74. Auflage, München 2015.

Peters Peters, Frank: Zum Problem der Drittschadensliquidation, AcP 180 (1980), 329 ff.

*Planck'*scher Kommentar Planck's Kommentar zum Bürgerlichen Gesetzbuch nebst Einführungsgesetz, Band 1, Allgemeiner Teil, §§ 1–240 BGB, 4. Auflage, Berlin 1913.

Reeb Reeb, Hartmut: Die Tatbestände der sogenannten Nichtverkehrsgeschäfte, Mainz 1967.

Regelsberger Regelsberger, Ferdinand: Ueber Besitzerwerb durch Mittelspersonen, Jherings Jahrbücher für die Dogmatik des heutigen römischen und deutschen Privatrechts, Band 44, JJ 44 (1902), S. 393 ff.

Riebschläger Riebschläger, Klaus: Die Freirechtsbewegung, Zur Entwicklung einer soziologischen Rechtsschule, Berlin 1968.

RGRK/*Bearbeiter* Kommentar: Das Bürgerliche Gesetzbuch mit besonderer Berücksichtigung der Rechtsprechung des Reichsgerichts und des Bundesgerichtshofes, Band III, 1. Teil, §§ 854–1011 BGB, 12. Auflage, Berlin 1979.

Rosenberg Rosenberg, Leo: Stellvertretung im Prozess, Auf der Grundlage und unter eingehender, vergleichender Darstellung der Stellvertretungslehre des bürgerlichen Rechts nebst einer Geschichte der prozessualischen Stellvertretung, Berlin 1908.

Roth Roth, Wulf-Henning: Irrtumszurechnung, in: Festschrift für Hans Friedhelm Gaul zum 70. Geburtstag, Bielefeld 1997, 585 ff.

Rümelin Rümelin, Max: Das Handeln in fremdem Namen im bürgerlichen Gesetzbuch, AcP 93 (1902), 131 ff.

Rüthers/Fischer/Birk Rüthers, Bernd/Fischer, Christian/Birk, Axel: Rechtstheorie mit Juristischer Methodenlehre, 7. Auflage, München 2013.

Savigny Obligationenrecht II Savigny, Friedrich Karl von: Das Obligationenrecht als Teil des heutigen römischen Rechts, Band 2, Neudruck der Ausgabe Berlin 1853, Aalen 1973.

Schack BGB-AT Schack, Haimo BGB – Allgemeiner Teil, 14. Auflage, München 2013.

Schilken Schilken, Eberhard: Wissenszurechnung im Zivilrecht, Eine Untersuchung zum Anwendungsbereich des § 166 BGB innerhalb und außerhalb der Stellvertretung, Bielefeld 1983.

Schlegelberger/*Bearbeiter* Schlegelberger, Franz: Handelsgesetzbuch (Kommentar), Band VI, §§ 383–460 HGB, 5. Auflage, München 1977.

Schless Schless, Robert: Mittelbare Stellvertretung und Treuhand, Leipzig 1931.

Schlossmann I Schlossmann, Siegmund: Die Lehre von der Stellvertretung insbesondere bei obligatorischen Verträgen, Teil 1, Kritik der herrschenden Lehre, Neudruck der Ausgabe Leipzig 1900, Aalen 1970.

Schlossmann II Schlossmann, Siegmund: Die Lehre von der Stellvertretung insbesondere bei obligatorischen Verträgen, Teil 2, Versuch einer wissenschaftlichen Grundlegung, Neudruck der Ausgabe Leipzig 1902, Aalen 1970.

K. Schmidt Schmidt, Karsten: Offene Stellvertretung, JuS 1987, 425 ff.

K. Schmidt HR Schmidt, Karsten: Handelsrecht, 6. Auflage, München 2014.

K. Schmidt FS Medicus Schmidt, Karsten: Die Kommission: Treuhand am Rechtsverhältnis – Ein Versuch über die Rechtsdogmatik der ‚mittelbaren Stellvertretung' – in: Perspektiven des Privatrechts am Anfang des 21. Jahrhunderts, Festschrift für Dieter Medicus zum 80. Geburtstag am 9. Mai 2009, Köln 2009, S. 467 ff.

Schmidt-Rimpler Schmidt-Rimpler, Walter: Das Kommissionsgeschäft – Rechtspolitische Grundfragen, in: Handbuch des gesamten Handelsrechts („Ehrenbergs Handbuch"), Band 5, Abteilung I, 1. Hälfte, Leipzig 1928, S. 604 ff.

Schmoeckel Schmoeckel, Mathias: Von der Vertragsfreiheit zu typisierten Verkehrspflichten – Zur Entwicklung des Vertretungsrechts. in: Das Bürgerliche Gesetzbuch und seine Richter – zur Reaktion der Rechtsprechung auf die Kodifikation des deutschen Privatrechts (1896–1914), Frankfurt am Main 2000, S. 77 ff.

Schröder Schröder, Jan: Zivilrechtliche Generalklauseln in der Methodendiskussion des frühen 20. Jahrhunderts in: Recht als Erbe und Aufgabe, Heinz Holzhauer zum 21. April 2005, Berlin 2005, S. 265 ff.

Schulte-Nölke Schulte-Nölke, Hans: Arbeiten an einem europäischen Vertragsrecht – Fakten und populäre Irrtümer, NJW 2009, 2161 ff.

Schwark Schwark, Eberhard: Rechtsprobleme bei der mittelbaren Stellvertretung, JuS 1980, 777 ff.

Soergel/*Bearbeiter* Soergel, Theodor: Bürgerliches Gesetzbuch mit Einführungsgesetz und Nebengesetzen: Band 2, Allgemeiner Teil 2, §§ 104–240, 13. Auflage, Stuttgart 1999.

Band 14, Sachenrecht 1, §§ 854–984, Stuttgart 2002.

Staub/*Bearbeiter* Staub, Hermann: Handelsgesetzbuch Großkommentar, Neunter Band, §§ 373–376 und 383–406 HGB, 5. Auflage, Berlin 2013.

Staudinger/*Bearbeiter* J. von Staudingers Kommentar zum Bürgerlichen Gesetzbuch mit Einführungsgesetz und Nebengesetzen: Buch 1, Allgemeiner Teil 3, §§ 90–124 und 130–133, Berlin 2012.

Buch 1, Allgemeiner Teil 4a, §§ 134–138, Gesetzliches Verbot und Sittenwidrigkeit, Berlin 2011.

Buch 1, Allgemeiner Teil 5, §§ 164–240, Berlin 2014 Buch 2, Recht der Schuldverhältnisse, §§ 249–254, Schadensersatzrecht, Berlin 2014.

Buch 2, Recht der Schuldverhältnisse, §§ 397–432, Berlin 2012.

Buch 2, Recht der Schuldverhältnisse, §§ 433–480, Kaufrecht, Berlin 2014.

Buch 2, Recht der Schuldverhältnisse,§§ 657–704, Geschäftsbesorgung, Berlin 2006.

Buch 2, Recht der Schuldverhältnisse,§§ 812–822, Berlin 2007.

Buch 3, Sachenrecht, Einleitung zum Sachenrecht, §§ 854–882, Berlin 2012.

Buch 3, Sachenrecht, §§ 925–984, Anhang zu §§ 929 ff., Eigentum 2, Berlin 2011. Einleitung zur Rom I-VO, Art 1–10 Rom I-VO, Internationales Vertragsrecht 1, Berlin 2011.

Taupitz Taupitz, Jochen:Wissenszurechnung nach englischem und deutschem Recht; in: Karlsruher Forum 1994, Möglichkeiten der Wissenszurechnung, Sonderheft Versicherungsrecht, S. 16 ff.

Thomas/Putzo/*Bearbeiter* Thomas, Heinz / Putzo, Hans: Zivilprozessordnung, Kommentar, 35. Auflage, München 2014.

von Tuhr AT II/1 von Tuhr, Andreas: Der Allgemeine Teil des Deutschen Bürgerlichen Rechts, Zweiter Band, Erste Hälfte, Leipzig 1914, Unveränderter Neudruck 1957.

von Tuhr AT II/2 von Tuhr, Andreas: Der Allgemeine Teil des Deutschen Bürgerlichen Rechts, Zweiter Band, Zweite Hälfte, Leipzig 1918, Unveränderter Neudruck 1957.

von Tuhr von Tuhr, Andreas: Eigenes und fremdes Interesse bei Schadenersatz aus Verträgen, Grünhuts Zeitschrift Bd. 25 (1898), 529 ff.

Wilhelm Wilhelm, Jan: Kenntniszurechnung kraft Kontovollmacht?, AcP 183 (1983), S. 1 ff.

Wilhelm SachenR Wilhelm, Jan: Sachenrecht, 4. Auflage, Berlin 2010.

Windscheid I Windscheid, Bernhard: Lehrbuch des Pandektenrechts, Band 1, §§ 1 –249, 9. Auflage von Theodor Kipp, Neudruck d. A. Frankfurt am Main 1906, Aalen 1984.

Windscheid II Windscheid, Bernhard: Lehrbuch des Pandektenrechts, Band 2, §§ 250–488, 9. Auflage von Theodor Kipp, Neudruck d. A. Frankfurt am Main 1906, Aalen 1984.

Wolf/Neuner Wolf, Manfred/ Neuner, Jörg: Allgemeiner Teil des Bürgerlichen Rechts, 10. Auflage, München 2012.

Zimmermann Zimmermann, Reinhard: Die Grundregeln der internationalen Handelsverträge 2004 in vergleichender Perspektive, ZEuP 2005, 264 ff.

Zimmermann Zimmermann, Reinhard: Textstufen in der modernen Entwicklung des europäischen Privatrechts, EuZW 2009, 319 ff.

II. Gesetzesmaterialien, Sammlungen

ADHGB Allgemeines Deutsches Handelsgesetzbuch von 1861, in: Neudrucke Privatrechtlicher Kodifikationen und Entwürfe des 19. Jahrhunderts, Bd.1, Aalen 1973.

v. Bar/Zimmermann PECL von Bar, Christian/Zimmermann, Reinhard: Grundregeln des Europäischen Vertragsrechts Teil I und II, München 2002.

Gandolfi ECC Gandolfi, Giuseppe: Code Européen des Contrats, Avant-projet, Livre premier, Milano 2001.

Jakobs/Schubert Entstehungsgeschichte Jakobs, Horst Heinrich/Schubert, Werner: Die Beratung des Bürgerlichen Gesetzbuchs in systematischer Zusammenstellung der unveröffentlichten Quellen, Materialien zur Entstehungsgeschichte des BGB – Einführung, Biographien, Materialien –, Berlin 1978.

Jakobs/Schubert AT Jakobs, Horst Heinrich/Schubert, Werner: Die Beratung des Bürgerlichen Gesetzbuchs in systematischer Zusammenstellung der unveröffentlichten Quellen, Allgemeiner Teil, §§ 1–240, 2. Teilband, Berlin 1985.

Jakobs/Schubert SV I Jakobs, Horst Heinrich/Schubert, Werner: Die Beratung des Bürgerlichen Gesetzbuchs in systematischer Zusammenstellung der unveröffentlichten Quellen,Recht der Schuldverhältnisse I, §§ 241–432, Berlin 1978.

Jakobs/Schubert SV III Jakobs, Horst Heinrich/Schubert, Werner: Die Beratung des Bürgerlichen Gesetzbuchs in systematischer Zusammenstellung der unveröffentlichten Quellen, Recht der Schuldverhältnisse III, §§ 652–853, Berlin 1983.

Jakobs/Schubert FamR I Jakobs, Horst Heinrich/Schubert, Werner: Die Beratung des Bürgerlichen Gesetzbuchs in systematischer Zusammenstellung der unveröffentlichten Quellen, Familienrecht I, §§ 1297–1563, Berlin 1987.

Mugdan I Mugdan, Benno: Die gesamten Materialien zum Bürgerlichen Gesetzbuch für das Deutsche Reich, Band 1, Einführungsgesetz und Allgemeiner Teil, Neudruck der Ausgabe Berlin 1899, Aalen 1979.

Mugdan II Mugdan, Benno: Die gesamten Materialien zum Bürgerlichen Gesetzbuch für das Deutsche Reich, Band 2, Recht der Schuldverhältnisse, Neudruck der Ausgabe Berlin 1899, Aalen 1979.

Mugdan III Mugdan, Benno: Die gesamten Materialien zum Bürgerlichen Gesetzbuch für das Deutsche Reich, Band 3, Sachenrecht, Neudruck der Ausgabe Berlin 1899, Aalen 1979.

Mugdan IV Mugdan, Benno: Die gesamten Materialien zum Bürgerlichen Gesetzbuch für das Deutsche Reich, Band 4, Familienrecht, Neudruck der Ausgabe Berlin 1899, Aalen 1979.

Protokolle zum ADHGB Protokolle der Commission zur Berathung eines allgemeinen deutschen Handelsgesetz-Buches, Protokoll XLVI bis XCVIII, Nürnberg 1857.

Schulze/Zimmermann Reiner Schulze, Reinhard Zimmermann: Europäisches Vertragsgesetzbuch, Vorentwurf, in: Europäisches Privatrecht, Basistexte, 3. Auflage, Baden-Baden 2005.

ZGB OR Schweizerisches Zivilgesetzbuch und Obligationenrecht, vollständige Textausgabe mit wichtigen Nebengesetzen und Verordnungen,20. Auflage, Zürich 2008.

www.ingramcontent.com/pod-product-compliance
Ingram Content Group UK Ltd.
Pitfield, Milton Keynes, MK11 3LW, UK
UKHW021905290926
8980IPUK00015B/1074

9 783631 667927